证券投资基金法律制度

Legal system of Securities Investment Fund

立 法 前 沿 与 理 论 争 议

Frontier Issues of Legislation and Academic Disputation

郑泰安 钟 凯 钟洪明 赖 继 方 芸 | 著

作者简介

郑泰安 1965年生，四川双流人。1995年7月进入四川省社会科学院从事科研工作，现任四川省社会科学院副院长，研究员，博士后合作导师。兼任中国立法学研究会常务理事、四川省法学会副会长、四川省法学会学术委员会委员、四川省法学会立法学研究会会长等。主要科研成果：主持国家社科基金项目2项（作为国家社科基金特别委托项目暨中宣部“马工程”重大项目的首席专家1项）；主持四川省规划课题4项（其中重点课题2项）、国家发展和改革委员会重大课题2项、四川省人民政府政务调研课题2项；出版专著13部；在CSSCI来源期刊等权威报刊上发表学术论文和理论文章50余篇，具有代表性的有《立法背景资料的二元性视角》《地方立法需求与社会经济变迁——兼论设区的市立法权限范围》《民法总则与商事立法：共识、问题及选项——以商事代理为例》；20余项立法建议、决策咨询意见获省部级以上领导重要批示或被有关部门采纳；获四川省人民政府哲学社会科学优秀成果一等奖1项、二等奖3项，成都市人民政府哲学社会科学优秀成果一等奖1项。

钟凯 1980年生，广东高州人，经济学博士，西南政法大学、四川省社会科学院联合培养法学博士后，现任四川省社会科学院副研究员，硕士研究生导师。兼任中国证券法学研究会理事、四川省人民政府行政复议委员会非常任委员等社会职务。主要科研成果：作为主持人承担国家社科基金项目2项，作为主要参与者承担国家社科基金项目3项，主持省部级课题4项；出版学术著作3部，代表作为《公司法实施中的关联交易法律问题研究》（四川省人民政府哲学社会科学优秀成果三等奖）；在CSSCI来源期刊发表学术论文9篇，发表的论文被《中国社会科学文摘》全文转载1

篇，具有代表性的有《中小企业融资问题的法经济学思考——兼论金融危机背景下的中国金融改革》《论公司法上关联交易正当性标准及其重构——基于单一实体法与企业集团法的不同考量》《共享经济相关市场界定：挑战与回应——兼议互联网反垄断立法革新》。

钟洪明　1975 年生，江西大余人，民商法学博士、博士后，现任四川省社会科学院副研究员，硕士研究生导师，兼任中国证券法学研究会理事、四川省商法学研究会秘书长。曾在证券监管机构从事证券监管工作 11 年。主要研究方向为商法学和证券金融法学，代表作有《多层次资本市场改革视域下证券法制重构论纲》《论股权众筹发行豁免注册的制度构建》《证券法大宗持股权益变动法律责任研究——以非合意并购为视角》。

赖继　1986 年生，四川宜宾人，法学博士，西南政法大学、四川省社会科学院联合工作站法学博士后，现任西南政法大学刑侦剧研究中心副主任，硕士研究生导师。主要科研成果：主持、参与研究国家级科研课题 3 项，出版专著 1 部，在 CSSCI 来源期刊上发表学术论文 7 篇，代表作有《股权众筹中认购行为的规制研究》《城乡融合发展视野下的基层法治供需体系实证研究》等。代拟地方立法草案一项。

方芸　1981 年生，重庆忠县人，中国政法大学法学博士，美国德州大学访问学者，师从著名法学家江平教授，现任四川省社会科学院助理研究员，兼任四川省法学会商法学研究会副秘书长。主要科研成果：主持省部级课题 2 项；出版学术专著 2 部，代表作为《立法模式构建视阈下银行重整法律制度研究》；在包括 CSSCI 在内的公开期刊发表论文十余篇。

序

中国2001年加入世界贸易组织后，全球化不断倒逼我们加快金融改革的步伐，虽然过程经历了一些波折，但改革趋向已形成。党的十九大后我们讲“深化金融改革开放”，实际上还是为了解决国内金融市场行政干预过多的问题。结合过去的经验，金融方面的立法要考虑到某些国内因素，总体上还是会继续与国际接轨，并进一步融入国际社会。

金融立法无非涉及主体、行为、权利和责任四个方面的问题。我国的金融资产管理公司最初主要“管理”银行不良资产，具有不同于公司、外资企业、股份合作公司等传统商事主体的法律特征，也很难用信托来单纯概括。为了防范金融风险，有关部门2018年出台了《关于规范金融机构资产管理业务的指导意见》（又称“资管新规”），从行为和监管方面确立了“大资管”的概念，但从主体上讲这类机构分别由不同主管部门监管，它们具体属于什么性质，究竟是否为单独一类商事主体，立法上仍然没有界定清楚。证券投资基金本质是按照信托运作的资产管理业务，投资基金就是信托在金融业的运用。多年前我带领博士生参与信托法起草工作的时候，很多“基金黑幕”被披露出来。从信托来看，解决问题的关键在于如何在信托财产和投资银行自己财产之间建立一条万里长城。当然，投资基金有自己的特殊性，比如它的受托人和传统信托不完全一样，包括管理人和托管人两类主体，大家对不同主体的权利、义务和责任有不同认识。《信托法》和《证券投资基金法》出台距今已有十多年，投资基金财产保护和监管如何用信托规则来解释，仍需要研究者进一步搞清楚。

《证券投资基金法律制度：立法前沿与理论争议》一书正是对前述命题进行全方位回应的集成之作。该书选取立法前沿与理论争议这一极具前瞻意义的选点对投资基金法律制度进行深入研究，深化了投资基金法的基础研究，不仅全面回顾了《证券投资基金法》起草、修订的过程和观点，对立法历史资料展开了规范精准的文献利用，同时熟练驾驭金融法理论研究的最新成果，不囿于前人旧说，对投资基金的立法理念做出了原创性提炼，力图以投资基金之一域回应金融宏观重大理论，令人印象深刻。全书凸显了作者浓厚的问题意识，其对契约型和公司型基金的治理机制、投资者适当性规则、互联网基金的法律关系、基金“背信”和“老鼠仓”刑民交叉等立法和监管问题进行了细致且有说服力的分析。更难能可贵的地方在于，该成果的研究视野开阔，不仅立足于经济学、立法学、金融法、民法、刑法、刑事诉讼法等跨学科视角，而且具体内容又结合了《民法典》编纂、《证券法》修订、《私募投资基金管理暂行条例》制定所涉及的热点难点问题，并搜集参考了大量的比较法资料，相关成果在《证券投资基金法》适用、刑民交叉案件处理、私募投资基金监管模式选择等方面有实际应用价值。

与该书写作团队的结缘，使我得以提前翻阅该书。我曾多次造访写作团队的供职单位——四川省社会科学院，最近有两次，一次是2003年启动《公司法》修改，我应邀为该院法学研究人员和研究生授课；另一次是出席该院承办的中国法学会商法学研究会2009年会开幕式。该书的第一作者郑泰安研究员深耕立法学研究，并带领团队（包括我曾指导过的博士）将立法学资源导入民商法研究，催生出良好的“化学反应”，是一次十分有益的学术尝试。我真诚地将该书推荐给读者。

是为序。

2019年12月28日

前 言

广义上的资产管理形式包括证券投资基金、集合资产管理计划、合格机构投资者、主权财富基金和上市公司的现金管理。[①] 在这些令人眼花缭乱的资产管理方式中，证券投资基金是最为重要的资产管理方式之一。一般意义上，所有委托理财的方式都具备利益冲突的特征，可以归属于经济学上的“代理问题”或者“委托—代理人问题”，即一方福利的实现依赖于另一方的行为的各种情况。[②] 证券投资基金之所以特殊，是因为其法律关系取自“信托模型”。信托关系所表现出的信义义务或信赖义务，对信用的要求远高于民法上的委托代理关系。如何让使用“别人的钱”的金融机构及相关从业人员高度服从于投资人的利益，可谓证券投资基金法的基本命题。

对证券投资基金法的思考，源于我们团队2008年著述出版的《证券投资基金法律制度》（下文以“旧著”代称）一书。旧著当时是国内针对2003年版《证券投资基金法》开展系统研究的少数几部专著之一。如今，整整11年过去了。其间，《证券投资基金法》经历了2012年的“大修”和2015年的“小修”。与原基金法比较，2012年修订的基金法出现了以下重大改变：私募基金正式入法、对基金管理人及其从业人员放松管制、基金关联交易从禁止到放开、有限合伙和公司型基金亦借由附则“登堂入室”……与此同时，涉及基金“老鼠仓”的《刑法修正案（七）》，涉及基金组织形式的《民法总则》等基本法律相继出台，作为基金法一般法的《证券法》2014年被列入全国人大修订计划，并于2019年12月完成全面

① 朱伟一：《证券法》，中国政法大学出版社，2018，第223页。

② 参见〔美〕莱纳·克拉克曼等《公司法剖析：比较与功能的视角》，刘俊海、徐海燕等译，北京大学出版社，2007，第24页。

大修。可以说，基金法律制度的顶层设计正在发生颠覆性变化。

从金融法律制度研究的最新进展来看，学界对金融法基本理论的孜孜以求、证券监管体制研究进一步深入、私募基金成为研究热点、互联网基金研究方兴未艾、基金刑民交叉问题关注度上升等，有关研究成果为我们继续在已有基础上深入探索提供了大量的讨论素材和思路启发。

正是基于以上原因，旧著不论从内容和体例上看皆显过时，而且我们对当年的“言犹未尽”也始终耿耿于怀。为此，我再度牵头组织团队，前后历时两年，著述并出版《证券投资基金法律制度：立法前沿与理论争议》一书（下文以“新著”代称）。新著不是对旧著的再版或修订，而是在资本市场最新制度环境下关于证券投资基金全景式法学研究的“升级版”。它既不同于经济学进路的治理研究，也不同于进行简单法条释义的工具书或教材。我们期待，本书的内容能够在一定程度上弥补国内证券投资基金法研究深度的不足。

新著写作的团队阵容也是旧著所无法比拟的。除参与过旧著编写的钟凯博士外，新著的其余作者均为拥有法学博士学位的全新人选。写作团队中搭配了取得经济学博士以及曾在深圳证券交易所供职多年的跨学科、跨行业成员。良好的团队创作条件，为新著的顺利出版提供了有力支持。

不可否认，由于金融理论的专业性和基金实务的技术性，天然的学科和行业壁垒令人生畏，这恐怕也是法学界对投资基金这一证券法部门分支关注度相对较低的重要原因。尽管面临着诸多挑战，但我们秉持开拓创新的学术精神，努力做到认真严谨，力求为读者奉献一部投资基金法领域内别树一帜、饶有新意的学术著作。

新著并未严格遵循《证券投资基金法》立法体例设计章节，而是选择了先宏观、后微观的问题排序为线索，以有关立法和理论基本问题为内容展开的著述思路。全书共分七章，共约45万字。具体包括证券投资基金立法基本问题研究、证券投资基金治理原理与机制研究、私募投资基金监管体制研究、基金服务机构法律制度研究、投资者保护视角下的适当性制度研究、互联网基金法律规制研究、证券投资基金刑民交叉问题研究。其中“证券投资基金立法基本问题研究”相当于总论，其基本结论与核心观点，或贯穿于余下章节内，或寓于专题论证中。全书由我设计体例并统稿，文责也应由我承担。

社会科学文献出版社的领导和编辑同志对本书的设计和写作提出了很好的意见。中国证券法学研究会会长郭峰教授、中国商法学研究会副会长周友苏教授为本书提出了许多宝贵的修改建议，在此向他们致以深深的谢意。受认知和能力所限，本书错漏在所难免，敬请读者和同行不吝指正，以助我们提升知识增量，碰出思想火花。

谨以本书献给中华人民共和国成立七十周年！

郑泰安

2019 年 12 月

目 录

第一章　证券投资基金立法基本问题研究

投资基金是现代经济的产物。市场经济的发展催生了机构与个人投资活动的蓬勃兴起，资本市场交易的复杂化、规模化、结构化、社会化，逐渐形成了对投资的专业化需求。现代企业形态的形成和金融工具的精细化，尤其是依托于财产信托制度，投资基金应运而生。无论是在发达国家，还是在新兴工业化国家，投资基金都得到了迅速发展，基金种类不断发展，专业日趋细化，规模不断增加。随着投资基金业务的快速发展和国际资本流动的日益活跃，国际性证券投资基金业务开始出现。我国改革开放后，投资基金也逐步进入中国普罗大众的视野。

为了保护广大投资者的基本权益，有效监督投资基金运行，各个国家和地区都十分重视制定关于投资基金的法律规范。我国2003年制定颁布了《证券投资基金法》，开创了投资基金法从无到有的时代。2012年《证券投资基金法》进行了大幅修订，进一步借鉴域外的规则经验，还吸收了业内许多有益做法。2014年，我国全面启动《证券法》修订工作，进一步将投资基金市场推进到更高水平的制度环境中。尽管如此，与变动不居的市场相比，法律永远滞后于市场实践，况且一如我们在不同领域所看到的那样，立法过程本身充满现实取舍与妥协。证券投资基金法律制度谈何止步当前！

近年来，关于基金内幕交易、“老鼠仓”等违法违规案件层出不穷，借助互联网创新产品内容和交易模式的新型产品横空出世。在金融服务实体经济、供给侧改革、建立多层次资本市场等宏观经济与制度变迁背景下，投资基金市场面临着配套制度供给不足的问题，以及资本市场强烈“求变”的制度需求。

文献回顾与综述

基于金融法最新研究成果，本章拟对证券投资基金的概念和性质界定、种类划分、立法沿革、立法理念等基本范畴进行全景式的概括分析，为投资基金其他相关理论问题和具体法律制度的深入讨论提供较为全面的前提和基础。下文首先对证券投资基金的界定、功能特征、法律性质、基金分类以及相关立法理念等基本问题，做简要文献梳理和述评。

一 关于证券投资基金的界定

关于证券投资基金的概念，因其在法律结构、组织形式的差异，在各国立法中的称谓并不相同，学理上对投资基金的定义也不尽相同。我国现行《证券投资基金法》也没有对证券投资基金进行直接定义，仅就开放式基金和封闭性基金做出了分类定义。

研究文献很少就证券投资基金概念进行专门研究，且有关界定多见于《证券投资基金法》颁布以前。同时，证券投资基金与投资基金是一对既有区别又有联系的范畴，前者在投资对象、融资方式和投资者类型上与后者有一定差异。但整体而言，对证券投资基金概念的分析可以依托于投资基金概念的理解。

学者从不同角度考察了投资基金的概念，对投资基金给予不同的定义，代表性的观点有如下几种："制度说"、"方式说"、"工具说"、"财产说"和"组织说"。

"制度说"以投资信托制度为界定视角，认为投资基金是一种大众投资制度，证券专家借由该制度向大众投资者募集小额资金，受托以分散风险的方式进行投资，并妥善保管各种有价证券，再将获得的收益分配于大众投资者。[①] 该种观点将投资基金的特点抽象等同于投资制度的特点，究其实质只阐明了"投资"而模糊了"投资基金"。"制度说"主要是经济学上的定位，而非法律上的定位。在逻辑层次上，投资制度高于投资基

① 参见谢卫《金融制度变革中的投资基金》，中国经济出版社，1997，第 18 页。

金；在种属地位上，投资制度涵盖了投资基金。因而，将投资基金等同于投资制度显然有所不当。

“方式说”由美国经济学家斯泰勒提出，我国部分学者沿袭了这一观点，认为投资基金是一种由众多投资者将投资资产交由专业管理者管理并由投资者享有收益的投资方式。[①] 但投资方式内涵丰富且外延宽泛，基金只是其中的一种，要在概念上严格界定，还必须以其他属性加以进一步限定，如集合投资、专业管理、独立财产等。[②]

众所周知，“投资方式”仅侧重投资者购买基金后的一个片段或单一环节，它无法包含投资基金作为一种财产的组合所具有的财产属性，同时也无法表达投资基金交易、流转的整个运行过程，因而具有一定的片面性。

“工具说”主要为实务界所持观点，人们普遍认为投资基金本质是一种投资工具。[③] 该界定角度同样流于表面。“工具说”的缺憾在于其仅从金融学的角度对于投资基金加以阐释，只强调了投资基金的工具属性。“投资工具”是相对于不确定多数投资者而言的，这些“投资工具”也就是向投资者发行的“基金券”，而基金券是无法代替基金本身的。

“财产说”又称“资本集合体说”，主要由法学界的学者所主张。该学说认为，投资基金是指由投资者出资组成的、委托他人投资、收益和风险由投资者共享共担的一种资本集合体。[④]“财产说”更侧重于财产本身的静态安全，亦未能完整解释基金运行的动态过程属性。

“组织说”又称“机构说”，这种观点不仅将基金理解为独立的基金财产，更加强调投资基金是由基金管理人管理、基金托管人托管，以资产组合方式进行证券投资的投资组织。我国学者郭东乐甚至认为，投资基金是将投资基金聚集形成共同基金后，将资金分散投资于各种证券和其他金融产品的一种金融机构。[⑤]“组织说”或“机构说”的合理性在于，一方面

---

① 参见许占涛《投资基金论》，北京经济科学出版社，1998，第 14 页。

② 参见陈丽萍《证券投资基金的法律性质》，《中国法学》2004 年第 3 期。

③ 参见深圳市南山风险投资基金公司编著《投资基金的理论与实践》，海天出版社，1993，第 3 页。

④ 参见刘俊海《投资基金立法中的若干争议问题研究》，《杭州师范大学学报》2002 年第 2 期。

⑤ 参见郭东乐《中国资本市场理论与实务》，中国物价出版社，1997。

揭示了投资基金的财产属性，另一方面还反映了投资基金是能够独立存在、独立运行的实体或组织，值得认真对待并做进一步深化研究。

二 关于证券投资基金的功能

证券投资基金作为金融系统的组成部分，当然不例外具有显著的金融功能。通过文献搜集分析可以看出，我国学者关于证券投资基金的功能性认知较为统一，研究期间主要集中在2000~2010年这十年间。

学者庞遥、华一认为，证券投资基金的主要功能有聚集和分配资源、转移资源、管理和熨平风险、减少信息不对称、切实履行股东职责几个方面。[①]

刘锡标认为，证券投资基金能够广泛地吸收外围资金，增强股市筹资功能，扩大证券市场规模；能节约社会成本，提高社会效率；分散投资，避免集中投资带来的非系统性风险。[②]

周秋月认为，证券投资基金功能包含四点：从制度设计、技术支持、市场机制三方面最大限度地保障投资者利益，提供风险收益多元化的选择；促进证券市场的健康发展；促进金融创新；为商业银行创造中间业务新的利润增长点拓宽业务空间。[③]

除了资源配置和金融创新方面的功能，证券投资基金是否具有稳定市场的功能，学界存在争议。

反对意见指出，证券投资基金作为独立的市场主体，属于企业的范畴，其本身没有稳定市场的义务，即使有关行为客观上起到了稳定市场的作用，也仅是其追逐自身利益过程中起到的附带效果，如果直接苛以投资基金稳定市场的责任，显然超出了它自身的能力范畴。

庄序滢也认为，主张通过投资基金来稳定市场是非理性的，机构投资人并非“经纪人”，基金不可能脱离利己去做任何事情。部分实证研究文

---

① 参见庞遥、华一《功能观视角下的中国证券投资基金》，《财政监督》2008年第7期。

② 参见刘锡标《证券投资基金功能的再认识》，《蒙自师范高等专科学校学报》2002年第2期。

③ 参见周秋月《证券投资基金功能分析——论证券投资基金在社会经济中的地位和作用》，《杭州金融研修学院学报》2004年第2期。

献似乎也支持类似的判断：基金往往在指数盘整和下跌期表现出净卖出行为，在指数处于上升期时的总体交易情况是净买入，从整体上来看基金并未表现出稳定大盘的作用。

支持基金具有稳定市场功能的观点也有不少。强滢相信，只要加大力度培育基金等机构投资者，就能够发挥基金的“稳定器”作用，促进证券市场规范稳健运行。何德旭认为，基金所具有的信息和专业优势，能够使其在风险和投机的市场中保持准确的投资策略，从而促进证券市场稳定。武志认为，尽管基金以实现自身利益最大化为目标，但正是基于长期战略投资这一获利动机，便由此具有稳定证券市场的功能。

还有的学者从实际功能发挥的角度，批评我国证券投资基金没有如预期般发挥其应然功能。吴建伟、陆美红认为，我国证券投资基金功能发挥的瓶颈在于，我国绝大多数投资基金奉行的投资期限过短且我国规定的证券投资基金渠道过窄。[①] 李鲜也提出，促进基金功能发挥的突破口在于改进政策供给和法律设计，应当加快建立基金发展市场化和市场激励机制，完善立法，丰富基金组织形式，进一步使市场潜能得到释放。[②] 季冬生认为，基金的治理功能具有双刃剑的性质，规范基金治理功能的必要性，对其功能的规范应从强化信息披露做起。[③]

三　关于证券投资基金的法律性质

证券投资基金运行的主要特征在于，投资者将自有资产交由基金管理人管理并以此产生收益。在法律关系类型化思维比较中，将自有资产交予他人管理大体有委托和信托两种方式。针对证券投资基金的法律性质，学界产生了多种不同观点，有“委托说”、“信托说”、“民事主体说”和“综合法律资源说”。

张新平主张证券投资基金的法律实质是委托，其进一步分析指出，我

---

① 参见吴建伟、陆美红《试论我国证券投资基金稳定市场的功能》，《华东经济管理》2002年第4期。

② 参见李鲜《我国政府职能改进与证券投资基金功能释放》，《云南财贸学院学报》2008年第6期。

③ 参见季冬生《证券投资基金治理功能的新篇章》，《中国金融》2007年第4期。

国法律并未说明基金是信托关系，且我国少有信托法律规范，故认定证券投资基金属于信托并无法律依据，以投资基金的特点来看当属委托。①

不过，委托说在学界并非主流。在早期的基金立法中，尽管法律法规上并没有直接出现“信托”一词，依据证券投资基金各项特点以及比较法分析，学者仍普遍赞同证券投资基金的法律性质是信托。黄一鸣认为，证券投资基金相较一般信托而言，具有受托人须具备专业知识且相互分工和委托人不特定的特殊性，故属于商业信托。② 蒋雪雁认为，以实践中证券投资基金的组织形态来看，我国目前所设立的均为契约型基金，而契约型基金当事人间的法律性质是信托关系乃英美法系和大陆法系都公认的观点，并且我国颁布的《信托法》为我国契约型基金的信托性质提供了坚实的法律平台。③ 任万兴认为，我国基金立法未赋予投资基金法人地位，只能通过基金契约或章程来明确当事人之间的关系，因此从立法理论角度来看，我国投资基金主要是基于信托法律关系而建立的契约型基金。④

基金法律关系的信托说在比较法中也有支撑证据。虽然各国对基金持有人、管理人和托管人之间相互制约的结构存在差异，但其信托结构特征明显，具体可分为一元信托模式、二元信托模式、共同受托模式、监督人受托模式。⑤

主张组织说或主体说的学者则普遍对“信托说”提出质疑。文杰认为，尽管契约型基金利用了信托的原理来组织运作，但契约型基金实质上已成为民事主体，并非法律行为。美国、英国和我国香港等国家和地区虽然在立法中将契约型基金称为“单位投资信托”，但该种“单位信托”因其组织化趋势明显，与传统的私人信托并不相同，而是将单位信托视为法律主体，基金本身并不是信托。⑥

事实上，如果考虑到公司型基金的存在，投资基金作为法律关系主

---

① 参见张新平《证券投资基金若干法律问题探讨》，《湖北社会科学》2003 年第 11 期。

② 参见黄一鸣《我国证券投资基金的信托性质分析》，《税务与经济》2012 年第 4 期。

③ 参见蒋雪雁《〈信托法〉：揭开证券投资基金的面纱——论我国证券投资基金的法律性质》，《金融法苑》2003 年第 4 期。

④ 参见任万兴《证券投资基金的立法模式——兼评〈证券投资基金法（草案）〉》，载《中国商法年刊》，2004，第 505 页。

⑤ 有关基金法律构造的文献综述可参见本书第二章的内容。

⑥ 参见文杰《论证券投资基金的法律定性——兼谈〈证券投资基金法〉第 2 条修改》，《贵州社会科学》2010 年第 3 期。

体，在学术界的观点是一致的，即公司型基金的法律性质就是公司。同时，基金财产本身的独立性也证明投资基金民事主体说的正确性。①

另有学者认为，证券投资基金综合集成了信托、法人、合伙、代理、契约等丰富的法律资源。② 然而，这种集成学说看似面面俱到，实际容易陷入“套套逻辑”，无法真正指出证券投资基金的基本性质。

四 关于证券投资基金分类的特别研究

学界和实务界对基金种类的划分较为复杂，部分基金类型在我国《证券投资基金法》中有明确定义。但大部分划分不具有学理意义，主要源于实务界约定俗成的界定。基金的常规分类主要有四种划分标准：(1) 按照募集方式的不同可以划分为公募基金和私募基金；(2) 按照基金单位是否可以增加或赎回可以划分为开放式基金和封闭式基金；(3) 根据组织形式的不同可以划分为契约型基金、公司型基金、有限合伙型基金；(4) 根据投资方向的不同可以划分为股权投资基金、证券投资基金。

应当指出，这些分类在学界的关注度有明显的差别。同样是法定类型基金，学者对开放式基金的关注明显高于封闭式基金，有对开放式基金的系统性研究，也有对开放式基金的监管研究。

私募基金也一直是学界关注的重点。有的学者着眼私募股权的有限合伙路径研究，有的对私募股权基金监管进行全面探析。此外，股权风险投资基金也获得过学者的一些关注。

定时定额证券投资基金，又称定投基金，也一度作为基金研究的一个特别领域。我国台湾学者陈春山在《证券投资信托专论》一书中做过系统阐述。我国大陆研究定投基金的文献多与境外养老计划的比较研究相关。

互联网基金是近年来出现的新型基金种类，有关研究方兴未艾。赵启星指出互联网基金所具有的互联网金融产品特征。③ 学界对互联网基金的研究方向主要集中在余额宝等互联网货币基金。

---

① 参见陈夏《论证券投资基金的法律地位》，《西南政法大学学报》2003 年第 6 期。

② 参见熊继宁《法律关系的综合集成系统——证券投资基金法律关系的系统分析》，《比较法研究》2004 年第 6 期。

③ 参见赵启星《互联网货币基金运作与风险防范研究》，《农村金融研究》2015 年第 12 期。

张景智等人分析认为，互联网货币基金融合了第三方支付平台的流动性、货币基金的收益性和互联网金融产品的便利性等特点。[①] 程皓、张莹指出，互联网货币基金不同于基金管理公司互联网直销系统的货币基金，前者的首要特征是依托互联网第三方电子商务平台，其客户群规模对互联网货币市场基金的规模有直接影响。[②]

不过，部分学者试图将余额宝等互联网金融产品按照传统民法的框架加以理解，提出余额宝本质上是一种对接货币基金经济价值的用益物权。[③] 但是，这一研究结论并没有揭示嫁接在基金制度上的用益物权是否以及如何受到基金法律制度的规制。

P2P 网贷平台一般被视为金融信息中介平台，部分文献指出其中债权转让属于异化模式，虽未称其为互联网基金，但将之定性为资产证券化交易。

五　关于金融立法理念和基本原则

证券投资基金法与证券法和金融法紧密相连，且都属于与经济学、管理学等社会科学联系紧密的法律部门。有关领域的立法研究在很大程度上可以通用。在价值法学看来，相关立法无不在一定价值目标的指导下进行，关于立法价值目标的讨论一直都是相关法域研究的基本范畴。

从有关文献的梳理来看，这些研究的视角、路径和对象都存在一定的差异。陈正江认为证券投资基金的信托制度设计目的在于保障投资人的利益，综观各国基金立法均把保护投资人利益作为立法出发点，我国同样应该将保护投资人合法权益确立为证券投资基金立法的指导理念。[④] 有的研究冠以“立法宗旨”，对投资基金法的立法价值加以总结，讨论投资者保

---

① 参见张智景、吕斌、杨晓萍《互联网货币基金对商业银行经营的影响》，《国际金融》2015 年第 2 期。

② 参见程皓、张莹《互联网货币市场基金的创新与监管初探》，《江西师范大学学报》2014 年第 4 期。

③ 参见廖新仲《论余额宝对接基金的经济本质和经济价值》，《广东财经大学学报》2014 年第 6 期。

④ 参见陈正江《我国证券投资基金立法初论》，《山西财经大学学报》2001 年第 S2 期。

护和公共利益保护的关系。①

除了直接针对证券投资基金法这一研究对象，大部分文献都是从证券法乃至金融法的宏观视角提炼这一法域的基本价值取向，特别是在不同时期的证券法修订背景下，分别采用了立法取向、原则、理念、思路等不同语言表述或分析进路。

“三公原则”是证券法的重要原则和价值目标。张宇润、杨思斌较早阐述了“三公原则”的制度内涵。② 有部分学者则关注诚实信用原则在证券法中的应用与重建。③ 而针对我国证券反欺诈立法缺陷日益凸显，傅穹、曹理认为，禁止内幕交易制度的立法理念是提升我国证券市场核心竞争力的应然选择。④

检讨我国证券法的传统立法缺陷，张宇润引入证券法规则两种对照理念，即新古典规则理念和注重长期关系理念。他认为，证券法律关系具有长期性的特征，具有仅着眼于规制内幕交易和信息不对称的新古典规则所不能涵盖的内容。而我国当时的证券法规则还没有真正形成哪一类理念。⑤

黄韬认为，近些年互联网金融的兴起终结了“金融抑制”的立法理念，使得证券法的理念需要在保护投资者与便利融资间做权衡，甚至证券法和证券监管机构对“弱势群体”的特别保护也有可能被颠覆。⑥

针对证券法的最新修订，学者也提出了有关理念重构的目标和路径。徐聪在研究证券法相关地位时指出，现行证券立法的“股票化”思维严重，相关修法草案应突出证券法作为基本法的统领作用，针对证券品质、监管和市场层次进行有差异化的制度设计。⑦

陈军、傅斌比较分析了美国、日本证券立法和设计理念，主张我国借

---

① 参见程信和、蒲夫生《论投资基金法的立法宗旨》，《河北法学》2001 年第 6 期。

② 参见张宇润、杨思斌《论证券法“三公”原则的制度内涵》，《法商研究》2002 年第 5 期。

③ 有关研究内容可参见郑勇《诚实信用在证券法中的重述与构建》，《理论学刊》2017 年第 6 期；于莹《证券市场与诚实信用原则》，《法制与社会发展》2001 年第 1 期。

④ 参见傅穹、曹理《禁止内部交易立法理念转换及其体系效应》，《西北政法大学学报》2013 年第 6 期。

⑤ 参见张宇润《论证券法规则理念和制度机制》，《法律科学》2004 年第 2 期。

⑥ 参见黄韬《股权众筹的兴起与证券法理念的更新》，《银行家》2015 年第 6 期。

⑦ 参见徐聪《论转轨背景下证券法治逻辑与制度的现代化——兼评〈证券法（修订草案）〉“一读稿”》，《法学评论》2016 年第 2 期。

鉴相关立法理念的公开主义和真实性原则，促进我国证券市场与国际接轨。[①]

根据主导证券法修订起草的相关学者介绍，本次修法的核心理念就是扩大投融资自主权，此外还包括信息披露和证券机构经营行为的规范。[②]

研究金融法的有关文献从另一个角度探及该领域的立法理念。其中的经典文献包括邢会强《金融危机治乱循环与金融法的改进路径——金融法中“三足定理”的提出》一文，以及冯果《金融法的“三足定理”及中国金融法制的变革》一文。

邢会强主张，为了处理好金融安全和金融效率的关系，需要在此基础上加上“消费者保护”以形成等边三角形的“三足定理”，在三足间使金融立法、监管目标设定、体制改革原则得到平衡。[③] 冯果修正了邢会强的部分观点，提出金融安全、金融效率和金融公平“三足说”。[④]

需要指出，近十年关于金融法理念的研究与国内早期的金融法基本原则研究框架大体吻合。汪鑫所提出的金融效率、金融稳健和投资者保护三大原则，“三足定理”不过是其翻版。[⑤]

刘辉不仅提出了最优金融结构理念，更注意到了法理念和法原则的区别。他认为，所谓的法理念不一定是部门法的基本原则，前者只是学者对法律实施效果的一种理论期待和法治愿景。[⑥]

前述研究对象与研究视角的差异表明，关于金融市场基本法律范畴的研究不论在内容上还是在时空上都具有开放性、包容性和延展性。关于金融法、证券法和投资基金法的基本理念、基本原则及其相互关系的研究，尚有进一步深化的空间。

---

① 参见陈军、傅斌《美国、日本证券立法与证券设计理念的比较》，《金融法苑》2018 年第 1 期。

② 有关立法介绍参见吴晓灵接受相关媒体的采访《证券法修订聚焦 3 大理念 注册制改革方案年底推出》，《每日经济新闻》2014 年 9 月 22 日。

③ 参见邢会强《金融危机治乱循环与金融法的改进路径——金融法中“三足定理”的提出》，《法学评论》2010 年第 5 期。

④ 参见冯果《金融法的“三足定理”及中国金融法制的变革》，《法学》2011 年第 9 期。

⑤ 参见汪鑫《金融法若干基本原则探析》，《法学评论》1997 年第 4 期。

⑥ 参见刘辉《金融禀赋结构理论下金融法基金理念和基本原则的革新》，《西北政法大学学报》2018 年第 5 期。

第一节 证券投资基金的基本范畴

近代工业化的发展催生了规模化的资金需求，作为资金筹集方式的有价证券应运而生。为配合大众投资于有价证券，有机会接近并获取资本市场红利，一些国家和地区在信托制度的基础上推出了“单位信托”（unit）。“单位信托”是一种分散化的资金募集方式，又称为集合投资计划。其大体操作如下：集合募集的资金交由受托人管理，购入公司股份，同时以该资金成立“信托基金”，将之划分为等值“单位”（trust），信托基金的持有人即该“单位”的认购者，作为“信托基金”的受益人。从某种意义上说，证券投资基金是古老的信托制度与发达国家“权利证券化、证券大众化”这一新的社会经济环境相结合的产物。[①]

英国政府在1868年创立的“海外及殖民地政府开发信托基金”（The Foreign and Colonial Government Trust）就是最早出现的共同投资基金。它在《泰晤士报》刊登招股说明书，公开向社会个人发售认股凭证。集中大众资金以投资于国外殖民地的公司债为主，其投资地区远及美洲、中东、东南亚、意大利、葡萄牙、西班牙等国家和地区，投资总额达48万英镑。虽然这家基金与现代意义上的基金相比还有相当的距离，例如没有期限、不能退股，也不能兑现，投资者只能获得分红和股息，但是它给现代基金的形成发展奠定了基础。1879年，英国颁布了《股份有限公司法》。基于该法律，英国出现了公司型的投资基金，使部分投资基金脱离原先的契约形态，发展成为公司型基金，这被看作投资基金发展史上的一次飞跃。[②]

投资基金虽然起源于英国，但大规模发展却是在美国。第一次世界大战以后，美国各地纷纷设立投资公司，开展证券投资信托业务。从1924年1月创立第一只投资基金，到1929年经济危机到来前，美国投资基金所集中的资产一度高达70亿美元。虽然其间有所中断，但从20世纪70年代起，美国投资基金进一步快速发展，而到20世纪90年代，投资基金更是呈爆发性发展，不仅规模继续快速扩张，而且各种新的基金形式不断涌

---

① 参见陈素玉、张渝《论证券投资基金的法律制度》，《中国法学》1998年第6期。

② 参见陈春山《证券投资信托法专论》，中国台湾五南图书出版公司，1997，第215～223页。

现。到2000年，美国共有3000多种不同的基金，为3000多万人所持有。在1亿个美国家庭中，约有40%拥有投资基金。投资基金成为美国公众最普遍的投资方式。①

证券投资基金以其“集合投资、专家理财、组合投资、利益共享、风险共担”的特色和优势，在100多年间逐渐受到各国政府和投资者的广泛关注。② 从20世纪50年代末期起，投资基金开始在世界范围内发展，不少国家和地区先后引入证券投资基金业务，相继建立了形式多样的投资基金。

伴随中国改革开放的历史进程，我国基金业于1998年正式起航，目前基金市场已经成为我国资本市场的重要组成部分。中国证券投资基金业协会数据统计显示，截至2019年3月31日，基金管理公司及其子公司、证券公司、期货公司、私募基金管理机构资产管理业务总规模约51.40万亿元。③

我国的证券投资基金市场及相关立法历经多个阶段。纵观不同时期的理论研究，理论界对投资基金的概念界定、功能特征和法律性质等难以回避的基本范畴存在长期争论。这些认识分歧固然无须都通过立法解决，但就相关问题形成相对一致的共识，是研究基金法律制度的前置条件。下文我们将对此做出具体分析。

一　证券投资基金的语义分析与功能考察

“证券投资基金”在世界各国并非属于统一的概念范畴，或具有相同的法律组织与组织形式。从名称来看，“投资公司”和“共同基金”是具有美国特色的称谓，“Unit Trust”即“单位信托”，源自英国。在欧盟的法令中，其统一名称为“UCITS”，尽管欧盟内部其他国家有时采取了不同的专有名词。在东亚，日本和韩国都称之为“证券投资信托基金”。在中国，

---

① 参见孙煜扬《阿拉丁神灯——证券投资基金发展历程》，中国金融出版社，2004，第15~16页。

② 参见陈夏《论证券投资基金的法律地位》，《西南政法大学学报》2003年第6期。

③ 资料来源：http://www.amac.org.cn/tjsj/xysj/zqqhjyjgzcglywtjsj/394054.shtml，最后访问时间：2019年8月23日。

"证券投资基金"也有不同名称。与我国大陆类似却有所不同，我国台湾地区常称之为"投资信托"、"投资公司"或"投资基金"，我国香港地区则称之为"单位信托和互惠基金"。

鉴于名称繁多，对证券投资基金加以抽象界定的难度可见一斑。但如果借鉴词汇构造学的分析方法，将组成证券投资基金的关键词汇分解，如投资对象为"证券"、目的为"投资"，则可以将证券投资基金分解为"基金""证券""投资"的子概念，逐一探究其内涵。

（一）从词汇构造学的角度解析证券投资基金

1. 基金

《布莱克法律词典》对基金（fund）的解释是"为特定目的而设立的一项或一组资产"。[①] 从字面上看，"基金"简单说就是一种具有特定用途的资产或资金，"或者说就是一堆钱"。[②] 这种直观理解没有揭示其法律特征。结合各国的立法和法律实践，基金的词语内涵可以进一步从以下四点概括。

（1）在资金关系上，基金不是资产或"钱"的简单堆积，而是基于特定目的设立并进行特殊运作、独立核算的资金。从这个角度理解，各国实践中设立的养老基金、保护基金、建设基金、救济基金等，都具有这个特征。

（2）在法律运作上，基金管理和运作采用了特殊的法律构造，由专门的机构按照该法律框架进行理财运作，并由此承担特殊的职责和义务。因此，从法律运作看，基金是一种资产管理方式。

（3）在组织关系上，基金的运作并非由自然人个体负责，而是由特定目的的组织机构从事管理。投资基金有时是指基金管理人机构，通过契约约定按照一定组织原则与资金委托人形成代理或信托关系。有时基金本身就是一个法人组织，按照特别的公司组织规则从事活动，如美国的投资公司。

（4）从投资对象看，基金的投资对象因基金种类不同而存在差异。在

---

① See *BLACK's LAW Dictionary*, Fifth Edition (1979), West Publishing Co., p. 606.

② 参见刘俊海《投资基金立法中的若干争议问题研究》，《杭州师范学院学报》（社会科学版）2002年第2期。

证券市场上，基金一般专指投资基金证券。例如，当投资者说“买卖基金”时，其真实的含义是指买入（卖出）投资基金证券。[①]

2. **证券**

与投资基金类似，在证券概念的表述上，迄今理论界尚无统一认识。一般认为，证券是指表示一定财产权利的一种特殊书面凭证。[②] 它可以用以证明持有人享有或者为持有人设立某种财产权利，持有人依其所持凭证记载的内容而取得相应权益并进行处分转让。一般而言，证券权利的行使和实现与证券本身的占有或记载于一定登记系统直接相关，甚至作为证券权利取得和丧失的标志。

在证券投资基金的“证券”一词的法律内涵和外延上，各国不尽相同，通常是指证券投资基金的投资对象或可投资的范围。在美国法中，由于证券本身界定的弹性，证券投资基金可投资之证券的范围极为广泛。一些国家和地区，如英国、日本、中国香港，虽也允许证券投资基金投资于非证券的商品，但是受到严格的比例限制。我国现行《证券法》所规定的证券种类包括股票、公司债券、存托凭证、政府债务、证券投资基金、证券衍生品种以及国务院依法认定的其他证券。从定义上讲，投资基金本身可以证券的形式存在，更确切地说，按证券的性质分类，作为证券形式存在的投资基金，为有价证券。

3. **投资**

“投资”一词的含义有金融学和经济学之分。前者着眼于资本增值，投入资金的目的在于通过资本市场获取利息、股息、租金等资本收入；后者则指生产性资本的生成，资金一般用于购入不动产、添置新的耐用生产设备或增加存货等。[③] 与证券投资基金一词对照，此处所谓“投资”，显属“金融意义上的投资”。此外，与体现为直接参与企业经营决策和管理的投资行为不同，证券投资基金的投资行为目的在于获取收益，而不在于控制或参与企业经营，故该收益目的具有“间接性”。

---

① 参见吴伟《证券投资基金法律问题及跨国活动法律监管研究》，博士学位论文，中国政法大学，2003，第 4 页。

② 参见王保树主编《中国商事法》，人民法院出版社，2001，第 283 页。

③ 参见〔美〕赫伯特 · E. 杜格尔、弗朗西斯 · J. 科里根《投资学》，任淮秀、陈中云等译，中国人民大学出版社，1990，第 3 页。

综合上述概念分解之语义分析，证券投资基金首先是资金关系意义上的“基金”，即用于特定目的的资产集合。其次其设立和运行目的在于“金融投资”，具体而言是运用于投资特定金融资产获取收益，而非用于扩大再生产；而冠以“证券”则表明，此类基金投资范围和对象限于证券市场。[①]

（二）证券投资基金的功能考察

法学研究从某种意义上说不是一门自给自足的学科，除自身独有方法论和法律逻辑之外，还应注意制度和规则背后的社会经济外生因素，尤其是功能论视角下的制度分析。国内从功能论角度对证券投资基金的研究集中在金融一维，但证券投资基金的功能还存在经济学和法学等其他视角。

从实践来看，投资者投资证券市场既可以自行选择投资于何种证券品种，也可以委托专业人士或专门机构进行“资产管理式”投资。一旦采取后一种方式，则需要建立双方的信托关系，即一方基于信任将财产权（货币资产）委托给另一方进行管理，基金管理人以自己名义根据专业判断投资于证券市场，并将投资收益归于委托人，风险也由委托人承担。这种法律关系在经济学意义上，属于典型的委托—代理范畴。因此，从交易成本经济学的角度，证券投资基金法律制度本质上是为了控制代理成本而进行的一种法律安排。

离开基金产生和运行背后的法律经济多重逻辑，我们就无法全面理解证券投资基金制度本身。下文分别从制度经济学和金融学等不同分析进路，进一步阐述证券投资基金的功能内涵。

1. 制度经济学视角下的证券投资基金

制度经济学是在对新古典经济学关于完全理性、完全信息、完全竞争等理论假设的修正中建立起来的。按照后者的理论框架，一切环境的复杂性和不确定性都能够被人类的理性所克服，信息的分布也是对称且完备的，在完全竞争中，人们可以洞察一切，交易没有任何成本阻碍。[②] 如果

---

① 参见吴伟《证券投资基金法律问题及跨国活动法律监管研究》，博士学位论文，中国政法大学，2003，第6页。

② 参见〔美〕赫伯特·西蒙《现代决策理论的基础》（中译本），北京经济出版社，1989，第3～4页。

证券市场中的投资者获取影响股价的信息没有成本，并且投资者总是能够理解这些因素对股价的影响，那么投资基金就没有存在的必要。

而在制度经济学的理论框架中，前述给定与现实世界差之甚远，主要差别在于人是有限理性的。有限理性意味着，人的领悟能力总是有限的，不可能做出面面俱到的安排。尽管理性的局限性不能被理解为没有理性或不讲理性，但我们必须承认人们只能利用有限的能力来追求最佳利益。[①]这同时还意味着，信息的分布不是对称和完备的，人们终其一生也不可能掌握他们需要的所有信息。为了降低投资者与所投资企业的经营者对于企业经营状况等信息的不对称性，投资者就需要收集信息，但这需要耗费成本。[②]

从证券市场自身特点来看，影响证券价格的因素错综复杂，投资者需要处理和辨别大量的信息，由其根据信息直接定价即使可行，边际成本也很高，因此直接的证券投资方式，整体上并不是一种有效的资源配置方式。作为一种替代选择，投资者通过与基金管理人签订信托契约，集体向相关专业人士支付一定的报酬，借助其对信息的捕捉、理解和分析能力，不仅有利于做出相对准确的投资决策，而且降低了个体投资的边际成本。从制度经济学的角度说，基金是证券信息内部化的结果，是投资组织对证券价格机制的替代，目的在于降低证券交易成本。可见，投资基金是一种为应对证券市场不确定性而建立的组织交易治理结构，是市场主体理性的缔约选择方式。

2. 证券投资基金的金融功能

关于证券投资基金的金融功能，学界已有不少讨论，总结起来主要有三点。一是资源配置功能。证券投资基金可以吸收社会闲散资金，为广大投资者提供资产增值的渠道，因此其合理调节资本流向、提高资金利用效率，并促进经济发展的资源配置功能显著。[③] 二是风险管理功能。证券投资基金的资产组合属性及其化整为零的运行机制，具有分散市场风险的功能。[④] 各国偏好稳健投资策略的养老基金大都选择定时定额投资基金作为

---

① 〔美〕威廉姆森：《资本主义经济制度》，段毅才、王伟译，商务印书馆，2002，第 69 页。

② 参见〔美〕威廉姆森《经济组织的逻辑》，载陈郁编《企业制度与市场组织——交易费用经济学文选》，上海三联书店，1996，第 68～69 页。

③ 参见赵锡军《私募基金的宏观经济意义》，《中国金融》2014 年第 22 期。

④ 参见王彦国《投资基金论》，北京大学出版社，2002，第 45～47 页。

入市渠道，就是投资基金风险管理功能的例证。在我国社会影响力较大的光大证券"乌龙指案"中，光大证券发生系统故障后利用 ETF 卖出股票就是一种典型的基金对冲操作。① 三是金融衍生功能。从理论上讲，投资基金作为理性投资者，其理念是长远投资，因此在改善市场投资者结构，防止市场大起大落方面具有积极意义。② 这是金融稳定市场的衍生功能之一。此外，金融的主要任务之一是服务实体经济，并配合国家的产业政策导向，而债券基金就是引导民间资本进入特定产业的重要金融渠道。

关于投资基金的前两项金融功能，已经形成相对统一的共识。根据前文综述讨论，对于投资基金的衍生金融功能，学界分歧主要体现为两个层面：第一个层面是证券投资基金究竟在实际上有没有起到稳定证券市场的实际功效；第二个层面是通过投资基金对产业政策调节，是否对宏观经济调控存在负面影响。

我们认为，就前者而言，证券投资基金衍生功能的发挥，取决于基金治理结构的完善、法律环境和政府与市场关系的处理等其他因素，因此这并非金融学单一视角所考虑的因素。就后者而言，同样涉及政府的职能定位、证券监管体制选择等外在宏观因素。例如，金融服务实体经济与中小投资者权益保护有可能发生冲突，如果处理不当，其衍生功能不是有无的问题，而是好坏的问题，即它破坏的可能是市场公平本身。

3. 证券投资基金的法律功能

在制度经济学意义上，证券投资基金是一种交易治理结构。在法律上，这种治理结构必然对应某种法律安排。证券投资基金的法律功能是基金在法律上的作用和效果，结合基金法律制度保护投资者的立法宗旨，其功能实质上就是投资者权利保护的实现机制和保障。

具体而言，证券投资基金在法律上有以下作用。③ 一是设定或者证明

---

① 虽然光大证券"乌龙指案"最终被定性为内幕交易违法，相关责任人受到终身市场禁入的处罚，投资者也因此提起民事诉讼索赔，但中国证监会并非对其利用 ETF 基金进行对冲交易的否定，而是对其未及时将有关信息公布即进行对冲操作行为的否定。有关事件和案件处理过程，参见和讯网《光大证券原高管杨建波"乌龙指"案件回顾》，http://stock.hexun.com/2014-12-26/171810021.html，最后访问时间：2019 年 7 月 13 日。

② 参见周秋月《证券投资基金功能分析——论证券投资基金在社会经济中的地位和作用》，《杭州金融研修学院学报》2004 年第 2 期。

③ 以下分析框架参考王保树主编《中国商事法》，人民法院出版社，2001，第 294~296 页。

证券基金权利的功能，通过基金的发行和购买，基金持有人与基金管理人形成特殊的基金法律关系。二是行使和实现基金权利的功能，基金持有人有权依据基金契约和基金法的规定，行使合同和法律赋予其的各项权利。三是基金转让功能，证券投资基金是特殊的证券，证券具有流通性，证券投资基金转让的核心内容是基金份额所体现的投资者投资性权利的转让，而并非基金自身权利的转让。四是基金权利保护功能，基金财产的流通性为不良基金管理人控制大量现金和基金财产提供可以利用的许多机会。[①]因此，包括我国在内的各国相关立法都规定了证券投资者的保护制度，通过一定的保护方式保证基金权利的实现。

二　证券投资基金概念界定及法律性质

以列举或抽象的方式定义法律概念，是大陆法系国家和地区立法的一个基本特征。在法学研究中，概念的内涵和外延的界定也通常是问题思考的起点。回顾证券投资基金立法历程，证券投资基金的界定是学界和业内一直关注并争论的重要问题。与之相关的“制度说”、“方式说”、“工具说”、“财产说”和“组织说”等不同界定（详见本章“文献回顾与综述”），反映了不同学科和行业对投资基金的理解视角差异。当然，概念界定不一定追求严谨至上，重要的是统一和清晰。具有一定弹性的界定方式，有时更符合实际操作的需要。

1997 年，我国出台的《证券投资基金管理暂行办法》第二条对证券投资基金曾做出明确定义，该界定兼采了工具说和方式说，并突出“集合投资”这一形式要件。[②]

不过，2001 年《证券投资基金法》的起草过程中，各界对基金的定义从不同的角度进行了探讨，但最终未能形成统一意见。为使《证券投资基金法》顺利通过，立法者回避了这一问题，没有对基金做出定义。2012 年

---

① 参见〔美〕路易斯·罗斯、乔尔·赛里格曼《美国证券监管法基础》，张路等译，法律出版社，2008，第 35 页。

② 具体规定如下：“本办法所称证券投资基金（以下简称基金）是指一种利益共享、风险共担的集合证券投资方式，即通过发行基金单位，集中投资者的资金，由基金托管人托管，由基金管理人管理和运用资金，从事股票、债券等金融工具投资。”

修订的《证券投资基金法》和现行《证券投资基金法》第二条均延续了这一做法，仅规定证券投资基金的调整对象为“进行证券投资活动”，适用的主要法律为《证券投资基金法》、《证券法》和《信托法》。

（一）证券投资基金概念的比较法界定

世界上最早的证券投资基金由英国在1868年设立，当时被称为“外国及殖民地政府投资信托”（Foreign and Colonial Government Trust）。1994年11月，该基金正式在东京证券交易所挂牌上市，后由于诸多原因退出该交易所，转而在伦敦上市交易，直到今天仍在继续运作。

不可否认，由于各国法律传统及其文化的不同，对证券投资基金的界定存在品种列举或形式描述，或重在经济功能和法律效果，或规定其具体要件和法律结构等不同方法。由于界定方法的不同，又使得同一概念的外延存在较大差别。

美国的立法主要从主体角度、功能角度对投资基金做出定义。在美国，“投资基金”被称作“投资公司”（Investment Company）。根据美国1940年《投资公司法》（1940 Investment Company Law）第3（a）条的定义①，投资公司具有拟从事或实际从事投资和再投资，且投资对象为有价证券达到自身总资产一定比例等两个特点。这里所谓的“公司（company）”一词，是一个极其宽泛的范畴，不仅包括公司、合伙、协会，也包括信托、基金等其他组织形式。有关定义反映了美国法的经验主义传统，既没有反映投资公司的法律形式或结构，也没有体现各当事人之间的权利义务关系，而是注重投资公司所体现的机制或经济特征，即广大投资者以股权为基础将资金交由他人投资证券。②

在英国、加拿大、澳大利亚等盎格鲁—撒克逊法系各国一般使用“投资信托”（investment trust）的概念。比如，英国的《金融服务法》（Financial Service Act of 1986）第75（1）条明确指出单位信托（unit trust）与投资信托（investment trust）都是集体投资组合方式，并在定义中强调参与主

---

① 根据定义，任何主要从事和拟主要从事投资、再投资和证券交易的发行人，并且该发行人拥有或拟购买的投资证券（不包括政府证券）不低于其本身资产总值的40%，都属于“投资公司”。

② 参见赖源河、王志诚《现代信托法论》，中国政法大学出版社，2002，第3～6页。

体可以通过资产运作获得利润或收益，但其并不对资产进行日常的管理。[①]与美国相比，英国的定义相对抽象和宽泛，也没有对资产的投资对象做出要求，只是强调了这种制度安排的金融功能。

在法国，证券投资基金分为投资者作为公司股东通过公司进行投资的公司型，和投资者对作为投资对象的证券实行共有的契约型。公司型中又分开放型与封闭型之分。主要种类有封闭式的公司型的固定资本投资公司（SICAF，Societed' Investissement a Capital Fixe，或简称投资公司 CI，Societed' Investissement）、开放式的公司型的可变资本投资公司（SICAV，Societed' Investissement a Capital Variable）以及契约型的投资共同基金（FCP，Fonds Communs de Placement）。后两种统称为有价证券集合投资体（OPCVM，Organisms de Placement Collectif en Valeurs Mobilieres）。规范 SICAV 和 FCP 的基本法律是《关于有价证券集合投资体及债权共同基金的 1988 年 12 月 23 日法律第 88 条——1201 号》。[②]

德国《1957 年投资公司法》主要规范证券信托和不动产信托，是两种信托并存的国家。根据德国股份法，美国、英国常见的公司型投资信托不被承认，只有契约型投资信托得到承认。德国广泛使用“投资公司”来指代证券投资基金，称之为“Kapitalan Lagegesell Schaft”，其中含有“合作”和“共有”的概念。[③]

在亚洲，按照日本《证券投资信托法》第二条第一项的定义，证券投资信托有以下特征：一是证券投资基金的设立是基于委托人的指示，二是该信托以对特定有价证券的投资加以运用为目的，三是信托收益权由不特定多数人取得。韩国《证券投资信托业法》第二条第一项定义与日本完全类似。[④] 从二者对比，日、韩的定义具有相同内涵：首先将证券投资限定在信托的范围之内，受信托法理规范；其次揭示了委托人、受托人及受益

① 具体规定如下：“有关某些资产的任何安排，通过这种安排使参与者能够得到由于获取、占有、管理或处置这些资产所带来的利润或收益，而且参与者并不对资产进行日常控制。”

② 参见王连洲、董春华《证券投资基金法条文释义与法理精解》，中国方正出版社，2004，第 25 页。

③ 参见赖源河、王志诚《现代信托法论》，中国政法大学出版社，2002，第 124 页。

④ 参见袁达松、蒲夫生《关于投资基金定义的立法探讨——对〈投资基金法〉（征求意见稿）第 3 条的评析及建议》，《政治与法律》2002 年第 5 期。

人之间的权利义务关系；最后明确了投资对象是特定的证券。在这种定义方式下，基金这种特殊主体的法律结构以及各当事人的地位都得到了充分的反映。①

瑞士从内容角度对投资基金做出定义。根据瑞士 1966 年《联邦投资基金法》的规定，投资基金是指投资者为了共同进行资本投资，根据公开招募投资形成的，由基金经理人根据风险分散原则为投资者管理的集合资产。

中国台湾有《证券投资信托事业管理办法》，中国香港有《单位信托及互惠基金守则》。它们除了和日本、韩国一样使用“投资信托”外，还使用“投资公司”“投资基金”“互惠基金”等称呼。

综上介绍，各个国家和地区分别从不同的角度对“投资基金”的含义做出了界定。其中，美国和日本的界定着眼于基金管理主体，英国和韩国的界定侧重于投资行为，瑞士的界定落点于基金财产内容。此外，日本、韩国和中国台湾的证券投资基金的投资对象限于证券，而英国和中国香港对集合投资计划没有做出这样的限定。

我国在《证券投资基金法》颁布之前，有三个地方法规对投资基金做了不同定义。1992 年 6 月深圳市人民政府颁布的《深圳市投资信托基金管理暂行规定》第二条第一款规定：“本法所指的投资信托基金，是指通过发行受益凭证，募集资金后，由专门经营管理机构用于证券投资或其他投资的一种信托业务。”此定义将投资基金定义为一种信托业务，其投资对象不限定于证券。

1992 年 6 月中国人民银行上海市分行发布的《上海市人民币证券投资信托基金暂行管理办法》第三条规定：“本办法所称证券投资信托基金是指基金发起人或由其委任的基金管理人根据投资信托契约并通过一定的方式向社会公开发行基金的信托受益凭证所募集的专门买卖或投资于各种有价证券的专项资金以及由上述资金所形成的各项资产。”该定义接近于日本和我国台湾地区的称谓方法，将基金定位于信托。

海南省在 1992 年的《海南省投资基金管理暂行办法》将投资基金定义为：“投资基金是指投资者通过认购其基金券聚集起来，并由管理人经

---

① 参见何德旭《中国投资基金制度变迁分析》，西南财经大学出版社，2002，第 35～47 页。

营的长期投资基金，基金只能用于房地产和证券投资。”这一定义类似德国的投资信托法制，将证券投资基金和房地产基金并列。

（二）证券投资基金概念的法律性质分析

概念的抽象定义中通常需要借助基本性质的界定，来具体确定调整对象，进而明确概念的内涵和外延。换言之，对概念进行法律性质的分析，往往有助于概念界定的清晰化，这早已成为法学研究中约定俗成的思维习惯。

事实上，比较法对证券投资基金的不同定义，以及我国立法过程中学界对投资基金概念界定的诸多探讨，多少都内含了投资基金的基本定性内容。不论是“集合投资计划”、“证券投资信托”还是“单位信托”，大部分定义存在一个基本指向，即信托法律关系。有学者甚至将信托法视为证券投资基金的“民法之家”。[①] 我国现行《证券投资基金法》第二条规定的内容[②]，足见证券投资基金与信托之间的天然亲缘关系。

从学理上分析，证券投资基金固然与信托法紧密相关，但不等于传统信托法律构造就是投资基金的基本性质。在信托法研究中，信托的法律性质也存在不同学说，包括双重财产权说、物权说、债权说、财产权机能区分说、物权与债权并行说、附解除条件法律行为说等不同定性。[③] 不难看出，主流意见还是将信托的本质定位于财产权范畴，证券投资基金法律关系就是财产归属与财产利用。[④] 如果把信托理解为证券投资基金的基本性质，则概念界定上等同于“财产说”，而“财产说”未能揭示投资基金运行动态过程之缺陷，已如前述。

况且，证券投资基金与信托投资在运作方面亦有所区别。将契约型基金与信托投资比较，前者法律关系由投资者、基金管理人和基金托管人构成，三方权利义务由基金契约加以调整，基金资产由托管人加以保管；后

---

① 参见蒋雪雁《〈信托法〉：揭开证券投资基金的面纱——论我国证券投资基金的法律性质》，《金融法苑》2003 年第 4 期。

② 本条具体规定为：“本法未规定的，适用《中华人民共和国信托法》、《中华人民共和国证券法》和其他有关法律、行政法规的规定。”

③ 参见李群星《信托的法律性质与基本理念》，《法学研究》2000 年第 3 期。

④ 参见胡吕银《证券投资基金法律关系解构——兼对熊继宁教授观点的补正》，《比较法研究》2006 年第 1 期。

者则由委托人直接与信托投资公司签订信托合同，信托资产由信托投资公司直接保管，不涉及托管人的问题。①

从基金运行的动态过程来看，以组织或机构说的视角界定证券投资基金有其合理性，因而将证券投资基金定性为民事主体，似顺理成章。但在信托法理上，民事主体说也存在令人困惑之处。正如学者分析指出，民法上的财团法人是以财产集合而组成的法人，就财产集合而言，信托型基金与财团法人完全相同，但后者可取的独立法律人格，前者则只不过是一堆财产，作为民事主体支配的客体。② 那么，到底是应当将传统民法财团法人的内涵改造，以适应投资基金法律构造，或是将信托作为新型民事主体，似乎都无法得到令人满意的答案。

总之，对证券投资基金的概念界定及其法律性质分析，颇有“横看成岭侧成峰，远近高低各不同”的意思。我们同意部分学者从法律地位（legal status）定性证券投资基金，分别从主体和客体进行整体分析③，方能准确反映证券投资基金的法律性质。

1. 证券投资基金的主体地位分析

将投资基金定位于一种投资组织，准确地揭示了投资基金动态运作过程的法律属性。“组织”的概念起源于社会学，“一种对外封闭或限制局外者加入的社会关系，当它的规则是由特定的个人如领导者，以及可能是管理干部（他们通常同时具有代表性权力）来执行时，称之为组织”，显然“组织”概念更强调的是内部的管理性和支配性，而非封闭性。④ 但在法理学上，组织性不等于法律的主体性，法律主体应同时满足社会性和法律性两个条件，后者是指法律主体由法律规范所规定。⑤ 不论何种民事主体，其独立的法律人格至少体现在以下这一点上——一个民事主体不会随着另一个民事主体的终止而必然终止。⑥ 正如有学者指出，我国民事立法中长

---

① 参见刘和平《投资基金的信托法研究》，载《商法研究》第三辑，人民法院出版社，2001，第 329 ~ 332 页。

② 参见陈丽萍《证券投资基金的法律性质》，《中国法学》2004 年第 3 期。

③ 参见陈夏《论证券投资基金的法律地位》，《西南政法大学学报》2003 年第 6 期。

④ 参见〔德〕马克斯·韦伯《社会学的基本概念》，顾忠华译，广西师范大学出版社，2011，第 87 ~ 88 页。

⑤ 参见孙国华、朱景文《法理学》，中国人民大学出版社，1999，第 364 页。

⑥ 参见张新宝、汪榆淼《〈民法总则〉规定的“非法人组织”基本问题研讨》，《比较法研究》2018 年第 3 期。

期存在的“其他组织”并不等于民事主体意义的组织，非主体意义的“其他组织”不是规范、科学的法律概念，主体意义的“其他组织”与《民法总则》的“非法人组织”才具有同质性。[①]

公司型投资基金作为法人团体，其主体性和组织属性均确定无疑，以有限合伙形式设立的投资基金也完全可归属于《民法总则》的“非法人组织”一类民事主体，问题在于契约型基金的地位如何。一般认为，契约型基金与传统民法的财团法人有所区别，同时也不满足《民法总则》规定的营利法人条件。但许多证据显示，契约型基金仍具有一定的组织性和法律性。

首先，追溯契约型投资基金的渊源到单位信托，单位信托实际上是一种非公司的组织体，它由受托人、经理以及单位持有人依据一个单一的多方当事人的合同组成一个团体，当事人组成团体的目的是投资，单位持有人提供资本，受托人和经理提供管理服务。[②] 按照我国当前的基金实践，证券投资基金也被业内人士视作机构投资者的重要组成部分。[③]

其次，契约型基金具有自己独立的责任财产。按照信托法的基本原理，信托运作的主要特征就是支配利益与收益权的分离，支配人不享有为了自己的利益按照自己意志支配它的权利。[④] 我国《证券投资基金法》第五条、第六条和第七条规定，证券投资基金具备信托法律构造特征，其不但拥有独立的信托财产，并且具有以该财产独立承担责任的能力。

再次，契约型基金的组织运作表现出不同于单个投资者或基金管理人员的独立意志。契约型基金的独立意志体现在其基金持有人大会，基金持有人通过基金持有人大会对基金运作过程中的重大事项做出决定，实行多数决原则，基金持有人的变动不影响基金的存续。

最后，契约型基金经过注册或备案成立，能够以自己的名义执行一定的对外事务。按照基金法规定，公募基金应当向证券监管部门注册才能设立，私募基金则需要向“基金业协会办理备案手续”。基金业协会制定的

---

① 参见谭启平《论民事主体意义上“非法人组织”与“其他组织”的同质关系》，《四川大学学报》（哲学社会科学版）2017 年第 4 期。

② 参见谢卫《金融制度变革中的投资基金》，中国经济出版社，1997，第 58 页。

③ 参见高尚全《基金业发展前景广阔》，《上海证券报》2002 年 6 月 18 日，第 2 版。

④ 参见张淳《信托法原论》，南京大学出版社，1994，第 100 页。

《私募投资基金管理人登记和基金备案办法》第十四条规定，经备案的私募基金可以申请开立证券相关账户。可见，此类基金的受托人和管理人实际承担着法人组织机构的职责和功能，具备了相应的民事行为能力。[①]

基于以上理由，契约型基金基本满足了《民法总则》第一百零二条关于“能够依法以自己的名义从事民事活动的组织”和第一百零四条关于“应当依照法律的规定登记”的法定条件[②]，并符合学理上要求的“财产区隔”要件。[③] 当然，在法律认定标准和操作细则上，契约型基金的主体地位若要获得认可，还面临一些亟待解决的问题。司法实践不少判例习惯把取得营业执照作为取得民事主体地位的条件之一[④]，这就导致了市场监督管理部门对于契约型基金的投资活动，倾向于以基金管理人而非基金的名义，作为股东进行商事（工商）登记，这为基金以自己名义提起民事诉讼带来较大困扰。唯后续配套立法和司法解释遵循相关立法精神，方能进一步细化认定标准，破除操作障碍。

2. 作为财产权客体的证券投资基金

证券投资基金设立、使用和取得相关受益的对象为基金财产，构成了证券投资基金法律关系的客体。由于基金法律构造建立在信托法律关系基础上，因此基金财产具有信托财产权的法律特征，即由受托人和受益人对基金财产分别享有一定的财产权利。需要指出，有关财产权在不同国家和地区的法律定位存在明显差异。英美法系信托法称之为普通法上的所有权和衡平法上的所有权，大陆法系国家信托法则称之为受托人的所有权或财产权和受益人的受益权或受益请求权。[⑤]

我国《证券投资基金法》虽然没有对证券投资基金概念界定和法律地位多费笔墨，但对证券投资基金的客体——基金财产予以了详细规定。其中第五条规定了以下内容：第一，除基金合同另有约定，基金财产具有承

① 参见陈丽萍《证券投资基金的法律性质》，《中国法学》2004 年第 3 期。

② 这里的“登记”应采广义理解，不限于行政审批或行政主管部门登记，解释上应包括通过备案等法定方式体现其续存的公示性即可。

③ 参见张新宝、汪榆淼《〈民法总则〉规定的“非法人组织”基本问题研讨》，《比较法研究》2018 年第 3 期。

④ 参见蔡睿《论“非法人组织”的认定标准——以〈民法总则〉的颁布为背景》，《司法改革评论》2017 年第 1 期。

⑤ 参见陈雪萍《信托与第三人利益契约的比较研究》，《政治与法律》2005 年第 6 期。

担基金债务的资格，基金出资人仅在其出资范围对该债务承担责任；第二，基金财产独立于基金管理人和基金托管人的固有财产；第三，基金取得和收益的财产应归入基金财产；第四，基金财产在基金管理人、基金托管人破产清算时，别除于清算财产。[①]

根据《证券投资基金法》第八条规定，基金财产设立后，应归由基金管理人和基金托管人管理运作，基金份额持有人已经不再拥有传统意义上的完全所有权，因而基金份额持有人的债权人不得对基金资产主张强制执行。这从另一面将基金份额持有人与基金财产的财产进行了隔离。

《证券投资基金法》第六条第一款还同时规定，基金财产有自己的独立债权，基金管理人和基金托管人对基金份额持有人享有债权时，不得以该债权主张与基金财产抵销。第二款接着规定，分属不同基金财产的债权债务，也不得相互抵销。据此法律构造，同一基金财产虽由基金管理人和基金托管人共同管理，但是这些基金财产具有独立的财产利益，且分属于不同主体，法律不允许这些主体以自身债权债务作相互抵销，以免减损其他基金当事人的财产利益。有上述两点规定，有利于保障基金财产的独立性和安全，有利于维护基金份额持有人的合法权益。[②]

前述三条规定相互配合，产生将基金财产与基金份额持有人、基金管理人员、基金托管人的财产相互区隔的法律效果，共同塑造了基金财产的独立性。围绕基金财产，基金法律关系呈现出一种支配权、受益权相分离以及多权利主体匹配的特殊财产权构造：基金财产不归属于基金管理人、基金托管人和基金受益人任何一方，而是自带独立“财产权”属性，以传统民法的所有权来看，没有任何一方享有基金财产完整的所有权；具体到基金管理人，其在基金成立后只能对基金资产进行使用管理，管理方式为发出相关指示，却不直接占有基金资产，也无财产收益权，只能按照约定

---

① 《证券投资基金法》第 5 条规定的内容如下：“基金财产的债务由基金财产本身承担，基金份额持有人以其出资为限对基金财产的债务承担责任。但基金合同依照本法另有约定的，从其约定。基金财产独立于基金管理人、基金托管人的固有财产。基金管理人、基金托管人不得将基金财产归入其固有财产。基金管理人、基金托管人因基金财产的管理、运用或者其他情形而取得的财产和收益，归入基金财产。基金管理人、基金托管人因依法解散、被依法撤销或者被依法宣告破产等原因进行清算的，基金财产不属于其清算财产。”

② 参见王连洲、董春华《证券投资基金法条文释义与法理精解》，中国方正出版社，2004，第 56 ~ 58 页。

领取一定报酬；基金托管人可以直接占有和监督基金资产的使用，却无权处分和收益；基金受益人虽然享有受益权和部分组织权利，却无权占有和处分基金资产。这种法律构造显然不能囿于民法传统物权或财产权框架，宜以开放性的视角将其定位为新的、独立的权利组合。①

三　证券投资基金的主要类型

目前对证券投资基金的划分有多种不同标准，这种划分主要是由各国的历史、社会、经济、文化等环境不同造成的。根据不同的标准对投资基金进行划分，可以进一步了解和把握这种融资工具的发展趋势。此外，随着多层次资本市场的发展以及互联网金融的兴起，各类新的基金产品和种类也在不断涌现。

（一）开放式基金和封闭式基金

根据受益凭证（基金投资者持有基金资产的一种凭证）是否可以赎回，可将证券投资基金划分为开放式基金和封闭式基金。开放式基金是指对发行期没有严格限制的基金，即在原定发行期满基金正式设立后，基金组织可随时向投资者发行新的基金份额或受益凭证，按监管要求以及基金契约或章程规定随时买回已售出份额或受益凭证的基金。由于投资总额可以追加，这种基金也称“可追加型基金”。② 在开放式基金中，投资者按规定可以随时申购（赎买）基金单位，也可以按合同随时将手中持有的基金单位在基金管理公司设定的内部交易场所和营业日里转卖给基金管理公司。从基金管理公司的角度来看，转让属回赎基金单位，而从投资者的角度来看则为赎回现金。

封闭式基金是指基金在设立时，限定了基金的发行总额和期限，在发行期限届满，资金募集达到发行计划确定的最低限度后，基金即宣告成立，并进行封闭，在一定时期内不再追加发行新的基金单位的基金运作方式。封闭式基金因发行在外的基金份额是有固定数量的，故也称为固定型

---

① 参见李群星《信托的法律性质与基本理念》，《法学研究》2000 年第 3 期。

② 参见郭雳《开放式基金及其相关法律问题研究》，《法学》2001 年第 3 期。

基金。[①] 其基金份额的变现采取在交易所或其他固定交易场所上市交易的办法来实现。

开放式基金与封闭式基金的区别有以下几个方面。

1. 基金规模可变性不同。封闭式基金一般只能按预先既定的规模发行，发行时要达到计划规模的一定比例基金方能成立。发行上市后，在存续期内，如果未经法定程序，不能扩大或减小基金的规模。而开放式基金没有事先限定发行规模，其规模根据发行后投资者的申购和赎回而发生变化。

2. 基金存续期限不同。封闭式基金通常都有固定的存续期，当期满时，就必须进行基金清盘，除非在基金持有人大会通过并经监管机关统一的情况下，可以延长存续期。而开放式基金没有固定的存续期，只要基金的运作得到投资人的认可，基金规模没有低于规定的最低标准，基金就可以一直存续下去。

3. 基金交易地点、方式不同。封闭式基金在证券交易所二级市场上挂牌交易买卖，投资者可以通过转让其持有的基金单位变现投资。而开放式基金一般不上市，投资者的买卖是通过向基金管理公司及其代销机构（如银行等）申购赎回。

4. 基金定价方法不同。由于封闭式基金的买卖是在证券交易二级市场进行，因此如同股票价格一样，封闭式基金的价格也直接受到市场行情影响。而开放式基金申购赎回时的价格确定，是根据每日计算出的该基金资产净值为基础，加上必需的申购赎回费用得出的，这一价格不会受到证券市场波动及基金市场供求变化的影响。

5. 投资策略不同。对于封闭式基金来讲，由于其规模固定的特征，基金管理公司不会有基金赎回压力，可以从容地将资金进行各种短期和长期投资，同时没有预留准备金的必要。而开放式基金则必须随时应付投资者的申购和赎回，基金资产必须留存部分现金及流动性强的资产，以防出现巨额赎回，因此开放式基金的资产不能全部进行投资运作，且要适当降低长期投资的比例。

6. 信息披露要求不同。封闭式基金不必按日公布资产净值，而开放式

---

① 参见吴勇《论封闭式基金与开放式基金》，《沈阳干部学刊》2005 年第 2 期。

基金则要求基金管理公司每个开放日公布基金单位资产净值。同时由于开放式基金在销售方式上比较依赖广告的用途，因此这方面的监管更严格。

虽然封闭式基金与开放式基金募集与运作的方式不同，但两者之间并不相互排斥，依据一定的条件，两种基金可以互相转换，即开放式基金可以转换为封闭式基金，而封闭式基金经过一定程序也可以变更为开放式基金。

（二）公司型基金和契约型基金

公司型基金与契约型基金的划分依据是其组织运作形态。所谓公司型基金，是指通过组建基金股份公司的形式，发行基金受益凭证募集投资者的资金。[①] 公司型基金是以公司法理为基础，并根据公司法所设立的证券投资基金。证券投资基金本身即为投资公司，通常采用股份公司组织形式，投资者通过购买其股票成为公司股东，公司与股东的权利义务由公司章程明确规定。美国共同基金即为典型的公司型基金。契约型基金则是借助信托法律构造建立的基金组织形式，“契约”一词系信托契约的代称。[②] 亚洲的日本、新加坡、中国台湾的证券投资信托实质都是契约型证券投资基金。

不论是公司型还是契约型证券投资基金，其组成和运作都是建立在支配、托管和收益相分离的基础上，遵循信托原理且基金财产具备独立性，这些共性不再赘述。

二者的区别之一是它们分别采取了不同的组织形式，公司型以公司法人这一民事主体的形式出现，基金向投资者发行的是公司股份；契约型基金的实体性则存有争议，以至于许多人认为它只是一个虚拟的实体，仅根据投资者、管理人、托管人所签订的契约而形成，投资者持有的是受益凭证。[③]

组织形式的不同必然带来治理结构的差异。在公司型基金中，基金公

---

① 参见徐静《证券投资基金治理模式和公司治理模式的比较研究》，《经济体制改革》2005 年第 2 期。

② 参见李琳《我国“公司型”基金治理结构的建构——基于与“契约型”结构的对比分析》，《经济法研究》2018 年第 1 期。

③ 参见王连洲、董春华《证券投资基金法条文释义与法理精解》，中国方正出版社，2004，第 19 页。

司是占据了核心地位的，投资者作为股东可以投票选出内设治理机构和外部投资顾问。不论是基金管理人还是基金托管人，不仅是被内化于信托合同之中，同时还被束缚在公司治理结构中。[①] 这就大大提升了投资者相对于基金管理人的谈判地位，同时增强了对基金管理人的监督效果。

根据我国 2003 年颁布的《证券投资基金法》第二条和第三条规定，契约型基金是我国证券投资基金的唯一组织形态。2012 年修订的《证券投资基金法》在“附则”第一百五十四条新增了公司型基金和有限合伙这一类“公司”基金组织形态，但规定“资产由基金管理人管理”，而没有引入股东会、董事会和投资顾问类似的公司法人治理结构。[②] 正是因为立法态度模棱两可，实践中公司型证券投资基金并不常见。

（三）公募基金和私募基金

按照募集基金的方式，投资基金可以分为公募基金和私募基金。公募基金是指向社会公开招募，并向社会公众公布信息的一种投资基金；私募基金则是指向特定对象募集资金和发布信息，而不得向社会公众或非特定人发布信息的一种投资基金。[③]

公募基金自身也有许多不同种类。在实践中，交易型开放式基金（ETF）[④]、交易指数基金、上市开放基金（LOF）、货币市场基金、基金中基金（fund of funds）都是比较常见的公募基金。

在我国，私募股权基金（private equity fund）属于典型的私募基金。私募股权基金不仅投资于上市公司的证券股权，同时也可能投资于非上市的初创企业，待其上市或发展成熟后套现收益。业内将后一种私募股权基金称为“风险投资基金（VC）”。[⑤]

---

① 参见李琳《我国“公司型”基金治理结构的建构——基于与“契约型”结构的对比分析》，《经济法研究》2018 年第 1 期。

② 参见楼晓《我国公司型基金治理结构的构建之路——以美国共同基金治理结构为视角》，《法学评论》2013 年第 6 期。

③ 参见陶建华《我国私募基金现状分析》，《合作经济与科技》2006 年第 17 期。

④ 纽约股票交易所对 ETF 的界定是：“投资者可以借此买入和卖出一种证券的股份，该股份代表若干证券组合的部分所有权。从法律上说，ETF 是开放式投资基金公司或单位投资信托，根据《1940 年投资公司法》注册。”纽约股票交易所网站：http://www.nyse.com/screener，最后访问时间：2018 年 11 月 20 日。

⑤ 参见陈业宏、文杰《我国风险投资基金若干问题思考》，《河北法学》2004 年第 3 期。

私募基金与公募基金的区别主要体现在以下几方面：(1）投资主体的区别。私募基金与公募基金的最大区别是投资主体不同，私募基金面向特定投资者，满足特定基金投资群体的需要。[①] 正是由于私募基金不需要针对不特定的投资者，私募基金协议可以适用传统合同法的框架，基金的投资内容可以由投资者与基金发起人通过“要约—承诺”的合同模型协商确定，而不是如公募基金那样由发起人单方决定。(2）监管方面的区别。公开募集资金面向不特定的投资者，性质上一般属于法律法规所专门保护的中小投资者或金融消费者，因此对公开募集行为（无论是股票还是基金)，各国都实施更为严格的监管措施及信息披露要求。由于私募基金制度所要求的投资者为“合格投资者”，其监管水平明显低于公募基金。例如，我国对公募基金采要求发行人向证券监管部门申请注册，对非公开的私募基金则仅要求向基金业协会备案。[②]

从发达国家的情况看，证券投资基金一般是公募的，产业投资基金、创业投资基金则绝大多数是私募的。在我国，私募基金长期以来没有明确的法律地位，但都广泛地以地下形式存在着。2012 修订的《证券投资基金法》，用“非公开募集基金”一章将私募基金纳入调整范围。2014 年，中国证监会颁布了《私募投资基金监督管理暂行办法》，至此，我国私募基金的发展进入了一个新的发展阶段。

我国实践中还出现了公募基金与私募基金混为一体的分级基金。2017 年，深圳证券交易所和上海证券交易所分别发布“分级基金业务管理指引”，对分级基金进行了定义和规范。学者认为，这类基金产品挫败了《基金法》区分两类不同基金的规定及其目的。[③]

（四）股票基金、债券基金、货币市场基金和衍生证券投资基金

按照投资对象的具体品种划分，基金可以分为股票基金、债券基金、货币市场基金和衍生证券投资基金等。

1. 股票基金。它是指以股票为主要投资对象的投资基金。购买股票基金的投资者通常需承担较高的风险，当然他们也有获得较高的收益预期。

---

① 参见陈蕾《我国私募基金的发展状况》，《金融经济》2005 年第 14 期。

② 关于私募投资基金的监管体制，具体参见本书第三章的内容。

③ 参见朱伟一《证券法》，中国政法大学出版社，2018，第 221 页。

股票基金在基金市场中占据最重要的地位，作为金融投资工具的股票其本身的优点即为股票基金的投资操作、分散风险创造了良好的客观条件，使得股票基金可以根据不同的投资目标和投资策略，灵活地组合股票品种。

2. 债券基金。债权基金是以投资各类型债券为主的基金。债券投资属财务投资范畴，其目标侧重于本金安全和固定的利息收入。投资的地区和投资债券的信用高低不同，债券价格对利率的涨跌极为敏感，因此选择债券基金时除了要注意基金所投资债券的信用评级之外，也要注意市场利率的变化。一般而言，债券基金的风险小于股票基金，回报率也低于股票基金。

3. 货币市场基金。货币市场基金简称货币基金，是公募基金的一种，是以全球的短期货币工具为投资对象的一种基金，其投资工具期限在一年以内，包括国库券、大额可转让定期存单、银行承兑汇票、商业票据及回购协议等。货币市场基金收益和风险都较低，仅略高于银行存款利息。但它类似银行的活期存款可以随存随取，投资者可以迅速撤出基金。[①] 因此，此类基金在各国都有较为良好的表现，从而逐渐成为取代储蓄存款的一个基金品种。

4. 衍生证券投资基金。顾名思义，此类基金是以衍生证券为投资对象的基金。这种基金的风险最大，因为衍生证券一般是高风险、杠杆作用明显的投资品种。比如期货基金、期权基金都属于衍生证券投资基金。

5. 混合型基金。同时以股票、债券、货币市场工具为投资对象的基金，称为混合型基金。混合型基金可以根据投资需求偏重配置不同的基金类型，如偏股型或偏债型。其中，较为特色的是配置型基金。配置型基金，又称为资产灵活配置型基金，其最大的特点在于基金可以根据市场情况显著改变资产配置比例，投资于任何一类证券的比例都可以高达100%。配置型基金的两个显著优势：一是最低成本实现资产配置调整，二是可较大程度地获取证券市场投资收益。[②]

---

① 参见〔美〕R. J. 舒克《华尔街词典》，陈启清译，中国商业出版社，2002，第476页。

② 参见宋国良《证券投资基金——运营与管理》，人民出版社，2005，第16~17页。

（五）证券投资基金的其他特殊种类

1. 雨伞基金。[1] 雨伞基金也称伞形基金，是指在一个基金派生设立若干个基金，不同基金进行独立的投资决策。前者为“母基金”，而派生设立的新基金为“子基金”，相互呈现为“伞形结构”。雨伞基金的目的是在同一基金内部设置不同投资选择，投资者可以随时根据自己的需求免费转换基金类型。雨伞基金是开放式基金的一种组织结构，基金发行人根据一份总的基金招募书，发起设立多只相互间可以依照一定程序进行转换的基金。这些相互关联的基金称为子基金或成分基金。也就是说，雨伞基金不是一只具体的基金，而是由上述子基金共同构成的基金体系，合称为雨伞基金。因此，通常认为“伞形结构”的提法比“雨伞基金”更为恰当。

除了契约框架及其品牌的统一性，雨伞基金还具有开放性，基金发起人可以在同一份法律契约下不断根据市场的需求推出新的子基金品种，在设立新的基金品种时基金发起人只需将有关新的投资基金的具体情况（如投资目标、投资政策、费率标准等）添加到此前的基金契约中更新即可。雨伞基金的这一特别优势，使得基金能够在维持规模管理效益的同时，相当程度保持不同子基金的独立性。

2. 基金中基金（fund of funds）。基金中基金，也译作“支线基金”，是以其他证券投资基金为主要投资对象并投入其大部分基金资产的基金。[2] 根据“支线基金”的产品设计，基金投资者实际是分层投资，不同“投资面”由不同专家经营，风险也相应地分层分散。不过，基金投资者需支付不同层次的管理和销售费用，因此其投资成本较高。基金中基金还有将公募基金与私募基金界限打破的实际效果，即可以通过公募的方式为私募基金募集更多的资金，但资金的最终投向和管理仍然以私募基金的隐秘方式管理。[3]

3. 对冲基金。对冲基金（hedge fund），顾名思义，是一种采取“风险对冲”策略的特殊投资基金，其早期操作是利用期货、期权等金融衍生产

---

① 参见陈卫东主编《投资基金管理》，科学出版社，2004，第 31 ~ 37 页。

② 根据中国证监会出台的《基金中基金指引》（征求意见稿）第二条规定，投入其他证券投资基金的资产达到 80% 以上才能定义为基金中基金。

③ 参见朱伟一《证券法》，中国政法大学出版社，2018，第 208 页。

品，对不同股票进行空买空卖，对冲因价格波动产生的投资风险，或者获取杠杆收益。经过演变，对冲基金已成为一种新的投资模式的代名词，它与私募基金进行了有效的结合，经募集合格投资者的资金设立，具有投资策略复杂，采用卖空机制及杠杆效应，追求高回报、承担高风险等特征。[①]世界上许多国家，如德国、意大利、爱尔兰等国只允许私募，禁止其向公众公开招募资金，但美国、日本、卢森堡、瑞典和法国则允许对冲基金公募。[②]

4. 定时定额证券投资基金。所谓定时定额证券投资，乃指投资人利用平均成本投资法（dollar - cost aberaging）之投资策略，于一定期间，以预订之金额购买开放型基金，以作为个人长期投资理财之计划。[③] 定时定额之基金投资在不同国家或地区有不同的名称，美国称之为储蓄计划（savings plan）或退休计划（retirement plan），在中国香港被称为 Master Saver，中国台湾则称之为定时（期）定额储蓄投资计划。定时定额投资基金作为个人的投资理财，其与普通证券投资基金具有共通之处，即要通过财产信托方式进入投资领域。比较之下，定时定额证券投资基金有如下特点：（1）就基金的投资方式而言，定时定额投资基金乃属长期理财的方式，一般投资于养老基金、子女教育基金领域。（2）就基金的认购方式而言，定时定额投资基金不需要一次性认购大宗基金份额，而是小额资金就可以参与。（3）就基金的认购程序而言，定时定额投资基金通过银行的自动转账系统，于指定日期代为扣款。（4）就基金的投资策略而言，定时定额投资基金采取的是平均成本投资法，有利于减少投资风险。（5）就基金的运作方式而言，定时定额投资的对象是一种开放式基金，投资者可按照约定赎回基金份额。

5. 互联网基金（互基）。互联网基金伴随着互联网金融的兴起而产生。从理论上讲，互联网基金只是金融产品互联网化的一个特殊情境，业内一

---

① 参见李励《论美国的对冲基金监管立法》，《金融理论与实践》2008 年第 6 期。

② 参见王刚、张赞松《国际对冲基金监管制度比较研究与启示》，《上海金融》2008 年第 8 期。

③ 参见郑泰安《定时定额证券投资之经济法律探析》，《西南民族大学学报》（人文社科版）2008 年第 10 期。

般将互联网基金理解为网络销售化的基金产品。[①] 由于实践中的互联网基金多以“余额宝”等货币基金类型出现，故互联网基金有时也会等同于互联网货币基金。但从互联网基金本身的定义以及互联网运作特点来看，但凡能够公开销售的基金产品，原则上都能够以互联网形式销售。换言之，互联网基金不限于目前市场主流呈现的互联网货币基金这一产品类型。

第二节　证券投资基金立法沿革及争议

我国证券投资基金立法起始于20世纪90年代。从《证券投资基金管理暂行办法》到《证券投资基金法》及其修订，基金立法过程明显体现了中国特有的商事法律成长逻辑。这一过程遵循了市场先于立法或者说先发展再规范的基本路径。在此过程中，基金管理公司利用封闭式证券投资基金的封闭性投机所出现的“基金黑幕”事件，直接催化启动了我国进行开放式证券投资基金的试点进程。[②]

总体来看，我国基金立法的最大特征是行政主导色彩浓厚以及充满回避与妥协，无法与《合同法》、《信托法》、《公司法》和《证券法》等相提并论。[③] 各方对于投资基金的调整范围、立法体例和立法理念等基本问题都有着较为激烈的分歧，例如基金法的名称采用投资基金法或是证券投资基金法，采用综合立法还是专门立法，不同利益的碰撞与博弈最终导致了不同结果的产生。

本节内容对我国证券投资基金的立法过程进行总览回顾，并从中发现与提炼可能对基金法研究与适用有潜在影响的有关争点，它们既包括涉及全局的基本问题，也包括某些具体的技术问题。

---

① 参见韩质栩《互联网基金的兴起及其对传统商业银行的挑战——以余额宝为例》，《东岳论丛》2015年第2期。

② 参见陈云贤《中国投资基金的现状及发展》，载厉以宁、曹凤岐主编《跨世纪的中国投资基金业》，经济科学出版社，2000，第57～58页。

③ 参见李康、杨兴军《回避与妥协——〈中华人民共和国证券投资基金法〉立法评论》，《观察家》2006年第10期。

一 投资基金的早期发展与初步规范

按照学者的研究划分，我国基金业的发展大致经历了四个阶段：一是基金萌芽及初期发展阶段（1987～1993 年），二是基金公开上市交易阶段（1993～1998 年），三是封闭式证券投资基金发展阶段（1998～2001 年），四是开放式基金发展阶段（2001 年以后）。[①] 这四个阶段与我国证券市场的复苏、起步和发展基本保持着同步。

（一）投资基金的萌芽与混沌

20 世纪 80 年代，“投资基金”这一名词就已出现在科学技术领域的中央体制改革文件中。1985 年 3 月 13 日中共中央《关于科学技术体制改革的决定》中提出，“要通过建立科学发展风险投资基金来鼓励科技发展”，这是有据可查的促进投资基金发展较早期的规范性文件。1980～1991 年同样属于我国股份制改革试点的起步阶段，国企改革的重点是承包制而非股份制，且股份制的重点不是公开发行和上市的股票，而是企业间的相互持股和参股。[②] 正是由于时代环境的局限，在相关政策出台后的多年，我国并没有建立起真正的风险投资机制，各地试点投资基金的资金来源主要还是依靠财政拨款或社会捐赠，缺少了风险投资的意味。

直到 1990 年 12 月，随着深、沪证券交易所先后在历史舞台登场，我国证券市场开始进入发展加速通道，具有风险投资属性的投资基金也跟随而至。1991 年 10 月，国内第一批投资者基金诞生，如“武汉证券投资基金”“深圳南山风险投资基金”等，投资基金由经费支持的政策取向转向了风险投资的属性，这标志着我国基金业的起步。

1992 年 11 月 11 日，“淄博乡镇企业投资基金”经中国人民银行批准后在北京成立，并于 1993 年 8 月在上海证券交易所挂牌交易，成为我国首只上市交易的投资基金。因此它标志着我国证券投资基金的正式起步。

---

① 有关我国基金的发展历程可参见何孝星《中国证券投资基金发展论》，清华大学出版社，2003，第 12～38 页，以及郑振龙《中国证券发展简史》，经济科学出版社，2000，第 280～285 页。

② 参见王年咏《财政退让与证券市场兴起的历史透视》，《财政研究》2006 年第 10 期。

首只基金上市交易以来，基金业在短期即出现了一波发展热潮，进一步凸显了规范空白的尴尬。这一时期的投资基金绝大部分是由地方政府批准发行的，由于存在利益驱动，地方政府更多的是将投资基金作为外商投资、房地产融资的工具。在投资对象上，基金资产不限于对证券资本市场的投资，还包括对所有投资品市场的投资。因此，这一时期的投资基金外延很难以“证券投资基金”来概括。同时，基金交易市场缺少层次，既有场内交易投资基金，也存在场外交易的投资基金。基金内部的运作机制也很不合理，甚至出现基金管理人与基金托管人同为一个机构的现象，造成基金运行普遍缺乏监督。

有关监管部门并非认识不到基金野蛮生长的弊端。例如，中国人民银行 1993 年 5 月 19 日发布紧急通知，要求规范制约不规范的投资基金发行和设立。随后，投资基金在相当长的一段时间内没有新的基金面市。但这种临时性政策措施并不能从根本上转变证券投资基金的发展轨道，基金规范化、法制化的需求日益突出。

（二）投资基金的初步规范

在历经了 1991～1997 年的空白期，证券投资基金的规范化问题终于迎来了重要历史节点。1997 年 11 月，我国证券监督主管部门（时称“国务院证券委员会”）出台了《证券投资基金管理暂行办法》（以下简称《暂行办法》），《暂行办法》的出台划定了证券投资基金从不规范的封闭式基金试点阶段向规范化的开放式基金发展期的转变界限，也由此宣告了老基金时代的结束，新基金闪亮登场。

与此同时，国家开始对在《暂行办法》出台前面世的老基金进行集中清理活动，依据《暂行办法》的规范要求，或者清盘，或者转换为金融债券，或者封转开。大部分老基金在经过清理改造后，重新变身成为符合《暂行办法》规定要求的证券投资基金。

不仅是证券投资基金，其他类型的投资基金也进入了规范化的议事日程。1995 年，原国家计委就开始对产业投资基金的有关问题进行专题研究。[1] 1998 年 1 月，时任国务院总理朱镕基做出相关重要批示后，国家计委着手起草《产业投资基金试点管理办法》。按照相关意见稿的定义，产业投资基金属于集合投资制度，但与证券投资基金不同，产业投资基金限定为公司型基金，基金公司可以自任管理人，也可以委托基金管理公司管理基金财产。[2]

证券投资基金的发展浪潮也吸引了立法者的关注。1993 年，在时任全国人大财经委委员董辅礽教授的建议下，《证券法（草案）》起草规定有"证券投资基金"一章。但有关方面以"对投资基金发展把握不住"为由删除了专章规定。[3]《证券法》1998 年通过时，没有对证券投资基金做出规定。

1999 年初，《投资基金法》正式被纳入国家立法规划。时年 3 月，立法领导工作组正式成立。终于，在投资基金法制化历史大幕徐徐展开的前夜，各界对《投资基金法》的制定表现出极大的关注，迫切希望通过制定一部专门法律，来规范各类基金的发行和运作。新一轮的制度博弈和观点交锋由此展开。

二　首部基金法起草过程中的争议与妥协

1999 年 11 月，《投资基金法》正式进入起草阶段。2000 年 1 月，《投资基金法（草案）》正式出台，并首次公开征求社会意见。在此期间，证券投资基金、产业投资基金和风险投资基金早已成为基金行业的"三驾马车"。法如其名，当时《投资基金法》并没有把投资基金限定在证券投资领域，而是采取三合一的立法架构，也即将证券投资基金、产业投资基金、风险投资基金在立法中进行统一调整。然而，正是这种立法思路，引起了各方重大分歧。

---

① 参见耿敏、范阳《中国产业投资基金：制约因素与发展路径》，《中国金融》2007 年第 21 期。

② 参见国家发展计划委员会制定的《产业投资基金管理暂行办法》第二条规定。该办法并未颁布实施。

③ 参见浩民《〈基金法〉诞生记》，《金融信息参考》2003 年第 12 期。

（一）基金法的“合与分”之争

在进入立法程序以前，证券投资基金、产业投资基金和风险投资基金分别由国务院原证券监督管理委员会、原国家发展计划委员会和科技部负责监管规范。依照相关国家部委提出的意见，凡是属于投资基金的产品都可以从中发现产品共同点予以统一规范，并且采用统一立法的模式也可以减少日后立法的重复和反复，节约国家资源；并且在执法监管方面，可以进行统一化操作，便于监管规范化和一体化。因此，国家部委在对待产业投资基金和风险投资基金问题上，始终想为其“定调正名”。[①]

但若从功能上解读，三类投资基金尽管都具有“集合投资、专业管理、分散风险、共享收益”的特征，但三者实际运作仍存在较大区别：（1）证券投资基金之“证券”定位，不仅表明其投资对象限定，同时也指向基金本身属于“证券”，偏向通过社会公众投资者募集资金，其他两类基金投向特定行业和项目，大都以私募方式募集；（2）证券投资基金一般以契约型作为组织方式，后两类基金多以公司形式运作；（3）证券投资基金的投资对象为证券，后两类基金则主要投资于未上市的中小型高科技企业；（4）证券投资基金属于间接投资，投资比例受到限制，且不谋求对上市公司的管理和控制权，后两类基金属于直接投资，投资比例没有法律上的限制，且大多直接参与企业的管理与决策；（5）证券投资基金采取组合投资的方式于可流通证券，风险相对较小，收益相对稳定，产业基金尤其是风险投资基金，以高风险、高回报著称。

正因为存在上述差异，反对意见认为，虽然三类基金都叫基金，但除了维护投资者利益的共性，在投资对象、投资目的、运行方式、政府干预程度上三者都存在明显不同，可以说个性大于共性，立法上强行规定在一起只会造成法律之间难以协调的矛盾，导致立法资源的浪费。而且，国际上至今还没有一部统一调整不同投资基金的综合性投资基金法。[②]

为了解决统一立法带来的技术难题，不少人提出通过分设公募基金和

---

① 参见和讯网《〈证券投资基金法〉出台背景追溯》，https：//m. hexun. com/stock/2011 - 01 - 12/126745856. html，最后访问时间：2019 年 3 月 4 日。

② 参见郭峰、陈夏、张敏《投资基金法的若干问题》，载《证券法律评论》，法律出版社，2005。

私募基金来协调投资基金种类的差异。具体而言，证券投资基金作为公募基金的一种进行规范，产业投资基金和风险投资基金作为私募基金的一种来进行规范，立法的重点放在对证券投资基金的规范上，而将私募基金就定义为产业投资基金和风险投资基金。[①] 这一观点得到了立法机关的一定回应，2000 年 9 月的立法草案（第三稿）在坚持统一立法的基础上，新增了专门一章“向特定对象募集资金的基金”。

事实上，私募基金被纳入立法考量，不单纯是立法技术上的选择，原本就具有行业发展的强大需求。在首部基金法起草过程中，由中国人民银行和中国证监会发布的数据显示，“私募基金”的规模大约在 7000 亿元，远远大于“公募基金”800 亿元的规模。[②] 然而，社会和媒体对私募基金负面影响的关注，波及私募基金入法的讨论。有关方面提出，立法草案并没有厘清私募基金与产业投资基金的关系、审批监管规则不清，这些争议已影响立法起草领导小组继续推动统一立法的决心。[③]

（二）关于基金法的其他立法争议

除了基金法立法模式和调整对象的争议，学界就基金法调整的具体范围（如是否包括公司型基金）以及草案中的其他技术问题，也提出了各种意见。这些争议主要包括以下几个方面。

1. 关于基金法的调整范围。一如前述，私募基金是否应被纳入基金法调整范围一直属于基金立法的焦点问题。根据有关方面的介绍，考虑到私募基金实践中的管理比较复杂，基金法审议稿最终选择将管理权限赋予国务院的做法，由国务院对私募基金的监管做另行规定，只在草案总则中做一般原则性规定。[④]

基于契约型基金治理结构的缺陷和对“基金黑幕”的担忧，不少意见

---

① 参见李寒芳《曹风岐：风雨两法起草路》，《法人杂志》2004 年第 8 期。

② 参见中国新闻网《〈证券投资基金法（草案）〉将为“私募基金”正名》，http://www.chinanews.com/2002-12-06/26/250987.html，最后访问时间：2019 年 5 月 6 日。

③ 参见浩民《〈基金法〉诞生记》，《金融信息参考》2003 年第 12 期。

④ 参见杨景宇《全国人大法律委员会关于〈中华人民共和国证券投资基金法（草案）〉修改意见的报告——2003 年 10 月 27 日在第十届全国人民代表大会常务委员会第五次会议上》，《中华人民共和国全国人民代表大会常务委员会公报》2003 年第 6 期。

均主张基金法明确将公司型基金纳入调整范围。[①] 按照时任全国人大财经委朱少平主任的个人意见，公司型基金应当属于草案规定的调整范围。但对于公司型基金，只做原则规定，同时确定具体管理办法由国务院另行规定。[②]

2. 关于基金的法律性质。基金法草案第三条曾经将投资基金的法律性质界定为“投资组织”，即不仅明确基金财产的独立性，也明确了基金的主体性。但基金法草案二审稿将定义变更为草案调整范围的规定，即草案适用于“证券投资活动”，从而回避了证券投资基金的定义。[③] 根据文献资料回顾，有学者分析这一转变的原因是“投资组织”的定义与公司型基金的性质存在冲突，因为投资组织本身意味着不具有法人资格。[④] 不论该分析是否成立，为避免争议而力促基金法出台，显然是立法者的重要考量。

3. 关于基金法律的关系模式。由于《证券投资基金管理暂行办法》颁布时，我国《信托法》尚未出台。对于证券投资基金的当事人之间的关系，该《暂行办法》使用了“接受委托”这样的措辞，从而引发了对基金法律关系模式到底属于信托还是委托的争议。

2001 年，我国《信托法》正式出台，适逢投资基金法制定，大多数人认为投资基金法律关系适用于信托制度，但对于基金当事人谁是受托人存在争议。一种观点认为，管理人是委托人，托管人才是受托人；另一种观点认为，二者地位相反才更有利于充分确认投资者的地位。[⑤] 基金法草案对此做了明确回应，即采用基金管理人和基金托管人共同受托人模式，被部分学者评价为最大限度保护投资人利益。[⑥]

4. 关于基金管理人的资格和约束。基金法草案的一大亮点是突出了基

---

① 参见赵颖、折喜芳《证券投资基金制度若干法律问题思考——兼评〈证券投资基金法（草案）〉》，《河北法学》2004 年第 6 期。

② 参见张新平《证券投资基金若干法律问题探讨》，《湖北社会科学》2003 年第 11 期。

③ 参见王以铭《全国人大法律委员会关于〈中华人民共和国证券投资基金法（草案）〉修改情况的汇报——2003 年 6 月 23 日在第十届全国人民代表大会常务委员会第三次会议上》。

④ 参见任万兴、折喜芳、崔巍岚《证券投资基金的立法模式——兼评〈证券投资基金法（草案）〉》，载《中国商法年刊》，2004，第 505～506 页。

⑤ 参见刘俊海《投资基金立法中的若干争议问题研究》，《杭州师范学院学报》2002 年第 2 期。

⑥ 参见任万兴、折喜芳、崔巍岚《证券投资基金的立法模式——兼评〈证券投资基金法（草案）〉》，载《中国商法年刊》，2004，第 507 页。

金份额持有人大会和持有人权利，从而强化了基金投资者对基金管理人的话语权。但对于如何进一步规范基金管理人和基金托管人，存在一些个别的争议。例如，非银行金融机构是否可以兼营基金管理业务，不具有法人资格的合伙企业能否担任基金管理人，基金发起人能否兼任基金管理人，商业银行以外的金融机构能否担任托管人，基金发起人的法律责任等。[①]

5. 关于基金关联交易禁止与否。由于立法过程中频繁出现的“老鼠仓”事件不断刺激公众和立法参与者的神经，各方面对于是否允许基金从业人员从事买卖股票等关联交易存在极大争议。主张“严防死守”的意见担心，如果允许关联交易，“老鼠仓”问题将更为严重，目前还没有更好的预防和规制措施；主张“堵不如疏”的观点认为，严防死守只会令关联交易走入地下，更不利于规制。[②] 首部基金法最终采纳了“堵”的观点。

6. 关于开放式基金的贷款能力。2001 年 9 月，我国首只开放式基金“华南创新”基金面世，走出了证券投资基金业从封闭式试点向开放式发展的历史性跨越。这一时间恰恰处于基金法起草的重要节点，在 2001 年初的基金法草案中，明确允许开放式基金可以自己的名义向银行进行短期贷款。但由于存在金融风险和基金主体地位等争议，基金法三审稿将该规定予以删除。[③]

（三）首部基金法的共识与妥协

在立法草案整个起草过程中，各方对《投资基金法》的立法模式始终未达成一致意见。为了避免草案被搁置，2002 年 2 月《投资基金法》起草小组向全国人大财经委提交草案终稿时做了果断决策，将《投资基金法》的调整范围从投资基金产品缩限到证券投资基金产品，《投资基金法》因此改名为《证券投资基金法》。

随后，在 2002 年 8 月 23 日的《证券投资基金法（草案）》一审会议中，起草小组组长厉以宁对《证券投资基金法（草案）》一审稿做了说明：

---

① 参见刘俊海《投资基金立法中的若干争议问题研究》，《杭州师范学院学报》2002 年第 2 期。

② 参见刘运宏、卫学玲《证券投资基金法修改中的创新与不足》，《证券法苑》2013 年第 8 期。

③ 参见李康、杨兴军《回避与妥协——〈中华人民共和国证券投资基金法〉立法评论》，《观察家》2006 年第 10 期。

一是阐明了本法调整范围限于证券投资基金的理由，把产业投资基金和风险投资基金排除，原因是它们仍处于起步阶段及其与证券投资基金存在差异。二是明确基金的信托法律构造、基金组织性和基金财产的独立性。三是回应了业内对公司型基金未来发展的关注，对公司型基金做了原则性规定，确定具体管理办法由国务院另行规定。四是从基金份额持有人及禁止违规关联交易等方面，做出保护基金投资人权益的规定。①

值得注意的是，国家有关部委出于对审稿时限的考虑和国内产业投资基金及风险投资基金发展现状，在草案一审稿征求意见时不再坚持统一立法模式，《投资基金法》最后在历经了否定之否定的升华过程后，再一次回到了《证券投资基金法》的原点。② 从初始的为投资基金立法的目的出发，到最后成为为证券投资基金立法的结果，有学者也将这样的一个转变过程戏称为“种瓜得豆”。③

2003 年 6 月 18 日，《证券投资基金法（草案）》在经过修补增减之后迎来二审。与一审草案相比，二审草案不仅删除了关于证券投资基金定义的内容，还对基金管理人范围、基金托管人范围、封闭式基金份额上市等方面内容进行了规范，篇幅也由一审时的十一章共计 109 条，调整为十二章共计 100 条。

2003 年 10 月 23 日，《证券投资基金法（草案）》三审稿对二审稿进行了 10 多处修改，主要包括：完善封闭式基金和开放式基金的定义，进一步严格和提高基金管理公司的条件门槛，增加基金合同的备案生效条件，删除封闭式基金的最长封闭期限规定，赋予基金份额持有人提起诉讼的权利，删除开放式基金融资的规定等。④ 基金法草案三审稿最终在第十届全国人大常委会第五次会议上获得通过。至此，历经三年的立法历程宣告圆满落幕。

---

① 参见厉以宁《关于〈中华人民共和国证券投资基金法（草案）〉的说明——2002 年 8 月 23 日在第九届全国人民代表大会常务委员会第二十九次会议上》，《中华人民共和国全国人民代表大会常务委员会公报》2003 年第 6 期。

② 参见李寒芳《曹凤岐：风雨两法起草路》，《法人杂志》2004 年第 8 期。

③ 参见王连洲《王连洲回首鲜为人知的基金立法之路》，《证券日报》2003 年 10 月 29 日。

④ 参见王以铭《全国人大法律委员会关于〈中华人民共和国证券投资基金法（草案）〉审议结果的报告——2003 年 10 月 23 日在第十届全国人民代表大会常务委员会第五次会议上》，中国人大网，http://www.npc.gov.cn/wxzl/gongbao/2003-12/29/content_5326577.htm，最后访问时间：2019 年 4 月 12 日。

《证券投资基金法》的正式出台，成为我国证券投资基金市场法制化和规范化的里程碑。2004 年 6 月 1 日，《证券投资基金法》进入实施阶段，随后半年内，国务院证券监督管理部门相继出台了《证券投资基金运作管理办法》《证券投资基金销售管理办法》《证券投资基金管理公司管理办法》《证券投资基金信息披露管理办法》等六部配套实施细则。这些规定极大地充实和丰富了证券投资基金法律体系。

三 证券投资基金法修订的时代回应

随着资本市场和基金业的迅猛发展，基金行业利益冲突、监管标准不统一、基金管理人和托管人进入门槛高、基金法调整范围过窄等各类问题开始逐一暴露。特别是我国基金行业相比发达国家体量还相对弱小，此时整个行业的发展进入了瓶颈期：一方面，公募基金规模增长撞上“天花板”；另一方面，私募基金发展越来越快，却面临无法可依的局面。首部基金法颁布时的公司型基金市场环境也出现了新的变化，在《公司法》《合伙企业法》的修订为基金组织形式的丰富扫清了障碍的情况下，公司型基金的发展试点逐步展开。[①]

原基金法为了解决从无到有，做出了不少妥协，由于历史欠账叠加日新月异的资本市场环境，基金法修订的呼声开始日渐高涨。数年之后，有关方面认为《证券投资基金法》的修订时机已经成熟，是时候对基金法提出修订议案。2008 年 3 月 10 日，备受各界关注的基金法修订议案被定为当年人大的“一号议案”。[②]

2009 年 3 月 6 日，《证券投资基金法》正式被国务院立法目录纳入修法议程。同年 7 月 14 日，全国人大财经委组建《证券投资基金法》修法调研小组，开始对《证券投资基金法》修订工作展开全国范围内的调研，这也标志着基金修法工作的实质性启动。

---

① 参见王鑫《对我国投资基金立法模式选择的再思考》，载《中国商法年刊》，2008，第 98 页。

② 参见新浪财经《人大一号议案锁定基金法》，原载《上海证券报》2008 年 3 月 11 日，http：//finance. sina. com. cn/money/fund/20080311/02404604224. shtml，最后访问时间：2018 年 12 月 11 日。

如同《投资基金法》立法过程存在诸多争议一样，各方面对基金法本次修订主要有三种修法思路。一种是支持“大修”，核心思想是“资产募集”，其中又包含了两种不同思路：思路一是将证券投资基金法改为“资产管理法”，纳入“一对一”专户理财和非证券实物投资品；思路二是回归投资基金法，仅将“一对一”专户理财排除。另一种是支持“中修”，即在保留“证券投资基金法”名称的基础上，增加私募基金的专门规定。还有一种“小修”的意见主张，不改变原基金法的调整范围和篇章结构，仅对投资于二级市场证券的公开募集基金的有关规定加以补充和完善。①

在全国人大财经委多次召集的修法调研会上，“私募基金”能否直接入法、如何入法是关注重点。大部分意见支持基金法修订应直接给予私募基金必要的法律地位。但有反对者认为，若将私募写入基金法，容易和非法集资的相关规范冲突。② 有部分业内人士希望将私募基金单独立法解决，不在基金法中规定。③

在有关研讨会上，完善基金法的现有条款也是大家关心的问题。例如，有人提出现行法对基金管理人的赔偿责任和义务的规定不够细致，且投资者能否提起代表诉讼或赔偿能否归入基金等规则不明；还有人关注到民营资本不能进入基金管理行业，基金管理人建老鼠仓、进行内幕交易等违规成本过低等问题。④

在历经一年半的研讨后，2010 年 12 月 16 日，新基金法（修订案草案）顺利面世。2012 年 6 月 26 日，全国人大财经委员会正式将《证券投资基金法（修订案草案）》提交全国人大常委会一审。草案起草报告重点提及了以下修订事项：一是首次将非公开募集基金纳入调整范围；二是加强投资者权益保护，包括增加基金组织形式，修改完善基金份额持有人大

① 参见郝金《新〈基金法〉关于法律调整范围规定的评析》，《证券法苑》2013 年第 9 期。

② 参见曹元《新基金法私募诉求：适度监管》，原载《21 世纪经济报道》2009 年 12 月 5 日，和讯网，http://funds.hexun.com/2009-12-05/121925764.html，最后访问时间：2018 年 12 月 19 日。

③ 参见赵娜《人大座谈会现场还原：PE 立法进一步调研》，原载《21 世纪经济报道》2012 年 9 月 8 日，http://www.sootoo.com/content/338557.shtml，最后访问时间：2018 年 11 月 30 日。

④ 参见曹元《“公”“私”夹道欢迎〈基金法〉修改》，原载《21 世纪经济报道》2009 年 7 月 8 日，和讯网，http://funds.hexun.com/2009-07-08/119412653.html，最后访问时间：2018 年 12 月 19 日。

会的规定，解决基金份额持有人召集难度大、发挥作用难的问题；三是修改完善公开募集基金的部分规定，特别是将核准制改为注册制，以及修改基金投资范围的规定，为基金投资于货币市场、股指期货提供依据；四是增加对基金服务机构的规定。[①]

此后，修法进展迅速。2012 年 10 月 23 日，《证券投资基金法（修订案草案)》提交二审，草案二审稿在很多方面做了进一步修改。例如，增加规定：基金管理人运用基金财产进行证券投资，应当遵守审慎经营原则，制定科学合理的投资策略和风险管理制度，有效防范和控制风险；修改规定：担任非公开募集基金的基金管理人，应当向基金行业协会履行登记手续，非公开募集基金募集完成，基金管理人应当向基金行业协会备案等。[②]

2012 年 12 月 28 日，在十一届全国人大常委会第三十次会议中，三审草案表决通过，并于 2013 年 6 月 1 日起正式实施。

新基金法与原基金法相比，篇幅由原来的 12 章 103 条增加为 15 章 155 条。在立法理念上，新法明显放松了政府管制，对公募基金、基金管理人、基金托管人、基金关联交易等管理规定做了松绑式调整，并完善了基金管理人自律管理规定；对于基金法调整范围，增加了私募基金的专章，增加了有限合伙和公司型基金等基金组织形式；在监管强化方面，加强了对基金从业人员的诚实信用义务的要求；同时，加强了对投资者权益的保护，优化基金持有人的权利行使规则。

2015 年 4 月 24 日，第十二届全国人大常委会第十四次会议再次对《证券投资基金法》进行了局部修订，删除了原法第十七条关于公开募集基金的基金管理人高管人员任职的审批规定，是“加强监管、放松管制”的改革思想在《基金法》立法中的进一步运用和体现。[③]

---

① 参见吴晓灵《关于〈中华人民共和国证券投资基金法（修订草案)〉的说明——2012 年 6 月 26 日在第十一届全国人民代表大会常务委员会第二十七次会议上》，全国人大网，http://www.npc.gov.cn/wxzl/gongbao/2013-04/15/content_1811068.htm，最后访问时间：2019 年 3 月 20 日。

② 参见赵晓辉《关注立法：私募监管首次入法 为完善监管打下基础》，中国政府网，http://www.gov.cn/jrzg/2012-12/29/content_2301589.htm，最后访问时间：2019 年 3 月 20 日。

③ 参见刘运宏、卫学玲《证券投资基金法修改中的创新与不足》，《证券法苑》2013 年第 8 期。

毋庸讳言，现行《证券投资基金法》在某些方面仍然低于行业预期。例如，对“基金到底是什么”仍然采取了回避的态度，实践中导致了基金管理公司成为基金的替代概念，未能解决由此导致的一系列行业弊端①；基金法调整的私募基金投资活动，并不包含非公开发行的股权或股票；对公司型基金仅有一条准用性规定，缺乏清晰系统的适用规定。但不可否认，现行基金法无疑为完善我国证券投资基金法律体系做了巨大努力，有力回应了时代需求，对我国的基金业发展、投资者保护和资本市场法治化都具有重要意义。

第三节 金融法视阈下的证券投资基金立法理念

《中国大百科全书》对“理念”的释义是：“西方哲学史的重要范畴，指一种理想的、永恒的、精神性的普遍规范。”② 据学者考究，最早提出“理念”（eidos）一词的是希腊哲学家苏格拉底。在不同时期，人们对 eidos 的词源有不同的阐释，除理念外，还将其译为观念、概念、理型、原型、范型、模式、模型、榜样、式样、意式、提式等。③ 在哲学史上，理念的内涵已逐渐从注重思辨的抽象性到理性目标的可达性的转变，简化为“对理想追求的概念化或系统化表达”。④

在法哲学研究视野，法理念与法的正义观念联系密切，一般被概括为“关乎人类社会生存、发展和完善的，实现人类法治的最终标准和最高价值追求的具体化，是涵盖了从认识到发展到价值取向到实践的理论公设”。⑤ 对法理念固然可以从认识论、方法论、本体论、价值论等不同角度去理解⑥，但施塔姆勒和德尔·韦基奥等人关于法律概念与法律理念的区分，对部门法研究而言更具启发性。这种被称为新康德主义的自然观念认

① 参见王鑫《对我国投资基金立法模式选择的再思考》，载《中国商法年刊》，2008，第99页。

② 中国大百科全书总编辑委员会哲学卷编辑部编《中国大百科全书·哲学卷》，中国大百科全书出版社，1987，第465页。

③ 俞宣孟：《本体论研究》，上海人民出版社，1999，第204页。

④ 参见韩延明《理念、教育理念及大学理念探析》，《教育研究》2003年第9期。

⑤ 参见姚建宗《法哲学批判与批判的法哲学——对法哲学科学本性的一种理解》，《吉林大学社会科学学报》1998年第1期。

⑥ 参见张书清《金融法理念论纲》，博士学位论文，西南政法大学，2009，第17~18页。

为，法理念是法正义的实现，这些事关正义标准的法律理想可以用于检验和评价实证法即法律规则是否正当。[①] 简言之，法理念是对法律制度的外部指引标准。

本节主要从金融法基本理论出发，结合我国基金立法实践以及基金业发展现状，总结并提炼证券投资基金立法的法理念和规制思路，为相关立法的完善和法律适用提供价值遵循和方法指引。

一 我国金融法立法理念研究评析

对于部门立法而言，法理念是关于本法律部门的本体、方法和模式一系列基本问题的最高准则。这些问题不仅属于本部门法的基本理论问题，并且涉及跨部门法律的学科对话。例如，指导部门立法的法理念与部门法的基本原则存在何种联系，邻近部门法之间，特别当部门法存在一般法与特别法关系时，有关理念和原则能否共享，以及如何有针对性地进行立法表达与价值指引等。

（一）金融法理念与金融法原则的异同

在法学研究中，法理念和法原则是相关联的一组范畴。二者共通之处是均涉及法律的价值目标，并且在某种意义上，它们都是本部门法最具权威性和价值正当性的指导标准。在法教义学中，学者常以“法律原则”或“法伦理的原则”来指称那些储存于法律规定之中的价值，并将其描述为“在从事法律规范时指示方向的标准，依凭其固有的信服力，其可以正当化法律性的决定”。[②]

如前文指出，法理念也涉及法律价值目标，是“态度、价值、信仰、心理情感、习惯以及学说理论的复合有机体”。[③] 从法理念与实定法的区分关系来看，单纯的法律价值既不同于法理念，也不同于法原则。遵循法理念处于外部评价标准的基本地位，法理念可以体现为立法者、学者对法律

① 转引自〔美〕博登海默《法理学——法律哲学与法律方法》，邓正来译，华夏出版社，1987，第163~166页。

② 参见〔德〕拉伦茨《法学方法论》，陈爱娥译，商务印书馆，2005，第348页。

③ 参见王申《法哲学三论》，上海交通大学出版社，2006，第49页。

实施效果的一种理论期待和法治愿景①，但不一定被作为实定法的法律规则所表达和储存。

从比较分析可以看出，法理念和法原则可能有共通的价值属性，但二者不属于同一层面概念范畴。相较于实定法的规范体系，法律规则和法律原则是内生的，法律理念则是外生的，尽管部门法基本原则需要在某种程度上吸收或反映某种外部的法律理念。例如，根据我国《证券法》修订起草负责人吴晓灵的介绍，本次证券法修订的核心理念就是扩大投融资自主权。② 这一修法理念在实定法上的践行与表达，将必然重塑证券交易公平、政府适度干预等基本原则的价值内涵。

基于文献回顾，我国金融法基本理论研究并未严格区分法理念与法原则，且相关研究呈现出两个特点：一是金融法研究更注重理念的抽象性和全局性表达，而证券法和基金法的研究则更为具体，通常结合证券法和基金法的相关立法条文加以研究，例如，二者都强调投资者保护这一立法宗旨；二是不论金融法还是证券法研究，通常采用不同的研究视角，有的侧重立法原则，有的注重理念宣示，或者有的表达为立法思路选择等。

以邢会强教授提出的金融安全、金融效率和消费者保护“三足定理”③，和冯果教授提出的金融安全、金融效力和金融公平“三足定理”为例④，“三足定理”表达的其实是一种金融法的法律愿景或基本理念。在相关文献中，定理、理念和原则几乎是通用的概念，即都是金融立法、监管和改革的基本原则和价值目标。其中，邢会强版“三足定理”与汪鑫教授早年提出的“三大金融法基本原则”，可谓不谋而合。⑤

而有的证券法研究文献虽然提及证券法理念的重构，但本质上并非以法理念为研究对象。例如，徐聪教授批判了证券法立法理念中的股票化思

① 参见刘辉《金融禀赋结构理论下金融法基本理念和基本原则的革新》，《法律科学》2018年第5期。

② 有关立法介绍参见吴晓灵接受相关媒体的采访《证券法修订聚焦3大理念 注册制改革方案年底推出》，《每日经济新闻》2014年9月22日。

③ 参见邢会强《金融危机治乱循环与金融法的改进路径——金融法中“三足定理”的提出》，《法学评论》2010年第5期。

④ 参见冯果《金融法的“三足定理”及中国金融法制的变革》，《法学》2011年第9期。

⑤ 参见汪鑫《金融法若干基本原则探析》，《法学评论》1997年第4期。

维，并提出就证券品种和证券监管作差异化制度设计。[①] 这一理论主张，与其说是证券法理念研究，不如说是规制思路研究。

（二）我国金融法立法理念研究的不足

邻近部门法的法理念与基本原则的关系，也会因为部门法的效力位阶和调整对象而存在差异。证券投资基金是我国多层次资本市场建设的重要组成部分，不仅是证券特别法，在学科意义上，与金融法同样存在“特别法”关系。综合有关讨论，我国有关金融法理念的研究还存在以下几方面值得注意的问题。

1. 关于金融法理念研究与法原则研究的异同

我国相关研究未区分二者研究对象的差异，实为一大遗憾。基于法理念与法原则的区分原则，学理上对于金融法理念的分析，应基于最高层次的价值抽象，不宜过多以具体法律条文为分析对象。对于金融法基本原则的研究，则应基于立法明文的宣示，或基于法律条文的嗣后整理。不过，考虑到金融法主要以金融领域的特别法典为研究对象，自身并没有相应的实定法地位，而是纳入了金融法基本理论、金融组织法、金融监管法、金融调控法、货币财产与融通等庞杂内容，在学科意义上体现出一定独立性的“部门法”。[②] 因此，金融法理念与金融法原则的区分是相对的，在许多价值表达上可作相通的理解，即金融部门法的某些立法理念，同时也是该部门法的基本原则。

2. 关于金融法的价值目标冲突与整合

但凡价值体系，其价值发生冲突时并非全有或全无。就法律原则而言，其不具有排他性，相反，不同原则“相互间经由互相限制、补充才能使其特有之意旨的内容展现出来”。[③] 作为价值体系的金融法理念应用，概莫能外。因此，金融法理念提炼不仅要注意价值冲突，还面临不同位阶的价值整合。

---

① 参见徐聪《论转轨背景下证券法治逻辑与制度的现代化——兼评〈证券法（修订草案）〉“一读稿”》，《法学评论》2016 年第 2 期。

② 有关金融法的学科地位，参见刘少军《金融法学科地位的几点思考》，载郭峰主编《金融服务法律评论》（第 1 卷），法律出版社，2010。

③ 参见黄茂荣《法学方法与现代民法》，中国政法大学出版社，2001，第 455 页。

投资者保护是金融法各制度中的共通原则，也是证券法的主要原则之一，但是否意味着宏观的金融法律制度中须以投资者保护作为基本理念呢？答案是否定的。金融法调整的是不同金融参与者的金融活动，投资者或金融消费者之所以受到特别保护，在于其信息占有的不平等以及容易出现契约诚信保护漏洞。因此，从宏观价值体系来看，投资者保护的价值位阶低于金融公平和金融诚信。这并非投资者保护的立法地位偏移，因为该特定的价值立场完全可以整合进金融法的公平、诚信等抽象理念。其更具体的表达和凝练，则适合在证券法、基金法等特别法中有针对性地实现。

3. 关于金融法理念的政治遵循

在中国，包括立法在内的法治活动都不能偏离政治立场和政治观点。有关政治观点必然对金融立法理念的更新与重塑产生决定性的影响，并借此等理念渗透于金融特别法的基本原则之中。例如，证券法修订的启动，在很大程度上就是为了落实党中央关于十八届三中全会的全面深化改革决定。检讨已有金融法理论研究，冯果版“三足定理”虽更接近金融法理念的抽象表达，但其金融公平的价值内涵更注重特殊群体的金融福利提升。

结合中央文件和中央领导人在有关讲话强调的供给侧结构性改革以及金融与经济的辩证关系①，作为基本理念的金融公平，显然应侧重于资源配置意义上的金融结构优化②，并能够有效提升所有金融参与者的公平正义感。③

4. 对金融创新理念的强调不足

近年来，互联网金融的兴起打破了传统金融的市场平衡。虽然学者分析指出，此类创新未对传统金融产生颠覆性影响，仅起到弥补传统金融不足的作用，但是，关于互联网金融创新的前述理解仍未脱离“金融抑制”视角的影响。④ 如果说“金融抑制”的立法思路体现了传统金融法对金融

---

① 习近平总书记在讲话中指出：“金融活，经济活；金融稳，经济稳；经济兴，金融兴；经济强，金融强。经济是肌体，金融是血脉，两者共生共荣。”参见《习近平在中共中央政治局第十三次集体学习时强调：深化金融供给侧结构性改革，增强金融服务实体经济能力》，《人民日报》2019 年 2 月 24 日。

② 参见刘辉《金融禀赋结构理论下金融法基金理念和基本原则的革新》，《西北政法大学学报》2018 年第 5 期。

③ 参见戚莹《金融公平：金融法新理念——以金融包容为实践路径》，《海峡法学》2012 年第 14 期。

④ 参见吕凯波《颠覆抑或补充：互联网金融发展对中国金融业的影响》，《经济体制改革》2017 年第 4 期。

安全价值内涵的基本理解，金融创新则是金融效率的核心价值体现。[①]互联网金融看似创新不足，与其说是其内在基因片段缺乏进取，毋宁说是基因表达受到外在现实的抑制。由此，一方面来看，具体的法律制度可能抑制或促进金融创新；另一方面，金融创新对金融法理念的更新引领作用绝不应忽视。正如股份制和股票的出现促进了现代公司法律制度的成长，从历史上看，金融创新对于商事主体、商事行为的变革的作用举足轻重，甚至否定了传统私法的基本价值判断。[②]金融创新与金融法律制度的关系清楚表明，金融创新具备不同于金融效率的独立价值内涵。

5. 金融诚信理念的缺位

诚实信用原则在传统民法中被“确立为君临全法域之基本原则”[③]，甚至是近乎唯一的基本原则。[④]金融法固然渗透着民商法和监管法等不同因素，但其调整对象主要是金融投资活动，其作为私法意义上的契约仍然是这些法律关系的本质属性。证券市场中的反欺诈和反操纵要求，就是诚实信用原则在证券法中的体现。[⑤]

更重要的是，金融交易契约与普通契约存在根本性差异。金融契约通常彰显信义义务而非普通合同义务[⑥]，合同相对性理论也无法满足金融市场系统性契约群所导致的系统性大规模违约的要求[⑦]，因而金融法视阈下，需要确立诚信原则不同于一般私法的独特理念内涵，以合理分配金融参与者的权利义务关系。这恰恰是当前金融法立法理念研究的重大缺憾。

综上所述，我国金融法基本理念研究存在法理念与法原则不分、价值位阶错位以及价值目标缺失等问题，金融法基本理念不应局限于金融效率、金融安全和金融公平“三足定理”。除前述三大理念，还应增加金融创新和金融诚信等理念，从而构建金融法“五位一体”的价值目标体系。

---

① 参见刘丹冰《金融创新与法律制度演进关系探讨》，《法学杂志》2013 年第 5 期。

② 有关金融创新对私法制度的影响，可以参见季奎明《金融创新视野中的商事法变革》第一章的内容，中国法制出版社，2011。

③ 参见王泽鉴《民法学说与判例研究》（第 5 册），中国政法大学出版社，1998，第 29 页。

④ 参见徐国栋《民法基本原则解释》，中国政法大学出版社，1992，第 74 页。

⑤ 有关研究内容可参见郑勇《诚实信用在证券法中的重述与构建》，《理论学刊》2017 年第 6 期；于莹《证券市场与诚实信用原则》，《法制与社会发展》2001 年第 1 期。

⑥ 参见许凌艳《金融法基本理论研究》，上海财经大学出版社，2018，第 16 页。

⑦ 参见陈醇《金融系统性风险的合同之源》，《法律科学》2015 年第 6 期。

二 证券投资基金立法理念凝练

近年来，与证券法和基金法相关的系列法律政策环境发生了令人瞩目的变化，进一步奠定了两法的理念基石与市场根基。作为民法典的开篇之作，《民法总则》不仅在结构和内容上具有纲举目张的作用，同时进一步夯实了证券市场的发展基础，例如“公平”“诚信”等民事基本原则将贯穿指导证券市场。①

世界银行近年发布的全球营商环境 DB2018 和 DB2019 排名也引起了我国官方与学者的极大关注。在有关排名指标中，投资者保护的表现不尽如人意，尤其是事关公司治理的“董事责任”得分糟糕，其满分设置为 10 分，我国仅得 1 分。②

作为一个新兴加转轨的资本市场，我国证券法治历经了从“金融抑制”到投资自由不断扩大的过程。风险自负与政府适度干预相平衡之价值理念将始终贯穿证券部门法域的现在与将来。③ 事实上，《证券投资基金法》的立法过程穿插于《证券法》的起草和修订中。基金法作为证券法的特别法，很难说不被证券法的理念和原则所影响。

基金法的立法理念几乎可以沿着证券法成长轨迹而获得凝练。只不过，基于基金法的特别法地位，某些证券法的内在价值未必能全盘注入基金法。例如，公开原则并不完全适用于私募基金的规范和运作。我们认为，《证券投资基金法》可以提炼出三大立法理念：投资者保护、金融诚信与政府适度干预。下文具体分述之。

（一）证券法与基金法比较下的投资者保护理念

各国证券法无不强调投资者（有的称为金融消费者）保护，离开投资者保护，证券市场将如同没有灵魂的躯壳，缺乏生机与活力。我国《证券

---

① 参见姜沅伯、邹露《2017 年证券市场法治述评》，《证券法苑》2018 年第 12 期。

② 以上数据分析参见罗培新《世行营商环境评估之“保护少数投资者”指标解析——兼论我国公司法的修订》，《清华法学》2019 年第 1 期。

③ 参见钟凯《新证券法理念的转变：风险自负与政府干预》，《现代经济探讨》2007 年第 10 期。

法》和《证券投资基金法》第一条都将保护投资者作为立法目的或立法宗旨，这已清晰表明立法者的价值立场。从某种意义上说，“规范证券发行和证券交易”，不过是实现“保护投资者权益”的手段。投资者保护的思想渗透证券立法、司法和监管的各个环节，不仅是两法的一项基本原则，更是基本理念的最高凝练。

从普通商事活动来看，“平等自愿、意思自治”是传统的消费者/投资者保护理念。但由于证券市场的信息不对称特性明显，尤其是市场发展演化出高度复杂的产品结构、交易模式和交易场景，进一步加剧了机构与投资者信息不对称。考虑到信息在消费决策中的重要作用，即信息是正确决策的前提和基础①，因此证券法领域普遍产生了对公众投资者/金融消费者更高的保护需求。

在如何保护投资者方面，证券法和基金法既有共性，也存在若干差异。首先是保护对象的不同。国外有部分国家基于对公众投资者的特别保护考虑，在相关立法中把这部分投资者从投资群体中分化出来，使其作为金融消费者而受到特殊保护。例如，2000 年英国《金融服务和市场法》和 2001 年加拿大《金融消费者管理局法》均将“消费者保护”作为法律目标。我国也有学者提出金融消费者的概念，它的定义是为满足非营业性的个体金融需要而购买或使用金融产品或者享受金融服务的自然人。② 虽然“金融消费者”的概念未被我国证券法所采用，但新修订的《证券法》新增的“投资者保护”专章第八十八条规定的适当投资者规则，第八十九条明确区分普通投资者和专业投资者，第九十四条规定普通投资者的强制调解申请权，均是证券法确立中小投资者倾斜性保护的证据。

比较而言，《证券投资基金法》所涉及的投资者群体专业属性和机构属性更为突出。在基金法修订设置“非公开募集基金”专章后，私募基金的投资对象已被明确定位为“合格投资者”，其对资产规模、风险识别能力和风险承受能力、基金认购金额均做出了要求。③ 可见，合格投资者中

---

① 参见应飞虎《信息、权利与交易安全——消费者保护研究》，北京大学出版社，2008，第 6 页。

② 参见陈洁《投资者到金融消费者的角色嬗变》，《法学研究》2011 年第 5 期。

③ 具体规定如下：“达到规定资产规模或者收入水平，并且具备相应的风险识别能力和风险承担能力、其基金份额认购金额不低于规定限额的单位和个人。”

有相当部分无法纳入学理上的“金融消费者”范畴，更不属于证券法所定义的普通投资者，因此在保护理念和保护方式上二者必然存在区别。

其次，过于依赖行政监管部门对投资者的保护，是原证券法受到学界的最大诟病之一。[①] 此种保护规则结构，对投资者殊为不利。相比而言，《证券投资基金法》的民事责任规定比原证券法更均衡一些。例如，在“法律责任”一章，基金法第一百四十六条借助共同受托人模式，不仅规定了基金管理人和托管人的分别责任，而且还规定了二者基于共同行为的连带赔偿责任；第一百二十四条规定了基金管理人、基金托管人及其董事、监事、高级管理人员和其他从业人员违反信义义务的归入责任。

最后，二者各自合适的保护渠道也不尽相同。新修订的《证券法》固然平衡了民事责任和行政责任的比例，并且专章规定“投资者保护”，看似保护力度将重新超越基金法。但正如有学者分析指出，此种设置容易使法条阅读者产生某种错觉，即凡涉及投资者保护的条款，均集中于该章的专门规定中，从而疏忽了其他章节体现的投资者保护价值。此外，新证券法以纳入公司治理规则而非公司法联动修订，加大投资者保护力度的立法思路，并不见得能真正保护投资者。[②]

对基金投资者而言，契约型基金的治理问题不同于上市公司的中小股东保护。有限合伙基金、公司型基金的投资者保护嵌入的是非公众公司和合伙企业治理，同样不依赖于上市公司的治理结构。这并不是说我国基金投资者保护不存在问题，而是说上市公司治理的软肋对基金投资者的影响相对要低得多。

（二）基金法诚信理念及诚信义务

诚信是所有市场都不可动摇的基本道德准则。一个诚信缺失的市场，在持续发展方面必然无以为继。特别是在个人投资者为主的市场中，一旦发生内幕交易、关联交易等损害投资者的事件时，个人投资者往往首当其冲，进而造成市场心理断崖式下跌乃至产生“维稳”压力。[③]

---

① 参见陈甦、陈洁《证券法的功效分析与重构思路》，《环球法律评论》2012 年第 5 期。

② 参见叶林《〈证券法〉专章规定“投资者保护”的得失》，《金融时报》2019 年 7 月 29 日。

③ 参见乔英玮《规范金融秩序 健全金融诚信体系》，《管理科学文摘》2005 年第 8 期。

正如前文介绍，在首部基金法起草过程中，就发生了震惊全国的“老鼠仓”事件，重创了基民的信心。到2012年基金法修订时，“老鼠仓”现象照旧不时被媒体踢曝，时隔十年仍然受到立法者的密切关注。基金市场的诚信文化培育也缺少社会土壤。基金公司对从业人员缺少持续性的系统化、全面化、深入化的职业道德培养机制，一味强调销售业绩，从微观层面影响基金投资者对基金市场销售主体乃至对基金市场的整体印象。[①] 自2013年第一只互联网基金诞生以来，互基行业竞争势头日益加剧，价格战、补贴战轮番启动，各大互基平台争先恐后打出“收益远超银行利率”“收益保本”等旗号招揽客户，虚假宣传、欺诈投资者在互联网金融平台相当普遍。[②] 我国基金业不同时期的发展瓶颈，都有着失信因子的“贡献”，这无疑是基金法确立诚实信用理念最根本的现实基础。

与一般私法的诚实信用原则比较，金融法视阈下的诚信原则之所以有其相对独立的内涵，在于金融市场以及金融契约的特殊性。从理论上讲，金融契约起源于制度经济学不完全合同的概念。不完全合同是建立在有限理性和不完全市场基础上的契约形式，它是一种个性化的、不确定的、高度依赖彼此协作的契约，不同于缔约时得以一次性谈判或者通过漏洞补充得以确定全部内容的传统合同。不完全合同通常还具有网络化的特征，它们常常涉及的是一系列的或者是多系列的、以复杂方式同时发生并且不能够被区分为个别阶段的交换。[③]

金融交易涉及不特定的交易对手乃至其他利益相关投资者，在法律上通常表现为多个法律关系的结合，其交易估值、交易行为与价值实现分布在不同空间、场合和期间，即具有跨时空价值交易的特征。因此，金融交易契约是典型的不完全合同。

不完全合同需要特殊的合同治理机制，信义原则就是一种重要的机制。信义义务的英文单词为“fiduciary”，类似于中文的“诚信”一词。该原则源于英美信托法理论，大意为一方当事人应按另一方当事人的利益行

① 参见张洁梅《金融危机背景下我国的金融诚信问题研究》，《征信》2009年第27期。

② 参见冯乾、王海军《互联网金融不当行为风险及其规制政策研究——以市场诚信、公平竞争与消费者保护为核心》，《中央财经大学学报》2017年第2期。

③ 参见罗培新《公司法的法律经济学研究》，北京大学出版社，2008，第24页。

事，自身的利益必须服从他方利益。[①] 在信义关系中，双方当事人之间的地位不对等，受托人因为其拥有对“财产”的专业应用知识而处于一种相对优势地位，受益人因其使用权的转移而居于相对弱势地位。在这种情况下，一方拥有以自己的行为改变他人法律地位的能力，而另一方则必须承受这种被改变的法律后果。[②] 信守承诺的忠诚和经营业务的勤勉，就成为保护受益人的重要手段，这一义务水平明显高于普通的契约诚信义务。正因为如此，域外许多金融消费者保护法律，都是基于衡平法的信义关系的立法。[③]

根据以上讨论，基金法上的信义义务应当作为诚信理念的首要原则体现。[④] 我国《证券法》和《证券投资基金法》都没有直接提及信义义务。但《基金法》明确规定本法没有规定时可以适用《信托法》，而《信托法》上有“为受益人的最大利益处理信托事务”的规定。另据《基金法》第七十四条，基金财产参与关联交易时，应当遵循基金份额持有人利益优先的原则，避免利益冲突。可见，从体系解释的角度，作为基金法律关系共同受托人的基金管理人和基金托管人，都应当受到信义义务的约束。

按照法理上的信义义务来解释基金法律关系，对于基金法民事责任的认定具有重要意义。由于存在受信关系，针对基金管理人员和基金托管人适用基金法第一百四十六条的赔偿责任时，责任要件之一必然是资产管理人违反了忠实义务，即主观上未将客户利益置于首位。客观上，则“将一部分得到普遍公认的行为和推断其决策主观出发点的要素罗列并直接推定其信义与否”[⑤]，例如，是否存在不实陈述、未披露关联交易、挪用基金财产等。

除了基金管理人和基金托管人，其他基金当事人是否受到信义义务的约束存有一些争议。关于会计师事务所、律师事务所等基金服务机构的合同义务，尽管在基金法第一百四十四条中采用了“勤勉尽责”的表述，但该等法律关系显然没有超出一般私法诚信范畴的必要性。不过，我国基金

---

① See Henry Campbell Black, Black's Law Dictionary, St. Paul: West Publishing Co., 1990, p. 625.

② 参见张开平《英美公司董事法律制度研究》，法律出版社，1998，第151页。

③ 参见许凌艳《金融法基本理论研究》，上海财经大学出版社，2018，第16~17页。

④ 关于信义义务在基金治理结构中的具体构建，可参见本书第二章第四节的内容。

⑤ 参见罗培新《公司法的法律经济学研究》，北京大学出版社，2008，第161页。

操作实践倾向于把基金投资顾问也纳入受信关系。《合格境内机构投资者境外证券投资管理试行办法》第十六条明确规定，“投资顾问应当……始终将基金、集合计划持有人的利益置于首位，以合理的依据提出投资建议”。可见，投资顾问与基金管理人和基金托管人的义务处于同一性质水平，只不过因前者不处于受托人地位，为特殊的受信义务。①

除信义义务以外，诚信理念在其他基金法律关系中也有解释适用的余地。传统证券法研究通常把违反诚信的证券违法行为，套用传统民法的侵权责任模型。② 但是，对资产管理人向理财客户以外的不特定投资者所承担的民事责任，其实同样可以金融契约的角度加以解释，因为这有利于破除传统侵权责任法在证券法领域的适用障碍。传统侵权归责原则主要是过错责任，赔偿范围限于损失填补。依不完全契约原理解释，有关约束是为填补契约不完全性而特殊归责的法定义务，是具有契约属性的特殊侵权责任，故对资产管理人可采用严格责任，损失范围扩大至预期投资利益或参照行为人所得利益确定，可明显提升投资者保护水平。

不完全契约解释路径的另一优势，在于能够突破传统合同相对性原理的限制。在前文提及的光大证券“乌龙指”案件中，有学者提出质疑意见，认为光大证券操作失误的事后避险行为，不应对此认定为内幕交易，其中一个重要理由是光大证券没有任何违背市场诚信的行为，其主观心态并非诱导投资者跟进，客观上不存在向与之同场逐利的投资者负有信息披露的义务。③ 如果把光大证券的行为放置在系统性金融契约群的视角下审视，其未及时披露相关信息的行为虽谈不上对自身客户的“失信”，但其义务对象不限于与之订立证券或基金合同的客户，还包括与之相关的其他金融投资者。预防系统性违约导致市场价格波动，就是这类特殊契约履行义务的合理延伸，因而违反此义务应当承担相应的民事后果。④ 在该案中，中国证监会认定光大证券违背诚信，无疑具有来自证券法和基金法基本理念的有力支撑。

---

① 关于基金投资顾问的受信义务，可参见本书第二章第二节内容。

② 参见于莹《证券市场与诚实信用原则》，《法制与社会发展》2001 年第 1 期。

③ 参见缪因知《光大证券事件行政处罚与民事索赔之合法性质疑》，《法学》2014 年第 1 期。

④ 参见陈醇《论金融法中的违约预防制度》，《环球法律评论》2019 年第 2 期。

（三）政府适度干预理念

国内经济法学界普遍将亚当·斯密在《国富论》中的观点视为资本主义市场经济自由放任经济政策的理论渊源，而在近代才演变成通过国家干预市场的理论来构建国家对市场的管理原则。[①] 首先需要指出，这是人们对斯密的一个误解。事实上，所谓的自由放任思想是新古典经济学的“杰作”，它来自完全市场的理论假设，即由一系列假设条件下推导而出的市场均衡模型，须满足完全信息、完全理性、没有外部性等苛刻条件。[②] 在斯密那里，由于存在分工和技术进步，并不存在计算无所不能的市场主体，因此以《国富论》的观点作为极端自由放任政策的支持，理论上并不成立。

但是，这种所谓的“完全市场”假设却常常被当作政府积极干预的理论论据——既然“完全市场”被证明是失败的，政府的干预似乎在任何时候都是正当的。唯在逻辑上分析，市场被证明不完美，难推导出解决问题仅得依赖政府干预的结论。因为失败的未必是市场，而是完全市场理论。何况，市场失败未必意味着管制一定成功，在强管制下，中国证券市场根本就没有机会去证明自己“失败”。[③]

围绕市场是否失败的争议，所折射出的是“政府与市场”关系的古老命题。在现代金融法理念中，政府对市场干预的正当性已内化于各国成文法以及多如牛毛的金融监管规则中。但监管机构的行动边界究竟在哪里，尚缺乏统一的认识，实际的政策选择大多在强化监管与“去监管化”之间来回摇摆。

随着对政府监管认识的深入，人们对监管的主体、监管的含义和监管的范围都有了进一步的认识。学者在许多场合，更多使用“规制”这一更中性的词汇来取代含有政府干预或政府管制意思的“监管”。美国社会科学家 Selznick 曾对规制一词的“中心意思”做过这样的描述：“公共机构针对社会共同体认为重要的活动所施加的持续且集中的控制。”[④] 显然，对

---

① 参见王宏军《经济法国家适度干预原则的经济学分析》，《法学杂志》2005 年第 3 期。

② 完全市场的均衡价格理论由马歇尔 1890 年出版的《经济学原理》一书所创立，并由瓦尔拉斯完善为完全市场的一般均衡模型。

③ 参见方流芳《过度管制导致的挫折》，《经济观察报》2001 年 12 月 6 日。

④ 转引自〔英〕安东尼·奥格斯《规制：法律形式与经济学理论》，骆梅英译，中国人民大学出版社，2008，第 1 页。

市场进行外部调节早已不属于政府的专利。这里的“公共机构”不仅包括政府，还包括一切有权行使强制手段的机构或组织，如法院、行业组织等。从广义上理解，“规制”一词系相对市场主体意思自治的一种外部治理规则。

可以看出，对于政府干预证券市场，早已脱离了必要与否的讨论，而是集中在如何适度的问题。我们认为，在证券基金法领域，政府适度干预应当把握以下几方面的要求。

1. 充分尊重基金交易的市场逻辑主线。证券市场与一般市场比较有特殊性，但本质上仍要遵循意思自治、买者自负的基本理念。投资者风险自负的理念在2013年版《证券法》第二十七条中有所体现。① 现行《证券投资基金法》第三条规定，基金份额持有人按其所持基金份额享受收益和承担风险，非公开募集基金的收益和风险由基金合同约定。这充分表明基金法具有显著的私法属性，基金市场逻辑主线仍保留着与其他市场的强大共性。

2. 适度干预要求遵循严格的有法可依。有法可依首先要求监管机关在进行市场监管时严格遵照法律的要求，不能随意扩张法律赋予的权限和限定的监管范围。② 其次，执法过程中不仅要符合实体法律标准，还要符合程序正当和程序正义。最后，有法可依还要求干预方式合法，即必须明确到底是以何种方式采取监管措施，如税收政策、财税政策、货币政策、法律规范等。③

《证券法》总则第七条和《证券投资基金法》第十一条明文宣示了国务院证券监督管理机构介入市场监管的合法性。不过，有关条文仅强调“依法”，这固然是政府适度干预的基本前提，但对于监管机构介入市场的广度和深度，没有其他更多提示。这等于将这一重要基本理论问题留给了学理和实践。

3. 以放松市场准入和行为管制为基本趋势。基金法和证券法在近年以来的立法变化显著体现为放松主体和行为管制的双路线趋势。我国2017年

---

① 《证券法》第27条规定：“股票依法发行后，发行人经营与收益的变化，由发行人自行负责；由此变化引致的投资风险，由投资者自行负责。”

② 参见张永清《经济法基本原则刍议》，《当代法学》2002年第5期。

③ 参见李静《论经济法的适度干预原则》，《探索》2002年第1期。

全面启动的证券法修订工作，就将推进股票发行注册制作为修法任务之一，2019 年 12 月新修订的《证券法》第九条正式确立证券发行注册制的法律地位，这与其他商事制度改革领域一样，在市场准入方面放松管制是大势所趋。

2012 年基金法修订在放松市场主体管制这条路线上有明显的几方面体现：一是对基金管理人管制的放松。新基金法第十二条取消了基金管理人担任的行政审批（仅保留管理人设立审批），并增加了基金管理人的组织形式（增加合伙企业形式）。根据配套实施的《资产管理机构开展公募证券投资基金管理业务暂行规定》第二条规定，证券公司、保险资产公司甚至是从事私募基金管理的机构都允许申请设立公募基金管理机构。二是对基金托管人管制的放松。新基金法第三十三条突破了原基金法只能由商业银行担任基金托管人的规定，允许非银行金融机构申请从事基金托管业务。三是对基金从业人员的管制放松。新基金法第十八条将原基金法关于基金管理人的经理和其他高管选任从行政核准制改为备案制。

除主体管制外，新基金法对行为管制也进行了必要的松绑。以基金关联交易为例，原基金法为严厉打击“老鼠仓”行为，对关联交易采取了禁止立场，但学界一直批评对所有的利益冲突交易采取“一棒子打死”的做法，提出区分对待、适度容忍的建议。[①] 新基金法第七十四条增加了一款规定，原则上允许关联交易的发生，但确立了信息披露和基金份额持有人利益优先的规制原则。

4. 加强不同监管方式组合。放松管制不等于弱化监管，只是不再将政府管制或事前干预作为首选的监管方式。新《证券法》和新基金法在这方面都呈现出明显的变化。两法都增加了“服务机构”一章，赋予市场更多自我监督、自我约束的自治功能。新基金法还新增“基金业协会”一章，赋予其一定的自律监管职责，并承担非公开募集基金、负责基金管理人登记和基金备案管理工作。新《证券法》甚至赋予证券交易所临时停市等处置权限（新增第一百一十三条）。

除了市场服务机构和行业组织的自我管理功能，互联网平台利用现代

① 参见郭峰、陈夏、张敏《投资基金法的若干问题》，载《证券法律评论》，法律出版社，2005。

网络和数据分析技术带来的信息优势，促进社会个体合作自律的功能，也引起了学界的高度关注。[①] 互联网基金的规范和发展，未来可能会进一步优化不同监管结构及强化非政府监管理念。

5. 综合比较分析干预的成本和收益。现代监管理念认为，政府干预并非没有成本，当成本过大时，即便干预有效果，也不见得是最优的选择。最明显的规制成本比较例子，就是对证券违法行为采取行政手段为主还是民事责任为主。一般认为，由投资者提起民事诉讼，在律师和专业机构的协助下，是一种成本较低的规制方式。[②] 因此，从广义的“政府干预”来理解，合理的规制结构应当平衡行政处罚和民事赔偿的规则结构，并统筹考虑两者执行的实际效果，不断调整处罚力度和赔偿的可获得性。

第四节　《证券投资基金法》制度配套及其展望

从邻近部门法之间的法律位阶来看，《证券投资基金法》是《证券法》的特别法，两法中的部分内容又与其他基本法律形成一般法和特别法的关系。例如，关于基金公司董事等高管的责任，公司法是一般法，而证券法和基金法是特别法；关于基金财产的规定，信托法是一般法，基金法是特别法；关于基金组织的有关规定，《民法总则》是一般法，基金法又成为民法的特别法。从基金部门法域内的纵向法律位阶来看，基金法中存在大量准用性和引致性规定，即授权国务院或国务院证券监督管理部门制定配套实施细则。

除了法律位阶，证券法和基金法的部门法定位也提出了规则配套的制度需求。商法学者多认为，“证券法是一个渗透着公法因素的私法领域”。[③] 但这未必符合立法者的价值偏好，从立法沿革来看，两法在不同时期对公法和私法因素的偏重有所差别。为了实现法律属性的均衡，有关立法内容上也会出现动态调整与配套衔接的问题。

---

① 参见熊丙万《私法的基础：从个人主义走向合作主义》，中国法制出版社，2018，第258～259页。

② 参见王利明《关于完善中国证券侵权民事责任制度的几点思考》，载《证券法苑》第6卷。

③ 参见陈洁《证券法》，社会科学出版社，2006，第28页。

一 基金法与相邻部门法的配套衔接

基金法因其法律位阶与学科定位特点，不可避免地与多部法律产生横向内容相邻与体系衔接。原则上讲，一部立法的制定或修订必然增加或改变其他立法的修订需求，并激活某些相关条款的适用频率。因此，基金法立法配套及其法律适用需要遵循差异化、体系化与纵横结合等规制思路。但是，受制于立法资源分配、立法体制以及法律的天然滞后性，配套问题很难毕其功于一役通过一次性联动修法解决。更多的时候，只能事先从学理上或解释学上提出展望与建议。

（一）基金法与证券法

证券法与基金法的亲缘关系已在前文所反复提及。从立法技术来看，证券投资基金活动在主体、形式、法律关系、管理体制、法律适用等方面，具有相当的复杂性，导致证券立法无法全面规定投资基金制度。[①] 现行《基金法》第二条关于“本法未规定的，适用证券法的规定”表明，证券法与基金法为一般法和特别法的关系。通过上述安排，两法做出了相互呼应，方便法律的理解和适用，并避免法律之间的重复和交叉。[②] 按照特别法优于一般法的原则，基金法有规定的，优先适用基金法，基金法没有规定的，则适用证券法的一般性规定。

需要指出，在实际法律适用过程中，由于两法自身的妥协、回避及其漏洞，并非每一项规则都是清晰的，可能存在按照特别法和一般法适用规则也难以衔接之处。

首先，关于调整对象的联动把握问题。虽然《证券法》将证券投资基金明确规定为一类证券产品，但对于证券产品的范围一直缺乏一个开放式和列举式的定义。基金法更是直接回避了对证券投资基金的界定。在实践中，证券投资基金属于资产管理的范畴，可以纳入理财范围，包括证券公司、信托公司、商业银行、保险公司等金融机构推出的各类产品，投资对

---

① 参见彭真明《论美国共同基金法规对我国的适用》，《国际贸易》1995 年第 8 期。

② 参见周正庆、李飞、桂敏杰主编《新证券法条文解析》，人民法院出版社，2006，第 13 页。

象涵盖了国债、央行票据、政策性金融债、企业债等固定收益品种，以及信托产品、公开发行股票、公募基金、境外金融工具、外汇工具、金融衍生品，甚至包括贵金属、房地产等。[①] 这些投资理财范围明显远超出股票、债券和国务院明文规定的证券品种。实践中，证券产品的动态变迁及跨产品的不断推出（如贵金属 ETF），实际上会不断钻穿两法的衔接漏洞，埋下金融脱管的系统性风险隐患。解决之道，若继续坚守基金法关于“证券投资活动”的调整范围不变，则应尽快在证券法或其配套法规中，对“证券”的调整范围适当采用开放式和弹性的定义，以应对证券资本市场的最新发展。新《证券法》第二条第三款授权国务院依照本法管理资产支持证券和资产管理产品，肯定了非证券类投资基金的“准证券”性质，从而为两法衔接预留了制度接口。

其次，基金法作为证券法的特别法，自身并无能力对证券法整体法律体系的缺陷提供纠偏性支持。以民事责任承担为例，在《证券法》最新修订前，对民事责任的承担问题，尤其是执行问题上，关注甚少甚至趋于无。[②] 基金法的民事责任条款从数量到结构虽然与证券法相比更加均衡，但由于上层法律体系设计的缺失，基金法仍有不少规则因缺乏体系支持而无法真正执行。例如，基金法第八十八条定义了合格投资者的概念，但该概念仅适用于私募基金。不论是基金法第一百三十六条关于违反规定向非合格投资者销售私募基金，还是第一百三十八条规定的“基金销售机构未向投资人充分揭示投资风险并误导其购买与其风险承担能力不相当的基金产品”，都未设置相应的民事责任条款。直至新《证券法》第八十八条第三款统一规定了证券公司违反适当投资者审查义务的赔偿责任，前述规定才具备了民事救济的可行性。新《证券法》借鉴美国证券执法和解制度，也有助于提高基金投资者的实际受偿概率。新《证券法》第一百七十一条规定，如果被调查的违法当事人承诺赔偿投资者损失并消除影响且实际履行的，证券监督管理机构可以决定终止调查。

此外，我国基民针对基金“老鼠仓”的民事索赔，同样需要依赖证券法律规则中的内幕交易、操纵市场的民事赔偿规则。但长期以来，证券立法缺

---

① 参见郝金《新〈基金法〉关于法律调整范围规定的评析》，《证券法苑》2013 年第 9 期。

② 参见周友苏、蓝冰《证券行政责任重述与完善》，《清华法学》2010 年第 3 期。

乏可操作性的条文，对它们行为认定、主观要件、因果关系、不同证券品种交易的关联性、损失计算方法等问题，阻碍了民事赔偿的真正实现。①

总的来说，证券法作为规范证券市场的“一般法”，与作为基金市场“基本法”的基金法，在未来法律实施及法律修订中应当实现更多互动与衔接。

（二）基金法与信托法

证券投资基金与信托的关系在立法过程及其后的学理分析方面有诸多讨论，目前已基本形成共识，即证券投资基金借用了信托法律关系模型，或者说契约型基金是一种极为特殊的信托。在基金法没有规定的基金投资活动，可以适用《信托法》。

但正如前文指出，基金法律关系乃对信托法律构造的借鉴而非照搬。基金法律关系的特殊性在于存在一个三方的双重受托人关系，这一双重关系不同于《信托法》第三十一条规定的“共同受托人”关系。本条规定要求共同受托人原则上应当共同处理信托事务。而根据基金法第三十六条、第三十七条和第一百四十六条的规定，基金管理人与基金托管人主体独立且不得有股权和出资关联关系，职责上有明确划分，原则上各自承担责任，且托管人负有监督基金管理人投资运作的职责。但这种特殊性仍然有关联的焦点，即究竟如何认识《信托法》第三十二条规定的共同受托人连带责任，与基金法第一百四十六条规定之共同行为连带责任的区别。所谓共同行为，究竟是指共同的意思联络或行为关联，还是参照信托法规定的共同“违反信托目的”？如果法条规定不明确，对于共同行为的认定，应当从信托法原理中去寻找解释依据。

另外，私募基金和公司型基金是否适用《信托法》也存在较大的疑问。对于投资于非公众公司股票和其他证券的私募股权基金，由于不符合“证券投资活动”的范围界定，应不受基金法的调整。这种股权投资又无其他法律规定应适用信托法，故其难以受信托法调整。同时，《基金法》第一百五十四条又明确规定公司型与有限合伙型基金从事证券投资活动适

---

① 参见上海市第二中级人民法院课题组《证券市场内幕交易民事赔偿责任问题研究——以光大乌龙指引发的内幕交易案为视角》，《证券法苑》2016 年第 18 期。

用本法规定，这就造成同一财产或机构的投资者，在不同投资活动中存在两种不同的身份，即有的适用合同法，有的适用信托法，显然存在法律冲突。

解决这一冲突，一种思路是未来通过其他法律法规明确私募股权基金参照适用信托法律规定。另一种思路则是以投资信托关系统摄所有基金投资关系，扩充证券投资基金调整范围。这样一来，《证券投资基金法》就又回到了《投资基金法》的起草和修订思路。[①]

信托法与基金法的关系选择，在未来仍会决定基金立法思路和立法体例的变化和走向。但万变不离其宗的是，证券投资基金依然将牢固树立在信托法律构造的基本原理上。

（三）基金法与公司法

基金法对基金的运作规定主要采用了契约型基金的运作机制。事实上，契约型基金的治理结构与公司法人治理存在较大差异。以基金份额持有人大会为例，公司治理机制中的董监股东大会召集权、股东的决议异议权以及股东诉讼代表权等权利，基金份额持有人都难以享有。在公司型基金下，基金法与公司法的关系则复杂许多：一方面，公司型基金要按照各国家和地区的公司法予以成立；另一方面，公司型基金的治理结构和相关制度安排往往迥异于普通公司。

现行《基金法》仅对公司型基金投资活动做出适用本法的规定，但对于这类基金如何具体运行，则巧妙回避了。此种回避态度既是智慧，因基金法不应也无以直接规范公司治理问题，同时亦是无奈之举。契约型治理机制与公司型治理机制如此之不同，二者之间的衔接和协调成为投资基金制度设计的重大难题。

从组织形式看，基金投资公司是一种特殊的商事公司，当然应当适用公司法的一般性规定。但从比较法来看，境外对这种公司通常以投资公司法作为特别法进行规范，因为公司法一般性的治理框架有很多方面难以满足基金运作的要求。以开放式基金为例，开放式基金运作规则可随时申

① 参见倪受彬《投资基金法律关系中托管行的地位与责任》，载《上海法学研究》（集刊）2019 年第 5 卷，第 4487 页。

购、赎回，这与我国公司法之法定资本制亦明显存在冲突。[①]

再以基金治理为例，现行《基金法》赋予基金托管人以监督基金管理人的职责。而现行公司治理规则依赖于股东会、董事会和监事会三大治理机构，公司法并未直接预留基金托管人嵌入公司治理的接口。有观点建议立法授权董事会赋予托管人相应的监督权[②]，但一则这需要通过修订公司法来解决，二则基金公司的董事会本身就是被监督的对象，董事会授权模式无异于自我监督。而且，对传统公司治理机制在公司型基金中的有效性，学者也存在诸多质疑：一些评论者认为共同基金董事会没有价值，因为它对于投资顾问并无有效权力；有评论者质疑该法要求基金独立董事批准投资顾问费用的规定，还有评论家认为对共同基金股东赋予投票权的原理毫无说服力。[③] 国内外学者关于基金法与公司法关系的反思值得立法者关注。[④]

（四）证券投资基金法与民法总则

按照商法学界的大多数观点，《证券投资基金法》与《证券法》都属于商事法律部门。按照我国民商合一的立法体例，《民法总则》作为民商事立法的一般法，自然可以适用于证券投资活动。但《民法总则》为保持一般法的立法地位，需以抽象化方式统摄各项民商事规则，抽象化导致的结果是，只有在特别法领域找不到适用依据时，《民法总则》才作为源泉性的解释依据。[⑤] 一般而言，基金法能直接适用民法总则的情形是比较少见的。但某些基金法的重大争议和历史遗留问题，可能借由民法典的编纂获得新的解释路径。

在基金立法争议中，基金的概念界定和法律性质之所以长期未能尘埃落定，主要原因在于传统民法的民事主体二元体系。除了自然人和法人，

---

① 参见江翔宇《我国引入公司型基金法律制度的探讨》，《政治与法律》2009 年第 7 期。

② 参见李琳《我国“公司型”基金治理结构的建构——基于与“契约型”结构的对比分析》，《经济法研究》2018 年第 20 期。

③ See Jill E. Fisch, Rethinking the Regulation of Securities Intermediaries, 158 U. PA. L. REV. 1961（2010）.

④ 关于我国引入公司型基金的障碍及其破解，参见本书第二章第二节内容。

⑤ 参见郑泰安、钟凯《民法总则与商事立法：共识、问题及选项——以商事代理为例》，《现代法学》2018 年第 2 期。

其他组织的民事主体地位并未得到民事一般法的确认。契约型基金不具备法人资格，自然也难以按照主体化的构造进行界定，这也是基金法最终未采用“组织说”的原因。

《民法总则》的一大亮点在于对民事主体体系进行了重建。“非法人组织”民事主体的横空出世，为业主委员会、宗教活动场所等不具有法人资格的组织纳入民事主体范围提供了空间和条件。[①] 公司型基金和合伙企业型基金，它们的主体地位可以分别对应《民法总则》的营利法人和非法人组织的界定，但契约型基金是否可以归入非法人组织，目前缺乏权威性的认定，相关研究文献也未论及。

根据前文的分析，契约型基金在理论上已满足归入非法人组织的基本条件，只是在实践中存在基金以自身名义对外从事活动的操作障碍。而这一障碍并非实质性的，并不需要通过修订法律实现，只需在规章层面允许基金独立于基金管理公司的名义运作，并在相关登记和银行开户等方面给予一定的支持，如同业主委员会先于《民法总则》出台前即以“其他组织”的名义取得民事诉讼主体资格一样，通过类似的方式，契约型基金的主体化构造也可以进一步获得确认。这对于强化基金财产的独立性和优化契约型基金治理具有现实意义。

二　私募基金行政法规配套展望

从基金法的立法沿革来看，不同时期颁布或修订的基金法进入实施阶段后，中国证监会总会短时内出台各类配套实施细则。有的配套性规定则是根据行业发展和监管需要择机出台。这些配套性规定是基金法律制度的有机组成部分，形成了我国证券投资基金以证券法和基金法两法为核心，以行政法规及部门规章为主干的法律制度体系。

由于基金产品种类的不同，监管需求和监管策略也存在较大差异。我国对公募基金监管较为重视，从近几年密集出台的法规规章和政策规范可以看出，与公募基金有关的配套性监管细则已经趋于完整和成熟。与此形

① 参见张新宝、汪榆淼《〈民法总则〉规定的“非法人组织”基本问题研讨》，《比较法研究》2018 年第 3 期。

成鲜明对比的是，私募基金的监管细则虽有《私募投资基金监督管理暂行办法》等若干文件出台，但限于调整范围、监管体制等局限，这些规定并不能完全支撑我国私募基金的规范发展。

从首部《证券投资基金法》制定到2012年修法，将私募基金纳入基金法监管范围的呼声就一直不断，但不同部门和群体博弈背后的考量不完全相同。立法者综合考虑了基金业发展的实际情况和各方面的意见后，最终在2012年修法选择将私募基金纳入基金法的调整版图，私募基金的合法地位得以确立。但是，这并不意味监管职责的明晰与监管体系的大一统。纳入基金法的私募基金仅限于以证券作为投资对象的基金募集，而私募基金投资活动早已活跃于非证券金融产品甚至是非金融产品。

正因为不同私募基金监管体制的差异化，长期以来，相关部门对不同私募基金产品监管话语权争夺的激烈程度，并没有随着《基金法》的颁布而弱化。

新基金法时代，中国证监会已经取得对私募基金监管的相对主导话语权。证监会先后出台了《私募投资基金监督管理暂行办法》及其相关解释说明，该办法成为私募投资基金的基本操作规范。此外，证监会发布的《证券期货投资者适当性管理办法》《证券期货经营机构私募资产管理业务管理办法》等制度规范，以及基金业协会出台的系列自律规范，共同构成了私募基金“一法八办法三指引”。①

为解决归口管理混乱的问题，国务院原法制办和证监会于2017年起草了《私募投资基金管理暂行条例（征求意见稿)》，试图提高法规层级解决监管的协调问题，这已成为基金法律制度未来制度供给中最重要的增长点之一。

国务院“征求意见稿”首次整合了不同类别私募基金的概念，对私募基金投资活动范围、基金管理人、基金托管人、资金募集、投资

---

① 包括：《证券投资基金法》（“一法”），《私募投资基金监督管理暂行办法》《证券期货经营机构私募资产管理业务管理办法》《证券期货投资者适当性管理办法》《私募投资基金登记和备案管理办法》《私募投资基金募集行为管理办法》《私募投资基金信息披露管理办法》《基金从业资格考试管理办法（试行)》《私募投资基金服务业务管理办法（试行)》（“八办法”），《私募投资基金合同指引》《私募投资基金管理人内部控制指引》《基金募集机构投资者适当性管理实施指引（试行)》（“三指引”）。

运作、信息提供、行业自律和监督管理、法律责任等内容做出系统性规定，同时设专章对创业投资基金做出特别规定。下文择其争议要点介绍如下。[①]

1. 关于私募基金的含义和投资范围。《征求意见稿》第二条对私募基金的定义、组织形式和投资范围都做了明确的界定。[②] 根据定义，对私募基金可依次解析出境内设立、非公开方式发行、向合格投资者募集、基金管理人管理、投资活动五大特征。私募基金的组织形式仅限合伙制和公司制两种组织形式，产品类型具体包含私募证券投资基金和私募股权投资基金两种。显然此种界定是对私募基金监管范围有限扩张，实践中非标债权类、商品类等私募基金投资对象并不包括在内，引发了业内的一些争议。[③]

2. 关于基金管理人及其主要股东或合伙人的禁止条件。《征求意见稿》第七条对不得担任上述三类主体的资格条件分列五项进行了规定[④]，但对主要股东或合伙人的身份具体是指控股股东还是包含一般股东在内，规定不明确。同时该规定是对基金设立时的要求还是对基金运作的持续性规范，也不够清晰。

3. 关于私募基金管理人的职责。《征求意见稿》第九条对私募基金管

① 以下内容部分参考了中融资产《私募投资基金管理暂行条例（征求意见稿）重点条款解读》，http://www.zhongrongjituan.com/content/?617.html，最后访问时间：2019年8月2日；中伦文德律师事务所《私募投资基金管理暂行条例（征求意见稿）解读》，https://www.sohu.com/a/169076974_672137，最后访问时间：2019年8月2日。

② 《征求意见稿》第二条规定，本条例所称私募投资基金，是指在中华人民共和国境内，以非公开方式向合格投资者募集资金设立，由基金管理人管理，为投资者的利益进行投资活动的私募证券投资基金和私募股权投资基金。非公开募集资金，以进行投资活动为目的设立的公司或者合伙企业，资产由基金管理人或者普通合伙人管理的，其基金管理人、基金托管人、资金募集、投资运作和信息提供适用本条例。私募基金财产的投资包括证券及其衍生品种、有限责任公司股权、基金份额，以及国务院证券监督管理机构规定的其他投资品种。

③ 参见李艳丽《私募投资基金管理新政影响几何》，《法人》2017年第10期。

④ 《征求意见稿》第七条规定，有下列情形之一的，不得担任私募基金管理人，不得成为私募基金管理人的主要股东或者合伙人：（一）因故意犯罪被判处刑罚，刑罚执行完毕未逾3年的；（二）最近3年因重大违法违规行为被金融监管、税收、海关等行政机关处以行政处罚的；（三）净资产低于实收资本的50%，或者负债达到净资产的50%的；（四）不能清偿到期债务的；（五）法律、行政法规和国务院证券监督管理机构规定的其他情形。

理人的职责做出列举性规定。[①] 从立法权限来看，涉及基本民事制度是法律保留事项，行政法规不具有加以规定的权限。因此意见稿关于私募基金管理人的职责基本都是引用现行法律的规定，如基金管理人依照基金合同进行收益分配，即有合同法的上位法依据。但关于“以基金管理人名义行使诉讼权利和其他法律行为”则明显属于立法创设。因为依照公司法与合伙企业法，管理合伙人、董事会对外执行事务都是以公司或合伙企业名义做出。这一规定将来未必能通过全国人大的审查。

4. 关于注销基金管理人登记。《征求意见稿》第十三条规定了基金管理人登记注销情形。[②] 该条的新意在于行政监管主动与刑事政策衔接，将认定为非法集资和非法经营等重大违法行为的纳入注销登记。但不足之处在于，本条规定仅涉及强制注销，而登记注销属于基金业协会的行业自律管理权，行业协会应享有一定范围的行业内部评价标准。

5. 关于私募基金的保底运作。《征求意见稿》第三十条第（三）项延续了《私募投资基金管理暂行办法》的规定，禁止基金管理人和基金销售机构“承诺收益或者承诺资本金不受损失”。这显示出监管层倾向于把私募基金定位为一种“利益共享、风险共担”机制。但此种表述容易在实践中被不当扩大理解，从而将所有的风险转移机制都纳入禁止范围。一种风险转移是引入外部担保，由非管理人承担部分或全部亏损的保证责任；另一种安排由部分合伙人承担大部分亏损，投资者（有限合伙人）仅承担本

---

① 《征求意见稿》第九条规定，私募基金管理人应当履行下列职责：（一）依法募集资金，办理基金备案手续；（二）按照基金合同管理基金，进行投资；（三）按照基金合同的约定确定基金收益分配方案，及时向投资者分配收益；（四）按照基金合同的约定负责基金会计核算并编制基金财务会计报告；（五）办理与基金财产管理业务活动有关的信息提供事项；（六）保存基金财产管理业务活动的记录、账册、报表和其他相关资料；（七）以基金管理人名义，为基金财产利益行使诉讼权利或者实施其他法律行为；（八）国务院证券监督管理机构规定和基金合同约定的其他职责。除前款规定外，私募证券投资基金管理人还应当履行下列职责：（一）编制定期基金报告；（二）按照基金合同的约定计算并向投资者报告投资者账户信息。

② 《征求意见稿》第十三条规定，私募基金管理人有下列情形之一的，基金行业协会应当及时注销基金管理人登记：（一）自行申请注销登记的；（二）依法解散、被依法撤销或者被依法宣告破产的；（三）登记后 6 个月内未备案首只私募基金的；（四）所管理的私募基金全部清盘后，12 个月内未备案私募基金的；（五）因非法集资、非法经营等重大违法行为被追究法律责任的；（六）不符合本条例第六条第二款规定，在规定期限内不予改正，情节严重的；（七）国务院证券监督管理机构规定的其他情形。

金小部分的亏损比例。以上两种安排都不违背现行法律规定。[①] 这一规定表述如果不做修改，则只能理解为重点是对基金销售的规制，而非产品内容的规制。

6. 关于创业投资基金。《征求意见稿》设置了创业投资基金专章，并在第四十条对创业投资基金进行了定义。[②] 这一设置回应了国家发改部门对创投基金监管的关切，支持其在创投基金发展政策制定上的主导权。当然，实务中可能存在的争议是可转换债券投资方式将无法适用于此项定义，在一定程度上限制了创投基金的投资范围。

尽管存在一些争议和不足，但《条例》的出台将是私募基金发展历史上的又一里程碑，对规范私募基金发展、保护投资者合法权益、理顺监管体制意义重大。根据征求意见稿起草机关的介绍，继续研究差异化的私募基金监管体制[③]，进一步推动私募基金业的有序开放，并推动出台《条例》，是下一步的重要工作。[④]

---

① 《合伙企业法》第三十三条第二款规定：合伙协议不得约定将全部利润分配给部分合伙人或者由部分合伙人承担全部亏损。但并未禁止部分合伙人承担大部分亏损，或由合伙人以外的主体承担全部亏损。

② 《征求意见稿》第四十条的规定，本条例所称创业投资基金，是指向处于创建或重建过程中的未上市成长性企业进行股权投资，通过股权转让获得资本增值收益的私募股权投资基金。

③ 关于私募基金监管体制的合理选择，具体参见本书第三章内容的阐述。

④ 参见张颖馨《证监会答复人大政协建议提案：下一步将推动出台〈私募投资基金管理暂行条例〉》，《经济观察报》2018 年 9 月 1 日。

第二章　证券投资基金治理原理与机制研究

纵观中外证券金融发展历史可知，证券投资基金是市场经济发展到一定阶段的产物，是以信托或股份等方式组织起来进行金融投资的组织形式。[①] 无论证券投资基金采用公司制、合同制还是合伙制，其投资者或者份额持有人（在我国俗称为“基民”）不直接对基金进行管理，而委托专业的管理人管理并由专门的托管机构予以托管，在此基础上进行证券投资活动，以期实现基金持有人的投资目的。为此，无论从基金正常存续和经营管理必要的意思表示，还是从解决因委托代理关系而产生的利益冲突的视角来看，均需要明确基金治理机制。由此亦可见，基金治理机制实属证券投资基金法律制度不可或缺的组成部分。

文献回顾与综述

本章主要对证券投资基金的构造原理与治理机制进行研究，文献综述涉及的方向和主题主要包括：第一部分对证券投资基金治理的基础理论、重要文献进行回顾，第二部分对证券投资基金组织形式及其治理机制的重要文献进行综述，第三部分回顾证券投资基金受托人的信义义务的重要文献，第四部分对我国基金治理结构存在的主要问题及其因应的重要文献进行回顾。

需要特别指出，证券投资基金的治理包括监管体系、诉讼机制、市场机制等外部治理机制的内容，根据本书的体例安排，本章对基金的外部治

① 参见马振江《中国证券投资基金治理模式研究——基于公募证券投资基金的分析》，博士学位论文，吉林大学，2010，第1页。

理不做专门分析，但将根据需要予以旁及。此外，证券投资基金根据不同标准可以进行不同的分类，从基金的治理视角观察，公司型基金和契约型基金、公募基金和私募基金以及开放式基金和封闭式基金系最为重要的三种分类。为此，本章将以全球范围内最为典型且当前市场份额最大的基金类别即公募型开放式基金为主要分析对象，并根据需要兼顾其他类型的基金治理问题。

一　证券投资基金治理的基础理论

证券投资基金法律构造是基金治理的逻辑起点，因为治理本质上就是在不同法律关系主体之间平衡权利义务并形成相互监督制约的制度安排与行为过程。从法理角度看，法律的调整对象应为特定的社会关系。换言之，证券投资基金法的调整对象并非证券投资基金本身，而是证券基金投资关系。[①] 因此，厘清证券投资基金法律关系构造，对于理解和安排基金治理至关重要。

（一）证券投资基金法律关系的基本构造

正如本书第一章的分析所揭示，关于证券投资基金的法律关系性质，无论在中外理论界还是实务界，一直存在不同理解。综合比较而言，大多数观点认同证券投资基金以特别商事信托为基石。同时，投资基金法律关系包括了基金投资者、基金（实体或组织）、基金管理人、基金保管人等多方主体，从而又区别于简单的信托契约关系，因为合同具有相对性，纯粹的信托契约无法满足投资基金中多方当事人的复杂关系、众多投资人的协调等问题[②]，必须通过专门立法建立一套特殊治理制度以解决上述问题。

从比较法和实定法来看，在不同的立法和组织形式下，投资基金利害关系人的法律关系构造的具体安排仍存在差异。在公司型基金中，当事人主要包括基金投资者、基金公司、基金管理人和基金托管人四方；其中，投资人通过认购基金公司股份兼具公司股东和基金受益人的双重身份，基

---

① 参见郑泰安、钟凯、陈镜《证券投资基金法律制度》，四川人民出版社，2008，第262页。

② 参见王文宇等《金融法》，中国台湾元照出版有限公司，2019，第218页。

金公司作为委托人将基金资产委托于基金管理人管理运营，委托基金托管人对基金财产进行托管，各方法律关系相对明确。在契约型基金中，利益相关方主要包括基金投资者、基金、基金管理人和基金托管人，由于契约型基金缺乏公司的组织形式，关于各方当事人之间的法律关系应如何界定，一直存在不同认识。

关于契约型投资基金持有人和基金管理人、基金托管人之间的关系，各国家和地区立法与学理上存在“一元信托”模式、“二元信托”模式以及其他模式[①]，分野主要着眼于投资人与管理人之间以及管理人与托管人或保管人之间，究竟为单一的契约架构还是双重的契约关系。

“一元信托”模式又可称为“统一论”或者“非分离”模式，日本、韩国立法以采取该模式为典型[②]，其核心在于将受益人、委托人、受托人各方关系组合整合于单一信托契约的一体关系中。具体而言，即由基金管理人发行信托基金受益凭证，并以委托人身份与基金托管人签订信托契约，约定信托受益人为基金投资者即基金证券持有人；按照信托构造，受托人负责保管和监督基金财产并取得财产名义所有权，委托人保留基金财产投资与运用指示权，受益人享有信托基金的投资收益权。[③] 以我国台湾地区郭土木教授的观点，在单一信托契约下，委托人为基金管理公司，受托人为基金保管机构，投资人为受益人，非属契约当事人而仅为利害关系人。[④] 王文宇教授则认为，“证券投资信托及顾问法”第五条第一款似采取类似非分离说之见解[⑤]，但是对以立法方式明文定义真的就能解决争议，不无疑问。[⑥]

“二元信托模式”又可称为“分离论”模式，立法例上以德国为典型。

---

① 参见胡伟《论证券投资基金中基金管理人与基金托管人之间的法律关系——以我国〈证券投资基金法〉为视角》，《云南大学学报》2009 年第 3 期。

② 需注意的是，日本 1998 年的证券投资基金制度改革，在沿用契约型投资基金制度的同时，也引入了公司型证券投资基金制度，此处主要针对契约型投资基金进行分析。

③ 参见郑泰安、钟凯、陈镜《证券投资基金法律制度》，四川人民出版社，2008，第 268 页。

④ 参见郭土木《证券投资信托基金之法律性质》，中国台湾《全国律师》2004 年第 10 期。

⑤ 该规定原文内容为：证券投资信托契约指由证券投资信托事业为委托人，基金保管机构为受托人所签订，用以规范证券投资信托事业、基金保管机构及受益人间权利义务之信托契约。

⑥ 参见王文宇等《金融法》，中国台湾元照出版有限公司，2019，第 223 页。

在该模式下，投资者、基金管理人与基金托管人由两个不同性质的法律关系予以调整。其中，投资者与投资公司（管理人）之间成立信托契约，投资者取得委托人和受益人的地位，投资公司处于受托人地位，名义上享有基金财产所有权，负责在合理的范围内处分基金财产。同时，投资公司与托管银行（托管人）另行订立保管契约，托管人作为财产保管人负责监督基金财产运行，并根据投资公司的指令提起诉讼。[①] 这一模式的主要优点在于可以明确界定受益人的法律地位，但是其弊端是对投资者保护不太有利：投资人与保管银行不存在直接法律关系，不能直接向其主张权利。[②]

在德国以外，英国的证券投资基金法律关系也采用分离模式，通过两个契约来规范各方当事人之间的关系，但法律构造另具特色：信托关系建立在投资人与基金托管人之间，基金托管人以自己的名义保管基金；基金托管人再通过与基金管理人建立委托关系，由基金管理人直接负责管理、运营基金财产。[③] 在英国模式中，信托契约的签订者是投资人与基金托管人，而基金管理人（经理人）的法律地位是被置于信托关系之外的。英国模式与德国模式有两点不同：一是英国的基金管理人法律地位被置于信托关系之外，二是英国法是典型的双重财产权模式。但是，由于二者同采分离模式，其产生的问题基本无出二致。[④]

在分离模式和非分离模式之外，还存在我国证券投资基金立法所采取的独特模式。根据我国现行制度安排，证券投资基金的投资人为委托人和受益人，基金管理人为管理受托人，基金托管人为保管受托人，管理人和托管人通过信托契约和保管协议履行各自职责，共同承担为投资者利益处理相关事务的信托义务。对此，汤欣主张依照信托法中共同受托人制度来阐释基金管理人和基金托管人之间的法律关系，基金份额持有人是委托人和受益人，基金管理人和基金托管人是基金份额持有人的共同受托人。[⑤]

---

① 参见胡伟《论证券投资基金中基金管理人与基金托管人之间的法律关系——以我国〈证券投资基金法〉为视角》，《云南大学学报》2009 年第 3 期。

② 参见郑泰安、钟凯、陈镜《证券投资基金法律制度》，四川人民出版社，2008，第267 页。

③ 参见姜涛、尹亮《证券投资基金信托：模式选择与立法建构》，《财经科学》2005 年第 3 期。

④ 参见郑泰安、钟凯、陈镜《证券投资基金法律制度》，四川人民出版社，2008，第268 页。

⑤ 参见汤欣《我国契约型投资基金当事人法律关系模式的选择》，载中国证券业协会基金公会主编《证券投资基金法规体系研究》，中国法制出版社，2002，第 304 页。

陈杰认为，我国证券投资基金立法上将受托人分化为管理人和托管人角色，但二者并非共同受托人关系，而是基于法律分工而形成的特殊受托人关系；这一立法模式是在分离模式和非分离模式之外，另行打造出的一种具有“中国特色”的模式。[①] 郭峰、陈夏亦认为，基金管理人和基金托管人虽然都是受托人，但绝不是信托法意义上的共同受托人；二者在各自职责范围内承担责任，共同承担起受托人职责而构成一个完整的受托人。[②] 陈士林等人指出，国内基金立法赋予基金持有人以委托人和受益人双重身份，确立了基金管理人与托管人之间分工制衡的法律关系，这是我国基金立法的优势之一。[③]

本书认为，我国证券投资基金本质上属于统一或者非分离模式，创新之处主要在于将管理人和托管人从不同职责视角一体规定为受托人。[④] 当然，该模式在实践中也暴露出所有者缺位等问题。

（二）证券投资基金治理的要素及其特殊性

一般认为，代理问题的存在和契约的不完全性是公司治理问题存在的前提条件和理论基础，而在证券投资基金中也存在类似的委托代理、契约不完整和信息不对称等问题甚至更为严重，为此也必然需要公司治理或者类似的一整套制度或规则。[⑤] 总体上，契约型投资基金的治理也可以适用公司治理的大部分理论基础及具体制度，当然二者又存在诸多不同乃至殊异之处。

尽管证券投资基金构造的基础大致相同，但是由于各国家和地区的历史文化、法律体系和市场发展程度不一，证券投资基金在具体名称、组织形式，治理结构、外部监管和制约等制度方面，同中有异亦异中有同。总体上，采用契约型或者公司型不同的形式组织运营的证券投资基金，其治理机制存在差异。此外，即使采取同样的组织形式，仍可能在具体治理制

① 参见陈杰《商业信托制度研究》，博士学位论文，西南政法大学，2004，第 143 页。

② 参见郭峰、陈夏《证券投资基金法导论》，法律出版社，2008，第 206 页。

③ 参见陈士林、刘鸿程、周渝霞《我国证券投资基金：性质认定与法律模式》，《学术与探索》2012 年第 5 期。

④ 也有学者将其定义为“以特殊共同受托为内核的非分离模式”，参见吴晓灵主编《投资基金法的理论与实践——兼论投资基金法的修订与完善》，上海三联书店，2011，第 19 页。

⑤ 参见匡洪燕、周泉恭《证券投资基金组织治理效率和优化路径探究》，《当代财经》2007 年第 12 期。

度安排方面存在差异。

从运行环境和机制来说，投资基金治理机制大致可以分为内部治理机制和外部治理机制。所谓内部治理机制，主要指基金持有人会议、基金管理人和基金托管人的权利义务配置及其制衡与控制机制。而外部治理机制，主要指法律制度、方针政策、市场竞争和社会环境等。[①]

关于基金组织形式对于其治理的重要影响和作用，有观点指出，与一般公司相比，证券投资基金领域的委托代理链更长，契约内容更复杂，信息不对称所导致的道德风险也更严重，所以在研究投资基金的“公司治理”问题时，必须将其组织形式也包括进去。换言之，应当扩大一般意义上公司治理的内涵，将组织形式的制度安排也列为研究范围。[②] 另有观点认为，基金法人治理的范围应限于公司型基金为宜，而合同型基金模式下以讨论基金管理人的法人治理为宜。[③]

关于证券投资基金治理的构成要素，经济学界有观点认为，应包括基金的组织形式、治理结构、治理机制和治理环境等构成要素及其内在统一体。[④] 本书认为，从不同国家和地区的立法和实践来看，不管采取何种组织形式，投资基金或共同基金均存在治理问题和治理机制安排，但不同组织形式的基金治理存在一定差异。因此，区分不同的组织形式对投资基金治理分别考察具有非常现实的意义。此外，我们认为在治理结构和治理机制之间往往难以做出实质界分。鉴于此，本书主张从组织形式、内部治理结构和外部治理机制三大要素来考察投资基金的治理机制。

关于证券投资基金治理的特殊性，可以从其与信托契约及普通公司治理的比较分析中加以理解。王文宇等指出，公司型共同基金与契约型共同基金不仅彼此有别，其又各自有相异于传统之公司形态或信托契约。就契约而言，基金呈现的形态比传统市场契约更加垂直整合；就公司而言，共

① 参见马振江《中国证券投资基金治理模式研究——基于公募证券投资基金的分析》，博士学位论文，吉林大学，2010，第65页。

② 参见匡洪燕、周泉恭《证券投资基金组织治理效率和优化路径探究》，《当代财经》2007年第12期。

③ 参见朱成刚《证券投资基金持有人利益保护法律机制研究》，博士学位论文，中国政法大学，2006，第83页。

④ 参见马振江《中国证券投资基金治理模式研究——基于公募证券投资基金的分析》，博士学位论文，吉林大学，2010，第57页。

同基金之垂直化程度不如一般公司形态来得彻底。综合而言，共同基金发展出其藉于信托契约与一般公司形态之间的特殊模式，成为市场契约（水平关系）与阶层组织（垂直关系）之混合体。① 而在公司型共同基金大行其道的美国②，有学者认为基金采取异于普通运营公司的组织架构，是《1940 年投资公司法》对共同基金专门立法的最重要原因：投资公司均采取的可谓“基金和管理人的分离”之组织架构非常特殊，在此构造中基金和管理人系不同的法律实体，具有不同的所有权人，但二者又是相互关联的。这一模式限制了基金投资人介入管理公司的业务和管理的其他基金的运行，但赋予基金投资人自由退出基金的权利。这种基金和管理人相分离的组织架构对于大多数投资基金来说是最有效率的安排，但也带来了一系列重大问题，因而需要特别监管规范。③

二　证券投资基金组织形式及其治理机制

根据“交易成本经济学”的基本理论，不同的交易有不同的特征，在不同的治理结构下将因人的有限理性与投机主义行为，产生不同的交易成本；而如何安排交易的治理结构，是采用短期契约、关系契约还是建立阶层组织等，将直接影响交易成本的高低。④ 依循此思路，对于证券投资基金的运作，可以在前述三种机制中选择采用。事实上，从各国各地区立法来看，共同基金的主要运作模式包括了公司型、契约型和商业信托三类，其中以前二者最为常见和普遍。

有学者根据前述经济学理论指出，公司型基金与契约型基金之间的差异并不在外观上，实质差异在于治理结构（governance structure）的不同，具体体现在：其一，是否设置独立监控机构。美国法强制规定投资公司应设置独立董事以保障投资人权益，契约型基金则无此制度设计；其二，投

① 参见王文宇等《金融法》，中国台湾元照出版有限公司，2019，第 218 页。

② 美国的投资基金形式多样，常见的主要有股份公司型和商业信托两种形式，其中又以投资公司型为主。

③ See John Morley, Why Do Investment Funds Have Special Securities Regulation?（2018）, Available at SSRN：https：//ssrn. com/abstract = 3375450，最后访问时间：2019 年 8 月 1 日。

④ 参见王文宇《探索商业智慧：契约与组织》，中国台湾元照出版有限公司，2019，第 91 页。

资人是否享有集体决策权。美国法将基金公司化，使股东（或受益人）享有较广泛的投票权，对于契约型基金则没有赋予。至于两种组织形态究竟何者更具有组织效率，需要借由自由竞争，通过市场法则加以检验。①

根据组织形式对证券投资基金治理进行分析，在我国经济学界和法学界均非常普遍。马振江对国外证券投资基金的发展历程比较考察指出，作为基金的组织形式，契约型基金和公司型基金本身并不存在谁优谁劣之别，只有适应不适应之说，各国家和地区在选择基金组织时，须综合考虑自身经济发展状况、社会诚信程度、法律环境、市场竞争等各种因素。此外，无论采用何种模式，基金治理始终处于一种不断健全和完善的动态过程中，基金治理模式并非一成不变，必须随着外部环境的变化进行相应的调整。②

楼晓认为，依信托理论构建的契约型基金治理结构本身蕴含的风险和利益冲突，使得契约型基金模式成为完善或摒弃的争议焦点，基金业发达的国家更多采用公司型基金模式，以规避契约型基金固有的一些风险。我国基金立法以附则形式引入公司型基金，为公司型公募基金的设立带来困惑，并且双重的监管组织既浪费资源又易产生推诿，不仅难以产生良好的治理效果，而且恐将带来更大的问题。③

为此，有学者另辟蹊径，主张采用其他组织形式改造我国证券投资基金法律制度。李宇主张商业信托法人模式具有更为适合投资基金的特征与优势，商业信托组织机构设置自由，内部管理、资金募集、财产处置均高度灵活，无须遵循公司股东会、董事会和资本变动决议等组织规则。④ 总体上，学界较为一致的观点是，我国应当采取契约型基金和公司型基金并行发展的模式。

境外尤其是英美学者比较关注公司型基金与一般公司存在的治理差

① 参见王文宇《探索商业智慧：契约与组织》，中国台湾元照出版有限公司，2019，第109～110页。

② 参见马振江《中国证券投资基金治理模式研究——基于公募证券投资基金的分析》，博士学位论文，吉林大学，2010，第118～119页。

③ 参见楼晓《我国公司型基金治理结构的构建之路——以美国共同基金治理结构为视角》，《法学评论》2013年第6期。

④ 参见李宇《论作为法人的商业信托》，《法学》2016年第8期。

异，有学者据此将前者称为公司变体（corporate anomaly）。[①] 值得关注的是，在我国对契约型基金治理存在的问题进行总结反思并寻求引入公司型基金的同时，境外则对公司制共同基金立法和实践存在的问题持续保持着质疑。有学者指出，美国立法对共同基金采取了类似营运公司的规范方法，要求共同基金采取传统公司治理机制，包括股东表决和董事会监督；董事会负责监督投资顾问，类似一般公司董事会监督 CEO，审议利益冲突交易，负责批准投资顾问的报酬；共同基金的股东与普通公司的股东一样行使投票权，选举董事，批准诸如开放式基金变更为封闭式基金、基金集中度分级或者其他投资目标以及顾问合同重大变更等重大结构性变化事宜。然而，在共同基金中使用这种公司治理机制的有效性并不明显。[②] 本书认为，无论从我国契约型基金治理机制的完善抑或公司型基金的引入来看，境外类似研究成果均具有重要参考价值。

三　证券投资基金受托人的信义义务

我国法学界普遍认为，不管是契约型基金还是公司制基金，均系商事信托与证券市场共同发展的产物，其运作植根于信托制度的基本法理，但又对其进行了拓展应用。有学者关注到，在金融稳定委员会（FSB）等国际组织的文件中，资管业务的基础法律关系通常被描述为“代理关系”（agency relationship）而非“信托关系”（trust relationship）[③]，但是其中代理人应承担的信义义务则与信托关系中受托人的受托义务在本质上是相同的。

董新义认为，客户与资产管理业者的关系是一种在信托关系基础上发展起来的信义关系，在此法律关系中资产管理业者对客户承担信义义务，这种义务的性质应当定位为法定义务，并与诚信义务存在重要差异。[④] 贾

---

① See Leland E. Modesitt, The Mutual Fund——A Corporate Anomaly, 14 UCLA L. Rev. at 1252 (1967)

② See Jill E. Fisch, Rethinking the Regulation of Securities Intermediaries, 158 U. PA. L. REV. 1961 (2010), p. 2010.

③ 参见刘燕《大资管“上位法”之究问》，《清华金融》2018 年第 4 期。

④ 参见董新义《资产管理业者的信义义务：法律定位及制度架构》，《求是学刊》2014 年第 4 期。

同乐指出，法律应当保护消费者对金融机构日益增长的信赖，实现这一目标的重要路径是将金融消费关系认定为信义关系，在此基础上对金融机构设定信义义务的约束；同时，可以结合不同金融业务的特点，对从事不同类别业务的金融机构设置差异化的信义义务标准。[①] 朱成刚认为，我国在立法上将受托人的义务定位为"诚实信用"，将诚信原则作为基金管理人义务的基础，这与我国对于基金管理人应该承担何种义务标准没有清楚的认识直接相关：作为一般民事行为的当事人，遵循诚实信用原则是其最根本的要求，但对于从事基金管理业务的特别商人则远远不够。证券投资基金法没有采纳信赖义务制度，造成实践中基金管理人的准入门槛较低以及基金持有人无法据此要求管理人承担责任的困境，实为立法缺憾。[②]

我国台湾地区多数学者认为，共同基金投资人与证券投资信托事业的内部关系，均具有实质的信托或委任关系，证券投资信托事业对投资人负有信赖义务（fiduciary duty）；此共同基金往往在受益人通常能力较欠缺以及资讯不对称的情形下，尤为保护投资人所必要。[③] 美国《1940 年投资公司法》第 36（b）条规定，投资公司董事对投资人负有受信义务，而《1940 年投资顾问法》第 206 条对投资顾问设置了信义义务。[④] 此外，对投资顾问的信义义务，证券交易委员会（SEC，以下简称美国证监会）进一步明确其内容包括：应当为客户的最大利益服务，必须进行合理的尽职调查从而基于准确、完整的信息向客户提出投资建议。有学者认为，美国现行成文法和判例法确立的投资顾问的信义义务，并不能充分保护客户利益免受损害；建议根据代理法来确立投资顾问等市场中介专业人士的信义义务标准，具体包括注意义务、遵守权限的义务、勤勉义务以及为客户财产价值最大化的良好行为的义务；金融机构不仅需要执行高度的尽职调查义务，还应当向客户披露所有重大信息。[⑤]

---

① 参见贾同乐《金融机构信义义务研究》，博士学位论文，吉林大学，2016，第 57 页。

② 参见朱成刚《证券投资基金持有人利益保护法律机制研究》，博士学位论文，中国政法大学，2006，第 55 页。

③ 参见王文宇等《金融法》，中国台湾元照出版有限公司，2019，第 224 页。

④ 在美国，大多数投资公司依契约会另外委托投资顾问公司进行投资操作，且现实中很多投资顾问公司同时又是共同基金的投资公司发起人。

⑤ See Peter D. Isakoff, Agents of Change: The Fiduciary Duties of Forwarding Market Professionals, Duke Law Journal, Vol. 61, No. 7, 2012.

四　我国基金治理结构存在的主要问题及其因应

关于我国证券投资基金治理结构存在的问题，现有研究文献主要集中于合同型基金的组织形式存在固有缺陷、委托人与受托人权利义务配置不合理、基金持有人大会的功能无法落实、基金管理人及托管人的治理机制有待检讨和完善等方面。

对于我国以合同型基金为立法主线存在的问题及其克服，现有研究的主要结论和建议聚焦于改造现行合同型基金、引入公司型基金。朱成刚认为，我国目前基金的结构设计是基金管理人主导下的合同型基金模式，这一模式使得基金合同当事人之间的地位严重失衡，建议从保护基金持有人利益的角度出发，摒弃上述模式，逐步建立政府主导下的合同型基金结构模式；对于公司型基金的发展，应及时出台公司型基金条例，并同时修改公司法和相应的税法，突破现有法律对公司型基金的种种限制。[①] 江翔宇对境外各国公司型基金立法和发展实践比较后认为，公司型基金易于被投资者理解和接受的特点使其具有先天优势，其特有的独立董事制度和股东诉讼制度对投资者利益保护尤其有利。总之，让契约型和公司型两种基金制度共同接受投资者的检验，是对投资者利益的最佳保护。[②] 袁乐平等提出，应当对我国投资基金的内部治理结构实行根本性的变革，建议将基民与基金管理人的关系由传统的基金运行模式中的类似股东与经理的关系改造为优先股股东与普通股股东的关系。[③] 在此建议治理结构下，基民所认购的基金份额被赋予"优先股"性质（类似债权人），而基金管理人购买的基金份额具有"普通股"性质，基金管理人的角色由之前的"经理人"转变为"权益所有者"。[④] 总之，大多数研究成果主张，在完善我国现有合同型基金治理的同时，需要利用公司型基金的优势，通过修订基金法在内的途径完善公司型基金的制度供给，以丰富我国的证券投资基金组织形

---

① 参见朱成刚《证券投资基金持有人利益保护法律机制研究》，博士学位论文，中国政法大学，2006，第 110、115 页。

② 参见江翔宇《公司型基金法律制度研究——以基金治理结构为核心》，博士学位论文，华东政法大学，2010，第 161 页。

③ 参见袁乐平等《论基金管理人的股东化转型》，《财经理论与实践》2013 年第 4 期。

④ 参见袁乐平、刘力《证券投资基金管理人的角色再定位研究》，《求索》2016 年第 5 期。

式，更好地实现基金持有人的利益保护和基金行业的健康发展。

委托人与受托人权利义务配置以及相应的监督机制，系不同组织形式的基金治理的核心内容之一。准此而言，公司型基金的营运与管理中心在于投资基金公司自身的董事会，作为受托人之一的基金管理人则处于辅助地位；为保障投资人的利益，强化投资公司董事的受信义务、要求投资公司设立独立董事等制度安排应运而生。反之，契约型基金本身不具有独立的组织机构及法律人格，其营运管理以基金管理人为中枢，从基金产品的设计、发起设立到基金资产的投资运作等各大环节，均由基金管理人负责。在此情形下，强化受托人的法定和合同义务及完善相应的监督机制，对于投资人权益的保障至关重要。于我国的情况而言，有观点认为，《信托法》中委托人权力过大不符合商业信托的功能和需求，因此在商业信托立法完善过程中应对委托人的角色进行重新定位，将其定位为商业信托中的监督者和协调者，而非所有者或控制者。[①] 多数观点则认为，基金法现行制度安排对于基金管理人的有效约束不够，需要进一步强化。为此，有学者建议构建以独立督察员委员会为中心的新型契约型基金治理结构，即在现有基金持有人、管理人和托管人之外引入独立督察员委员会，由基金持有人大会选聘和监督独立督察员，后者组成的独立督察员委员会选聘更换基金管理人、基金托管人，用新的“四角关系”替代旧的“三角关系”。[②]

此外，基金托管人在基金治理中存在的问题亦颇受关注。江翔宇指出，契约型证券投资基金实践中的存在突出弊端之一是基金托管人对基金管理人的监督无法落实，而造成托管人的职能失灵的根源在于制度缺陷：基金管理人和基金托管人事实上的选任关系使得托管人不具有独立的监管地位。[③] 李文华亦认为，基金管理人对基金托管人的“选聘”制度，使托管人在自身利益面前很难对基金管理人行使监督权，这种本末倒置的制度设计使基金托管人从监督者变成被监督者，很难起到保护基金持有人利益

① 参见李宇《商业信托委托人的法律地位》，《法学论坛》2012 年第 5 期。

② 参见马振江《中国证券投资基金治理模式研究——基于公募证券投资基金的分析》，博士学位论文，吉林大学，2010，第 159 ~ 161 页。

③ 参见江翔宇《公司型基金法律制度研究——以基金治理结构为核心》，博士学位论文，华东政法大学，2010，第 42 页。

的作用。[①] 很显然，基金托管人在证券投资基金治理中的制度安排亟须进一步调整完善。

一般认为，基金份额持有人大会被认为是我国公募基金持有人利益保护的重要机构和制度；尤其对于合同型基金来说，其内部制衡存在天然缺陷，落实和强化基金持有人大会的意义和价值更为突出。马振江的研究指出，契约型基金治理可归纳为基金持有人大会制度、托管制度、法律法规、监管机构、行业自律组织和市场因素六个关键治理节点，契约型基金在内部主要通过基金持有人大会这个治理节点来实施监管和治理。总体上，契约型基金持有人大会的内部治理效率不及公司型基金董事会的内部治理效率。[②] 从现行立法和实践来看，基金持有人大会的确面临不少实际问题。蔡奕的研究指出，我国证券投资基金法下的基金持有人大会实际运行中与法律规定严重脱节，集中体现在持有人大会召开频次不高、召集决定权集权于基金管理人、召开大会的事项不明确、持有人大会日常机构规定形同虚设等。[③] 要真正发挥基金持有人大会在基金治理中的作用，还需要反思和改进现行制度安排。

在证券投资基金治理中，需要既区分又统一投资基金与基金管理人的治理。朱成刚指出，在合同型基金中，由于基金本身不具有法人资格，故不存在基金的法人治理而存在基金管理人的法人治理；同时，基金管理人的法人治理将直接影响其行为表现，因此，完善基金管理人的法人治理构成合同型基金中基金持有人利益保护机制不可或缺的组成部分。[④] 刘运宏、卫学玲指出，因为基金管理人扮演着基金受托人的重要角色，其治理结构的好坏将影响着基金管理水平及其稳定。[⑤] 针对我国现行基金管理公司的治理机制，黄一鸣认为，在我国公司型基金法律关系中，受托人即基金管理人是公司而非自然人，同时基金法律又具有商业信托性质，理论上管理

---

① 参见李文华《论公募证券投资基金持有人利益的保护》，《南方金融》2015 年第 9 期。

② 参见马振江《中国证券投资基金治理模式研究——基于公募证券投资基金的分析》，博士学位论文，吉林大学，2010，第 114 ~ 115 页。

③ 参见蔡奕《完善公募基金份额持有人大会制度的几点思考》，《证券法苑》2017 年第 23 期。

④ 参见朱成刚《证券投资基金持有人利益保护法律机制研究》，博士学位论文，中国政法大学，2006，第 83 页。

⑤ 参见刘云宏、卫学玲《证券投资基金法修改中的创新与不足》，《证券法苑》2013 年第 8 期。

人必须以受益人（基金份额持有人）利益最大化为优先考量，由此产生了基金管理人的董事和高级管理人员在做出相应决策和判断时，是以基金持有人利益为优先还是以公司股东利益最大化为优先的问题，也即受托人与受益人利益不一致的治理问题。[①] 此外，我国证券监管实践中为完善基金管理人治理结构，在董事会中引入独立董事和专门委员会制度、增设督察长等尝试迄今依然收效甚微，后续如何调整完善值得进一步研究。

第一节 证券投资基金法属性与基金治理模型

证券投资基金法是规范证券投资基金运作、保护投资者权益以及促进基金业与证券市场规范发展的法律，对证券投资基金法基本属性之认识，系证券投资基金立法、实践和研究的重要起点。而基金法的基本属性又来源于基金市场的现实基础。

一 证券投资基金法的基本属性

尽管不同国家和地区对于证券投资基金的称呼不同，采用的组织形式亦有不同，但从本质上来说，不同形式的基金法均应全面反映市场与经济的现实需求。我国立法机关组织编写的证券投资基金法释义即明确指出，证券投资基金微观上有利于为社会分散资金持有人增加投资方式选择和分散投资风险，宏观上有利于提高整个国家的资产利用效率，为实体经济发展提供资金支持。[②] 总体上，证券投资基金法律制度对经济社会发展的促进作用，奠定了证券投资基金立法的可能性和重要基础，但是对于证券投资基金是否需要单独立法则还有赖于其他因素的存在。

（一）投资基金立法的法律基础

在全球范围内，证券投资基金法具有以信托原理为构造基础同时属于

① 参见黄一鸣《证券投资基金利益平衡机制研究——以管理人为中心》，博士学位论文，吉林大学，2012，第46页。

② 参见全国人大常委会法制工作委员会编《中华人民共和国证券投资基金法释义》，法律出版社，2013，第1~2页。

证券法律体系组成的共同特点[①]，其规范调整的诸多内容属于商事法的范畴亦应无疑义。鉴于此，有必要从商事法的功能视角来理解证券投资基金单独立法的必要性。[②]

美国著名公司法学者 Henry Hansmann 和 Reinier Kraakman 曾指出，在所有发达市场经济体中，法律规定了一系列标准形式的组织形式。在很大程度上，这些实体仅仅是其所涉当事人尤其是所有者、管理层和债权人之间标准合约的连接。[③] 由此引发的问题是，这些实体提供的安排能否完全通过一般合同法来实现？换言之，商业组织法在现代社会中究竟起着何种作用？两位作者给出的答案是，所有类型的组织法之基本作用在于创设了一种破产风险阻隔模式即资产分割（asset partitioning），而不通过法律借助任何其他方式都无法创立这种资产分割。[④] 事实上，从各种商事立法来看，组织法和行为法乃至监管法的融合已经成为常态。因此，通过法律明确资产分割的同时界定相应治理规则也成为信托法、基金法的重要使命。国际证监会组织（IOSCO）《集合投资计划监管原则》第 4 原则即规定了监管体制的基本原则，即寻求保全基金资产物理上和法律上的完整和分离。

在我国，在信托法颁布实施前，关于基金财产与基金管理人与托管人固有财产的关系受到忽视，通过立法解决此问题遂成为基金法的重要任务。[⑤] 如前文所分析，我国证券投资基金活动以信托法原理和制度为基础，是一种以委托人为受益人的自益信托。我国《信托法》第十五条、第十六条等规定内容，确立了信托财产独立性的原则和具体内涵。在此基础上，

---

① 以美国为例，在其联邦证券法律体系中，由美国证监会负责管辖和执法的制定法即包括了 1940 年同时出台的《投资公司法》和《投资顾问法》，而这两部法律被视为规范美国共同基金的核心法律。

② 当然，也有极少数国家和地区如德国，其立法部门并没有对投资基金进行单独立法，但如 1957 年《投资公司法》（KAGG）明确德国的契约型投资基金制度，关于投资基金的相关规制融合于其他民事、商事法律规范中。参见张宝瑞《中国证券投资基金治理制度体系研究》，博士学位论文，辽宁大学，2013，第 35 页。

③ See Henry Hansmann & Reinier Kraakman, The Essential Role of Organizational Law, Yale ICF Working Paper, No. 00 - 11 (2000).

④ See Henry Hansmann & Reinier Kraakman, The Essential Role of Organizational Law, Yale ICF Working Paper, No. 00 - 11 (2000).

⑤ 参见全国人大常委会法制工作委员会编《中华人民共和国证券投资基金法释义》，法律出版社，2013，第 13 页。

我国《证券投资基金法》对于确立证券投资基金的资产分割做出进一步规定。根据该法第五条规定，其核心要义如下：其一，基金财产独立于其他固有财产，由其产生的债务亦独立于其他固有财产，公募基金的份额持有人以出资为限对基金财产的债务承担责任。[①] 其二，基金财产独立于基金管理人、基金托管人的固有财产，且基金财产不属于前述主体的清算财产。

当然，对于各种商事组织法，在确立资产分割原则外，治理结构、交易规则、监管体系以及投资者保护机制也是不可或缺的。于投资基金立法而言，上述内容与信托法及证券法相比存在诸多特殊性，这也成为众多国家和地区对投资基金活动单独立法和监管的重要原因。

（二）投资基金法的调整范围

投资基金法的调整或者适用范围包括不同维度，基金法的地域管辖范围较为简单，以下主要探讨其调整的主体范围和客体范围。

1. 基金法调整的主体

在信托法律关系中，委托人、受托人和受益人是必须同时具备的三方当事人。具体到我国证券投资基金法律关系中，委托人是指基金份额持有人，俗称基金投资人或者投资者，可以是自然人、法人或者合伙等组织形式。受托人是指接受委托对基金财产进行管理、运用或者处分的人，包括基金管理人和基金托管人。在合同型基金中，基金管理人居于运营管理的核心地位。在基金持有人和基金管理人之间，基金管理人由于获得运用、管理基金资产的权利，又被称为“实质受托人”。[②] 基金托管人是指根据基金合同的规定，直接控制和管理基金财产，并按照基金管理人的指示进行具体资金运作的基金当事人。[③] 如前文所述，我国法学界关于基金管理人

---

① 于非公开（私募）基金而言，根据证券投资基金法的规定，按照基金合同约定，非公开募集基金可以由部分基金份额持有人作为基金管理人，并对基金财产的债务承担无限连带责任。

② 参见郑泰安、钟凯、陈镜《证券投资基金法律制度》，四川人民出版社，2008，第53页。

③ 我国台湾地区将其称为基金保管机构，担任证券投资信托契约受托人，依证券投资信托事业之运用指示从事保管、处分、收付证券投资信托基金。基金保管机构对投信事业有一定的监督权限及义务，但主要是事中事后的消极发现和报告义务。此外，基金保管机构应为基金受益人之权益向投信事业追偿。

与基金托管人的关系存在共同受托人和特殊受托人之争，笔者倾向于前一种理解。根据信托利益是否归属于委托人本身，私益信托可分为自益信托与他益信托。其中，委托人以自己为唯一受益人而设立的信托为自益信托，即委托人与受益人是同一人，信托只是为委托人的利益。[①] 证券投资基金中的信托属于自益信托，受益人为基金份额持有人。除上述基金合同当事人之外，投资基金法规定的基金服务机构、基金行业协会以及监督管理机构等，都应当遵守该法的规定。

2. 基金法调整的客体

投资基金法调整的客体范围，主要指其调整的基金种类。总体上，我国证券投资基金根据不同的分类标准，存在许多不同的类别。由于我国目前以合同型基金为主，在国外较为常见的公司型基金和契约型基金分类主要见诸理论研究中。除此之外，根据募集方式分为公开募集基金（公募基金）与非公开募集基金（私募基金），根据运作方式分为封闭式基金与开放式基金，上述分类对于投资基金法相关制度安排的影响最为直接。同时需要看到，随着证券市场的创新和基金业的发展，一些新型基金的出现突破了传统的分类标准，对于现行制度和监管提出了新的挑战。例如，交易所交易型开放式基金（Exchange Traded Fund 或 ETF）同时具有封闭式基金和开放式基金的特点，也可以由普通的证券投资基金转换而来；其具有多重特点，增加了交易监管的难度，是证券市场的变局者。[②] 又如，分级基金将公募基金与私募基金混为一体，既可以在证券交易所公开交易，又可以按私募基金的方式杠杆交易。[③] 而基金中基金（Fund of Funds 或 FOF）以基金为投资标的，既可以是公募基金也可以是私募基金，容易模糊二者之间的界限。相比而言，公开募集的股票型开放式基金系最为典型的基金模式，由此也成为中外最为普遍的基金治理及相关制度的研究对象。

在美国，实践中常见的公司型基金种类首先分为共同基金（有时又称为开放式基金以与封闭式基金相区分）、ETFs（特殊形态共同基金）、封闭式基金、

① 参见何宝玉《信托法原理研究》，中国法制出版社，2015，第 25 页。

② 参见朱伟一《证券法》，中国政法大学出版社，2018，第 200 页。此类基金产品创新引发的法律适用问题之分析，参见郭土木《指数股票型基金 ETF 交易与创造赎回所涉及相关法令适用问题之探讨》，载《当前公司与证券法制新趋势：赖英照讲座教授七秩华诞祝贺论文集》，中国台湾元照出版有限公司，2016，第 699 页以下。

③ 参见朱伟一《证券法》，中国政法大学出版社，2018，第 221 页。

对冲基金（Hedge Funds）、私募基金（Private Equity Funds）。从规范角度来看，共同基金、ETFs、封闭式基金等由于面向广大公众发行或交易，需要向美国证监会注册并遵守《1940 年投资公司法》；而对冲基金仅向有限范围的机构投资者和富有个人投资者发行证券，私募基金仅向富有的机构和个人投资者发行，因此二者均无须向美国证监会注册，且无须强制遵守《1940 年投资公司法》。[①] 国内有研究认为，《1940 年投资公司法》只规范从事证券市场投资的机构，其他投资方式既不叫“投资公司”，也不由该法来规范，比如在我国称为风险投资基金的投资方式在美国被称为 Venture Capital，主要由《中小企业投资法》予以规范；因此，《1940 年投资公司法》实际上的内涵是指“证券投资公司法”。[②] 综合而言，美国《1940 年投资公司法》以规范涉及公开发行的公司型基金为主，对于对冲基金和私募基金则采取类似联邦证券法律中的豁免制度不强制要求注册或者遵守规定。当然，有美国学者认为，现行法律对于开放式基金和封闭式基金两类基金几乎等同的立法令人费解，投资公司法的最初立法初衷在于解决封闭式基金的问题，但是如今与开放式基金的规模相比前者实在相形见绌。总体上，开放式基金理应接受更宽松的监管，因为投资者具有相对充分的赎回自由，在应对共同基金与管理人分离而产生的大部分特殊问题时相对而言更有保障；封闭式基金股东的该等能力则大为受限，他们既无实际控制权又无实质退出权，因此与开放式基金的股东相比需要更强的监管保护。[③] 上述关于区分不同类型的基金施以不同规范和监管的思路与建议，对于我国的基金立法与监管完善颇具借鉴意义。

我国《证券投资基金法》于 2003 年 10 月 28 日由全国人大常委会审议通过，于 2012 年 12 月 28 日完成第一次修订，2015 年的修订仅做了一个条文（原法第 17 条）的删除。在基金法制定过程中，对于该法的调整范围尤其关于是否将证券投资基金、产业投资基金、风险投资基金一体纳入基金法调整，历来存在统一立法和分散立法的不同主张，后又转化为基金法是调整公募基金还是

---

① 其中，对冲基金根据《1940 年投资公司法》第 3（c）（1）、（c）（7）条的规定豁免注册和遵守其他相关规定的义务。

② 参见江翔宇《公司型基金法律制度研究——以基金治理结构为核心》，博士学位论文，华东政法大学，2010，第 28 页。

③ See John Morley, The Separation of Funds and Managers: A Theory of Investment Fund Structure and Regulation, The Yale Law Journal, 123: 1228 March 2014, pp. 1284 - 1285.

公私募统一调整的争论。[①] 立法机关最终确定基金法仅调整公募证券投资基金，私募证券投资基金与产业投资基金以及风险投资基金均未明确纳入。2012年修法中，基金法将私募证券投资基金纳入调整范围并形成现行立法状况。[②] 关于现行基金法确立的调整范围，值得肯定的一方面是将私募基金纳入规制范围，并针对其资产规模小、客户人数少、风险外溢弱等特点，确立了与公开募集基金有显著差异的行为规范和制度安排，实施适度监管，有利于私募证券投资基金活动的规范和投资者及相关方的利益保护。[③] 但是，令人遗憾的是，私募股权投资基金和创业投资基金依然没有“入法”。

此外，诚如有观点所指出，资本市场实践中的跨产品ETF（如黄金ETF、白银ETF等）、证券公司的资产管理计划、信托计划等都将基金的投资范围扩展到证券产品以外的其他资产，基金法将其调整范围仅仅限制在证券投资基金范围之内，不失为又一大遗憾。[④] 应予指出，基金法确立调整范围受到现行监管体系等诸多实际情况的掣肘[⑤]，反映了理论与现实的妥协。但是，从实现资本市场法律的统一规范来看，完善基金法的调整范

---

① 具体参见本书第一章第二节内容。也可参见王连洲、董华春《证券投资基金法条文释义与法理精析》，中国方正出版社，2004，第2~10页。

② 主要规定见现行《基金法》第2条及第10章“非公开募集基金”。

③ 我国台湾地区《证券投资信托及顾问法》（2018年修订）第3条第1款规定：本法所称证券投资信托，指向不特定人募集证券投资信托基金发行受益凭证，或向特定人私募证券投资信托基金交付受益凭证，从事于有价证券、证券相关商品或其他经主管机关核准项目之投资或交易。因此，在台湾地区，共同基金法同时调整公、私募证券投资基金。而从实践来看，直到上述法律通过后，台湾地区才开始开放私募基金之成立（参见王文宇等《金融法》，中国台湾元照出版有限公司，2019，第230页）。

④ 参见刘运宏、卫学玲《证券投资基金法修改中的创新与不足》，《证券法苑》2013年第8期。

⑤ 《基金法》2012年修订后、正式实施之前，我国证券投资基金由证监会监管，私募股权投资基金和创业投资基金分别由国家发展和改革委员会、科技部监管。2013年6月底，中央编办印发《关于私募股权基金管理职责分工的通知》，其中指出：我国私募股权基金行业发展较快，但相关管理部门的职责不够明确，给行业发展带来不利影响。为进一步规范私募股权基金管理，理顺相关部门的职责关系，促进私募股权基金行业健康有序发展。根据上述《通知》，经国务院和中央编委批准，关于私募股权基金管理职责分工明确为：证监会负责私募股权基金的监督管理，实行适度监管，保护投资者权益；发展改革委负责组织拟订促进私募股权基金发展的政策措施，会同有关部门研究制定政府对私募股权基金出资的标准和规范；两部门要建立协调配合机制，实现信息共享。

围仍需要逐步推进。[①]

（三）证券投资基金法的性质与地位[②]

从我国证券投资基金法规范的主要内容来看，基金投资人与基金管理人、基金托管人之间的法律关系本质上属于平等民商事主体之间发生的社会关系，在合同型基金中三者更是直接基于合同约定各自的权利义务；从基金法主要确立资产分割原则以实现基金资产的独立性以及构建证券投资基金与基金受托人治理机制的核心规则来看，基金法仍以信托法、公司法等传统商法为基础。

从境外相关国家的情况来看，日本公司型基金的立法直接建立在《日本商法典》的基础上，日本投资法人在制度设计方面基本适用商法中的股份有限公司的相关规定，同时又根据其自身的特点，在《证券投资信托和证券投资法人法》做出特别规定。[③] 鉴于此，证券投资基金构造的法律基础及其主要规范的内容，决定其具备商法的本质属性。此外，从证券投资基金法规范的内容和结构来看，其与证券法一样呈现出如下性质：属于组织法与行为法的统一但主要是行为法[④]，兼具任意法和强行法、实体法和程序法、国家制定法和习惯法的属性[⑤]，具有较强的技术性[⑥]。

证券投资基金法除具有商事法的属性外，亦包含金融监管或者行政法

---

① 在行政法规和规范性文件方面，2016 年 9 月 20 日，国务院发布《关于促进创业投资持续健康发展的若干意见》（国发〔2016〕53 号），明确要完善创业投资相关管理制度，推动私募投资基金管理暂行条例尽快出台，对创业投资企业和创业投资管理企业实行差异化监管和行业自律。2017 年 8 月 30 日，国务院法制办公室在其官网发布了关于《私募投资基金管理暂行条例（征求意见稿）》公开征求意见的通知，公开向社会公众征求立法意见。截至 2019 年 10 月，该《条例》尚未正式颁布。

② 鉴于本书第一章第一节已对证券投资基金法律性质进行了原理解读，以及对主体、客体、法律关系等做了立法论分析，本小节主要从解释论对证券投资基金法的法律属性作规范分析。

③ 参见江翔宇《公司型基金法律制度研究——以基金治理结构为核心》，博士学位论文，华东政法大学，2010。

④ 境内外投资基金法非常重要的立法旨意之一是对基金的组织形式及治理结构做出明确安排，在采取公司型基金的情形下尤为突出。

⑤ 参见叶林《证券法》（第四版），中国人民大学出版社，2013，第 30 ~ 32 页。

⑥ 与民法规范绝大多数为伦理性条款，民事主体按照常识和伦理可判断法律效果相比，商法规范一般根据市场经济的基本内容、基本规则及运作方式上升而成，具有很强的操作性。在证券投资基金法中，基金的公开募集、申购、赎回、估值等众多规定，均具有非常鲜明的技术性和操作性特点。

的内容。诚如学者所言，金融为高度风险的领域，金融服务具有社会公共性，无论是保护公众投资者还是维护金融安全，均需要良好的金融监管。[①]以共同基金领域投资者保护为例，仅仅依靠传统的公司法、合同法理论及自力救济，相关当事人的权益难以得到周延的保护。因此，立法机关最终采取了经济法的理念，动用国家的公权力通过制定特殊的制度对基金行业进行特别监管。从美国《投资公司法》和《投资顾问法》的立法历史来看，其本质上为金融监管法，基金持有人利益的保护以公权力为主、以私法救济为辅。[②]从我国证券投资基金的立法和监管来看，其中关于投资基金的成立、运作管理、信息披露以及相关组织从事业务等，均包含证券监管的内容。因此，与基金政府监管有关的规范属于基金法的重要渊源。

证券投资基金法兼有金融监管规范，在理论上可能引发如下认识，即金融法本质上系金融监管法。事实上，关于证券法、基金法的法律属性，在境内外均存在认识分歧。如在我国台湾地区，虽然多数学者认为证券交易法为私法中之商事法，但是亦有部分学者主张证券交易法具有行政法之性格，与银行法、保险业法等同属于公法。[③]在我国，学界也存在商法学说和经济法学说的不同主张。商法学说认为，证券法包含的组织法和行政法内容，主要是服务于证券的发行和交易的，属于证券法的附属内容，而不是证券法的主导内容。[④]经济法学说则认为，证券法具有鲜明的经济法属性，从法律性质上更多地具有经济法的特征。[⑤]

相比而言，本书更倾向于金融商法的观点：金融商法理论认为，金融法具有二元规范结构，即包括金融监管法（公法）与民商法（私法）两个部分，而后者又主要包括金融交易法和金融组织法。[⑥]有学者对我国现行金融立法存在的问题指出，金融交易的私法或商法规范相对于金融监管规范更为匮乏，这可能与人们长期以来将金融法片面地理解为监管法和公法

---

① 参见王保树《金融法二元规范结构的协调与发展趋势——完善金融法体系的一个视点》，《广东社会科学》2009 年第 1 期。

② 参见朱成刚《证券投资基金持有人利益保护法律机制研究》，博士学位论文，中国政法大学，2006，第 100～101 页。

③ 参见赖源河《证券法规》，中国台湾元照出版有限公司，2014，第 21 页。

④ 参见叶林《证券法》（第四版），中国人民大学出版社，2013，第 31 页。

⑤ 参见周友苏主编《新证券法论》，法律出版社，2007，第 30～31 页。

⑥ 参见王保树《金融法二元规范结构的协调与发展趋势——完善金融法体系的一个视点》，《广东社会科学》2009 年第 1 期。

有关，忽略了金融法规范具有二元结构，特别是金融私法或商法规范的重要作用。[①] 就此而言，本书认为，未来完善基金立法，应更加注意平衡发展和管制的关系，将其塑造成为真正的基金投资者保护法和基金业发展法。

（四）证券投资基金法的法律渊源

调整证券投资基金活动以及与此相关事项的不同层次的法律法规，称为基金法的渊源。就基金法及其上位法之证券法而言，不同国家和地区由于不同的政治体制、司法体制及历史文化，其法律渊源呈现出差异，但也存在诸多共性。总体上，各国家和地区的基金法律法规体系主要由证券基金法、信托法及相关法律、判例法、行政法规（或行政命令）、证券监管规则以及自律规则等层次构成。[②] 在我国，证券投资基金法律法规体系主要包括法律、行政法规、监管规章和司法解释、自律规则四大层次。[③]

就证券投资基金治理机制的狭义法律渊源来看，基金法为当仁不让的第一顺位法律。此外，投资基金活动还需要接受信托法、证券法、公司法乃至合同法等民事法律的综合调整。例如，根据现行法律规定，担任基金管理人首先需要成立一个实体，且只能采取公司或者合伙企业的组织形式，符合公司法、合伙企业法的规定并经设立登记。自然人不能担任基金管理人，是因为基金管理存在相应风险，担任基金管理人需要相对完善的治理结构和相应的责任承担能力。[④] 在境外，采取公司制形式下，共同基金或投资基金的治理同时涉及基金特别法和商法或者公司法的法律适用。

---

① 参见楼建波《金融商法的逻辑：现代金融交易对商法的冲击与改造》，中国法制出版社，2017，第40页。

② 在我国台湾地区，学者习惯于从证券管理角度定义证券法律法规体系，但究其实质仍是有关对于有价证券之募集、发行、交易之法律规定及依该等法律授权而制定之规章。有学者认为，台湾地区的证券管理体系包含的层次有法律、行政命令和营业规章三个层次。参见赖源河《证券法规》，中国台湾元照出版有限公司，2014，第3～4页。

③ 也有学者认为，我国证券领域的法律法规体系有四层位：一是法律，主要包括《证券法》、《公司法》和《证券投资基金法》；二是行政法规与司法解释；三是部门规章；四是行业规定。详细内容参见华东政法大学课题组《证券法的调整范围与立法体例研究》，课题负责人为顾功耘，载《证券法苑》（2014）第十卷。由于在证券投资基金领域鲜见单独的司法解释，本书不予专门讨论。

④ 参见全国人大常委会法制工作委员会编《中华人民共和国证券投资基金法释义》，法律出版社，2013，第29页。

如在美国，一方面，普通公司法律制度奠定投资公司的基本治理机制；另一方面，投资公司法等特别法对于基金公司的治理做出大量特殊规定。在日本，投资法人在基本适用公司法典中股份有限公司相关规定的同时，又需适用金融商品交易法中的特别规定。而在英国，公司型基金是基于信托法并绕过公司制度而建立起来的。①

行政法规在我国立法体系中居于承上启下的枢纽地位，在证券投资基金业的起步和发展过程中亦起到了重要的规范引导作用。与境外成熟市场经济体尤其是英美等国家相比，我国证券投资基金起步较晚，但是发展很快，需要通过加强规范保证发展的速度和质量。然而，直至2003年10月我国证券投资基金法才获立法机关审议通过，正式实施则晚至2004年6月1日。在此之前，我国调整证券投资基金运行及监管的基本规范依据为《证券投资基金管理暂行办法》②，该《办法》在性质上被认为属于行政法规。③ 在后续立法上，2017年8月30日，国务院法制办公室发布了《私募投资基金管理暂行条例（征求意见稿）》；而国务院办公厅于2019年5月发布的《关于印发国务院2019年立法工作计划的通知》显示，《私募投资基金管理暂行条例》被列入国务院2019年立法工作计划。由此可知，私募投资基金立法未来可能以行政法规的方式颁行。此外，我国基金法虽为未来采取公司制基金预留了制度空间，但其真正落地实施需要下位法的制定实施，以行政法规形式规定公司型投资基金不失为一种较为妥适的选择。④

部门（行政）规章本质上是指证券金融监管部门在执行证券法、基金法等法律过程中依法制定发布的具有拘束力的规范性文件。在我国，根据《立法法》的规定，部门规章为由国务院部委依法发布的行政性规章。在境外，则为证券金融监管部门为实施证券法、基金法等金融法律颁布实施

---

① 其中很重要的一个原因是英国公司法禁止公司股份回购，造成开放式公司型基金无法在传统公司法框架下运作。

② 该《办法》于1997年11月5日由国务院批准，并于1997年11月14日由国务院原证券委员会发布实施。

③ 参见刘运宏、卫学玲《证券投资基金法修改中的创新与不足》，《证券法苑》2013年第8期。也有学者将国务院原证券委员会发布的规范性文件定义为部门规章。

④ 从我国证券立法和实践来看，大量重要事项都是授权由国务院行使。事实上，国务院规定或者认定可以由国务院直接通过制定发布行政法规或者法规形式的文件，亦可以由国务院授权相关机构制定发布行政规章实现。

的执法文件。证券基金所涉投融资活动具有较高的风险，需要相关规范对市场做出快速反应，但无论是法律还是行政法规都需要较强的稳定性，此时发挥主管部门的立法职权就具有非常重要的现实意义。[①] 在证券投资基金领域，我国证券监督管理机构中国证监会根据基金法的授权和原则，对基金治理发布实施了一系列规章和规范性文件。举其要者，包括：《公开募集证券投资基金运作管理办法》（证监会令第 104 号）、《私募投资基金监督管理暂行办法》（证监会令第 105 号）、《证券投资基金公司管理办法》（证监会令第 84 号）、《证券投资基金管理公司治理准则（试行）》（证监基金字〔2006〕122 号）、《证券投资基金管理公司督察长管理规定》（证监基金字〔2006〕85 号）等。在我国台湾地区，“行政院金融监督管理委员会”（简称“金管会”）根据共同基金基本法的规定，制定实施了《证券投资信托基金管理办法》、《证券投资信托事业管理规则》和《证券投资信托事业设置标准》。在美国，共同基金市场很重要的一大特点是监管的扩张与干预。[②] 负责管辖与执行 1940 年《投资公司法》和《投资顾问法》的美国证监会，常见工作和任务就是通过制定相关规则来落实上述两法的规定。

基金法律渊源的最基础层次是自律规则。从我国《立法法》的规定来看，基金自律组织的业务规则似乎不应纳入证券基金法律体系范围之内。但是，根据我国《基金法》的规定，基金行业协会是投资基金行业的自律性组织，其应履行的职责之一包括制定和实施行业自律规则并监督检查会员与从业人员的执业行为，对违反者按规定给予纪律处分等。此外，该法还规定了基金管理人和基金托管人强制入会。因此，诚如有观点所述，证券基金自律规则对于规范市场业务运行，调整市场参与人权利义务关系，

① 参见肖钢《证券法的法理和逻辑》，《证券法苑》2014 年第 10 期。台湾地区学者林国全亦指出，证交法相较于其他法律有一个明显的特点是有很多的法律授权规定，原因在于：现代证券市场错综复杂而且变化快速，证券管理规范需要随时配合修订，但法律的修改存在复杂的程序，往往缓不济急；因此，证交法本身主要规定证券管理的基本原则，至于细节性或执行层面的规范，则授权行政主管机关制定发布行政法规补充。以上参见林国全《证券交易法》，载王文宇等《金融法》，中国台湾元照出版有限公司，2019，第 131 页。

② See Jill E. Fisch, Rethinking the Regulation of Securities Intermediaries, 158 U. PA. L. REV. 1961 (2010).

具有不可替代的作用，因此其对市场参与者具有普遍的约束力和执行力。[①]在台湾地区，有学者主张，自律机关可以制定比法令更高的行为准则。[②]美国公司法学者认为，将自律规则界定为商事法律渊源之一，部分原因在于通常它直接或者间接地受到正式法律的支持，比如美国证券交易所自律管理的权威既由《证券交易法》以及SEC根据该法制定的行政性规则所强化亦由其所制约。[③] 综上可知，在公司证券金融领域，自律组织的业务规则对市场参与人具有普遍的直接约束效力。在我国，除基金业协会外，证券交易所对于上市交易的证券投资基金活动和主体实施自律监管，因此，其所制定实施的相关业务规则亦属基金治理的法律渊源之一。

二　证券投资基金的治理模型

公司治理（Corporate Governance）传统上是由公司法主导的领域，但逐渐被证券法蚕食[④]，近年来成为公司证券领域非常热门的话题。然而，关于公司治理的定义林林总总难以形成共识。我国台湾学者王文宇教授认为，公司治理之课题不外是，如何建立一合理之监督机制，使股东得受到合理之对待，且经营者能善用其经营权限，以谋求股东全体和公司本身之利益。[⑤] 郭土木教授考察国际组织OECD定义认为，公司治理不仅规定了公司的各个参与者包括董事会、经理人、股东和其他利害关系人间之责任与权利分配，而且对于公司决策之形成与一般事务之执行所应遵守的规则和程序予以明确化；因此，公司治理可归纳为一种指导、监控与管理的机制，以落实公司经营为目的，在兼顾其他利害关系人利益下，借由加强公司绩效，保障股东权益之功能。[⑥] 香港中文大学教授黄辉则认为公司治理大体可分为两个方面：一是公司治理的体系结构，即公司的各种机关包括

---

① 参见徐明、卢文道《证券交易所业务规则法律效力与司法审查》，《证券法苑》2010年第10期。

② 参见赖源河《证券法规》，中国台湾元照出版有限公司，2014，第13页。

③ See Henry Hansmann & Reinier Kraakman, The Essential Role of Organizational Law, Yale ICF Working Paper, No. 00 ~ 11 (2000).

④ 参见朱伟一《证券法》，中国政法大学出版社，2018，第518页。

⑤ 参见王文宇《公司法论》，中国台湾元照出版有限公司，2018，第52页。

⑥ 参见郭土木《证券交易法论著选辑》，中国台湾三民书局股份有限公司，2016，第173页。

董事会和股东大会的角色、功能和权利；二是指公司治理的目标实现，即公司究竟代表谁的利益。[①] 综合而言，从内部治理结构来看，不同定义共同关注的是，各种机构如何设置、权利义务如何配置更有利于利益平衡，从而实现各方利益最大化。证券投资基金治理难以完全传承于公司治理的传统语境和法律模型。

（一）证券投资基金治理概述

与公司治理相比，证券投资基金治理存在其特殊性和复杂性。对于采取公司制的投资基金而言，其治理机制的确立一般以公司法为基础，但同时需要根据投资基金的特点做出特别安排。对于契约型基金而言，由于基金本身并非独立的实体，其治理的机制主要在于基金投资者作为统一的委托人，通过信托契约与基金管理人及基金托管人确立信托关系。因此，治理的核心就在于如何更好安排三方的权利义务及制衡机制。在契约型基金模式下，除采用公司制的基金管理人的治理以公司法为形塑基础外，投资基金与管理人、托管人之间的治理机制与公司法无直接关系。因此，需要投资基金法本身对此做出更为完整的安排。在此，还需要就证券基金法关于公司治理与基金治理条款配置进行比较。有学者针对证券法修订草案三审稿“投资者保护”专章写入有关公司治理的条款提出批评意见，对此可总结出两方面要点：一方面，我国现行公司法内容简约，操作性不强，确定性不足，欠佳的公司治理是减损投资者保护的重要原因；另一方面，以《证券法》专章缓和公司法缺陷和不足，难免舍本逐末，如董监高信义义务缺失问题非证券法能够独立面对和解决，如只选择在证券法层面应对，难免出现将公司治理规则纳入证券法的情形。[②] 本书在此无意讨论证券法专章规定投资者保护立法模式的优劣，但从叶林教授上述观点可知，传统上公司治理条款虽然不是完全属于公司法领域，亦主要应由公司法做出，证券法对于公司治理制度的安排应当保持一定的节制。这里需要讨论的恰恰是与证券法不同，基金法对于基金治理的制度安排应当起到“基本法”

---

① 参见黄辉《现代公司法比较研究：国际经验及对中国的启示》，清华大学出版社，2011，第145～146页。

② 参见叶林《〈证券法〉专章规定“投资者保护”的得失》，《金融时报》2019年7月29日。

的作用，其理由正如前文所述之基金治理的重要性与特殊性。

对于合同型基金的治理，有论者指出需要批驳以下观点即不论公司型基金还是合同型基金，都存在基金的法人治理；事实上，在公司型基金中，公司治理与基金的法人治理的概念是通用的，而在合同型基金中，由于基金本身不具有法人资格，故不存在基金的法人治理而存在基金管理人的法人治理。[①] 本书认为，合同型基金由于本身并无对应法人实体故的确不存在法人治理，但是其中也不只存在管理人的法人治理，因为无论采取何种形式，基金的治理机制都是客观存在和必须应对的。

此外，还需要就证券投资基金与公司的治理目标相区分，因为治理目标影响治理机制的具体安排。从公司治理的目标来看，核心问题在于作为受托人的董事到底为谁服务。相比而言，这一问题在投资基金治理背景下并无太大争议。无论采取何种方式组织，投资基金的核心价值在于保护基金持有人（基金份额持有人或者投资公司股东）的利益，因此基金治理机制的安排与实现理应遵循上述价值目标。当然，从境内外情况来看，不同类别的基金模式存在不同的治理重点和相应的制度，对此下文将分别进行探讨。需要特别说明，以下治理模式比较主要从组织形式、募集方式、运作方式三个不同分类标准切入，选择这三类标准主要考量因素在于其与基金治理的关系更为直接。因此，对于诸如以投资对象为标准区分为股票基金、债券基金等不同种类的基金之治理，由于其特殊性与独立性相对不够充分，本书将不做单独分析，仅在必要时予以兼及。

（二）公司型基金与契约型基金的区分与立法概述

在全球范围内，按照组织形态对投资基金进行划分普遍成为各国家和地区基金立法的前提和基础。以此为划分标准，投资基金可分为公司制、契约制、合伙制和商业信托制等，其中公司制和契约制最为常见和典型。美国《1940 年投资公司法》规范公开注册共同基金、封闭式基金以及各类私募投资工具比如对冲基金和私募基金，其实规范了大部分通常被称为投资基金的工具。该法所称之投资公司（Investment Company）包括了股份公

---

① 参见朱成刚《证券投资基金持有人利益保护法律机制研究》，博士学位论文，中国政法大学，2006，第 83 页。

司、社团、合伙、信托、基金等组织形式，其中采取股份公司的形式组建、通过发行股票集合投资人的资金并用于证券投资的基金形态，即为典型形态的公司型投资基金。根据是否需要作为第三方的投资顾问进行投资管理，投资公司分为管理公司和非管理公司，前者依赖投资顾问进行证券投资，后者则自行进行证券投资活动。根据投资公司发行股份是否可以自由赎回，管理公司分为封闭型投资公司和开放型投资公司，后者又称为共同基金（mutual fund）①，是美国最为典型的公司型基金。此外，有学者考察认为，美国的单位投资信托，其实质是根据信托契约集合投资者资金而进行投资，其法律构造与契约型基金非常接近。因此，不能认为美国的投资公司即代表公司型基金，其分类实际类似于契约型基金和公司型基金。②

在日本、韩国和我国台湾地区，证券投资信托指契约型基金，而日本所称证券投资法人则为公司型证券投资基金制度。从立法源流看，日本1951年制定《证券投资信托法》时，仅规定了契约型基金；直到1988年才从美国引入公司型基金，从而步入两翼齐飞的投资基金发展模式。此后，日本关于投资基金的立法又被整合到《金融商品交易法》。③ 在我国台湾地区，学理上多将证券投资基金称为共同基金；投资基金立法亦相对简单，其“证券投资信托及顾问法”规定的共同基金以契约型为限。在欧盟地区，欧盟委员会颁布的共同基金规则《UCITS指令》明确承认契约型与公司型两种不同类别基金的效力。④

英国是公认的全球投资基金的发源地，其早期的证券投资基金等资产管理方式采用契约型运作方式。1879年《股份有限责任公司法》的颁布，为公司制基金的产生提供了法律依据，一些基金管理公司据此将契约型基

---

① 香港地区习惯称为互惠基金。

② 参见郑泰安、钟凯、陈镜《证券投资基金法律制度》，四川人民出版社，2008，第281页。

③ 例如，该法第二条有价证券定义之第十一项为：投资信托及投资法人相关法律所规定的投资证券、投资法人债券及外国投资证券。

④ UCITS计划即可转让证券集合投资计划（Undertakings for Collective Investment in Transferable Securities）。1985年，欧洲议会与欧盟委员会颁布了UCITS指令，旨在为欧盟各成员国的开放式基金建立一套跨境（最低）监管标准。各成员国以立法形式认可该指引后，本国符合（处于不断更新之中的）UCITS指令最低监管要求的基金即可在其他成员国发售，而无须再申请认可。由此可知，通过指引的发布和各成员国的立法认可，不同法律与监管制度下的证券投资基金，实际上被纳入统一的信息披露与监管体系之下，而统一的披露和监管标准有利于各国投资基金更便利地跨（国）境销售和交易。

金改为分配股息的股份有限公司，投资基金开始进入股份有限公司专业管理时代。[①] 现代以来，1997 年，英国颁布了《开放式投资公司法》，旨在为公司型开放式基金（Open - ended Investment Company，OEIC）建立新的法律框架。2004 年以后，开放式投资公司成为英国基金业的主导模式。目前，英国实现了公司型基金和契约型基金的平行发展。综上，英国、日本等国家均属于自契约型基金开始，其后引入公司型基金并取得积极成效的典型。

我国香港地区开放式投资基金长期以来以单位信托的形式成立。2016 年 6 月 10 日特区政府公布了《2016 年证券及期货（修订）条例》，对《证券及期货条例》（第 571 章）进行修订，以为开放式基金型公司的注册成立及其业务的监管确立基本法律框架。与英国公司型基金遇到的法律障碍类似，我国香港地区《公司条例》（第 622 章）对公司减少股份设有种种限制，导致开放式基金无法以公司形式组建运营。2016 年证券期货条例的修订，实际上是绕过公司条例的法律障碍，在证券法律体系内确立公司型基金的地位和具体制度。为实施开放式基金型公司制度，香港证监会于 2018 年 5 月 18 日完成了《开放式基金型公司守则》及相关附件的制定发布，该守则与《2016 年证券及期货（修订）条例》、《证券及期货（开放式基金型公司）规则》、《证券及期货（开放式基金型公司）（费用）规例》以及《2018 年税务（修订）（第 2 号）条例》四法例于 2018 年 7 月 30 日起生效。[②] 至此，香港地区完成了引入公司型基金的主要立法工作。由于香港公司型基金新规实施时间较短，其市场发展情况尚无法获得更多统计信息，有待后续持续关注跟踪并做评估。

---

① 参见江翔宇《公司型基金法律制度研究——以基金治理结构为核心》，博士学位论文，华东政法大学，2010，第 52 页。

② 四个条例的主要功能分别为：《2016 年证券及期货（修订）条例》为开放式基金型公司制度提供法律框架，并赋权证监会就开放式基金型公司的监管发出守则和指引；《证券及期货（开放式基金型公司）规则》，载明与开放式基金型公司相关的详细法律规定；《证券及期货（开放式基金型公司）（费用）规例》载明证监会就以私人形式发售的开放式基金型公司收取的费用，以及公司注册处处长就所有开放式基金型公司收取的费用；《2018 年税务（修订）（第 2 号）条例》将利得税豁免范围扩大至涵盖以私人形式发售的开放式基金型公司，自该制度生效之日起，所有开放式基金型公司（不论是以公开或私人形式发售）均可根据《税务条例》享有利得税豁免。参见香港证监会《证监会实施开放式基金型公司制度》，https：//www. sfc. hk/edistributionWeb/gateway/TC/news - and - announcements/news/doc？refNo = 18PR90，最后访问时间：2019 年 8 月 1 日。

我国的证券投资基金与资本市场起步时间几乎相同。由于彼时国家尚未制定公司法和信托法，投资基金（投资方向多元化，不限于证券投资）模仿了公司型基金的模式，体现为有自己的章程，内部设有投资公司（基金本身）、基金持有人大会、董事会，外部有投资管理人。[①] 1993 年公司法出台后，采取上述模式运行的基金无法满足公司法的规定，遂弃公司制而改采契约制。2003 年证券投资基金法一方面仅调整证券投资基金，另一方面按照合同型基金明确相关制度安排，对于公司型基金仅做授权性规定。[②] 2012 年修订的基金法增加了非公开募集基金的规定，但是对于公司型基金仍无详细规定。[③] 普遍认为，公司型基金在我国的落地尚待立法完善。

综上可知，全球范围内大多数国家和地区证券投资基金行业均从契约型基金开始，在发展到一定阶段后引入公司型基金而采取并行发展的模式。相对而言，我国大陆及台湾地区采取的契约型基金之单一模式已经甚为少见。

（三）公司型基金的治理结构

总体上，不同国家和地区的公司型基金都有本质相同之处，那就是投资基金本身根据公司法律设立而成为独立的法人组织，这也是公司型基金与契约型基金最大差异之处，后者本身并不设立类似公司这样的实体。然而，就具体治理结构和机制而言，不同国家和地区的公司型基金仍存在差异。

美国典型的投资公司（基金）治理机制主要特点为：(1) 公司设有股东大会和董事会，但无经理层设置，没有一般商事公司的完整经营机构。[④]

---

① 参见朱成刚《证券投资基金持有人利益保护法律机制研究》，博士学位论文，中国政法大学，2006，第 12 页。

② 该法第 102 条规定：通过公开发行股份募集资金，设立证券投资公司，从事证券投资等活动的管理办法，由国务院另行规定。

③ 《证券投资基金法（2012 年修正）》第 154 条规定：公开或者非公开募集资金，以进行证券投资活动为目的设立的公司或者合伙企业，资产由基金管理人或者普通合伙人管理的，其证券投资活动适用本法。

④ 共同基金本身没有自己的雇员或其他运营资产而且也被禁止拥有，共同基金通常要求有高级职员，但是他们都并不是基金的真正雇员。这些职员从管理人公司（投资顾问）而非基金本身获取全部报酬和指令，且根据基金与投资顾问之间合同的约定，他们不被基金免职。

(2) 投资公司与普通商事公司一样，采行董事会中心主义的治理模式，但要求董事会主要由独立董事组成。[①] 美国传统公司治理系一元制或称单层制，董事会为股东代表并监督经理人的经营活动，但董事可能兼任公司经理人或其他内部人；为解决利益冲突问题，独立董事成为公司治理的核心。[②] 而在投资公司中，由于不设经理层，独立董事没有传统公司治理意义上的监督职能，其职能重点转为审批基金与投资顾问、托管人之间合同签署，并监督基金的投资运作。独立董事制度被认为是美国共同基金制度最突出的特点之一。[③] (3) 投资公司的股东会权力较为有限。与普通股份公司相类似，投资基金公司的股东有一定的选举权和决定权。根据《1940年投资公司法》及一些州的规定，选举投资公司董事、确立和变更基金投资顾问合同、改变基金的投资目标或政策管理、提高基金管理费用等重大事项，必须通过股东会或者事先取得大多数股东的同意。此外，还需指出，虽然同属投资公司，但是开放式基金（共同基金）和封闭式基金的股东会权限存在差异[④]，总体上后者权限要多于和大于前者，产生的原因在于开放式基金通过赎回机制（每日赎回）赋予持有人高度的退出自由，而封闭式基金没有这种赎回机制。对于美国投资公司法规定的在开放式和封闭式基金中都应当赋予股东表决权的内容，有学者认为，在封闭式基金中这种权利可能是合理的，因为股东没有退出的选择权，因此需要在特定场合具有实际投票权；但是在开放式基金中就可能成为没有意义却徒增成本的形式而已，因为开放式基金的股东几乎总是将赎回置于投票权之上。[⑤] (4) 在管理型投资公司下，投资顾问一般被赋予独一无二的指挥基金运营

---

① 美国《1940年投资公司法》规定，一家已注册的投资公司的董事会必须由40%以上的非利害关系董事组成。此后，美国关于独立董事的占比要求不断提高。其中，2003年11月19日通过的《2003年共同基金诚信与费用透明法》(Mutual Funds Integrity and Fee Transparency Act of 2003) 对前项规定进行了修改建议，即要求董事会成员的大多数（supermajority）(即2/3多数) 须由独立董事组成，且董事长需为独立董事始得担任。而2006年2月，美国证监会又把这一比例提高到75%。

② 参见王文宇《公司法论》，中国台湾元照出版有限公司，2018，第56页。

③ 我国证券投资基金治理中的独立董事制度是针对基金管理公司而言，对此需要甄别。

④ 在美国，封闭式基金可以发行优先股、债券和普通股三种证券，而开放式基金（共同基金）只能发行普通股。

⑤ See John Morley, The Separation of Funds and Managers: A Theory of Investment Fund Structure and Regulation, The Yale Law Journal, 123: 1228 March 2014, pp. 1284 - 1285.

和投资策略的权威。[①] 美国法上的投资顾问一般又被称为管理人公司，其在职能上类似于我国的基金管理人（公司），是具体从事基金投资运作的机构。按照《1940 年投资公司法》的规定，共同基金的投资顾问由董事会聘任。赋予基金管理人公司充分的证券投资执行权限，契合了依靠基金管理人专业为基金持有人管理基金和实现投资目的的基本理念，但是管理人不完全履行受托义务将导致前述目标落空。因此，美国共同基金治理所要解决的主要问题是剩余控制权和剩余索取权尽可能地对应起来，切断投资顾问与投资公司董事会的关联，减少其对基金董事会的控制是立法的主要着眼点。[②]

在对美国公司制基金治理做出上述管窥后，为进一步理解其治理，有必要对美国共同基金的设立运营常见流程和环节进行简单总结如下：（1）管理人公司设立独立于自身的法律实体以组建基金（投资）公司；（2）管理人公司与基金公司签订合约，根据合同约定，管理人公司同意提供基金需要的一切管理和执行服务；（3）一旦合同和基金实体就绪，管理人公司向外部人招揽投资；（4）基金募集完成后，管理人公司根据合同约定进行基金的运营。

英国的公司型基金 OEIC 沿用其普通公司的治理模式，将公司董事分为负责处理基金公司日常事务的授权董事，以及负责监督基金公司的附加董事。根据监管要求，OEIC 的董事会既要负责监督基金管理人的投资活动，还要向金融服务局负责。[③] 日本的公司型基金治理特色是设立董监事会，由董事和监察人共同组成，前者负责基金业务的执行，后者负责监督基金的业务运作，并至少比董事多一人。[④] 总体来看，日本的公司型基金治理中非常重视监察人的监督作用。

综上可知，即使同样采取公司形式来运作证券投资基金，由于其组织构造基础法之传统公司法的差异以及其他政策考量因素，各国公司型基金

---

① 在私募股权投资基金和对冲基金中，协议一般还明确限制基金免除或者撤换管理人公司及其雇员的权利。

② 参见朱成刚《证券投资基金持有人利益保护法律机制研究》，博士学位论文，中国政法大学，2006，第 27 页。

③ 参见江翔宇《公司型基金法律制度研究——以基金治理结构为核心》，博士学位论文，华东政法大学，2010，第 156 页。

④ 参见贝政新等《基金治理研究》，复旦大学版社，2006，第 203 页。

的治理结构仍存在较大差异。以其董事会为例，比较典型的就存在美国以独立董事为核心、英国以附加董事为核心、日本以监察人为核心的三种模式之别。[①] 当然，不同国家公司型基金治理结构异中亦有同，尤其是在理念方面，如明确董事会是基金公司内部治理的关键环节，强化董事会对基金管理人、托管人及其他中介服务机构的监督制约，加强董事会对公司规范运作的监督职能；赋予基金管理人对投资基金的专业管理自由。总之，不同国家和地区公司型基金的治理机制有同有异，我们在学习借鉴时需要了解相关制度的来龙去脉，知其然并知其所以然才能更好地保证法律制度借鉴移植的有效性。

（四）契约型基金的治理机制

从投资基金的组织形式发展来看，绝大多数国家和地区的基金业均从契约型基金开始发展，而且目前都保留了这类基金组织形式。即使在公司型基金发达的美国，也被认为存在本质上类似契约型的基金形式，而英国、日本和我国香港地区采取公司型基金和契约型基金并行发展模式的特点则更为明显。

与公司型基金治理机制相比，契约型基金总体上根据信托法确立治理机制的基础，其治理结构相对简单。以单位信托的方式组成的开放式基金结构，在奉行英国普通法或具相关历史背景的司法管辖区（例如英国、澳大利亚、爱尔兰及我国香港地区）甚为常见。英国的单位信托没有独立的法律实体，没有股东会或董事会之机构，也不向投资者发行证券，投资者要投资单位信托需要与基金管理人签订一份合同。在此模式下，基金持有人（投资者）集委托人和受益人地位于一身，而受托人的职责由基金管理人和基金托管人分担：基金管理人负责具体管理单位信托资产，基金托管人代表基金持有人持有单位信托资产，并负责选择、监督和更换基金管理人。因为受托人由管理人和托管人依职责分担，这一治理结构又被称为“共同受托人”治理结构。[②] 由于单位信托本身没有成立实体，对基金管理

---

① 参见江翔宇《公司型基金法律制度研究——以基金治理结构为核心》，博士学位论文，华东政法大学，2010，第156页。

② 参见马振江《中国证券投资基金治理模式研究——基于公募证券投资基金的分析》，博士学位论文，吉林大学，2010，第80页。

人的监督主要赋予基金持有人大会。另外，基金管理人、托管人及其关联人与基金之间的关联交易准则一般由法律法规明确规定。[①]

日本的契约型基金之组织结构以证券投资信托契约为核心，基金管理人以委托人的身份与托管人签署以基金持有人为受益人的信托契约。在此模式下，投资基金的经营管理权力主要操于管理人即投资信托委托公司手中，后者居于治理体系的枢纽地位，投资者的权利非常有限。由于契约的相对性及约束力有限，为了对投资信托委托公司施以必要约束，日本法律对管理人公司的设立、行为准则及兼营其他业务、信托契约的条款与签订等做出明确而严格的规定；同时，证券监管机构根据法律对基金管理人实施严格的监督管理。日本模式的契约型基金治理另一大特点是在基金管理人与托管人之间，前者为委托人，后者为受托人，前者对基金投资“发号施令”，后者只需遵照前者指令被动执行而无须承担积极行为义务。

我国合同型基金的运作方式和组织等，既借鉴了境外成熟市场的理论和实践，又深深地植根于自身投资基金的发展实际和制度环境中。总体而言，我国合同型基金的主要治理结构与英国的单位信托较为类似，一方面根据基金法、信托关系和基金合同明确委托人（受益人）与基金管理人和托管人的关系和各自权利义务，另一方面确立基金份额持有人对基金管理人和基金托管人的更换、接任等权限，后二者根据各自职责分别对基金持有人（投资者）承担受托义务。在通过法律强化基金运作的各方当事人行为准则和行政监管介入方面，我国基金法又与日本相关立法靠近。[②] 具体而言，现行《基金法》对于合同型基金治理机制的安排有如下特点：(1）与旧法相比，更加突出基金份额持有人大会的地位。《基金法》第四十八条明确列举了持有人大会的五项权限，均系关系基金组织运行的重大事项；第四十九条明确持有人大会可以设立日常机构并明确其职权，拟通

① 原则上这种关联交易是被禁止的，但是也存在例外情形。对于哪些情况属于例外情形，尤其需要法律法规界定清楚。

② 关于商事金融法律规则应当尽量明确，笔者完全赞同美国著名公司证券法专家 Bernard Black 和 Reinier Kraakman 如下观点：在新兴市场经济体中，无论何时应尽可能使用清晰不模糊之规则而不是原则来定义适当和不适当的行为，因为黑白分明的规则容易为必须遵守该规则的人所理解，并且被执行的机会更大。See Bernard Black & Reinier Kraakman, A Self - Enforcing Model of Corporate Law, Harvard Law Review, vol. 109, pp. 1911 - 1982, 1996。

过日常机构的设立运行来夯实持有人大会发挥功能的基础。（2）突出基金管理人的治理。鉴于基金管理人在我国基金发展中的核心作用，为实现对其制约以保护基金投资者利益，投资基金法第二章对基金管理人的规定中包含大量的管理人自身治理及行为准则的内容，这些内容覆盖了从组织形式、资格管理、董监事高级管理人员及从业人员要求与义务，到公司制法人的股权结构及股东或实际控制人的行为规范等方面，可谓面面俱到。在此基础上，监管机构又根据实际执法和监管要求，出台了大量规定对基金管理公司的治理进行规范，其中包括了独立董事、督察人制度等创新治理机制。这种“叠床架屋式”的立法，其出发点固然不容置疑，然而执行效果却始终不尽如人意，值得各界深入反思。

（五）契约型基金与公司型基金治理之比较

尽管目前全球范围内多数国家兼有公司型和契约型的组织形式，尽管不少人认为二者治理的优劣难分高下，[①] 但是对其治理进行比较有利于寻找改善提升的路径方法，因此是非常必要的。

沿用前述文献综述所列节点要素分析方法，契约型基金治理大致存在基金持有人大会制度、托管制度、法律法规、监管机构、行业自律组织和市场因素六个关键治理节点，而公司型基金治理则包括基金公司董事会、托管机构、法律法规、监管机构、行业自律组织和市场因素六个关键治理节点，其中在治理结构和内部治理上以基金持有人权力组织、持有人与管理人及托管人关系，管理人与托管人关系为主要内容。从治理问题和目标来看，二者存在共同之处，那就是要通过相应安排保证基金管理人和托管人按照法律法规和章程为基金投资者服务，防止或者缓和委托代理问题。

公司型基金本身具有法人实体，其基金公司设有必要的董事会这一常设机构，可以实时对基金运作进行监督，可以及时发现问题和解决问题。相比而言，契约型基金本身没有设立独立实体，基金持有人对基金管理人的监督制约主要系于持有人大会以及托管人行使各自的制约作用。但是，

---

① 譬如，我国台湾地区王文宇教授反复强调，从交易成本经济学的观点来看，这两种模式并无绝对优劣，两者在组织上的差异，不外都是为了降低交易成本所采取的不同对策（王文宇：《探索商业智慧：契约与组织》，中国台湾元照出版有限公司，2019，第39页）。

基金持有人大会的召开并不常见甚至鲜见，其本身也往往没有设立日常机构来履行职责。[①] 加之契约型基金持有人大会组成人员众多，分散的基金持有人“搭便车”心理普遍或者更愿意通过赎回机制“用脚投票”，基金份额持有人大会决策成本远远高于公司型基金的董事会，因此，冀望其能够实现公司型基金中的董事会的监督管理作用显然不够现实。而基金托管人对基金管理人的监督制约，由于前者的选聘往往为后者所把控且托管人多以被动执行基金管理人的指令为主，也难以发挥出预期监督效果。综上简单比较可知，契约型基金以持有人大会为主要监督力量、以基金托管人为辅助的治理机制之效率，理论上不及公司型基金以董事会为治理核心的治理效率。

但是，不能因此就简单下结论认为公司型基金比契约型基金更值得推行。事实上，公司制基金也存在其固有的问题，譬如对于董事会和董事对基金公司的治理效果，美国业内人士和专家学者就一直存有质疑。有学者提出，尽管共同基金的董事理论上可以根据《投资顾问法》赋予的权限终止投资顾问合同，但是这种决定几乎没有实际价值，因为若行使该权力将导致基金难以存续。投资顾问掌握着共同基金的运营行为，离开前者则基金只是一堆资产的集合而已。缺乏有效机制来影响投资顾问的行为导致董事作为有效受托人行为的能力受到重大限制。[②] 对共同基金股东赋予投票权的原理则更无说服力，小额投资者占比高加剧了集体行动和理性冷漠问题，在股东可以轻易以基金资产净值退出的情形下，上述情况尤其明显；现行制度安排下，共同基金经常陷入昂贵的征集投票权中，因为正常情况下大部分共同基金往往无法达到参会股东的最低持股要求而难以举行常规年度大会，一些基金甚至根本无法举行股东会议，除非相关议题必须征得股东同意。[③] 因此，在公司型基金中同样也面临基金公司的董事会和股东会对基金管理人的监督难以到位的问题。

---

① 我国《基金法》第 49 条规定了基金份额持有人大会可以设立日常机构，但是实践中由于种种原因，很少有基金成立这类机构。

② See Jill E. Fisch, Rethinking the Regulation of Securities Intermediaries, 158 U. PA. L. REV. 1961 (2010), pp. 2011.

③ See Jill E. Fisch, Rethinking the Regulation of Securities Intermediaries, 158 U. PA. L. REV. 1961 (2010), pp. 2014 - 2015.

（六）私募投资基金之治理模式

所谓私募基金（private equity），是指通过非公开的方式，向特定的机构投资者或者个人募集资金而设立的投资基金。在国际范围内，私募基金作为投资基金的一种有着较长的发展历史。在我国，2012 年投资基金法修订时，将非公开募集资金设立证券投资基金纳入调整范围。现行《基金法》第九十二条规定了非公开募集基金签订基金合同应当载明的内容，其中基金的运作方式、收益分配原则、执行方式等内容均涉及基金治理机制的议题。由于私募基金不直接向社会大众公开募集资金，在各国法制下向来不是受高度监管的对象。[①] 我国同样对于私募基金采取相对宽松的监管，大量事宜交由当事人意思自治。我国基金法规定基金的运作方式包括封闭式、开放式或者其他方式，其他方式由证券监督管理机构另行规定。对于私募基金而言，采取何种方式，应当通过非公开募集基金的合同予以载明。同时，《基金法》第一百五十三条又允许证券投资活动可以公司或者合伙企业形式进行。根据该规定及其他依据[②]，从基金的组织形式来划分，私募基金可以采取契约型、公司型或者合伙型。[③] 契约型、公司型的基本治理前文已经详述，此处主要分析合伙型私募基金的治理机制。

根据《基金法》第九十三条第一款规定，私募基金合同可以约定由部分基金份额持有人直接充当基金管理人。[④] 有观点认为，为了避免公司型合伙型的概念之争以及由此带来的认识上的分歧，2012 年修订的基金法采用了描述法规定基金的组织形式，其中上述规定描述了合伙型基金的组织结构。[⑤] 本书同意此观点，更进一步而言，这种私募基金的组织形式在实

---

① 参见王文宇《探索商业智慧：契约与组织》，中国台湾元照出版有限公司，2019，第 39 页。

② 例如，2014 年 6 月 30 日证监会发布的《私募投资基金监督管理暂行办法》第 2 条第 3 款规定：非公开募集资金，以进行投资活动为目的设立的公司或者合伙企业，资产由基金管理人或者普通合伙人管理的，其登记备案、资金募集和投资运作适用本办法。普遍认为，上述办法将私募基金的组织形式确立为公司与合伙企业。

③ 2016 年 4 月 18 日，中国证券投资基金业协会曾发布三份《私募投资基金合同指引》，分别针对契约型、公司型和合伙型私募基金厘清私募基金各方当事人权利义务，强化各类基金的内部治理，充分体现了不同组织形式私募基金的差异化特点。

④ 具体规定如下：“根据基金合同约定，非公开募集基金可以由部分基金份额持有人作为基金管理人负责基金的投资管理活动，并在基金财产不足以清偿其债务时对基金财产的债务承担无限连带责任。”

⑤ 参见刘运宏、卫学玲《证券投资基金法修改中的创新与不足》，《证券法苑》2013 年第 8 期。

践中常见形态为有限合伙企业。事实上，自2007年6月修订后的《合伙企业法》引入有限合伙企业正式实施以来，有限合伙型私募基金逐渐步入快速发展的通道。该类型的基金治理的核心在于：在由具有专业知识的普通合伙人（无资金但有专业）负责投资判断，享有决策权的同时，需要就投资盈亏承担无限清偿责任；反之，有限合伙人（有资金但无专业）未被赋予决策权，故对投资盈亏仅负有限责任。[①] 当然，这一总结只是针对一般情况所做出，事实上实践中私募投资基金中的普通合伙人（GP）和有限合伙人（LP）完全可能就权责风险分配和治理结构做出更详细的个性化安排。

对于私募基金的治理理念与具体机制，还需要考量基金投资者退出权（exit and withdrawal rights in investment funds）带来的直接影响。根据美国相关学者的研究，每一种类型的基金之投资人都有固定收回资金或者通过其他方式摆脱管理人控制的权利：在共同基金和对冲基金中，通过赎回份额或者要求对应资产的现金价值；在私募股权投资基金中，投资者可以借助定期清算机制，从而获得现金分配。同时，退出权的强度在不同基金中显著不同：共同基金每日可赎回因而退出权非常强烈，私募基金的主要退出机制为定期清算，但因为清算机制不够频繁因而私募基金只能提供一种非常弱势的退出权。总体上，基金公司为基金投资人提供的退出权越强，则在控制权和合同方面对投资者的保护就越弱；反之亦然。[②] 根据该学者的观察，在投资基金立法中，私募基金中的策略决策权几乎排他性地由管理人公司（如有限合伙的普通合伙人）享有，一方面除非有特殊情形（重大违约或者根据特别投资者特别同意的通知）投资基金不能解任基金管理公司或者其雇员，但另一方面在私募基金中投资人的退出受到基金存续期限等限制。为了平衡二者关系，私募基金立法为投资者提供了一系列合同限制的保护：基金运营协议对投资策略有更多的约定，一般明确约定如果管理公司特定雇员去世、离职或者不能投入足够的时间来管理基金，则基金持有人有权解散基金。此外，私募基金对管理人承受利益冲突的能力施

① 参见王文宇《探索商业智慧：契约与组织》，中国台湾元照出版有限公司，2019，第40页。

② See John Morley, The Separation of Funds and Managers: A Theory of Investment Fund Structure and Regulation, The Yale Law Journal, 123: 1228 March 2014, pp. 1246.

以更严格的限制，私募基金中的股东代表组织如“顾问委员会”被赋予部分事项的特别表决权。[①]

第二节 我国公司型基金的引入及其立法构想

前文反复强调，尽管公司型基金治理存在一些较为突出的理论优势，但在主流观点看来，公司型基金与契约型基金的总体治理效率难言高下。同时，大部分专家学者也认可我国应择机引入公司型基金，以更好地满足基金行业发展的基础制度需求。我国香港地区近年来公司型基金的制度建设，更是为我们提供了良好镜鉴。

一 我国公司型基金的现行立法与实践

如前文分析，我国现行《基金法》第一百五十三条规定了公司型基金设立的可能性。但是，由于上述内容出现于基金法附则之中且主要从法律适用角度做出，在实务界和理论界产生了不同解读。

有学者认为，我国2012年基金法修订中，为了避免概念之争和认识上的不统一，基金法采用了描述法规定基金新的组织形式，如针对公司型基金组织形式，该法第四十九条规定的日常机构实际上就是公司型基金的理事会，当它与持有人身份或利益重合时就是公司型基金的典型形式。[②] 更常见的观点则是，我国《基金法》最多原则性地规定基金可以采取公司组织形式，但在没有配套执行规范的前提下公司型基金制度无法落地实施。笔者更认可后一种观点，事实上自2003年我国基金法制定以来，公司型基金在基金法上就没有被明确排除。但是，受限于我国证券基金市场的发展状况，公司型基金尤其是公募型公司制基金长期以来缺乏实践，出台公募型公司基金制度尚待时日。

随着我国基金行业的发展，采取公司制基金的实践逐步展开，相关制

---

① See John Morley, The Separation of Funds and Managers: A Theory of Investment Fund Structure and Regulation, The Yale Law Journal, 123: 1228 March 2014, pp. 1254 - 1255.

② 参见刘运宏、卫学玲《证券投资基金法修改中的创新与不足》，《证券法苑》2013年第8期。

度建设亦相应跟进。2016年4月，中国证券投资基金业协会发布《私募投资基金合同指引2号（公司章程必备条款指引）》，对私募公司型基金做出了定义。[①] 此外，该《指引》明确了非公开募集的公司型基金章程必备条款。除上述基金自律组织的业务规则外，我国目前还没有其他有关公司型基金的可操作性制度规范。实践中，私募基金领域根据上述指引等规定，成立了一些公司型的私募基金。

近年来，一些投资公司类的私募机构如九鼎集团（证券代码：430719. OC）在全国中小企业股份转让系统挂牌，并通过用私募基金份额购买私募管理人股份（即基金份额转股）的做法，在一定程度上实现了公募化。[②] 后来，监管机构叫停了九鼎集团挂牌时采取的基金份额转股方法，并禁止投资公司类私募机构在新三板挂牌。新三板市场属于公开市场，在此挂牌的公司性质上属于非上市的公众公司；前述私募投资基金的份额转股及挂牌行为，具有私募基金公募化及形成公开交易的公司型基金之嫌疑。[③] 由于目前我国尚缺乏公司型公募基金的具体操作规范，证券监管机构暂停基金份额转股及投资公司类私募机构在新三板的挂牌确实有其必要性。但上述案例亦反映出，建立我国公司制基金的规则和制度既是必要的，也具有相当的紧迫性。

二 我国引入公司型基金的主要法律障碍

有学者观察到，我国曾于修订中的《证券投资基金法（2011年修改草案稿）》中首次将公司型基金纳入立法中，但是最终出台的新法却仅在附

---

① 根据定义，所谓私募型公司基金是指“投资者依据《公司法》，通过出资形成一个独立的公司法人实体，由公司自行或者通过委托专门的基金管理人机构进行管理的私募投资基金”。

② 北京同创九鼎投资管理集团股份有限公司主营业务为私募股权投资管理业务。2014年4月，九鼎集团所管理基金的部分出资人（138人）定向发行股票，基金出资人以其在九鼎所管理基金中的出资份额作为认购股票的对价，出资金额合计35.37亿元，该次增资未实际募集资金，此后九鼎集团进行多次增资，2015年之后历年年末公司股东人数均超过3000人。资料来源：《北京同创九鼎投资管理集团股份有限公司定向发行说明书》（申报稿），2015年6月。

③ 参见戚力、陈建波《公司型基金的运作模式研究——以美国为例》，《清华金融评论》2017年第3期。

则中以“公司”二字进行了模糊表述，使得公司型基金在立法中虽留有空隙但又并未明确其法律地位，使其如何在我国设立成为未解之谜。[①] 那么，导致公司制基金立法一波三折最终依然未能全面“入法”的原因何在？换言之，在我国全面迈向公司型基金存在哪些实质性的法律障碍呢？

首先需要明确的是，公司制基金采取公司的组织形式，其构造的基础法律仍在于公司法[②]，恰如契约型基金根据信托契约构造。因此，关于公司制基金的制度安排，首要考虑的是对公司法的遵守和协调。

具体而言，主要有如下几方面的制度需要衔接安排：（1）公司的治理模式和公司机关的设置。从公司制基金的境外立法来看，在治理模式上，几乎无一例外地被确立为董事会中心主义。然而，我国现行公司法对有限责任公司和股份有限公司，所确立的公司治理本质上均属于股东（大）会中心主义。鉴此，如果将公司制基金的治理模式确立为董事会中心主义，则将与公司法上的股东（大）会中心主义直接出现龃龉。在公司机关设置方面，公司法规定普通有限责任公司和股份有限公司应设立股东会、董事会和监事会“三会”。而在公司型基金治理架构中，则一般没有设置监事会的必要。因此，二者再次产生冲突。（2）公司资本制度及回购规则。在境外，如英国发展公司制基金是通过立法绕过其公司法（禁止股份回购）而实现的，我国香港地区引入开放式基金型公司之前也直接受制于公司法上减少股份的烦琐程序制约。就此而言，我国引入公司型基金也将面临同样问题。尽管 2018 年 10 月我国修改了公司法上的股份回购条款，放宽了对公司股份回购的法律管制，但是要满足开放式基金随时申购赎回的需求恐仍有较大距离。（3）公司登记制度。开放式基金是当前世界范围内最典型和市场份额最大的基金类型，其最大特点就是给予基金持有人自由退出的权利。由于基金持有人不断地申购赎回，如果开放式基金采取公司形式，则公司的股份和资本规模是完全变动不居的。而根据我国现行《公司登记管理条例》第三十一条之规定，公司增加或者减少注册资本，必须按规定进行变更登记。这一要求对于开放式基金公司来说，是完全没法适用的。此外，公司法上的股份公司募集设立等相关法律制度对公司型基金可

① 参见楼晓《我国公司型基金治理结构的构建之路——以美国共同基金治理结构为视角》，《法学评论》2013 年第 6 期。

② 就此而言，用诸如我国香港地区立法所称的“开放式基金型公司”更加准确。

能产生的影响，亦需要全面深入地梳理和分析。

除公司法律制度的制约外，普遍认为公司型基金的引入面临基金税制障碍。根据我国现行税法规定，如果投资基金采取公司制，则公司本身和作为公司股东的基金持有人均需要分别缴纳所得税，即形成双重纳税问题。由此将导致在同等收益条件下，投资者从公司型基金分得的收益比契约型基金少，公司型基金和契约型基金相比就难以有优势。我们关注到，我国香港地区在推出开放式公司型基金时，同时发布实施了《2018 年税务（修订）（第 2 号）条例》，为开放式基金型公司的实施“保驾护航”。

综上，在我国基金法修订过程中，尽管立法机关对公司制基金的制度进行了一定的立法尝试，但囿于现实配套法律法规的制约，最终仍未能实现公司制基金全面“入法”的设想。

三　完善我国公司型基金立法的初步构想

在我国，引入公司型基金以完善投资基金组织形式的呼声日益高涨，而历次基金立法修法中也对此多有考量甚至有过立法尝试。此外，公司型基金在我国落地的相关法律制度障碍亦基本明确。在此情形下，实有必要亦有条件正式启动我国公司型基金的立法工作。有学者提出，从我国的具体情况来看，基金管理人短期内主动提出构建公司型基金的积极性不高，因此公司型基金的引入恐怕更需要监管部门向立法机关提出立法建议，以对公司法进行突破。[①] 笔者认为，应当将基金法修订及制定配套制度作为实现公司型基金立法的主要路径，因此通过证券监管机构建议推动相关立法为宜。

我国《基金法》第一百五十三条已经为投资基金采取公司型基金预留了制度空间，但是，要以公司形式设立投资基金尚需可予操作的整套规范体系。对于公司型基金的具体立法路径，有观点认为，必须及时出台公司型基金条例，并同时修改公司法和相应的税法，突破现有法律对公司型基

---

① 参见江翔宇《公司型基金法律制度研究——以基金治理结构为核心》，博士学位论文，华东政法大学，2010，第 68 页。

金的种种限制。[①] 笔者认为，如果不启动基金法的修订而单独制定公司型基金条例，而国务院条例属于行政法规，由此仍难以突破公司法等上位法上各种制度的制约。我国香港地区 2018 年开放式基金型公司的正式实施，很重要的前提之一就是早在 2016 年即完成了《证券及期货条例》的正式修订工作，而其与《公司条例》属于同等法律效力的立法文件。当然，若考虑效率问题或者需要尽快推出公司制基金，笔者建议可以借鉴我国证券市场注册制改革的立法路径，通过全国人大常委会的立法授权，明确公司型基金条例可以不予适用公司法等法律特定条款的规定而由国务院另行做出制度安排。

在我国引入公司型基金的立法方法上，建议借鉴英国和我国香港地区的做法，一方面以公司法为基础法律，另一方面又绕过公司法律直接在证券法律体系内确立公司型基金的地位和具体制度。这种做法的优势在于，可以在基金法和公司法不同步修订的情况下单独进行基金法修订，涉及的立法工作面更小。[②] 从规范公司型基金的两法关系上来看，公司法为一般法而基金法为特别法，因此单独修订基金法或者根据立法授权制定实施公司制基金条例，在法律适用的逻辑上也是自洽的。当然，从长远来看，确实需要通过公司法的修订减少乃至消除公司型基金的制度障碍。但是，即使先行完成基金法的修订，仍需要配套制定公司型基金条例及相关部门规章。因为在法律层面基于法的安定性等要求，加之我国公司型基金尚处于探索起步阶段，基金法对其规定不宜过细。在此情况下，需要下位法尤其是证券监管机构制定更加详细具体的部门规章加以贯彻落实。

最后需要说明的是，对于我国公司型基金治理结构的设计安排，需要既借鉴境外成熟市场尤其是我国香港地区相关经验，同时更要紧密结合我国现实国情尤其是公司治理文化和资本市场文化统筹考虑。总体上，笔者建议对于公司型基金采取董事会中心主义以及“一元治理”结构。至于其他相关制度如独立董事，则可将我国资本市场现行比较成型且获认可的理念和具体规则直接嫁接使用。

---

① 参见朱成刚《证券投资基金持有人利益保护法律机制研究》，博士学位论文，中国政法大学，2006，第 112 页。

② 如采取授权立法模式，则仅需全国人大常委会的立法授权而无须基金法和公司法的修订，由国务院制定发布公司型基金条例。

第三节 基金持有人大会的治理失灵与制度完善

在契约型基金模式中，由于基金本身不设立实体[①]，在内部治理结构上，对基金管理人实施监督制约的任务自然而然地落在了基金份额持有人组成的大会上。在我国台湾地区，“证券投资信托及顾问法”将全体基金受益人组成的非常设机构定义为受益人大会，并明确证券投资信托为商事信托，具有多数受益人之性质，受益人对证券投资信托事务的相关权利，就如股份公司股东的共益权，应当通过受益人会议行使。为此，“证券投资信托及顾问法”第三十八条规定：受益人权利之行使，应经受益人会议决议为之；但仅为受益人自身利益之行为，不在此限。

在我国有学者主张，基金份额持有人的受益权从内容上大体上可分为自益权与共益权两大类：自益权指基金份额持有人为自身利益而得行使之权利，如基金财产收益请求权、基金份额赎回请求权、基金剩余财产分配请求权、基金份额转让权等；共益权是指谋求基金财产经营及管理之适宜而赋予基金份额持有人之权利，如基金大会召开权、基金大会表决权、资料查阅和复制权等。由于基金共益权是基金份额持有人作为单位成员对其集合财产享有的组织性权利，因此也可称之为“成员权”。[②] 关于基金份额持有人享有的权利内容，我国现行《基金法》第四十六条做了详细列举。其中，召集基金持有人大会及行使表决权是持有人共益权的重要内容。

需要指出，在分析基金份额持有人会议时，与公司尤其是股份公司股东大会进行比较考察是必不可少的，但应注意二者的重要差异。根据相关研究，信托治理的精髓与公司治理的要义交互折中的结果之一是，由委托人组成的公募基金持有人大会与股份公司股东大会具有高度相似之处；但由于契约型基金持有人大会的权限主要来自基金合同，因此其权利的范围、力度与执行力均不如来自公司法和章程授权的股东大会，更不可能拥有股东大

---

① 从规范角度看，基金作为组织体具有一定的理论和解释依据。有关观点可参见本书第一章第一节的内容。

② 参见郑泰安、钟凯、陈镜《证券投资基金法律制度》，四川人民出版社，2008，第182页。

会类似财务预决算、经营决策权、重要人事任免权等实体决策权力。[①]

我国《基金法》第四十七条规定了基金份额持有人大会审议决定的事项范围，第四十八条规定了持有人大会日常机构的设立及其职权，第四十九条规定了持有人大会及其日常机构不参与或干预基金投资管理活动。在上述规定的基础上，该法第八十三条至第八十六条则集中对基金份额持有人大会的具体运作机理做了集中规定。此外，2014 年证监会发布实施的《公开募集证券投资基金运作管理办法》专章（第六章）规定了基金持有人大会的运作细节。

一　重思基金持有人大会之功能定位

基金持有人大会，在日本和我国台湾地区称为受益人大会，在英国和我国香港地区则称为投资信托或者集体投资计划持有人大会。虽然称呼各异，但是各国家和地区的基金持有人大会均属于契约型基金内部治理结构的最高权力组织中心，相关法律法规都明确规定其职权范围。我国《基金法》第四十七条规定，基金持有人大会行使的职权涉及基金内部治理五个核心方面的重大事项。[②] 我国台湾地区“证券投资信托及顾问法”第三十九条规定，下列情事，应经受益人会议决议为之，但主管机关另有规定者，不在此限：更换基金保管机构，更换证券投资信托事业，终止证券投资信托契约，调增证券投资信托事业或基金保管机构之经理或保管费用，重大变更基金投资有价证券或从事证券相关商品交易之基本方针及范围，其他修正证券投资信托契约对受益人权益有重大影响。综合比较来看，二者规定的内容均系涉及基金持有人的根本性利益及重大的基金治理事项。

基金持有人大会既然属于基金治理的最高权力中心，就应当类似股份公司股东大会一样，对全局性和根本性的重要事项进行决策，而不应该参与到基金治理的各个环节，以防止产生“治理僵局”，导致基金设立初衷

① 参见蔡奕《完善公募基金份额持有人大会制度的几点思考》，《证券法苑》2017 年第 23 期。

② 这五个方面包括：决定基金扩募或者延长基金合同期限，决定修改基金合同的重要内容或者提前终止基金合同，决定更换基金管理人、基金托管人，决定调整基金管理人、基金托管人的报酬标准，基金合同约定的其他职权。

落空。就此而言，我国基金法关于基金持有人大会的权限配置总体可资赞同。[①] 主要问题在于，基金法将剩余权限即法律明确列举之外的职权赋予基金合同约定，这在实践中引起了理解分歧并出现截然不同的两种处理结果：一种是将持有人大会职权泛化，将一些本应由管理人自行决定的投资策略事项也交由持有人大会议决；另一种是尽量减少持有人大会的召开频次，将事关持有人根本利益、全局利益的重大事项排除在持有人大会事项外，而由管理人自行决定。[②] 对此应当如何界定处理，需要找到合适的理念和方法。笔者认为，上述两种理解和处理均失之偏颇，为此建议如下：(1) 基金持有人大会应当严守仅对涉及基金持有人重大利益及基金重大治理事项进行决策的边界。非如此，将因持有人大会召开频次不够等原因影响治理效率。此外，《基金法》第四十九条已明确规定基金持有人大会及其日常机构不得直接参与或干涉基金的投资管理活动。根据相关理解，这里的投资管理活动主要指基金管理人负责基金财产的投资运作，如制定基金投资策略，组织专业人士和选择具体的投资对象等。[③] 需要指出，基金法上述规定的直接参与或干涉与正常的监督如何界分，[④] 确实需要进一步厘清和界定。(2) 将应由持有人大会决策的重大事项排除的做法，亦不符合基金法对持有人大会的定位，故需要监管机构和自律组织予以纠正甚至给予相应监管措施，基金份额持有人则可以依据《基金法》第四十六条第六项的规定提出相关诉讼。

二 基金持有人大会日常机构“存废之争”

契约型基金与公司型基金治理机制上存在的一个重要差异在于，后者

---

① 对比我国台湾地区来看，关于决定调整基金管理人、基金托管人的报酬标准既包括调增也包括调减。有观点认为，因为调低报酬是基金管理人、托管人向基金资产让渡利益，属于民法上“纯获收益”的行为，并不需要经历复杂漫长的持有人大会议决，因此现行规定并不合理（参见蔡奕《完善公募基金份额持有人大会制度的几点思考》，《证券法苑》2017 年第 23 期）。笔者同意此观点，事实上我国台湾地区立法在这一规定上更为合理，未来可以参照修订。

② 参见蔡奕《完善公募基金份额持有人大会制度的几点思考》，《证券法苑》2017 年第 23 期。

③ 参见全国人大常委会法制工作委员会编《中华人民共和国证券投资基金法释义》，法律出版社，2013，第 108 页。

④ 根据《基金法》第 48 条规定，基金份额持有人大会设立的日常机构行使的职权包括“监督基金管理人的投资运作”。

除股东会之外还有董事会这种常设机构发挥治理核心作用，而契约型基金本身不设实体因而其治理机制存在“先天缺陷”。正如有观点所指出，实践中基金份额持有人特别是公募基金持有人数量很大且高度分散，往往导致基金持有人自身召集大会难度大、成本高，使基金持有人大会作用的发挥受到极大制约，进而影响基金持有人合法权益的维护。[①] 为更有效地发挥基金持有人大会的作用，为基金设立日常机构、常设机构遂水到渠成。但是，在基金法修订过程中，关于如何具体确立基金持有人大会的日常机构存在认识分歧。全国人大原法律委员会在2012年10月向全国人大常委会所做的关于基金法修订草案的报告中曾指出，法律委员会会同财经委员会、国务院法制办和证监会共同研究认为，理事会型和无限责任型基金仍属于契约型基金，只是在基金持有人大会内部机构的设置和管理人责任形式上有所不同。据此，建议删除理事会型和无限责任型基金的规定，同时在基金内部增设监督性机构，可由基金合同约定。[②] 由上可知，在基金法修订中，曾计划将理事会确立为基金持有人大会的日常机构，但其后因故被放弃。[③]

2012年《基金法》关于基金持有人大会设立日常机构的规定，一度被认为属于该法重要创新之一。现行《基金法》维持了原有规定，规定了持有人大会日常机构的职权范围，[④] 明确其由基金持有人大会选举产生的人员组成，议事规则由基金合同约定，并规定其不得直接参与或干涉基金的投资管理活动。需要指出，基金持有人大会日常机构制度安排的初衷和预期并未得到实践的良好验证，相关规定沦为“睡美人”条款。有研究指出，基金法关于基金持有人大会日常机构的功能、产生、运作、具体权责等在制度设计环节并未充分论证清楚，尤其是第四十八条赋予日常管理机构监督基金管理人和托管人的职权规定与第四十九条规定难以协调，最终

① 参见全国人大常委会法制工作委员会编《中华人民共和国证券投资基金法释义》，法律出版社，2013，第106～107页。

② 参见全国人大常委会法制工作委员会编《中华人民共和国证券投资基金法释义》，法律出版社，2013，第326页。

③ 然而，即使2012年基金法通过后，仍有观点认为，该法第49条所规定的日常机构实际上就是公司型基金的理事会。参见刘运宏、卫学玲《证券投资基金法修改中的创新与不足》，《证券法苑》2013年第8期。

④ 值得注意的是，基金法规定基金持有人大会的日常机构有权监督基金管理人的投资运作、基金托管人的托管活动，而持有人大会则无此职权内容。

造成对于大多数基金来说，与其设置一个定位不清、权责不明的持有人日常机构虚增代理成本，还不如在基金合同约定“本基金份额持有人大会不设日常机构”。[①] 而事实上，实践中基金持有人大会常设机构设立情况极为罕见，相关制度安排已经形同具文。鉴于此，上述研究甚至建议取消基金持有人大会日常机构的设置。

笔者经过调研亦发现，基金持有人大会日常机构的制度安排的确在基金治理实践中遭遇“寒流”，基金法律规定的治理框架与实践之间存在巨大的落差。但是，这一制度的立法初衷无疑是良好的，贸然废除需要重新凝聚共识。鉴于此，建议通过改革优化的方式激活之。对此，有论者提出如下方案，为有效解决契约型基金份额持有人代表缺位的问题，在现行三方当事人即基金份额持有人、基金管理人和基金托管人之外引入独立督察员委员会，用新的“四角关系”替代旧的“三角关系”，构建以独立督察员委员会为中心的新型契约型基金治理结构，其中督察委员会组成人员之独立督察员的监督、选聘和更换工作由基金份额持有人大会决定，并将督察员委员会界定为基金受托人，由其选聘管理人和托管人。[②] 笔者以为，从上述方案中独立督察员委员会的产生及职能来看，与我国投资基金法规定的基金持有人大会日常机构并无本质差异，但其做实持有人大会日常机构的具体制度构想的确具有现实意义。

三 基金持有人大会法定数制度及其改进

在一些国家和地区，股东会的召集需要满足法定出席的股份要求。[③] 这种所谓的出席要求，又称为法定数或者定足数（quorum），具体是指法律要求有代表一定比例以上股份的股东出席会议方可属合法召开，但也有国家和地区允许公司章程提高或者降低这一比例，有的法律甚至允许不设

① 参见蔡奕《完善公募基金份额持有人大会制度的几点思考》，《证券法苑》2017 年第 23 期。

② 参见马振江《中国证券投资基金治理模式研究——基于公募证券投资基金的分析》，博士学位论文，吉林大学，2010，第 157 ~ 158 页。

③ 关于存在股东会法定数制度的国家和地区及其主要安排，参见蒋学跃《上市公司股东大会“法定数”制度应缓行——兼论〈证券法（修订草案）〉的相关规定》，《证券法苑》2017 年第 20 期。

置任何限制。[①] 从世界范围来看，公司股东会法定数制度的强制性逐渐式微，这是我们在比较借鉴这一制度时不可不察的发展趋势。

根据我国《基金法》第八十六条第一款的规定，须有代表1/2以上基金份额的持有人出席，该大会的召开方才合法有效。但在实践中，较为分散的基金持有份额是大会召开的主要障碍。过低的持有份额会带来出席会议所带来收益与其付出成本不成正比的问题，从而产生所谓“理性冷漠”的反向激励。如果出席会议的持有人份额未达到法律规定的比例，就容易造成会议召开僵局。其中一个解决路径是，立法不对基金持有人会议所代表的基金份额做刚性规定，或者采取较低的比例。从境外规定看，基金持有人会议所应代表的基金份额或者不做刚性规定，或者采取较低的比例。例如，我国台湾地区“证券投资信托及顾问法”第四十条第三款规定的受益人自行召开受益人会议的法定数为，继续持有受益凭证一年以上，且其所表彰受益权单位数占提出当时该基金已发行在外受益权单位总数的3%以上。[②] 对于非由受益人自行召开的受益人会议，该法第四十二条规定，受益人会议召开之期限、程序、决议方法、会议规范及其他应遵行事项之准则，由主管机关定之；证券投资信托契约有关受益人会议出席权数、表决权数及决议方式之规定，主管机关基于保护公益或受益人权益，认为有必要时，得以命令变更之。换言之，我国台湾地区对于非由受益人自行召开的一般受益人大会之出席权数不做强制性规定，而是根据意思自治原则将其作为证券投资信托契约合意事项，只有在保护公益或受益人权益的有限情形下，由监管机构通过命令的方式予以变更。

严格规定出席会议的法定数，不可避免地会导致股东会或者基金持有人会议召开失败而陷入治理僵局。为防止这一困境，在公司法领域几乎所有实行法定数的国家和地区都规定了补救措施，比如我国台湾地区规定了假决议制度，美国在公众公司领域建立完善的表决权征集制度。[③]

在契约型基金治理领域，如上问题及应对情况在境外法例也有例证可

---

① 参见施天涛《公司法论》（第四版），法律出版社，2018，第334页。

② 我国《基金法》第83条规定的自行召集基金持有人大会代表基金份额为10%以上，相比而言显然要求更高。

③ 参见蒋学跃《上市公司股东大会“法定数”制度应缓行——兼论〈证券法（修订草案）〉的相关规定》，《证券法苑》2017年第20期。

循。香港证监会所颁行的《单位信托及互惠基金守则》第6.15节即规定了互惠基金及单位信托的集体投资计划（collective investment scheme）举行持有人全体大会的相关安排[①]，其中包括：（c）审议特别决议或非常决议的会议，其法定人数为25%已发行的单位或股份的持有人，而如会议只审议普通决议，其法定人数则为10%已发行的单位或股份的持有人；（d）如果在指定开会时间之后半小时内，出席人数仍未达法定人数，有关会议必须押后最少15日重开。亲身或委派代表出席重开会议的持有人的数目，即成为该重开会议的法定人数。[②] 根据上述规定，香港地区召开基金持有人全体大会设置了法定数，但同时又规定二次召集制度以做配套和统筹。我国基金法2012年修订时，增设了基金持有人大会的"二次召集"制度。[③] 因此，分析基金持有人会议的法定数制度，通常需要结合诸如二次召集等配套制度才能更为全面和客观。

综合比较境内外契约型基金持有人会议法定数制度可知，我国投资基金法上的该制度的确过于刚性，即使考虑二次召集制度，基金份额最低持有比例的门槛仍然有过高之嫌。对此，有学者建议，我国应借鉴英国完善基金法的有关规定，对基金持有人大会所代表的份额规定一个较低比例；如果未达到这一比例，则基金持有人会议须延期召开，在重新召开时，实际参加会议的人数即为法定人数。[④] 在投资基金法制定之前，亦曾有观点认为，基金法不应限定出席基金持有人大会所代表基金份额的最低比例。[⑤] 总体上，笔者认为第一种观点更值得赞成，主要理由有三。

---

① 《守则》最新修订于2018年12月完成并公告，自2019年1月1日起开始实行。

② 上述制度安排显然参考了香港地区《公司条例》中的定足数法律制度，具体规定参见该条例s114A（1）（c）等法条，相关解释参见朱大明《香港公司法研究》，法律出版社，2015，第158页。

③ 现行《基金法》第86条第2款规定：参加基金份额持有人大会的持有人的基金份额低于前款规定比例的，召集人可以在原公告的基金份额持有人大会召开时间的三个月以后、六个月以内，就原定审议事项重新召集基金份额持有人大会。重新召集的基金份额持有人大会应当有代表1/3以上基金份额的持有人参加，方可召开。

④ 参见张国清《投资基金治理结构之法律分析》，北京大学出版社，2004，第176页。

⑤ 参见叶俊英《理清基本法律关系，推动投资基金发展——对证券投资基金若干法律问题的探讨》，《中国证券报》2001年12月12日。这一观点暗合了在公司法领域暂缓法定数的主张，但后者更为综合。如蒋学跃博士提出，在我国上市公司领域不适宜实行法定数，因为它无法实现保护中小股东利益的目标；即使要实行，也应当缓和其强制性，并建立相关配套补救措施以减缓其副作用。参见蒋学跃《上市公司股东大会"法定数"制度应缓行——兼论〈证券法（修订草案）〉的相关规定》，《证券法苑》2017年第20期。

其一，该观点实际上是前述法定数与二次召集制度的有机结合。这种安排一方面出席的持有人所代表的基金份额比例达不到法定标准，并不因此而否定基金持有人大会召开的合法性；另一方面又为部分不愿意或因特殊原因不能出席会议的投资者，提供了一个慎重考虑和重新参与的机会。

其二，根据《基金法》第四十七条等规定，基金持有人大会享有十分广泛的职权，有关决议均属重大的共益事项，对未参加会议的投资者具有约束力，因而对其利益影响甚巨。设定出席会议的持有人基金份额最低比例，有利于避免对基金具有重要意义的重大事项以少数表决权进行决议。①

其三，这一制度安排在我国《基金法》中沿用已久，各界已经就此形成一定共识，完全废止并重新达成共识需要较长时间的论证。因此，通过调整不断完善更加符合现实情况。

依循上述思路，笔者建议后续需要进一步修订完善我国投资基金法上的持有人会议法定数制度：一方面，综合比较境外相关立法和实践，适当降低这一比例；另一方面，对于基金持有人大会的二次召集制度进行同步完善。目前基金法规定的二次召集门槛由首次的代表 1/2 以上基金份额的持有人参加降到 1/3，但比较境外情况可知这一比例仍然过高，建议后续统筹调低。此外，有观点认为，基金法规定的“原公告的基金份额持有人大会召开时间的三个月以后、六个月以内”，实际上人为拉长了议事日程，可能使所议事项的背景与形势发生根本性变化，导致所议事项流产；故建议将二次召集的时限适当缩短，以提升基金持有人会议的治理决策效率。②笔者同意上述观点，事实上在此方面英国和我国香港地区均有相应成例和立法可资参考借鉴。

四　完善基金持有人大会召集及表决机制

在我国证券投资基金立法中，为解决基金持有人的权益保护，基金持有人大会被寄予了无上希望，如何完善其运作机制一直是基金法立法工作的重中之重。但是，囿于契约型基金固有的运作机理，以及基金持有人

---

① 参见〔日〕前田庸《公司法入门》，王作全译，北京大学出版社，2012，第 287 页。

② 参见蔡奕《完善公募基金份额持有人大会制度的几点思考》，《证券法苑》2017 年第 23 期。

(无论是机构还是个人) 客观存在集体行动的理性冷漠和搭便车心理，持有人大会相关制度安排始终无法尽如人意，基金治理实践中反映出持有人大会召开动机不足和频次不高即为明证。为此，在前述基础上，还需要更全面深入地探寻其成因而后寻求治理之策。

(一) 基金持有人大会的召集问题

关于基金持有人大会的召集，我国2003年基金法规定，基金管理人和基金托管人分别为持有人大会的第一顺位和第二顺位召集人，但是相关规定过于原则。2012年修订后的基金法由于设有持有人大会日常机构，关于大会召集的主要安排调整为：基金管理人召集仍为第一原则，基金设有持有人大会日常机构的由该日常机构召集；日常机构未召集的，由基金管理人召集，后者未按规定或者不能召集的由基金托管人召集。该法还就自行召集制度做出规定。从文义和逻辑来看，基金法的上述安排均为妥适。[①] 在基金法基础上，证监会《公开募集证券投资基金运作管理办法》第六章进一步细化了基金持有人大会的召集规定，比如强化了基金托管人的召集权，创设了基金托管人强制性自行召集大会机制。[②]

然而，仔细梳理相关规定可知，基金持有人大会召集权实际上主要集权于基金管理人：一方面，大部分基金并未设持有人大会的日常机构，故基金管理人仍为第一顺位召集人；另一方面，其他顺位召集人召集及自行召集，均需履行如下程序即向基金管理人提出书面提议并由后者做出是否召集的决定。因此，总体上，基金持有人大会的召集权实际上保留在基金管理人手中，其召集持有人大会的愿意与否直接影响持有人大会召开的效

① 我国台湾地区“证券投资信托及顾问法”第40条规定的受益人召开会议的主体和顺位：依法律、命令或证券投资信托契约规定，应由受益人会议决议之事项发生时，由证券投资信托事业召开受益人会议。证券投资信托事业不能或不为召开时，由基金保管机构召开之。基金保管机构不能或不为召开时，依证券投资信托契约之规定或由受益人自行召开；均不能或不为召开时，由主管机关指定之人召开之。比较而言，除未规定监管机构指定召开，我国基金法的规定并无实质差异。

② 该办法第43条规定：基金份额持有人大会未设立日常机构的，基金托管人认为有必要召开基金份额持有人大会的，应当向基金管理人提出书面提议。基金管理人应当自收到书面提议之日起十日内决定是否召集，并书面告知基金托管人。基金管理人决定召集的，应当自出具书面决定之日起六十日内召开；基金管理人决定不召集，基金托管人仍认为有必要召开的，应当自行召集，并自出具书面决定之日起六十日内召开并告知基金管理人，基金管理人应当配合。

率高低。[①]

随之而来的问题是基金管理人为何没有动机和意愿召开基金持有人大会。基金法不像公司法明确规定应当召开股东会（含年度股东会和临时股东会），从制度上对基金持有人大会的召开要求更为宽松。除强制情形外，[②] 基金管理人没有召开基金持有人大会的动机和意愿：召开会议需要提前通知基金持有人、向监管机构报告、履行信息披露等一系列义务，既花时间亦费成本。此外，还存在其他制约因素，诸如基金持有人大会的召开具有一定的公开性，如果讨论的事项涉及产品募集失败、管理人责任事宜等将对基金管理人产生直接负面影响，后者更可能采取私下化解矛盾等方式解决。[③] 最后，基金持有人参与大会的意愿不强，甚至实践中出现召开大会失败[④]，也会对召集人产生负面影响。

针对上述问题，笔者认为，我国基金法有必要进一步明确规定应当召开持有人大会的事项，降低召集基金持有人大会的成本。具体内容，如考虑特殊情况下基金持有人不需经过次第请求、自行召集持有人大会，仿效上市公司股东大会等治理制度简化会议通知程序和形式等。[⑤]

（二）基金持有人大会的提案与表决

我国《基金法》第八十四条要求基金持有人大会召集人至少提前30日公告会议召集时间、议案等事项，并明确规定基金持有人大会不得就未经公告的事项进行表决。对于后者，其立法原因在于：大会审议事项关系

---

① 参见蔡奕《完善公募基金份额持有人大会制度的几点思考》，《证券法苑》2017年第23期。

② 我国《基金法》未明确规定必须召开基金持有人大会的事项，结合其第47条规定及中国证监会《公开募集证券投资基金运作管理办法》第42条规定，可以认定一旦出现《基金法》第47条规定情形或者基金合同另有明确约定情形的，应当提交基金持有人大会表决。

③ 参见蔡奕《完善公募基金份额持有人大会制度的几点思考》，《证券法苑》2017年第23期。

④ 如招商信用添利债券型证券投资基金持有人大会召开失败案例：2015年5月7日该基金管理人招商基金管理有限公司发布召开基金持有人大会的会议通知，会议来由及拟审议的议案为：招商信用添利债券封闭式基金将于2015年6月25日到期，管理人提议召开会议，对招商信用添利债券型证券投资基金是否继续封闭五年进行表决。同年7月9日基金管理人发布公告：招商信用添利债券型证券投资基金持有人大会已于2015年6月16日以现场方式在北京召开。出席本次大会的该基金基金份额持有人（或其代理人）所代表份额未达到全部有效凭证所对应的基金份额占权益登记日基金总份额的50%以上（含50%），不能满足法定开会条件，故本次基金份额持有人大会召开失败。

⑤ 参见蔡奕《完善公募基金份额持有人大会制度的几点思考》，《证券法苑》2017年第23期。

基金持有人切身利益，有人提出临时提案可能操纵持有人大会，损害未参会的基金持有人的权利。[①] 上述解释固然成立，然而在基金持有人大会实际由基金管理人操持的情况下，如果没有临时提案制度，大会议案实际上也就完全由基金管理人操控。从提升基金持有人参与基金治理的积极性来说，基金持有人的临时提案制度是值得尝试的一个选择。同时，为了尽可能避免突袭和操纵基金持有人大会的情况，建议借鉴上市公司股东大会相关制度，要求临时提案应当在距大会召开日的一定时间之前提出，且应由会议召集人对相关议案进行形式审查后公告是否列入大会议案。

《基金法》除第八十四条规定基金持有人大会不得对未公告事项表决外，该法及证监会据此制定的相关规章，均未对基金份额持有人大会表决权的行使规则做具体的规定。但是，对于基金管理人及基金关联人士所持有的基金份额表决权的行使，理应做出特别限制或者要求。在此方面，亦可借鉴公众公司股东大会制度对关联人回避表决等机制做出明确安排。

此外，《基金法》第八十五条第二款规定了基金份额持有人委托表决权的内容。从缓解和克服基金持有人的理性冷漠和搭便车问题来看，表决权委托制度具有重要意义，但是基金法上述规定还存在缺陷，主要体现在缺乏表决权征集的明确规定。建议后续基金法修订中，明确规定表决权委托和征集表决权制度。同时，通过部门规章等下位法对于表决权委托和征集的具体内容做出规定，以保证该制度在基金治理实践中具有现实可操作性。

第四节　基金管理人受信义务规则之构建

不管在契约型还是公司型基金组织形式下，基金管理人均为投资基金法律关系的重要主体，这是由投资基金活动的资产管理本质属性以及信托构造基础所决定的。在契约型基金中，基金管理人的地位更为突出。正是因为在投资基金法律关系中处于核心地位，为了克服和解决基金投资者和基金管理人之间固有的委托代理问题，投资基金立法的重要任务之一在于

---

① 参见全国人大常委会法制工作委员会编《中华人民共和国证券投资基金法释义》，法律出版社，2013，第171页。

为基金管理人设定行为准则和治理要求，其中行为准则的一般性要求就是其作为受托人应当承担的受信义务。而受信义务之构建，是金融法诚信理念在基金法领域的特殊表现。

一　基金管理人受信义务之缘起

证券投资基金活动属于资产管理业务的范畴，在我国资产管理业务包含范围甚广。根据中国人民银行、银保监会、证监会和国家外汇管理局2018年4月联合发布的《关于规范金融机构资产管理业务的指导意见》，资产管理业务涉及银行、信托、证券、基金、期货、保险资产管理机构、金融资产投资公司等不同金融机构的业务范围。[①] 由于实践中，不同类金融机构的资产管理业务由不同的监管部门依照不同法律规则实施监管，相关法律规则并不统一，对于其中客户与受托金融机构之间的法律关系之性质，理论上一直存在委托代理说、信托说和分类性质说等不同认识。

在我国，证券投资基金由基金法、信托法、证券法等多个法律共同规范[②]，证券投资基金以信托原理为基础，基金份额持有人与基金管理人和托管人之间属于信托关系。根据学者观察，公司法、信托法、代理法、合伙法等法律领域均存在属于英美法所称的信义法律关系；在这些法律关系中，由于一方对另外一方存在信赖关系并承受后者的商业决策或投资决策的结果，受信赖一方应承担信义义务或受信义务（fiduciary duty）。[③] 在证券投资基金法律关系中，为强化对基金管理人的监督一般需要实行基金财

---

① 根据定义，资产管理业务是指银行、信托、证券、基金、期货、保险资产管理机构、金融资产投资公司等金融机构接受投资者委托，对受托的投资者财产进行投资和管理的金融服务。

② 有学者研究发现，从境外实践看，在任何国家和地区金融市场的资产管理业务中，信托法都不可能单独承担起法律工具必须提供的“架构交易”与“规制运作”的双重功能；相反，资管业务的法律框架是由包括信托法在内的民商法与包括投资基金法、证券法等监管法共同组成的一个复杂但有机分工的体系。参见刘燕《大资管“上位法”之究问》，《清华金融》2018年第4期。

③ 参见刘燕《大资管“上位法”之究问》，《清华金融》2018年第4期。在我国法学界，对于fiduciary duty这一词汇，大约有受信义务［施天涛：《公司法论》（第四版），法律出版社，2018，第334页］、信义义务（参见本注刘燕文）、诚信义务（邓峰：《普通公司法》，中国人民大学出版社，2009，第438页）以及忠慎义务（张巍：《资本的规则》，中国法制出版社，2017，第266页）等多种代表性译法。

产强制托管制度从而产生基金保管机构，但是为实现基金设立初衷，基金管理人对于运用基金财产进行证券投资活动往往拥有独立而不受任意干涉的职责。根据这一权利义务体系的安排配置，基金管理人处于较为明显的优势地位。

为了更好地保护基金持有人（受益人）的利益，各国家和地区的基金法均对基金管理人课以严格甚至最高标准的受信义务。在美国，除《1940年投资公司法》对基金管理人施加明确而宽泛的受信义务外，美国证监会还通过监管执法来督促投资公司董事会以及投资顾问等履行其受信义务。我国台湾地区“证券投资信托及顾问法”第七条以抽象方式定义了各类基金信托人及其董事、监察人、经理人或受雇人的授信义务，要求其“以善良管理人之注意义务及忠实义务，本诚实信用原则执行业务”。

我国《基金法》第九条规定，基金管理人和托管人从事基金服务活动应当“恪尽职守，履行诚实信用、谨慎勤勉的义务”，其中也包含了受信义务的实质要求。尽管如此，诸多论者提出我国基金法关于受信义务的制度和规则存在规定过于原则性，与其他部门法的受信义务以及诚实信用义务界分不清等问题。[①] 笔者认为，基金管理人应当对基金投资者承担受信义务自无疑义，但是对于这一义务的内涵及相关制度的完善确有深入探讨之必要。

二 基金管理人受信义务的法律性质

在契约型投资基金活动中，设立投资基金必须依法订立基金合同，借此明确各方当事人的权利义务。同时，基金法又规定了大量的各方当事人行为准则和权利义务的内容。由此而产生的问题是，基金管理人的受信义务之法律性质究竟应如何界定？事实上，对于这一问题中外均有认识分歧，主要观点可分为合同义务说与法定义务说：前者认为受信义务主要来源于当事人的合意，因此当事人可以协商是否减轻乃至解除受信义务的内

① 代表性的文献可参见贾同乐《金融机构信义义务研究》，博士学位论文，吉林大学，2016；陈杰《商业信托制度研究》，博士学位论文，西南政法大学，2014；董新义《资产管理业者的信义义务：法律定位及制度架构》，《求是学刊》2014年第4期。

容；后者则强调受信义务来源于强制法规定，是法定义务，当事人不得改变。[①] 笔者认为，合同义务说不符合当前各国立法和实践：受信义务系投资基金法律对受托人规定的强制性义务，如果允许排除将违反信托之本质并导致相关立法目的落空。事实上，我国《基金法》第三条即明确规定，基金管理人、托管人和份额持有人的权利义务，依照本法在基金合同中约定。有观点就此指出，基金合同约定的事项不得违反国家法律的规定，不能做出与基金法强制性规定相反的约定。[②]

法定义务说的主要解释困境在于，受信义务通过基金合同予以确定。笔者认为，尽管基金合同明确约定受托人承担受信义务，但是从源头上而言，该义务的产生是基于法律明定且为强制性条款，而合同只是对这一义务和规则进一步的确认或者细化。[③] 此外，在基金管理人与基金投资人关系中前者具有优势地位，概括性的授权及信息不对称无法防杜，合同中默示条款的调整无法为基金投资者提供周全的保护；对于受托人课以信义义务，在一定程度上限制了其意思自治，却能够更好地保护基金投资人的利益，反而更加符合立法旨意。[④] 职是之故，笔者认为法定义务说更为可取。

一般而言，在不同语境和背景下使用的受信义务，均可分为注意义务或者勤勉义务（duty of care）和忠实义务（duty of loyalty）或者忠诚义务。但是，根据国外相关学者的理解，不同信义关系中的代理问题不尽相同，因此其中受信义务的标准和内容存在差异，比如信托法上的受信义务比公司法上的更为严格。[⑤] 而从我国相关民商法来看，信托法、公司法、合同法、基金法等均有受信义务的一般性条款与具体制度安排，其中虽然基本内核相同但是相关规定的表述及内涵均有差异。就一般性条款而言，我国

---

① 参见董新义《资产管理业者的信义义务：法律定位及制度架构》，《求是学刊》2014 年第 4 期。

② 参见全国人大常委会法制工作委员会编《中华人民共和国证券投资基金法释义》，法律出版社，2013，第 8 页。

③ 金融领域普遍存在的“不完备契约”也是导致受信义务规则法定化的重要原因之一。所谓不完备契约（imcomplete contract），是指缔约当事人在签订合约时，并未将契约履行期内所有可能发生的情形及衍生出的法律效果订明，而通常会存在漏洞，或者保留因应未来情事而调整再协商的弹性。参见王文宇《探索商业智慧：契约与组织》，中国台湾元照出版有限公司，2019，第 27 ~ 28 页。具体亦可参见本书第一章第三节内容。

④ 参见董新义《资产管理业者的信义义务：法律定位及制度架构》，《求是学刊》2014 年第 4 期。

⑤ See Robert H. Sitkoff, The Economic Structure of Fiduciary Law, 91 Boston University Law Review (2011), pp. 1045.

《信托法》第二十五条规定，受托人应当为受益人的最大利益处理信托事务；受托人管理信托财产，必须恪尽职守，履行诚实、信用、谨慎、有效管理的义务。《公司法》第一百四十七条则直接规定，董事、监事和高级管理人员对公司负有忠实义务和勤勉义务。《基金法》第九条则将受托人这一义务表述为"应当恪尽职守，履行诚实信用、谨慎勤勉的义务"。除基金法之外，我国《证券法》第四条也明确了诚实信用原则。

首先，信托法与基金法上的受托人义务规则应属于一般法与特别法的关系。从一般条款的表述来看，信托法的规定突出了受托人为受益人的最大利益行为之"受人之托，忠人之事"这一信托关系的本质内涵，忠实义务和勤勉义务的内涵均完整包括。反观基金法的规定，从文义来看，恪尽职守与谨慎勤勉均侧重于注意义务，而诚实信用更多地为民商法一般原则。但是，作为信托法特别法的基金法，在受托人具体行为准则上做出了较为详细的规定，其实质内容包含了忠实义务和勤勉义务的要求。

其次，从公司法和基金法的受信义务比较来看，后者规定的义务相对更为严格。从产生原因来说，相较于公司股东而言，基金持有人对代理问题的防控能力更加有限：一方面，与公司管理层相比较，基金管理人更加缺乏经理人市场、产品市场等市场机制的外部约束；另一方面，与公司的股东相比较，基金投资者较为缺乏投资经验，更难以对受托人进行有效监督。[①] 此外，从两法的规范性结构来看，公司法任意性及缺省条款（default rules）较多，更加彰显意思自治原则；基金法属于金融法的范畴，观诸中外的情况，大多数国家和地区的法律将金融机构的信义义务规则界定为强制性规则，不能通过合约加以排除。以关联交易为例，公司法一般不禁止董事与公司之间的交易，关联交易亦多以原则允许和强调履行必要程序和披露义务为主；反观基金法，管理人公司及其关联方与基金的交易最初受到严格禁止，即使其后缓和演化为有条件允许后，仍然受到严格的管控。

再次，需要比较基金受托人的受信义务与诚信义务的关系。在我国信托法和基金法中，对于受托人义务的一般性条款均使用了诚实信用的表述，而在证券法、商业银行法等金融法律中则明确诚实信用为其一般原则。那么，基金法上的受信义务与诚信义务的关系究竟应如何界定？施天

---

① 参见贾同乐《金融机构信义义务研究》，博士学位论文，吉林大学，2016，第73页。

涛教授从公司法的视角分析认为，诚信义务原本是一种道义义务，后上升为法律上的义务，再后来发展成为民法乃至于商法的基本原则，因此受信义务是诚信义务的下位概念。[①] 具体到基金法等金融法领域，多数人认为受信义务是一种严于诚信义务的独立义务标准。如朱成刚认为，信赖义务的标准和要求远远高于诚实信用原则，作为参与普通民事行为的当事方，遵循诚实信用原则是其最根本的要求，但对于从事基金管理业务的受托人来说仅遵循诚实信用原则远远不够。[②] 董新义则认为，在调整资产管理业者与客户的法律关系中，诚信原则兼具法律调整与道德调节的双重功能，更注重调整平等主体自我利益的实现；而信义义务制度始终关注于对资产管理业者与客户之间不平等权利义务的矫正，需要对资产管理业者课以更重的信义义务。因此，不宜混淆二者在资产管理关系中各自适用的范围，以诚信原则全面替代信义义务制度的保护功能。[③] 综合比较如上论述，关于受信义务和诚信原则的关系，笔者认为诚实信用是民商事主体的一种基础要求，具有一般原则的制度功能；受信义务则是更为具体的义务内容，在不同金融业态下受托人忠实勤勉义务的具体要求理应不同。

最后，还需要区分基金管理人的受信义务与适当性义务的关系。投资者适当性义务是各国家和地区证券金融法上的重要制度之一，是金融投资者保护机制的重要组成部分，其核心内容是“将适当性的产品或者服务销售或者提供给适合的投资者，并对违法违规行为承担法律责任”。[④] 中国证监会2016年发布了《证券期货投资者适当性管理办法》（证监会令第130

① 参见施天涛《公司法论》（第四版），法律出版社，2018，第398页。李宇的观点与此较为类似，他认为，信托法上受托人的信义义务是信托法这一部门法下的具体制度设计，是民法上诚信原则在信托领域的逻辑延伸（参见李宇《商业信托委托人的法律地位》，《法学论坛》2012年第5期）。

② 参见朱成刚《证券投资基金持有人利益保护法律机制研究》，博士学位论文，中国政法大学，2006，第55页。江翔宇的观点与上述观点较为类似，他认为，我国信托法和基金法在立法上将受托人的义务定位于“诚实信用”，将诚信原则作为基金管理人义务的基础，这与信赖义务并不一致（参见江翔宇《公司型基金法律制度研究——以基金治理结构为核心》，博士学位论文，华东政法大学，2010，第140页）。

③ 参见董新义《资产管理业者的信义义务：法律定位及制度架构》，《求是学刊》2014年第4期。

④ 参见朱伟一《证券法》，中国政法大学出版社，2018，第447页。

号），以行政规章的方式确立了证券市场统一的适当性制度。[①] 对于我国证券市场现行相关立法和实践，有观点认为，证券投资者适当性是证券公司基于合同关系中对投资者的信赖而产生的一项诚信义务，是对处于弱势的投资者的一项利益保护制度，同时为一项证券监督管理制度，其主要内容包括合格投资者制度、了解客户和资料保存义务以及适当推荐的义务。[②] 对于投资基金活动，我国《基金法》第五十五条规定，公开募集基金，基金份额的发售，由基金管理人自己或者委托基金销售机构办理；第九十一条则规定，非公开募集基金，不得向合格投资者之外的单位和个人募集资金。据此，无论公开募集还是非公开募集基金的管理人，都负有适当性义务。综合如上可知，基金管理人的受信义务和适当性义务产生的共同基础是基金投资者对其形成的信赖；从义务具体内容而言，适当性义务侧重于基金的销售和投资建议，而受信义务显然是更为一般和宽泛的范畴。因此，笔者倾向于认为，适当性义务应属于受信义务的组成部分，但因其特殊性和重要性应当在立法中特别明确和突出。

三　基金管理人受信义务的类型化及其立法

传统上受信义务一般通过忠实义务和勤勉义务区分的范式予以分析界定。但是，无论是忠实义务还是勤勉义务都还需要进一步明确其具体内容，以提供具体的立法和司法指引。

从境外立法来看，美国投资公司法对投资公司的董事之受信义务分为注意义务和忠实义务：董事必须尽到“谨慎者”应有的注意义务，即一个理性、谨慎的人对自己的财产的关注，具体包括为基金事务做出合理的判断、建立公司制度流程、严格履行对投资顾问等中介机构的审查和监督义务等；对于投资基金，董事负有不可分割的忠实义务。从中可以看出，与公司法相比，投资公司法对投资公司董事的受信义务做出了更为明确具体的规定。对于投资顾问，除投资公司法、投资顾问法等联邦法律和法院判

---

① 关于其适用范围，该办法第 2 条规定：向投资者销售公开或者非公开发行的证券、公开或者非公开募集的证券投资基金和股权投资基金（包括创业投资基金）、公开或者非公开转让的期货及其他衍生产品，或者为投资者提供相关业务服务的，适用本办法。

② 参见张付标、李玫《论证券投资者适当性的法律性质》，《法学》2013 年第 10 期。

例外，美国证监会在执法过程中亦不断明确其受信义务的内涵。关于投资顾问的忠实义务，美国证监会指出：根据投资顾问法确立的信义规则，投资顾问应当为客户的最大利益服务，必须将客户利益置于自身利益之上；对于投资顾问的注意义务，规定其应当合理履行尽职调查义务，并基于由此及其他方式获得的准确而完整的信息为客户提供良好的投资建议。[①]

日本《金融商品交易法》在借鉴英国金融立法模式实行金融服务横向立法的基础上，根据功能监管原则对金融商品交易业者进行分类。[②]《金融商品交易法》第三十六条至第四十条对其规范的各类金融机构设定了共同的行为规范要求[③]，在此基础上对于从事特定金融业务的机构分别规定了相应的义务规则。譬如，该法第四十一条对投资咨询从业者（投资顾问）规定了忠实和善良管理人的义务（善管义务）、忠实义务，明确列举了不得从事的利益冲突行为；第四十二条对于投资管理从业者，规定了忠实义务和善良管理人义务等内容。

总结境外相关立法可知，成熟市场关于金融机构受信义务的制度普遍采取“一般条款+具体列举”模式。我国公司法上的受信义务规则本质上也采取这一模式，但是其问题在于：其一，对受信义务内容的规定侧重于忠实义务（相关规定仍不完善），对于注意义务的规定过于原则而无具体内容；其二，对受信义务的规定缺乏在司法上可执行的检测标准，导致司法实践中执行上出现困难。[④] 上述问题其实对我国资产管理业务领域的受信义务立法同样存在，此外后者还存在各行其是、义务标准难以统一的问题。在证券投资基金领域，则主要存在未能明确基金管理人的一般受信义务或者说一般性定义和原则的规定不完整[⑤]，相关具体规则的立法显得分散凌乱，有些规定不尽科学与合理。

---

① See Investment Advisers Act Release No. 3060 (July 28, 2010), p. 2; Investment Advisers Act Release No. 3052 (July 14, 2010), pp. 52.

② 主要分为金融商品销售业者、投资顾问、代理业者、投资管理业者、金融中介业者等。

③ 包括对客户诚实公正开展业务的义务、营业标识和注册信息揭示义务、交易情形的事前明示义务、合同签订前后的书面交付义务、适当性义务（第40条）、最优执行业务（第40条之二）等规则。

④ 参见施天涛《公司法论》（第四版），法律出版社，2018，第399页。

⑤ 前文已述，多数观点认为，《基金法》第9条规定的12字即“恪尽职守、诚实信用、谨慎勤勉”并未反映出基金受托人受信义务的全部内涵。

四 基金管理人受信义务的制度完善

根据如上分析，本书认为，基金管理人的受信义务是来源于基金法的规定并通过基金合同约定和确认的义务类型。在我国，不同资产管理业态下分别立法和监管，出现了无法协同等问题。然而，金融监管体系的改革将是一个渐进而长远的过程。在此情况下，就完善金融机构受信义务从而提升金融消费者保护水平而言，笔者建议采取一种比较现实的“统分结合”路径：所谓“统”，就是在有关金融机构行为规范的统一立法中或者在相关部门法中，统一而概括性地将金融消费和投资关系明确界定为信义关系，在此基础上对作为受托人的金融机构设定信义义务。所谓“分”，就是鉴于受信义务规则所使用的概念具有开放性和延展性，在法律将金融消费关系统一认定为信义关系的基础上，结合不同金融业务的特点，对从事不同类别业务的金融机构设置差异化的受信义务标准与具体规则。[①] 依循上述立法路径，对于我国证券投资基金活动中基金管理人的受信义务规则和制度的完善提出如下建议。

首先，参照公司法及信托法等商事法律，确立基金受托人受信义务的一般条款。具体方式是建议对现行《基金法》第九条第一款进行改造，明确基金管理人、基金受托人对于基金投资者（受益人）负有忠实义务和勤勉义务。

其次，在现行立法和证券基金实践的基础上，分别完善忠实义务和勤勉义务的具体规定：(1) 忠实义务主要强调基金管理人除了根据法律规定和基金合同约定获得收益外，不得利用基金财产为自己或者任何第三人谋取私利，具体义务应至少包括：图利自己或者第三人行为之禁止义务，防止与基金持有人利益冲突的义务，为客户信息保密的义务等。[②] (2) 关于

---

① 参见贾同乐《金融机构信义义务研究》，博士学位论文，吉林大学，2016，第 57 页。

② 上述忠实义务的具体内涵可以对应我国现行《基金法》第 20 条所列举的主要内容，具体包括基金管理人及其董事、监事、高级管理人员和其他从业人员不得存在下列行为：将其固有财产或者他人财产混同于基金财产从事证券投资；利用基金财产或者职务之便为基金份额持有人以外的人牟取利益；向基金份额持有人违规承诺收益或者承担损失；侵占、挪用基金财产；泄露因职务便利获取的未公开信息、利用该信息从事或者明示、暗示他人从事相关的交易活动。

勤勉义务，相对于忠实义务，其具体标准较难列举，但相对统一的认识是需要设置比一般民事主体乃至商事主体更高的标准。作为专司基金业务的机构及相关当事人，在投资基金业务活动中必须具备行业所公认的专业能力和谨慎标准，因此其勤勉义务的标准必然高于普通民商事主体。[①] 具体而言，基金管理人的勤勉义务应包括说明与信息披露义务、公平对待其管理的不同基金财产、亲自和最佳执行基金投资事务[②]、适当性义务等内容。

最后，还需要指出，欲实现基金法上受信义务规则的立法初衷，还亟须立法之外的其他机制协同发挥作用。有学者尖锐地指出，基金管理人对基金投资者负有的受信义务是很高的法定责任，在实践中却形同虚设，并不能够有效地保护投资者。[③] 笔者认为上述问题的成因是多样而复杂的，立法上的缺陷及改进建议已如前述，证券监管和司法机制没有充分发挥其作用也是重要原因。在契约型基金下，行政监管虽然有干涉意思自治之嫌，但是为矫正基金持有人与基金受托人之间的地位显著失衡，更好地保护基金投资者的利益，需要证券监管机构强化对基金受托人的监管执法。对于基金受托人违法违规行为提起损害赔偿诉讼，需要在完善受信义务制度中夯实基金投资者的权利依据，并研究确立举证责任倒置等诉讼规则，鼓励受损害的投资者运用民事诉讼机制维护自身合法权益。

第五节　基金托管人的治理职责与制度重构

基金托管人在不同国家和地区存在不同的称呼，其与管理人及持有人的法律关系构造上亦存在差异，但是要求设立托管机构和基金财产强制托管则属于普遍做法。美国《1940 年投资公司法》第十七条规定，所有登记注册的基金管理公司都要将基金财产放置在托管机构中。我国台湾地区“证券投资信托及顾问法”第五条将基金保管机构定义为基于信托契约受

---

① 关于公司法上的注意义务，有学者将其一般标准概括为以下三方面：善意、应当尽处于相似位置的普通谨慎人在类似情况下所应尽到的注意（理性人标准），以及须合理相信其行为是为了公司的最佳利益。参见施天涛《公司法论》（第四版），法律出版社，2018，第 418～419 页。

② 参见董新义《资产管理业者的信义义务：法律定位及制度架构》，《求是学刊》2014 年第 4 期。

③ 参见朱伟一《证券法》，中国政法大学出版社，2018，第 181 页。

托办理基金保管业务的信托公司或银行。[①] 我国《基金法》在总则中规定基金托管人的地位、与其他主体的法律关系、一般要求之外，于第三章专门规定了基金托管人的法律制度。根据《基金法》的规定，基金托管人是基金投资人权益的代表，是基金资产的名义持有人或管理机构。

一　基金托管人的功能、性质与受托职责

基金资产的托管制度是规范基金运作、保护基金投资者合法权益的一项重要制度。[②] 从世界范围来看，美国《1940 年投资公司法》率先在法律上确立了基金资产的独立第三方托管机制，这一制度也被学者认为系美国投资公司法的重大贡献之一，因为传统信托法仅要求信托财产的分别管理，并不要求托管于独立第三方，如今独立第三方托管不仅成为各国投资基金法的标配，而且开始扩展到私募基金领域。[③]

在各国各地区移植借鉴美国基金托管制度的过程中，基金托管人被赋予的职责和功能在不断完善。譬如，在德国契约型基金框架下，立法赋予了基金托管人监督基金管理人的职责（权利与义务），基金托管行和德国联邦银行委员会根据法律规定对基金管理人进行监督，任何一方可以对基金经理人侵犯投资者利益的行为进行起诉。[④] 事实上，如今多数国家和地区的基金托管人被赋予了三大主要功能：其一为妥善保管基金财产、防止其被管理人挪用和盗用（包括名义持有基金财产），其二为根据基金合同约定和基金管理人的指令办理证券投资及相关事宜，其三为根据法律规定及基金合同约定对基金管理人的投资运作进行监督。其中，对基金管理人进行监督制约系基金治理机制的重要组成部分。

我国《基金法》规定基金管理人和基金托管人均为基金受托人，但是

---

① 该条具体规定如下："基金保管机构指本于信托关系，担任证券投资信托契约受托人，依证券投资信托事业之运用指示从事保管、处分、收付证券投资信托基金，并依本法及证券投资信托契约办理相关基金保管业务之信托公司或兼营信托业务之银行。"

② 参见全国人大常委会法制工作委员会编《中华人民共和国证券投资基金法释义》，法律出版社，2013，第 177 页。

③ 参见刘燕《大资管"上位法"之究问》，《清华金融》2018 年第 4 期。

④ 参见朱成刚《证券投资基金持有人利益保护法律机制研究》，博士学位论文，中国政法大学，2006，第 11 页。

二者在法定和约定范围内各自履行其职责。在共同受托的基础上，基金法相关规定旨在强化基金托管人对基金管理人的监督制约。在实定法上，《基金法》第三十五条规定了基金托管人与基金管理人在机构上的相互分离，要求二者不得为同一机构，不得相互出资或者持有股份。

在基金托管人对基金管理人的监督职责和制度安排上，主要包括如下内容：(1)《基金法》第三十六条明确列举的基金托管人的职责中，对基金财务会计报告、中期和年度基金报告出具意见[①]，复核、审查基金管理人计算的基金资产净值和基本份额申购、赎回价格，按照规定召集基金持有人大会，按照规定监督基金管理人的投资运作，均属于基金托管人对管理人直接或者间接监督的制度安排。(2)《基金法》第三十七条规定，基金托管人发现基金管理人的投资指令违反法律法规等规定或者基金合同约定的，应拒绝执行，立即通知管理人并及时向证券监管机构报告；发现管理人依据交易程序已经生效的投资指令出现上述情形的，立即通知管理人并及时向证券监管机构报告。此系基金托管人拒绝执行投资指令权和报告义务。此外，如果基金托管人未能勤勉尽责履行监督职能的，需要承担相应法律责任。

二　我国基金托管人监督职能的失灵及其因应

综上，我国基金法立法相关制度设计在保证基金托管人完成基金财产托管等基本职责的基础上，高度重视其对基金管理人的监督制约，以期借此更好保护基金投资者的利益，其立法初衷诚资赞同。然而，考察我国基金治理实践可知，基金托管人在基金治理中的预期目标与现实仍然存在非常大的距离。有学者根据“基金黑幕”事件中基金托管人对管理人的违规事实视而不见并均出具无保留意见报告等事实指出，我国基金托管人更多的职能置于基金财产的保管上，“只托不管”现象严重，没有发挥出应尽的监督职责。[②] 为此，需要对基金法上的托管人及相关制度深入反思并探

① 基金财务会计报告和基金报告由基金管理人编制，基金托管人对其出具意见类似会计师对上市公司编制的财务报告进行审阅或者审计，可以起到监督基金管理人履职的作用。

② 参见张宝瑞《中国证券投资基金治理制度体系研究》，博士学位论文，辽宁大学，2013，第51页。

索因应之策。

（一）基金托管人的选任机制

在不同立法模式下，基金托管人选任机制存在差异，而该机制往往与基金托管人履行监督职责密切相关，甚至成为问题之根源。本章前文已经归纳，在基金管理人和基金托管人的产生机制方面，境外存在基金管理人实质选聘基金托管人和基金托管人直接由基金持有人产生（而后由其选聘基金管理人）之分。两相对比可知，基金托管人如果不是由基金管理人实质选聘，则托管人对管理人的监督职能因为不存在选聘的利益关系问题而更加可能实现。我国基金法实行共同受托人制度，在基金托管人的产生问题上没有明确规定。《基金法》第四十七条亦仅规定，基金持有人大会决定更换基金托管人的更换及决定调整期报酬标准。即使要更换基金托管人，也需要经过门槛高、程序复杂的基金持有人大会审议通过。更重要的问题是，公募基金成立时基金托管人如何产生？根据《基金法》第五章的规定，注册公募基金由拟任基金管理人向证券监管机构提交申报文件，其中基金合同必须载明基金管理人、基金托管人的名称和住所，基金招募说明书应当公开披露基金托管人的基本情况。基金募集完成后，基金合同渐次成立和生效[①]，基金管理人和托管人的地位再次获得确认。综合如上分析可知，在基金募集阶段，拟任基金管理人掌握了选聘基金托管人的实际权力，因为基金管理公司承担着发起人而且是唯一发起人的角色。在此背景下，只有与基金管理人达成合意，基金托管人才更可能获得托管人资格。这种选聘机制，甚至被戏称为“一个人的独角戏”。[②] 另有类似观点认为，造成基金托管人监督职能失灵的根源在于制度的缺陷，即基金管理人和基金托管人事实上的选任关系使得后者难以真正独立。[③]

笔者赞同上述观点，认为不改变基金托管人实际由基金管理人选任的状况，则托管人“只托不管”的现象就无法根治。就此而言，未来基金托

---

① 根据《基金法》第 60 条的规定，投资人交纳认购的基金份额的款项时，基金合同成立；基金管理人依照基金法的规定向证券监管机构办理基金备案手续，基金合同生效。

② 参见张宝瑞《中国证券投资基金治理制度体系研究》，博士学位论文，辽宁大学，2013，第 50 页。

③ 参见江翔宇《公司型基金法律制度研究——以基金治理结构为核心》，博士学位论文，华东政法大学，2010，第 42 页。

管人的选任机制改革应该朝着缓和甚至消除基金管理人对选聘基金托管人的实际影响方向进行，逐步建立起一种基金发起人和管理人实质分离的机制。前文有学者提出的构建以独立督察员委员会（界定为基金受托人，由其选聘管理人和托管人）为中心的契约型基金治理架构的设想，以及关于由无利害关系的证券监管机构选择基金托管人的方案①，似乎都契合了上述理念和方向。但是，由于这些方案都涉及对现行制度和利益结构的重大调整，后续有必要更为详细深入地系统论证。

（二）基金托管人的监督职责与权限配置

从前文列举我国基金法关于基金托管人对基金管理人的监督职责可知，对基金财务会计报告和基金报告出具意见，复核审查基金净值和申购赎回价格，召集基金持有人大会以及报告义务的履行，② 对于基金管理人的监督均较为间接而实效不足；而关于“按照规定监督基金管理人的投资运作”则过于原则性甚至语焉不详，基金法的下位法和规章等对此也没有更为具体的安排，导致基金托管人如何监督于法不明。鉴于此，对于如何完善基金托管人的权限与责任机制，提出如下建议。

1. 赋予基金托管人对基金关联交易的审查权及相关权限

一般认为，通过 2012 年基金法的修订③，我国对于基金关联交易的规

---

① 我国香港地区《单位信托及互惠基金守则》第 4.1 条规定：各项申请认可的集体投资计划，必须委任证监会接纳的受托人（如属单位信托）或保管人（如属互惠基金公司），并持续地遵守本章的规定。据此，香港证监会的认可接纳在基金受托人或保管人的产生中起着重要作用。

② 即使我国《基金法》第 37 条规定的基金托管人的报告义务，与香港地区《单位信托及互惠基金守则》相应规定相比亦过于简单，后者第 4.5（k）条规定：受托人/保管人必须设立清晰及全面的上报机制，以处理在履行其责任期间识别到的潜在违规情况，并及时向证监会汇报重大违规的情况。香港证监会对此进一步解释：保管人应就可能影响其作为该计划的受托人/保管人身份行事的资格/能力的任何重大事项或更改，向管理公司提供最新消息及向证监会做出汇报（不论是直接或透过管理公司），以及就他们获悉任何重大违反本《守则》及《手册》的适用条文的情况（而管理公司尚未就此向证监会做出汇报），尽快通知证监会。

③ 2012 年《基金法》第 74 条（现法为第 73 条）第 2 款规定：运用基金财产买卖基金管理人、基金托管人及其控股股东、实际控制人或者与其有其他重大利害关系的公司发行的证券或承销期内承销的证券，或者从事其他重大关联交易的，应当遵循基金份额持有人利益优先的原则，防范利益冲突，符合国务院证券监督管理机构的规定，并履行信息披露义务。

制由禁止改采限制的做法。[①] 但是，对于相关关联交易行为的程序规制等，基金法无明确规定。从保证潜在关联交易公平公正的角度来说，需要为其建立相应的治理机制。香港地区《单位信托及互惠基金守则》第10.11条规定：由该计划或代该计划进行的所有交易，必须按公平交易原则及以符合持有人最佳利益的方式执行。尤其是若管理公司、获转授投资职能者、该计划的董事或以上各方的任何关联人士以主事人身份与该计划进行的交易，必须事先得到受托人/保管人的书面同意。所有此等交易必须在该计划的年报内予以披露。香港地区的上述做法值得借鉴，未来我国完善基金法或者其下位法时，建议规定基金托管人对于关联交易的审查权，达到一定要求的还应提交基金持有人大会审议通过方可实施，且所有关联交易都应按规定披露。

2. 探索确立对基金管理人更换的监督权

从境外情况来看，香港地区的基金托管人可以直接书面通知更换基金管理人，基金管理人必须执行，且托管人有权委任新的管理公司。[②] 台湾地区"证券投资信托及顾问法"规定基金托管人对基金管理人的更换享有提议权，最终决定权在于受益人大会。相较而言，我国基金法仅规定基金持有人大会决定更换基金管理人，故应认为基金托管人对基金管理人的更换没有任何权限。从理论上来看，如果规定基金托管人对基金管理人的更换具有实质影响，则可以在一定程度上矫正基金管理人在基金设立之初对基金托管人所形成的优势地位，有利于夯实基金托管人行使监督职责的基础。鉴此，建议在今后立法中探索基金托管人对基金管理人更换的建议权或者无异议权。

---

① 参见何艳春、郝金《新〈基金法〉关于公募基金放松管制规定的评析》，《证券法苑》2013年第8期。

② 香港地区《单位信托及互惠基金守则》第5章管理公司的退任中，第5.11条规定，在下列任何一种情况下，受托人或互惠基金公司的董事必须以书面通知的方式辞退管理公司：(a) 该管理公司清盘、破产或已获委出接管人接管其资产；或 (b) 受托人或互惠基金公司的董事有良好及充分理由，认为转换管理公司符合持有人的利益，并以书面说明；或 (c) 就单位信托来说，代表最少50%已发行单位的价值的持有人向受托人递交辞退管理公司的书面要求。第5.12条规定：此外，管理公司亦必须在下列情况下退任：(a) 组成文件规定的所有其他情况；或 (b) 证监会撤回对管理公司的批准。第5.13条规定：受托人或互惠基金公司的董事必须将辞退管理公司的决定通知证监会。第5.14条规定：当管理公司退任或被辞退，受托人或互惠基金公司的董事必须尽快委任新的管理公司，而新管理公司必须获得证监会批准。

3. 确立基金托管人的追偿职责和诉讼权利

我国《基金法》第十九条规定公募基金的基金管理人以自身名义代表基金持有人利益行使诉讼权利或者实施其他法律行为，类似职责则没有赋予基金托管人。然而，实践中基金投资者受害情况中，基金管理人不作为或者乱作为最为常见。在此情况下，只能由基金投资者根据《基金法》第四十六条提起诉讼。由于诉讼难度大、成本高加之理性冷漠和搭便车等集体行动问题，基金持有人往往放弃以诉讼救济的方法来维权。为强化投资者利益保护，我国台湾地区“证券投资信托及顾问法”第二十三条第二款规定，证券投资信托事业因故意或过失致损害基金之资产时，基金保管机构应为基金受益人之权益向其追偿。笔者认为，我国《基金法》规定的基金管理人故意或过失侵害基金持有人利益的救济机制存在重大漏洞，即没有规定基金托管人的追偿职责及提起诉讼的权利，这也在相当程度上弱化了基金托管人对基金管理人的监督力度。为此，建议借鉴我国台湾地区立法，在修订《基金法》中明确规定，基金托管人对基金管理人侵害基金持有人利益的行为负有追偿职责和提起赔偿诉讼的权利。

第三章　私募投资基金监管体制研究

私募投资基金是现代资产管理业的重要组成部分之一，近年来，我国私募基金行业快速发展，在服务居民理财、优化资本市场结构、支持实体企业发展方面发挥着日益重要的作用。根据中国证券投资基金业协会（简称中基协）公布的统计数据，截至 2016 年底，中基协已备案的私募投资基金共有 46010 只，其中，私募证券投资基金 21675 只，占比为 47.11%；已备案私募投资基金管理规模达 8.25 万亿元，其中，私募证券投资基金为 1.63 万亿元，占比为 22.29%。[①] 与此同时，由于监管的滞后性，急剧发展的私募投资基金行业逐渐成为各方诟病的对象：野蛮式生长、变相公募、登记备案信息造假、非法集资等声音不绝于耳。本章以私募投资基金中最为典型且当前数量最多的类别，即私募证券投资基金作为主要分析对象，对其监管体制展开比较法上的研究探讨，并根据需要兼顾其他类型的私募投资基金的监管机制。

文献回顾与综述

私募投资基金的市场效果如同一把双刃剑，其对金融市场的负面影响与正面影响一样令人印象深刻，因此私募投资基金的监管制度一直为世界范围内包括经济学、法学、政治学等多个领域的学者所共同关注，特别是在 2007 年金融危机爆发以后，如何完善现有的私募投资基金监管体制以适应金融市场的发展变化成为学界颇受注目的话题以及各个国家

---

① 参见中国证券投资基金业协会《中国证券投资基金行业年度发展报告（2016）》，第 66 页，中国证券投资基金业协会官网，http：//www.amac.org.cn/tjsj/sjbg/393159.shtml，最后访问时间：2019 年 10 月 12 日。

和地区金融法修改活动关注的重点。本综述尽可能对相关问题的重要文献进行回顾与总结，具体的内容安排为：第一部分是对私募投资基金监管正当性与必要性的探讨，第二部分是关于私募投资基金监管模式的研究，第三部分是对我国私募投资基金监管实践中存在的问题进行回顾，第四部分是对学界关于完善私募投资基金监管机制的建议进行述评。

一　对私募投资基金实施监管的正当性与必要性

关于对私募投资基金实施监管的正当性与必要性，国内外学者研究的侧重点并不完全一致：国内学者探讨的重点在于是否应当赋予私募投资基金合法的法律地位进而将其纳入法治化的轨道，而国外学者探讨的重点在于是对以对冲基金为代表的私募投资基金进行监管还是任其自由生长于监管体系之外。

钟伟指出，我国私募基金的形成与演变是在市场力量的推动下形成的，其合法化事关基金投资人和管理人收益的合法化，有利于提高基金业的运作水平和增强外部风险管理。[①] 杜征征[②]、金香爱[③]认为，在中国探索资本市场化的今天，公募基金已不能满足市场对基金业的要求，而私募基金则在自发产生的环境下逐渐成长壮大，将私募基金纳入法制化的规范发展轨道，既可以满足投资者的多元化需求，又可以促进证券市场健康发展。吴士君、张永强[④]，邹艳珏[⑤]把我国私募基金产生和发展的原因归结为诱致性制度变迁的作用，认为将私募基金纳入法律框架进行监管，不仅有利于国内证券投资机构的充分竞争发展，同时也有利于监管部门对海外私募基金的活动风险予以及时防范。

赵亮认为私募基金合法化给基金业造成的影响是双面的，除了推动金

---

① 参见钟伟《对私募基金合法化的一些思考》，《证券市场导报》2001 年第 6 期。

② 参见杜征征《加快私募基金合法化的研究》，《安徽工业大学学报》（社会科学版）2002 年第 4 期。

③ 参见金香爱《中国私募基金合法化思考》，《金融理论与实践》2004 年第 10 期。

④ 参见吴士君、张永强《透视我国私募基金的产生与发展——一个制度经济学的解释》，《上海经济研究》2002 年第 6 期。

⑤ 参见邹艳珏《私募基金立法探索》，《兰州学刊》2005 年第 3 期。

融创新，丰富证券市场的金融产品和投资渠道以外，仍然存在着操纵市场和创造基金黑幕等一定的负外部性。[①] 吴明珠指出，私募基金在我国已具相当规模，除了已经存在并且公开、以信托方式出现的私募基金，还有大量以委托理财等不明朗形式存在的私募基金，其运作中存在不少违法违规现象，给金融市场的发展造成较大的风险，应当对我国私募基金进行整顿，将其纳入规范化发展的轨道。[②] 殷洁认为，由于立法的滞后，私募基金在我国长期处于灰色地带，在资金募集和运用过程中存在大量违法犯罪行为，为了促进我国证券市场的健康发展和维护投资者的正当利益，有必要进一步明确私募基金的认定标准，厘清合法与非法的界限。[③]

倪明在对我国私募基金发展脉络进行阶段性分析后指出立法机构之所以迟迟没有赋予私募基金明确的法律身份，主要原因之一就在于私募基金本身的运作方式中存在较大的信用风险、操作风险。[④] 宋征指出，目前我国私募投资基金采取多头监管模式，各个部门采取的监管标准缺乏统一性，且有大量的私募投资基金仍然游离于法律和监控视野之外，容易引发系统性风险和欺诈案件的发生，亟须立法对其明确定位，加强监管，以防范金融风险。[⑤]

2012 年 12 月 28 日，第十一届全国人民代表大会常务委员会第三十次会议表决通过了《中华人民共和国证券投资基金法》（简称《证券投资基金法》）的修订案，法案赋予了私募证券投资基金合法的法律地位并将其纳入监管体系，标志着私募证券投资基金结束了长期以来处于法律上灰色地带的尴尬处境，进入了规范管理、合法运作的轨道。

国外的理论界和实务界在是否应当对私募投资基金实施监管这个问题上的观点和态度以 2007 年金融危机爆发作为分水岭，出现了比较明显的转向。在危机发生前，西方大部分学者和政府官员认为不应当对私募投资基金实施严格的管束。Franklin R. Edwards 分析指出，对冲基金本身并不会

---

① 参见赵亮《私募基金合法化及其对公募基金的影响》，《金融与经济》2006 年第 3 期。

② 参见吴明珠《私募基金监管的法律体系研究》，《社会科学家》2007 年第 S2 期。

③ 参见殷洁《论基金“老鼠仓”的防治》，《金融与经济》2007 年第 11 期。

④ 参见倪明《我国私募基金运行现状及风险》，《中国金融》2010 年第 3 期。

⑤ 参见宋征《关于私募投资基金监管体制的思考》，《证券市场导报》2010 年第 11 期。

增大金融市场的系统性风险，即使允许注册型对冲基金（Registered Hedge Funds）向公众发售，普通投资者也不会因此而遭遇比购买公募投资基金产品更多的风险，因此对对冲基金采取更严格的监管措施是没有必要的。[①]美联储前主席格林斯潘（Greenspan）2004 年在美国国会举行的听证会上公开表示，对对冲基金实施过度的监管会扼制其流动性，进而对整个资本市场造成巨大的负面效应。[②]

在 2007 年金融危机发生以后，对冲基金在欧美等国开始被纳入正式的投资基金监管体系，部分学者也开始转变立场，支持强化对对冲基金的监管。如 Thomas C. Pearson 和 Julia Lin Pearson[③]，Lloyd Dixon、Norren Clancy 和 Krishna B. Kumar[④] 等均认为对冲基金潜藏的风险确实对全球金融体系的稳定构成了威胁，而且其中还存在大量的证券欺诈行为，因此有必要赋予监管部门更多的权力来规范对冲基金的活动，保护投资者的权益。但仍有许多学者对此持有保留意见。如 Rene' M. Stulz 认为对冲基金之所以能够取得比公募证券投资基金更好的市场表现，关键就在于它受到较少的监管，即使强化监管已是大势所趋，也应当给对冲基金创新留下宽裕的发展空间，否则就会导致资本市场效率降低。[⑤] Alexandros Seretakis 则认为只有大型的对冲基金可能会对金融体系的稳定性造成冲击，而中等规模或者小型的对冲基金即使同时失败，也不会对其债权人或者交易对手的金融安全

---

① See Franklin R. Edwards, The Regulation of Hedge Funds: Financial Stability and Investor Protection, Conference Paper on Hedge Funds Institute for Law and Finance/Deutsches Aktieninstitut e. V. JohannWolfgang Goethe – Univsersitat Frankfurt, available at https: //www0. gsb. columbia. edu/faculty/fedwards/papers/Edwards% 20on% 20Reg% 20of% 20Hedge% 20Funds. pdf, last visit on 2019. 10. 12.

② See Alan Greenspan: Hearing Before the S. Comm. on Banking, Housing and Urban Affairs, 108th Cong. , available at http: //www. federalreserve. gov/boarddocs/testimony/2004/20040420/default. htm, last visit on 2019. 10. 7; see also Verret, supra note 3, at 825.

③ See Thomas C. Pearson, Julia Lin Pearson, Protecting Global Financial Market Stability and Integrity: Strengthening SEC Regulation of Hedge Funds, North Carolina Journal of International Law & Commercial Regulation, Volume 33, Issue 1, 2007, pp. 1 – 81.

④ See Lloyd Dixon, Norren Clancy & Krishna B. Kumar, Hedge Funds and Systemic Risk, Rand Corporation 4 (2012), available at https: //www. rand. org/pubs/monographs/MG1236. html, last visit on 2019. 10. 7.

⑤ See Rene' M. Stulz, Hedge Funds: Past, Present, and Future, Journal of Economic Perspectives, Volume 21, No. 2, pp. 175 – 194.

造成破坏。[①]

二 私募投资基金的监管模式

国内学者通常根据不同的标准，将私募投资基金的监管体制划分为不同的模式。术洪颜认为，依照是否对私募投资基金设置市场准入标准，可以将其监管模式划分为备案制和牌照制两种类型，考虑到私募投资基金在我国的发展历史较短，尚处于发展初期，故实行备案制更有利于现阶段我国私募投资基金的发展。[②] 龚鹏程认为私募投资基金的监管模式可以根据监管对象的不同划分为对私募投资基金本身的监管（直接监管）和对私募投资基金交易对手（或中介机构）的监管（间接监管），国外对私募投资基金的监管主要采取的是间接模式，目的是有效阻断私募投资基金的风险在体系内传播的路径。[③] 按照监管规范体系处于主导地位的法律规范的不同，彭夯将世界上主流的私募投资基金监管体制分为以英国为代表的“原则监管模式”和以美国为代表的“规则监管模式”，并指出就我国目前整体的金融监管模式而言，更接近于美国的“规则监管模式”。[④] 蒋雪柔认为，私募证券投资基金提高了金融市场波动和系统性风险发生的概率，因而主张政府加大监管力度应对。[⑤]

总的来看，我国学界对私募投资基金监管模式的选择存在两种截然不同的态度。有一部分学者认为，私募投资基金采取非公开的方式募集资金，发行对象局限于特定机构投资者和高净值个人，其销售和赎回只需基金管理人与投资者自行协商，因此政府不应该予以过多的干预，而应当尽量交由市场来调整其中的权利义务关系。另外一部分学者则认为，虽然私募投资基金相较于公募证券投资基金对投资者的范围设置了较高的准入门槛，但是由于我国目前没有建立起完善的信用制度，仅仅靠市场的自我调节尚不能达到预期的规范化效果；因此，从目前我国私募投资基金业的发

---

① See Alexandros Seretakis, EU Hedge Fund Regulation: Hedge Funds and Single Supervision, *European Company Law*, Volume 15, Issue 2, pp. 97 – 106.

② 参见术洪颜《论我国私募基金的监管模式》，《唐山师范学院学报》2011 年第 1 期。

③ 参见龚鹏程《论私募基金监管制度的构建》，《法学杂志》2010 年第 9 期。

④ 参见彭夯《论我国私募基金监管模式的选择与构建》，《上海金融》2011 年第 4 期。

⑤ 参见蒋雪柔《关于私募证券投资基金监管问题的思考》，《经贸实践》2018 年第 11 期。

展现状来看，还是应当坚持政府监管与市场自律监管相结合的路径，在保障私募投资基金健康发展的同时，最大限度地维护基金投资者的合法权益。

国外学者通常将对冲基金监管体制划分为直接监管和间接监管两种模式，前者是指由监管机构对对冲基金机构直接进行管理和规制，后者主要是通过限制合格投资者范围、监管对冲基金的服务方或者交易对手等途径来间接规制对冲基金。不同于国内学者的意见分歧，国外学者在这两种模式上的选择倾向性是比较明显的。Giorgio Tosetti Dardanelli ①、Hossein Nabilou 和 Alession M. Pacces② 对对冲基金的直接监管模式和间接监管模式各自的优缺点进行了分析和比较，并指出对冲基金独特的组织结构和运营特征决定了采取间接监管的模式能够更有效地降低监管成本，减少监管套利和控制系统性风险的传导。Jacob Johnson 认为由于证券监管部门缺乏处理信息的专业能力，所以《多德—弗兰克华尔街改革和消费者保护法》（Dodd - Frank Wall Street Reform and Consumer Protection Act，简称《多德—弗兰克法案》）赋权证券监管部门强制对冲基金进行信息披露，并没有使投资者得到更有效的保护或者降低金融系统性风险，更为可行的方法还是采取间接监管的模式，例如券商自律组织加强对对冲基金的经纪商的约束。③

三 我国私募投资基金监管实践中存在的问题

自《证券投资基金法》正式赋予私募投资基金合法的法律地位以来，我国的私募投资基金行业的发展可谓如火如荼，但现行监管体制的滞后以及存在的种种问题已经成为阻碍私募投资基金进一步发展的瓶颈。学者关

① See Giorgio Tosetti Dardanelli, Direct or Indirect Regulation of Hdege Funds: A European Dilemma, *European Journal of Risk Regulation*, Volume 2, Issue 4, 2011, pp. 463 - 480.

② See Hossein Nabilou, Alessio M. Pacces, The Hedge Fund Regulation Dilemma: Direct vs. Indirect Regulation, *William & Mary Business Law Review*, Volume 6, Issue 1, 2015, pp. 183 - 236.

③ See Jacob Johnson, Direct Regulation of Hedge Funds: An Analysis of Hedge Fund Regulation After the Implementation of Title IV of the Dodd - Frank Act, *DePaul Business and Commercial Law Journal*, Volume 16, Issue 2, Article 3, 2018, available at: https://via.library.depaul.edu/bclj/vol16/iss2/3, last visit on 2019. 10. 7.

注的焦点主要集中在以下几个方面。

一是私募投资基金监管规则体系的构建。刘道云[①]认为，现行立法着重调整和规范私募基金的募集设立、基金合同，而对私募基金的其他内容和金融犯罪风险未做规定或规制不足。陈珈指出，我国在立法方面对私募投资基金的界定不够完善，导致私募投资基金在获得经营灵活、决策自由等强优势的同时，也存在基金管理人损人利己、内幕交易和操纵市场等道德风险。[②] 官志和[③]和龙俊鹏[④]认为，目前我国私募投资基金监管规则体系缺少一部专门针对私募投资基金的法律规范作为顶层设计，导致部门规范性文件与行业自律组织的管理规则之间在法律适用上存在的分歧难以调和。

二是私募投资基金的合格投资者制度。李文华认为，我国目前既没有建立统一的投资者适当性管理制度，也没有对投资者进行科学的分类，实践中导致以下突出问题：投资门槛过高，脱离实际国情；法规适用冲突；人为“制造”大量非法私募等。[⑤] 吴林立指出我国虽然已经建立了私募证券投资基金的合格投资者制度，但相关法律规定内容粗疏，缺乏对实践具有可操作性的指引，并且合格投资者的认定标准是直接授权给证监会、银监会（现为银保监会）以及商务部等各个政府部门通过部门规章的方式来加以规定，缺乏统一规范，不尽科学。[⑥] 郭卉指出，我国对合格投资者的认证，最早采取的是以 2014 年《私募投资基金监管暂行办法》为代表的自我申报方式；但在实践中，仅仅依赖于投资者自己填写风险识别能力和承担能力问卷的方式，并不能有效评估其风险承受能力和识别能力，而且要求投资者提供必要的资产证明或收入证明这一做法在实践中也遭遇了大

① 参见刘道云《论我国私募基金法律规制的完善》，《新金融》2013 年第 6 期。

② 参见陈珈《我国私募基金发展风险及监管策略》，《财经问题研究》2016 年第 12 期。

③ 参见官志和《我国私募基金监管存在的问题及应对措施研究》，《时代金融》2017 年第 2 期。

④ 参见龙俊鹏《完善我国私募基金监管体制：导向、框架与对策》，《南方金融》2019 年第 5 期。

⑤ 参见李文华《我国私募基金合格投资者管理问题探析》，《武汉金融》2015 年第 5 期。

⑥ 参见吴林立《论我国私募证券的合格投资者制度》，硕士学位论文，天津师范大学，2016，第 18～19 页。

量的虚假证明。[①]

三是对私募投资基金管理人的监管。梁清华认为，私募投资基金管理人是私募投资基金的运作核心，但是在我国金融领域“分业经营、分业监管”的框架下，私募投资基金管理人注册存在机构分散化、标准碎片化、程序不统一等问题。[②] 许可指出我国对私募投资基金管理人义务的规制分散于多部法律法规之中，不但形式上有所抵牾，内容上亦存在严重脱漏，亟待做出追根溯源式的统合。[③]

四　我国私募投资基金监管体制的完善建议

针对我国私募投资基金监管体制中存在的问题，学者们提出了相应的对策建议。

（一）私募投资基金监管模式的选择

许可、肖宇[④]主张适度监管模式，提出“协同监管”和“基于风险监管”的监管结构，即一套以“证券投资基金业协会为主、证监会为辅”为监管主体、以“非强制措施为主、强制性措施为辅”的监管手段，以“固有风险为主、管理风险为辅”为监管范围的规范体系。龙俊鹏[⑤]也赞同适度监管，主张建立“统一规则、分级分类、适度从严”的私募基金监管体制。但考虑到我国私募基金监管的薄弱环节，刘瑜恒[⑥]提出构建以行政为主导的监管体系，强化行为监管，以防范系统性风险。

（二）私募投资基金法律规则体系的完善

吴应宁指出，我国应以行业自律监管为主，以信息披露为主要监管方

① 参见郭卉《我国私募证券投资基金合格投资者制度研究》，《大众理财顾问》2019 年第 4 期。

② 参见梁清华《论中国私募基金管理人注册制度的完善》，《学术月刊》2015 年第 1 期。

③ 参见许可《私募基金管理人义务统合论》，《北方法学》2016 年第 2 期。

④ 参见许可、肖宇《私募投资基金的适度监管体制探析》，《西南民族大学学报》2016 年第 8 期。

⑤ 参见龙俊鹏《完善我国私募基金监管体制：导向、框架和对策》，《南方金融》2019 年第 5 期。

⑥ 参见刘瑜恒《我国私募基金风险及监管对策研究》，《金融监管研究》2018 年第 8 期。

式，主要针对基金的市场准入机制、募集方式、发起人和管理人的资格认定、托管人监管制度以及投资者的资质条件和数量限制等方面制定法规并实地执行。[①] 龙俊鹏认为应当统一私募投资基金监管主体和监管规则，并统一包括创投机构在内的私募基金监管标准，必要时针对创投机构制定个别特殊规则。[②]

（三）私募投资基金合格投资者制度的完善

李文华认为完善私募投资基金合格投资者制度应当从以下六个方面入手：一是将私募投资基金合格投资者纳入统一管理，二是大幅降低投资门槛，三是强化对私募投资基金管理人的监管，四是借鉴美国均衡监管和底线监管的原则与思维，五是重点加强行为监管，六是推进私募投资基金创新发展。[③] 陈颖健认为，在我国证券市场投资者普遍不成熟和合格投资者制度不健全的现状下，我国在证券私募领域必须坚持严格的禁止一般性劝诱规则。[④] 郭卉认为，完善我国私募证券投资基金合格投资者制度，第一点是需要增强合格投资者认证的可操作性，可以参考美国的立法经验，借助日臻完善的个税体系，以税收申报为依托，提高收入申报的可信度；第二点是以“不触碰一般性劝诱”的禁止性规则为底线，适当考虑放宽合格投资者的人数限制。第三点是适度放开募集机构通过互联网等媒介渠道推介私募基金的方式。[⑤]

（四）私募投资基金管理人制度的完善

张宝瑞认为健全的信息披露制度可以使基金市场的参与者了解到很多关于基金管理人行为的有效信息，促使基金管理人增强自律，提高勤勉尽职程度；而公正、科学、合理的基金评价机制有助于投资者形成良好的投资决策，可以对基金管理人的声誉形成有效的外在监督约束，而且从基金

---

① 参见吴应宁《完善我国私募基金监管体系探讨——基于对〈证券投资基金法（修订草案）〉的分析》，《理论界》2013 年第 2 期。

② 参见龙俊鹏《完善我国私募基金监管体制：导向、框架与对策》，《南方金融》2019 年第 5 期。

③ 参见李文华《我国私募基金合格投资者管理问题探析》，《武汉金融》2015 年第 5 期。

④ 参见陈颖健《美国禁止一般性劝诱规则研究——兼论我国禁止一般性劝诱规则的存废》，《证券市场导报》2017 年第 11 期。

⑤ 参见郭卉《我国私募证券投资基金合格投资者制度研究》，《大众理财顾问》2019 年第 4 期。

投资者的角度来看是为其提供了反映基金业绩及管理人优劣的客观依据。[①]梁清华认为应当扩大私募基金管理人注册制度的外延，以实质审查的注册登记为原则，豁免注册为例外；对小型和从事创业投资的私募基金管理人实行“低度备案”。[②]许可认为私募投资基金管理人的义务一方面应根据私募基金的独特性及其运作流程加以类型化，另一方面应从法院的角度梳理相关裁判审查机制，最终建立起一套普适性、可操作性和开放性兼备的私募投资基金管理人义务体系。[③]

第一节　私募投资基金的国际比较及其立法启示

由于私募投资基金所特有的收益风险机制，在特定的条件下，其市场风险将会被放大并因此迅速蔓延至整个资本市场，给投资者带来巨大的损失，严重危及国民经济以及社会稳定。因此，对私募投资基金加强监管，以保证基金和资本市场安全、平稳和高效运行，已成为后金融危机时代世界各国的基本共识。

无论是资本市场尚处于初级发展阶段的后发国家还是拥有相对成熟市场的发达国家，政府都十分注重对私募投资基金市场的监管，并逐渐形成了一套行之有效的监管体系和监管措施。需要特别指出的是，各国对私募投资基金市场的监管能力与水平不是同一划齐的，监管水平的高低一方面取决于一国社会经济发展状况、法律传统等内生性因素，另一方面也与资本市场监管法律制度完善程度、市场运作机制等可塑性变量相关。

一　美国私募投资基金的监管体制

美国是世界上私募投资基金行业最为发达的国家，其监管制度的设置与发展变化一直是其他国家和地区政府关注的焦点。对冲基金就是其中最为典型且适用最为广泛的私募基金类型。

---

① 参见张宝瑞《中国证券投资基金治理制度体系研究》，博士学位论文，辽宁大学，2013，第 81 ~ 82 页。

② 参见梁清华《论中国私募基金管理人注册制度的完善》，《学术月刊》2015 年第 1 期。

③ 参见许可《私募基金管理人义务统合论》，《北方法学》2016 年第 2 期。

（一）美国证券投资基金的分类与对冲基金的发展概况

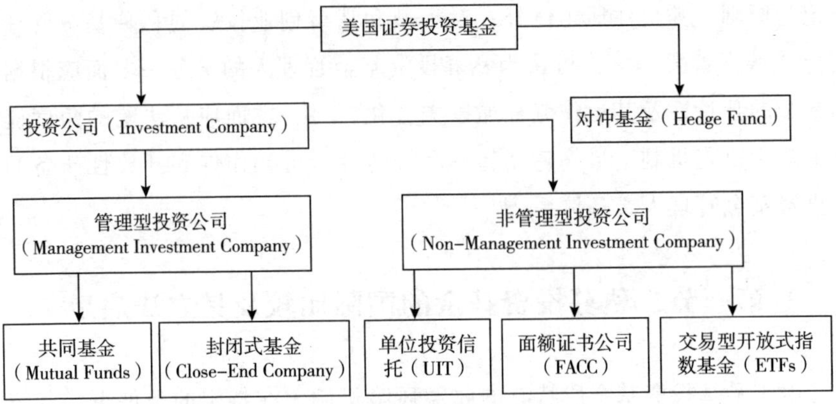

美国证券投资基金

投资公司（Investment Company）

对冲基金（Hedge Fund）

管理型投资公司（Management Investment Company）

非管理型投资公司（Non-Management Investment Company）

共同基金（Mutual Funds）

封闭式基金（Close-End Company）

单位投资信托（UIT）

面额证书公司（FACC）

交易型开放式指数基金（ETFs）

图 3－1 美国证券投资基金的分类

注：本书所有图表均为作者根据相关资料自制，其余不再另做说明。

如图 3－1 所示，根据美国《1940 年投资公司法》（Investment Company Act，以下简称 ICA）的规定，证券投资基金按照是否需要依法注册登记被划分为“投资公司”与“对冲基金”两种类型。[1] 投资公司是指“从事或者拟从事证券投资、再投资、持有和交易证券业务”，并且“其拥有的投资证券（Investment Security）超过其总资产的 40%（不包括政府证券和现金）”[2]，依法注册成立的公司、协会（Association）、合股基金（Joint Stock Fund）和商业信托（Business Trust）。投资公司被进一步划分为“管理型投资公司”与“非管理型投资公司”，前者包括共同基金与封闭式基金，后者包括单位投资信托（Unit Investment Trust，简称 UIT）[3]、面额证

① See 15 U. S. C. § 80a－3.

② 投资证券包括除下列之外的所有证券：（1）政府证券；（2）由雇员的证券公司发行的证券；（3）由非投资公司的母公司持多数股的子公司发行的证券。See 15 U. S. C. § 80a－3（a）（2）。

③ UIT 按信托契约或某种相似文据组建，无董事会，只能发行可赎回股票（不包括投票表决权）投资于在基金生命期内固定的资产组合，其产生的一切收入和支出都是由受托人（通常是一家银行或信托公司）付给基金股份持有人。与共同基金相比较，UIT 要在固定的到期日把所有的资产卖掉后将所得返还给投资者；除此之外，它们的投资组合在基金形成之初就已固定且永不变化，除非投资组合中有公司破产或发生其他变化。UIT 的份额持有人对受托人或托管人持有的特定证券组合仅享有未分割的间接权益。See 15 U. S. C. § 80a－4（2）。

书公司（Face Amount Certificate Company，简称 FACC）[①] 与交易型开放式指数基金（Exchange - Traded Funds，简称 ETFs）。[②] 共同基金的投资者可随时以资产净值赎回其持有的基金份额，投资公司发行的股份则伴随着投资者购买新股或赎回旧股而每日变动；封闭式基金的份额在基金合同的有效期内不能进行调整，份额持有人虽然可以在二级市场自由交易，但不能申请赎回。那些被豁免发行注册的基金则被称为对冲基金（Hedge Fund），即通常意义上的私募证券投资基金。[③]

目前美国相关证券立法并没有给对冲基金做出一个权威的描述性定义。时任美国证券交易委员会（SEC）主席的威廉·唐纳森（William H. Donaldson）在 2003 年 SEC 组织召开的对冲基金圆桌会议上致辞时指出，“对冲基金”是一个没有被法律明确定义的兜底性概念，其内涵与外延为何，虽然尚未形成被广泛接受的共识，但是任何无须注册，采用非公开方式募集资金，对资金池进行专门管理，不能归类于风险投资基金（venture capital funds）或私募股权基金（private equity funds），执行复杂投资策略的投资基金，在理论上都可以被称作对冲基金。[④]

与前文介绍的《1940 年投资公司法》所界定的投资公司相比较，对冲基金大体上具有以下几个方面的特点。

从筹资方式来看，对冲基金一般是通过非公开的方式向特定投资者募集资金，根据《1933 年证券法》的规定，对冲基金不得采用一般性劝诱或

---

① FACC 发行面额分期缴款证书，取得证书的投资者按照面额证书上记载的金额完成缴款后，公司在确定的未来日期向持有人支付固定额款项或者在到期日前交出证书后支付现金价值。See 15 U. S. C. § 80a - 4 (3)。

② ETFs 属于开放式基金，它结合了封闭式基金和开放式基金的运作特点，投资者既可以向基金管理公司申购或赎回基金份额，同时，又可以像封闭式基金一样在二级市场上按市场价格进行份额买卖，但是申购和赎回必须以一篮子股票换取基金份额或者以基金份额换回一篮子股票。由于同时存在二级市场交易和申购赎回机制，投资者可以在 ETFs 市场价格与基金单位净值之间存在差价时进行套利交易。

③ 国外没有“私募投资基金”这个概念，因而也不存在对这个概念的定义及其范畴下的分类，国内学者通常将海外的对冲基金与风险投资基金与国内的私募证券投资基金与私募股权投资基金对应起来，以方便比较法上的研究。参见石一敏《国内私募证券投资基金与海外对冲基金比较研究》，《特区经济》2007 年第 4 期。

④ See William H. Donaldson, Testimony Concerning, The Long and Short of Hedge Funds: Effects of Strategies for Managing Market Risk, available at https: //www. sec. gov/news/testimony/052203tswhd. htm, last visit on 2019. 10. 7.

者公开广告的方式发行；[①] 而投资公司大多是通过公募的方式发起，广告是其招揽客户的主要途径之一。

从投资者的范围来看，对冲基金对其投资者的财务条件通常有严格的限定，而投资公司一般没有这样的限制。按照 SEC 在 1982 年颁布的《1933 年〈证券法〉D 条例》的规定，对冲基金的个人投资者必须拥有或者与配偶共同拥有 100 万美元以上的净资产，或者最近两年的平均收入在 20 万美元以上，或与配偶合计最近两年的平均收入在 30 万美元以上，且可以合理预期在进行投资的当年能够达到相同的收入水平。[②]

从投资策略来看，因为对冲基金的投资者主要是机构投资者与高净值人群，自我保护能力较强，所以其投资组合策略受到的限制较少，基金管理人可以自由、灵活地运用各种投资策略以获取超额收益，包括但不限于金融衍生工具、高杠杆和卖空。相比之下，投资公司的投资者主要是普通民众，例如根据美国投资公司协会（Investment Company Institute，简称 ICI）的统计数据，在 2018 年有 44% 的美国家庭参与了共同基金的投资，投资总人数达到了 9950 万人[③]，出于避免大众风险、保护弱小者以及保证社会安全的考虑，投资公司在投资策略上受到的限制较多，前述对冲基金中常见的操作手法在投资公司中则鲜少采用。

美国是对冲基金公认的发源地。被誉为“对冲基金之父”的阿尔弗雷德·温斯洛·琼斯（Alfred Winslow Jones）1949 年在布罗德街（Broad Street）一所破旧的办公室里，发行了全球第一只对冲基金。[④] 随后 60 多年里，这种新的投资架构迅猛发展，已经成为全球资本市场的重要投资方式

---

① See 15 U. S. C. §77e.

② See 17 U. S. C. §230. 501（a）.

③ See Investment Company Institute：2019 Investment Company Fact Book：A Review of Trends and Activities in the Investment Company Industry，pp. 54 – 56，available at https：//www. ici. org/research/investors/Ownership，last visit on 2019. 10. 7.

④ 虽然业界公认是阿尔弗雷德·温斯洛·琼斯创立了全球第一家对冲基金，但他所采用的投资方法，其实早在 20 世纪 20 年代就已经有人尝试过，例如经济学家约翰·梅纳德·凯恩斯（John Maynard Keynes）在 1919 年创办了一家实质上相当于对冲基金的公司，开展对美元做空英镑的业务，但是由于英格兰银行意外提高利率，基金运营不足半年就惨淡收场。参见《国际金融报》2015 年 8 月 31 日，第 22 版；巴顿·比格斯《凯恩斯：对冲基金先驱》，张桦、王小青译，《科学与财富》2007 年第 6 期。

之一。根据国际证券事务监察委员会（International Organization of Securities Commissions）公布的统计数据，截至2016年9月，全球对冲基金净资产管理规模约为3.2万亿美元，其中有76%的资产，即2.4万亿美元，其对冲基金管理人的主要业务在美国。[①] 无论是从规模、市场的影响力，还是市场成熟程度等方面，美国的对冲基金行业都成了全球私募投资基金最活跃的热土。

（二）美国对冲基金的监管模式及其制度框架

作为世界上最大的对冲基金市场，美国在对冲基金监管模式的选择问题上一直践行的是间接监管模式，其基本思路是以市场的自我调节和交易主体的自我约束为主，以监管机构的外部干预为辅，"通过多种手段以限制和制约对冲基金的交易风险和潜在的系统性风险，从而实现保护投资者利益和保持对冲基金市场活力的双重目的"。[②] 在此基础上形成的监管框架如图3－2所示。

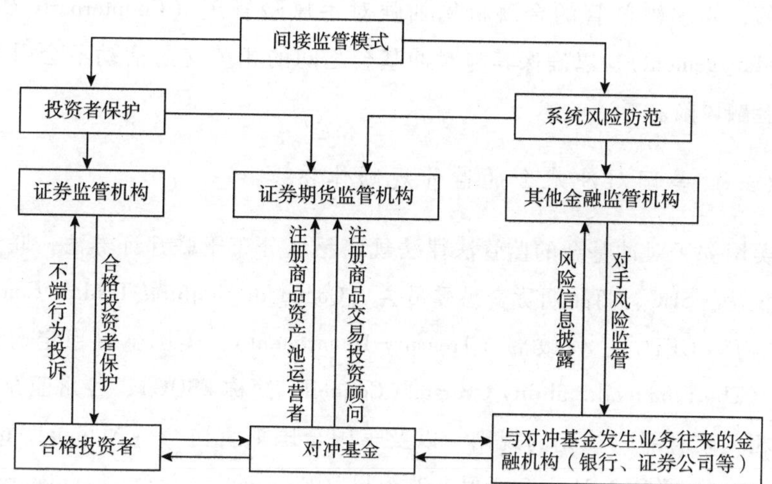

图3－2　美国对冲基金的监管框架

① See The Board of the International Organization of Securities Commissions: *Report on the Fourth IOSCO Hedge Funds Survey* (*Final Report*), available at https: //www. iosco. org/library/pubdocs/pdf/IOSCOPD587. pdf, last visit on 2019. 10. 7.

② 参见车佳克《从多德—弗兰克法案看美国对冲基金监管法律制度发展》，《江苏警官学院学报》2011年第5期。

如图3-2所示，在2007年金融危机爆发之前，美国对冲基金的监管框架主要由两个层面和三条路径共同构成。在自我调整层面，对冲基金市场的各个参与主体（包括对冲基金的投资者、与对冲基金发生业务往来的银行、证券公司等金融机构以及对冲基金的债权人等）通过营运风险的自我控制和投资权益的自我保护来约束对冲基金及其管理人的行为。在外部干预层面，金融监管机构在既存法律法规与政府政策的指导下，通过以下三条路线监控对冲基金的系统性风险，并对投资者权益予以适度保护：一是由联邦和各州的证券监管组织通过合格投资者保护、受理投资者投诉等方式对对冲基金实施监管。二是由证券期货监管组织通过对申请注册为商品资产池运营者（Commodity Pool Operator）或者商品交易投资顾问（Commodity Trading Advisor）的对冲基金管理人进行监管，缓释对冲基金的期货交易风险。三是由包括SEC、美联储、联邦存款保险公司（Federal Deposit Insurance Corporation）等在内的监管机构，通过检查与对冲基金之间存在业务往来的其他金融机构（例如商业银行、投资银行等）贷款的规模和涉险金额，要求被监管的金融机构加强对手风险管理（Counterparty Credit Risk Management），以确保其与对冲基金之间的相关交易活动不会引发系统性金融风险。

（三）美国对冲基金的监管规则体系

美国关于对冲基金的监管法律法规广泛地分布于联邦证券法，联邦和州的税法，SEC、商品期货交易委员会（Commodity Futures Trading Commission，简称CFTC）、财政部（Treasury Department）、美国金融稳定监管委员会（The Financial Stability Oversight Council，简称FSOC）、各州证券委员会等相关政府部门补充的规则，以及美国全国期货协会（National Futures Association，简称NFA）和金融业监管局（Financial Industry Regulatory Authority，简称FINRA）等证券业自律组织按照法定授权制定的用以规范成员不当行为，维护证券市场和保护投资者的规范当中。需要特别指出的是，作为判例法系国家，美国关于对冲基金的法律规制体系中事实上还包含了大量判例法（见表3-1）。[①]

---

① 参见何孝星《证券投资基金运行论》，清华大学出版社，2003，第336页。

表 3－1　美国对冲基金监管法律法规一览（制定法）

1	1933 年证券法（Securities Act of 1933）
2	1934 年证券交易法（Securities Exchange Act of 1934）
3	1940 年投资公司法（Investment Company Act of 1940）
4	1940 年投资顾问法（Investment Adviser Act of 1940）
5	各州的蓝天法案①（Blue Sky Laws）
6	1986 年国内税收法典（Internal Revenue Code of 1986）
7	州税法
8	1974 年退休职工收入保障法（Employee Retirement Income Security Act of 1974）②
9	1999 年金融服务现代化法（The Gramm－Leach－Bliley Act of 1999）
10	其他联邦法律③

如表 3－1 所示，在制定法部分，美国关于对冲基金的监管法规大致可以分为三个层次，第一个层次是联邦立法，包括国会通过的法案和联邦监管机构制定的补充性规则；第二个层次是州的立法，主要是各州针对不超出本州范围内的基金注册发行以及防止欺诈而制定的规则；第三个层次是证券业自律组织根据法律授权制定的监管规则。在这个庞杂的法规体系中，《1940 年投资公司法》、《1940 年投资顾问法》、《1933 年证券法》和《1934 年证券交易法》共同组成了对冲基金法律规制体系的核心。

1. 关于对冲基金的豁免规定

（1）关于对冲基金发行登记的豁免规定。根据《1933 年证券法》第 4 条第（2）款豁免“发行人进行的与任何公开发行无关的交易”的规定，当对冲基金的发售对象是经过筛选的、资信良好的投资者而非公众的情况下，其私募的性质可以允许对冲基金免于适用该法第 5 条项下有关首次公开发行注册和披露招股说明书的要求。④ 对于该项例外规定的适用要求，

① 蓝天法是美国各州制定的，旨在规范本州辖区内证券、股票经纪商和投资顾问的注册，防止欺诈，保护投资者利益的一系列证券法律法规的统称，由各州政府负责实施。蓝天法主要在以下两个方面适用于对冲基金：一是反欺诈条款，二是关于证券发行注册的条款。

② 该法主要是对资本超过 25% 来自雇员利益保障计划的对冲基金做出了限制性规定。

③ 在联邦法层面，除了前述列举的法案，还有其他一些法律法规也适用于对冲基金，例如 1977 年《海外反贿赂法》（The Foreign Corrupt Practices Act of 1972）、反垄断法（包括 1976 年《哈特·斯科特·罗迪诺反垄断改进法案》，the Hart－Scott－Rodino Antitrust Improvements Act of 1976）以及当对冲基金投资于公众公司时，相关法律中关于内幕交易与操作市场的规范等。

④ 《1933 年证券法》第 4 条第（2）款：本法第 5 条“未经注册不得公开募集”的规定不适用于发行人进行的与公开发行无关的交易。See 15 U. S. C. §77c（a）（2）。

美国联邦法院在 SEC 诉 Ralston Purina Co. 案中提供了两大考虑因素，一是取决于接受要约的人有能力维护自身的利益，二是取决于当事人接受要约时从对冲基金管理者取得的信息与那些需要按照证券法登记的主体提供的信息相当。①

为了进一步细化《1933 年证券法》关于私募发行的豁免规定，SEC 在 1982 年颁布了《1933 年〈证券法〉D 条例》，根据该条例的规定，对冲基金在向“认可投资者”（Accredited Investor）出售的情形下可以豁免适用《1933 年证券法》第 5 条关于发行注册的规定。②

（2）关于对冲基金管理人注册的豁免规定。《1934 年证券交易法》的主要任务是通过持续的信息披露、反垄断、反欺诈和反内幕交易等条款对二级市场上的经纪商、交易商和清算组织进行行为监管，以促进二级市场的良性竞争与资本流动。但是在实践中，对冲基金往往可以利用技术性的手段来灵活规避相关监管规则的适用。例如根据《1934 年证券交易法》第 15 条（a）款第（1）项规定，凡“进行任何证券交易（经豁免的证券或商务票据、银行承兑汇票或商业汇票除外），或者向导致或试图对任何证券（经豁免的证券或商务票据、银行承兑汇票或商业汇票除外）进行购买或出售的”任何证券经纪商或交易商都必须在 SEC 进行注册，否则将被认定为违法。③ 该法第 3 条（a）款第（4）项将经纪商定义为“任何为他人账户从事证券交易业务的人”，第 3 条（a）款第（5）项将交易商定义为

---

① 本案中，Ralston Purina 公司于 1947 年至 1951 年，在未向 SEC 申请注册的情况下，向其雇员发行了大约 200 万美元的股票。Ralston Purina 公司认为自己的发行行为应当适用《1933 年证券法》第 4 条第（2）款的注册豁免规定，理由是所有受要约人都是公司的“关键雇员”（Key Employees）。联邦区法院和上诉法院均采纳了被告的辩护理由，但是联邦最高法院推翻了两个下级法院的判决，认为没有证据显示 Ralston Purina 公司的受要约雇员能够获得与注册所需披露等同的信息，因此他们应当被视为投资“公众”的成员，就像其是社区中的邻居一样。See SEC v. Ralston Purina Co. , 346 U. S. 119 (1953)。

② “认可投资者”主要包括：（1）个人拥有或者与配偶共同拥有 100 万美元以上的净资产，或者最近两年的平均收入在 20 万美元以上，或与配偶合计最近两年的平均收入在 30 万美元以上，且可以合理预期在进行投资的当年能够达到相同的收入水平；（2）银行、注册的证券经纪人或交易商、保险公司、根据《1940 年投资公司法》注册的投资公司或企业发展公司、小企业投资公司、资产超过 500 万美元的退休基金等机构投资者；（3）根据《1940 年投资顾问法》注册的私人企业发展公司；（4）资产超过 500 万美元并且不是为买卖证券而特设的信托。See 17 U. S. C. §230. 506。

③ See 17 U. S. C. §78（j）.

"任何通过经纪商或以其他方式用自己的账户从事证券买卖业务的人"，同时排除了"作为个人或者以某种职业诚信义务人的身份用自己的账户买入或卖出证券，但买卖证券并非其经常性业务的人"。[①] 对冲基金的管理人往往通过规避前述定义来实现注册义务的豁免，其主张自身不应当被视为经纪商，理由是对冲基金管理人买入或者卖出证券使用的都是自己的账户；同时也不应当被视作《1934 年证券交易法》定义的交易商，因为对冲基金管理人最主要的日常经营业务并不是购买和出售证券。

（3）关于投资公司注册的豁免规定。《1940 年投资公司法》是美国投资公司法律规制体系的核心组成部分。根据该法第 3 条（a）款和第 8 条的规定，投资公司被定义为"任何主要从事或者准备从事证券投资、再投资或买卖证券业务的发行人"[②]，在没有向 SEC 注册的情况下，不得从事任何交易活动。如果仅从进行证券投资活动这一属性来看，大部分的对冲基金符合《1940 年投资公司法》关于"投资公司"的定义。为了避免被归类为投资公司进而履行强制注册义务以及该法案关于投资公司投资策略的严格限制，对冲基金往往通过对其运行结构的精心设计来主张适用《1940 年投资公司法》的两个豁免性条款。

首先，根据《1940 年投资公司法》第 3 条（c）款第（1）项的规定，对受益权人不超过 99 人，并且不涉及任何公开发行，未来也没有公开发行证券计划的投资工具可以豁免投资公司的定义。[③] 在对受益权人的确认方面，《1940 年投资公司法》同时规定，如果一个投资实体（investment entities）的投资份额超过了对冲基金管理资产总额的 10%，对冲基金必须"穿透"该实体，将该实体中的每一个投资者计算成独立的受益权人；如果投资份额低于 10%，则可以将该投资实体视为一个受益权人。[④] 实践中，美国的大部分对冲基金都将投资者人数控制在 99 人以内，但也有少量例外。[⑤]

---

① See 15 U. S. C. §78c（a）.

② See 15 U. S. C. §80a－3（a）.

③ See 15 U. S. C. §80a－3（c）（1）.

④ See 15 U. S. C. §80a－3（c）（1）（A）.

⑤ 例如离岸对冲基金的注册地大量位于开曼群岛、维京群岛、百慕大等非美国本土地域，由于《1940 年投资公司法》只规定了国内投资者必须少于 100 名才能豁免投资公司的定义，而对外国投资者并没有明确的要求，这就使得离岸对冲基金在获得豁免权的同时，总投资者人数往往超过了该法第 3 条（c）款第 1 项的规定。

其次，《1940年投资公司法》第3条（c）款第（7）项规定，对投资者全部由合格购买者（Qualified Purchaser）构成，并且不涉及任何公开发行，未来也没有公开发行证券计划的投资工具可以豁免于投资公司的定义。[①]“合格购买者”主要包括：①个人拥有或者与配偶共同拥有不少于500万美元的投资；②拥有不低于500万美元投资的公司，其直接或者间接的所有人为2个以上自然人，并且相互之间是（a）兄弟姐妹或配偶关系（包括已经离异的配偶），（b）因生育或收养而成立的直系血亲及其配偶，或者这些直系血亲设立的，或为其所设立的基金会、慈善组织或信托等；③没有被②所涵盖的，不是为了认购公司发行证券这一特定目的而设立的信托，并且该信托的受托人或被授权决策信托事务的人、每一位清算人或信托财产的出资人符合①、②、④任一一项的规定；④为自己或者其他合格购买者的账户进行投资理财，总计拥有和投资的金额不低于2500万美元的人；⑤投资金额不少于2500万美元的合格机构投资者（Qualified Institutional Buyer）。[②] 虽然《1940年投资公司法》第3条（c）款第（7）项没有对合格购买者的人数做出明确限制，但是为了规避《1934年证券交易法》第12条（g）款第（1）项规定的报告义务，在实践中，对冲基金通常会将合格购买者的人数限定在499人以内。

（4）关于投资顾问注册的豁免规定。根据《1940年投资顾问法》第202条（a）款第（11）项的规定，投资顾问被定义为任何直接地，或者通过出版物或著作就证券的价值或对证券的投资、购买或出售提出建议，并获取报酬的人士；或者提供有偿并作为一项日常业务发布与证券有关的分析或报告的人士。[③] 该法明确规定，除法定豁免情形以外，任何为获得报酬而从事提供关于证券投资咨询或者签发证券分析或报告的人都必须在提供服务之前向SEC或者州的监管机构提交注册信息申请。[④]

该法第203条是关于投资顾问注册的豁免规定，该条（a）款第（I）

① See 15 U.S.C. §80a-3（c）（7）.
② See 15 U.S.C. §80a-2（a）（51）.
③ See 15 U.S.C. §80b-2（a）（11）.
④ See 15 U.S.C. §80b-3（a）.

项的规定通常被称为“小型豁免”;[①] 该条（b）款第（C）项的规定通常被称为“微量豁免”。[②] 1997 年，SEC 将上述规则的适用范围从有限合伙拓展至法人实体。实践中，对冲基金的管理人为了避免按照《1940 年投资顾问法》的要求注册并承担随之而来的相关法律义务，通常会在其运行结构上大做文章，通过限制顾客人数或者不对外表明身份来达成利用该法第 203 条的豁免规定的目的。

2. 对冲基金的法律义务

从本质上看，对冲基金仍然归属于《1933 年证券法》所定义的“证券”，因此在美国现行证券法律框架下，即使对冲基金能够最大限度地利用法律中诸多豁免规定，在相当程度上绕开相关部门的监管以保持基金运营的独立性并享有较之共同基金更为灵活、自由的投资策略，也仍然要承担相应的法律义务。

根据《1933 年证券法》第 11 条和第 12 条（a）款、《1934 年证券交易法》第 10 条（b）款以及 SEC 依据《1934 年证券交易法》第 10 条（b）款所制定的 10b－5 规则的规定，所有注册登记的证券和没有注册登记的证券，在向监管机构或者公众履行信息披露义务时，如果该信息中存在虚假陈述或者遗漏了实质性的事实，将有可能被认定为构成证券欺诈而追究相关当事人的法律责任。前述反欺诈条款同样适用于对冲基金，并且在事实上成为 SEC 向对冲基金及其管理人提起诉讼的主要法律依据。

（四）后危机时代美国对冲基金监管体制的调整

美国证券监管规则体系中的关于注册与信息披露的豁免规定，尽管为对冲基金业的发展营造了一个极为宽松的环境，但同时也掩盖了这一行业潜在的巨大风险。[③] 特别是 1998 年长期资本管理公司（Long Term Capital

---

① 根据规定，如果对冲基金管理的资产规模不超过 2500 万美元，即可豁免本法关于投资顾问的注册要求。See 15 U. S. C. §80b－3（m）。

② “微量豁免”的条件是，如果对冲基金在过去 12 个月内向少于 15 名的客户提供服务，并且没有以投资顾问的身份公开营业或者担任根据《投资公司法》注册基金的顾问时，可以豁免本法的注册规定；该规则同时允许将一个有限合伙视为一个顾客，而不要求将每个有限合伙人视为一个顾客。See 15 U. S. C. §80b－3（b）。

③ 参见龚宇《美国对冲基金监管“变法”述评》，《国际经济法学刊》2008 年第 3 期。

Management，简称 LTCM）的危机曝光后[①]，为了强化对对冲基金的有效监管，SEC 试图以修改《1940 年投资顾问法》第 203 条（b）款第（C）项作为切入点，通过改变关于客户数量的认定标准，强制对冲基金以投资顾问身份进行注册并履行相关的信息披露义务，但是 SEC 的改革方案引发了巨大的争议。大部分学者和基金管理人仍然坚持对冲基金不会引发金融市场的系统性风险。[②] 2006 年，哥伦比亚特区巡回法院在 Goldstein 诉 SEC 案中裁决撤销了 SEC 新规对《1940 年投资顾问法》关于客户的认定及计算方法所做出的更改[③]，令 SEC 的监管新政在实施中面临巨大的阻力。

2007 年爆发的金融危机，重新引发了理论界和实务界关于对冲基金监管模式的思考，对冲基金虽然不是导致此次金融危机发生的直接原因，但其特殊的运作机制，使其成为金融危机加剧的一个重要因素。首先，对冲基金的高杠杆机制具有首当其冲的中介传导作用，其投资对象为各种结构性投资工具，在抵押给银行贷款用于再投资后，风险就同时传导给银行。当结构性投资出现市场拐点并出现危机时，积累的系统性风险变相被传导

---

① LTCM 是一家成立于 1993 年的大型对冲基金，旗下管理的资产规模曾经高达 1260 亿美元，主要利用高杠杆投资国际债券市场，利用不同债券之间的相对价格差异获利。在 1998 年俄罗斯金融危机期间，LTCM 的投资组合彻底失败，濒临破产边缘，其债权人包括美国大通、美林、高盛、瑞银以及 J. P. 摩根等在内的金融机构也危在旦夕。更糟糕的是，LTCM 当时还持有好几千份金融衍生产品合约，交易对手几乎涉及华尔街的每一家银行，这些合约的风险暴露值总计上万亿美元。为了避免 LTCM 的破产对美国的金融体系造成灾难性亏损，时任纽约联邦储备银行主席威廉·麦克多纳（William McDonough）不得不召集华尔街 16 家大银行（同时也是 LTCM 的债权人）的总裁商讨对策，并最终决定由这 16 家银行联手向 LTCM 注资 36.25 亿美元，从而避免了一场金融危机的发生。See Franklin R. Edwards, Hedge Funds and the Collapse of LongTerm Capital Management, *Journal of Economic Perspectives*, Vol. 13, No. 2, 1999, pp. 189 - 210。

② Rene' M. Stulz, Hedge Funds: Past, Present, and Future, *Journal of Economic Perspectives*, Volume21, No. 2, 2007, pp. 175 - 194.

③ 法院认为，虽然 1940 年《投资顾问法》没有对“客户”一词做任何界定，但这并不意味着 SEC 有权根据自身需要对其作任意解释。国会在将第 203 条的有关规定写入《1940 年投资顾问法》时，立法者的意图显然是把对冲基金本身而非其股东或合伙人即投资者视作投资顾问的客户。法院进而指出，判断“投资顾问—客户”关系存在与否的重要标志是当事方之间有无信赖关系，而在实践中，投资顾问只向对冲基金本身提供顾问和管理服务并承担相应的信赖义务，其与对冲基金投资者之间并不存在信赖关系。基于以上理由，法院最终认定 SEC 未能充分地从其原先对《1940 年投资顾问法》第 203 条（b）款第 3 项的解释中获得新的解释的正当化依据，新的监管规则对客户的认定及计算方法所做的更改是“武断”和“反复无常”的，应当予以撤销。See 451 F. 3d 873（D. C. Cir, 2006）。

至商业银行和整个金融市场。其次，随着对冲基金的迅猛发展，养老基金、慈善基金和共同基金等传统上并不涉足对冲基金领域的机构投资者，出于规避风险的考虑也开始将部分资产配置到对冲基金，这使得众多不成熟的中、小投资者间接地成为对冲基金的客户。一旦对冲基金发生支付危机，风险将通过这些机构投资者传递至普通民众，引发社会动荡。再次，即使是最有经验的投资者，在对冲基金管理人不愿意进行充分信息披露的情况下，也无法通过“用脚投票”的方式来实现对基金运作的外部监督。[①]最后也是最重要的是，在间接监管模式下，对冲基金长期以来利用美国证券法和相关法律法规中的各种豁免性规定，游离于监管机构的视野之外，当危机发生时，监管机构因为缺乏与对冲基金及其管理人相关的信息，所以难以准确做出预判并采取有效的措施阻止金融风险在体系内的传递。

2010 年 7 月 21 日正式签署生效的《多德—弗兰克法案》对美国长期以来践行的对冲基金间接监管模式做出了重大调整，以 SEC、CFTC 为代表的联邦金融监管机构和各州的证券监管机构开始直接介入对冲基金的注册发行和日常运营。按照该法案的规定，大型对冲基金须在 SEC 注册，并接受监管部门的定期检查。根据 SEC 于 2011 年 7 月 21 日实施的监管新规：资产规模超过 1.5 亿美元的对冲基金必须以投资顾问的名义在 SEC 注册并接受其监管[②]；资产规模在 1.5 亿美元以下的对冲基金由各州的证券监管机构负责注册和监管；资产规模不足 1 亿美元的对冲基金可以豁免注册。与此同时，对冲基金还必须遵守 SEC 和 CFTC 发布的关于信息披露的监管规定。调整之后美国对冲基金监管框架的变化如图 3－3 所示。

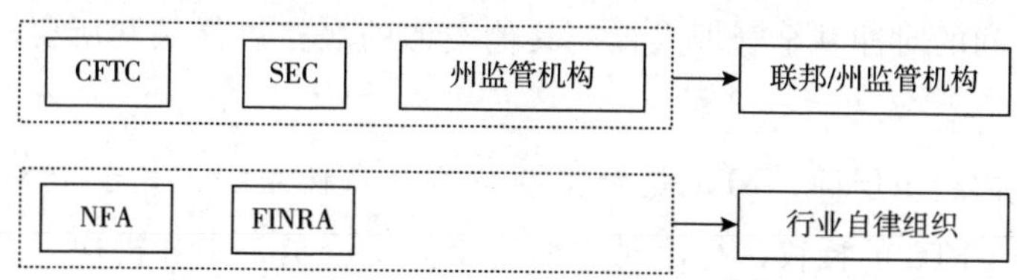

图 3－3　后危机时代美国对冲基金的监管框架

① See Marco Bodellini, From Systemic Risk to Financial Scandals: The Shortcomings of U.S. Hedge Funds Regulation, *Brooklyn Journal of Corporate, Financial & Commercial Law*, Volume 11, Issue 2, Article 6, 2017, available at http://brooklynworks.brooklaw.edu/bjcfcl/vol11/iss2/6, last visit on 2019.10.7.

② See 15 U.S.C. §80b－3 (m) (1).

如图3－3所示，现行美国对冲基金的监管框架是由联邦与各州的分权监管、行政机构与自律组织的双重监管共同组成。

在联邦层面，投资公司与商品基金（Commodity Pools）分别由SEC和CFTC监管，一直是美国资本市场监管框架当中最独特的地方。商品基金主要投资对象不是证券而是商品期货，因此不属于《1940年投资公司法》的调整对象。根据CFTC章程的定义，商品基金是指“集合多数投资人的资金，通过单一的集合账户在期货合同和商品期权上进行交易的投资工具，……无论这些交易是否是该基金的主要活动或者属于其主要活动之一”。[①] 在实践中，对冲基金的投资往往同时涉足现货与期货、期权、互换或者衍生品等众多领域，因此将受到CFTC与SEC的双重监管。根据CFTC的章程规定，当对冲基金从事商品权益交易时，因满足CFTC关于商品资产池（Commodity Pool）的规定，其管理人应当在CFTC注册为商品资产池运营者或者商品交易的投资顾问。在SEC注册成为投资顾问的对冲基金需要定期向SEC填报ADV报表和PF报表。ADV报表是按年填报，要求披露的信息主要包括：（1）基金及其管理人的组织结构和运营情况；（2）基金及其管理人的规模；（3）基金及其管理人的所有者权益；（4）向基金及其管理人提供服务的经纪商、审计人、托管人、营销商的身份。对于PF报表，小规模的对冲基金按年填报，规模超过10亿美元的对冲基金则是按季度填报，法律要求披露的信息主要是基金进行组合投资的基本情况，特别是基金使用杠杆和投资金融衍生产品的统计数据。PF报表可以在SEC和CFTC之间通用，同时CFTC还有权要求注册为商品资产池运营者或商品交易投资顾问的对冲基金管理人提交其他类似的表格以提供其所要求披露的信息。

在自律组织层面，NFA是全美期货行业自律组织，其于1981年获得了法律及CFTC的授权，行使对非期货交易所会员及中介机构（含从业人员）的自律管理权限，并负责全美期货市场的行业管理协调。在CFTC注册为商品资产池运营者和商品交易投资顾问的对冲基金管理人同样需要接受NFA的管理。FINRA目前是美国最大的独立非政府证券业自律监管机

---

① 参见肖百灵《国外金融机构集合投资产品监管体制研究》，载桂敏杰主编《证券法苑》（第八卷），法律出版社，2013，第402～425页。

构，类似于中国的证券业协会，其监管对象主要包括 4400 家经纪公司、16.3 万家分公司和超过 634000 名注册证券代表。对冲基金在购买首次公开发行的证券时，必须遵守 FINRA 制定的相关规则。

在州的层面，各个地方对投资顾问的注册要求存在明显差异，有些州颁布的注册登记条件比较宽松，有些州关于注册登记的规定却颇为严格。此外，各州法律通常还要求在 SEC 注册为投资顾问的对冲基金，必须将复制的 ADV 表格和其他补充提交的材料交至业务经营州的监管部门。①

这种监管体系一方面有助于监管者从不同的层面、不同的视角全面审视对冲基金在运营过程中可能出现的问题和风险，并及时采取相应的措施防止对冲基金的负外部效应向金融体系扩散②；但是另一方面，随着近年来金融创新活动的蓬勃发展，开始有越来越多的金融产品同时具备现货和期货的特征，有越来越多的投资者、中介机构同时参与现货和衍生品市场的交易，导致分头监管带来的监管重复和碎片化问题日益突出。尽管《多德—弗兰克法案》生效以来，SEC 和 CFTC 加强了在法规制定及执行方面的监管协同，但在很多方面仍存在不足。为此，美国财政部在评估报告中提出，建议 CFTC 和 SEC 采用成本收益法重新检视现有的监管法规，提高监管法规制定的透明度，减少监管重叠，协调确定 CFTC 和 SEC 对衍生品的监管边界，进一步发挥自律组织的监管作用。③

二　英国证券投资基金的监管体制

英国在私募投资基金领域，特别是对冲基金的发展与监管同样处于全球领先地位，这对我国快速发展的私募投资行业同样具有重要的借鉴意义。

---

① 有关介绍参见李迅雷等《证券经营机构牌照管理境外经验与我国业务牌照管理体系研究》，载《创新与发展：中国证券业 2014 年论文集》。

② 参见周慧《开放和优化——论证券投资基金的监管体制》，《福建法学》2007 年第 3 期。

③ 参见李丹、邓斌《美国财政部资本市场评估报告综述》（上证研报〔2018〕015 号），上海证券交易所网站，http：//www.sse.com.cn/aboutus/research/report/c/4592802.pdf，最后访问时间：2019 年 10 月 7 日。

（一）英国投资基金的分类与对冲基金的发展概况

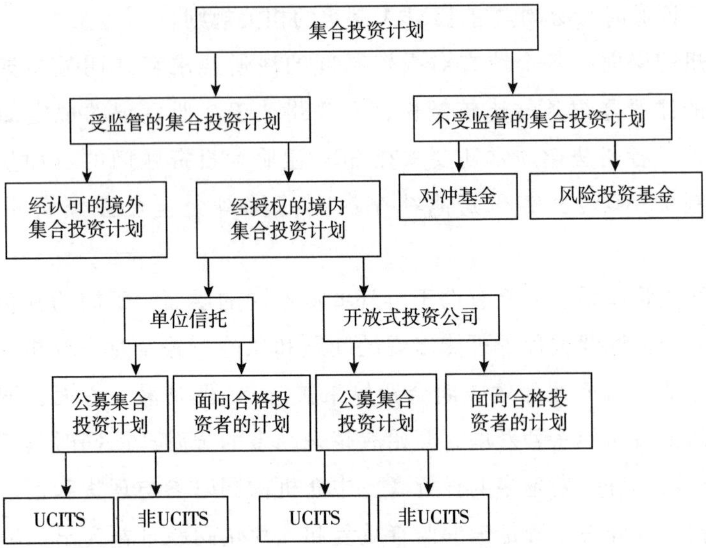

集合投资计划

受监管的集合投资计划

不受监管的集合投资计划

经认可的境外集合投资计划

经授权的境内集合投资计划

对冲基金

风险投资基金

单位信托

开放式投资公司

公募集合投资计划

面向合格投资者的计划

公募集合投资计划

面向合格投资者的计划

UCITS

非UCITS

UCITS

非UCITS

图 3－4　英国开放式投资基金的分类

在英国，开放式投资基金[①]被统一称作“集合投资计划”（Collective Investment Scheme），根据《2000 年金融服务与市场法》（Financial Services and Markets Act of 2000）第 235 条的规定，集合投资计划是一种关于任何形式财产（包括现金）的约定，需要满足以下三个方面的条件。第一，该约定的目的或者功能是使投资者有权参与该计划（成为财产的所有者或者共有者），或者享有取得、占有、管理以及处分该财产而获得的收益。第二，投资者虽然不能对财产进行直接管控，但可以提供咨询或者发出指示。第三，该约定应当具备以下任一或者全部的特点：（1）由参与者共同出资，分享收益；（2）由管理人对财产实施统一管理。需要特别指出的是，英国财政部对集合投资计划的判定享有终局裁决权。[②]

如图 3－4 所示，集合投资计划按照是否受到监管，分为“受监管的集合投资计划”（Regulated Collective Investment Scheme）和“不受监管的集合投资计划”（Unregulated Collective Investment Scheme）两种类型。受

---

① 在英国，投资基金由开放式投资基金和封闭式投资基金组成，后者采取投资信托公司（Investment Trust）的形式，适用普通公司法的规定。

② See Financial Services and Markets Act 2000，Section 235.

监管的集合投资计划包括“经授权的境内集合投资计划”和“经认可的境外集合投资计划”。其中，经授权的境内集合投资计划进一步划分为单位信托（Unit Trust Scheme）与开放式投资公司（Open - end Investment Companies）。这两种集合投资计划既可以向公众发售，也可以面向特定的合格投资者（Qualified Investor）发售。两者的区别在于，面向合格投资者发售的单位信托和开放式投资公司，其管理人被允许投资的范围更广，借款能力更强，并且在法律上受到的限制更少。面向公众发售的集合投资计划，包括“欧盟可转让证券集合投资计划”（Undertakings for Collective Investment in Transferable Securities，简称 UCITS）和“非欧盟可转让证券集合投资计划”（简称非 UCITS）。其中，“不受监管的集合投资计划”即属于我们通常意义上所说的私募投资基金，包括对冲基金和风险投资基金，本章关于英国私募投资基金的研究以对冲基金作为主要研究对象。

众所周知，英国是现代证券投资基金的发源地。1868 年，世界上第一个现代意义上的投资信托基金——外国和殖民地政府信托（The Foreign And Colonial Government Trust）在英国诞生，这是目前记录在案的最早的证券投资信托公司。自 20 世纪 90 年代以来，英国的对冲基金行业发展迅速，逐渐从金融服务业舞台上寂静的一角，转变成为令人瞩目的投资工具。截至 2017 年 5 月，英国对冲基金所管理对冲基金的资产规模达到了 3700 亿英镑，而当时欧盟其他成员国所管理对冲基金资产规模的总和只有 1590 亿英镑。① 尽管英国的对冲基金大部分是在境外设立的，但一个国家对冲基金行业的发展规模，并不取决于对冲基金的设立地点，而是由其基金管理人主营业务所在地来决定，从这个角度来看，多年以来英国一直是仅次于美国的全球第二大对冲基金中心。

（二）英国金融监管体系改革与对冲基金监管体制演进

英国的金融监管体系从 20 世纪 80 年代以来经历了三次重大变革，对冲基金的监管模式与制度框架也在这个过程中发生了转换与重构。

---

① See Preqin Hedge Fund Online, The Hedge Fund Industry in the UK, available at https://docs.preqin.com/reports/Preqin - Hedge - Funds - in - the - UK - June - 2017. pdf, last visit on 2019. 10. 6.

1.20 世纪 80 年代：成文法框架下的行业自律模式

英国的金融市场长期以来实行的是以自律管理为主的监管模式。1933 年金融危机爆发后，英国的金融业开始采用分业监管模式，由英格兰银行的审慎监管司（The Prudential Supervision of the Bank of England Division）、证券与投资委员会（The Securities and Investment Board Limited，简称 SIB）、私人投资监管局（The Personal Investment Authority）、投资管理监管组织（Investment Management Regulatory Organization，简称 IMRO）、证券与期货管理局（The Securities and Futures Authority）、房屋协会委员会（The Building Societies Commission）、财政部保险业董事会（The Insurance Directorate）、互助会委员会（The Friendly Societies Commission）和友好协会注册局（The Register of Friendly Societies）九家机构分别行使对银行业、证券投资业、保险业和房屋协会等金融机构的监管职能。《1986 年金融服务法》（Financial Services Act of 1986）对这一多头监管体制在立法层面予以了正式确认。

就证券投资行业的监管而言，英国财政部（HM Treasury）主要负责制定宏观的方针政策；财政部下设的 SIB 主要负责制定与证券监管有关的具体政策和法规，指导并监督行业自律管理组织的日常监管工作。SIB 设立了一系列自律性管理组织，主要包括证券业协会（The Securities Association）、IMRO 和个人投资管理局（Personal Investment Authority）等，其中 IMRO 主要负责监管投资基金、银行以及养老基金等行业的企业和从业者。前述行业自律管理组织与那些被认可的行业协会，例如投资管理协会（Investment Association）、投资公司协会（Association of Investment Companies）、私人股权与风险投资协会（British Private Equity & Venture Capital Association）以及另类投资管理协会（Alternative Investment Management Association）等，在投资基金行业监管中发挥着重要的作用：一方面，在英国，如果要从事基金业行业的相关业务，必须首先成为有关自律组织和行业协会的成员，并承诺遵守相关的行业规则和行为守则；另一方面，这些自律性管理组织和行业协会会与 SIB 保持密切联系，在反映行业诉求的同时提供数据和建议，帮助监管机构识别和防范金融风险。其中，成立于 1990 年的另类投资管理协会（Alternative Investment Management Association），最主要的会员就是对冲基金。

2. 千禧年：成文法规范下的单一监管模式

随着英国金融业混业经营的程度不断加深，英国的分业监管模式所导致的成本增加、标准不一、监管真空、效率下降、监管机构不具备协调一致行动能力等问题逐渐暴露。1995 年巴林银行（Barings Bank）[①] 倒闭案促使英国政府不得不重新审视自己的金融监管体系，并与时俱进地展开了第二次金融监管体制改革。此轮改革的核心内容有两项：一是在合并原来 9 家金融监管机构的基础上设立金融服务监管局（The Financial Services Authority，简称 FSA）；二是出台《2000 年金融服务与市场法》，确认 FSA 的法律地位，授权其统一负责对英国境内的全部金融活动进行监管。特别是《2000 年金融服务与市场法》的颁布实施，标志着英国的金融监管体制彻底告别了过于主要依靠行业自律管理的传统模式，形成了英格兰银行负责制定货币政策、FSA 负责微观审慎监管、财政部负责监管立法的“三龙治水”新格局。就投资基金行业的监管而言，FSA 取代了 SIB 成为英国投资基金唯一的监管机关，同时负责对行业内部行为的监管和对外部事务的处理，享有立法（包括制定规则和制裁措施）、监督、调查以及授权管理等在内的极其广泛的权力。[②] 在《2000 年金融服务与市场法》这一金融市场“基本法”框架和 FSA 大一统单一监管模式下，FSA 对对冲基金的监管工作主要是沿以下两条脉络展开的。

一是审查对冲基金的合格投资者。在英国的集合投资产品谱系中，对冲基金属于“不受监管的集合投资计划”，因为流动性较低、风险性较高只能以私募的方式向特定的合格投资者发行。根据《2000 年金融服务与市场法》第 86 条第（7）款的规定和 FSA 在其规范手册（FSA Handbook）

---

① 巴林银行是英国一家有着 233 年历史的银行，在国内外享有盛誉。因巴林银行新加坡期货公司总经理尼克里森（Nick Leeson）未经授权在新加坡国际货币交易所（SIMEX）从事东京证券交易所日经 225 股票指数期货合约交易失败，致使巴林银行亏损 6 亿英镑，这远远超出了该行的资本总额（3.5 亿英镑），1995 年 2 月 26 日，英格兰银行宣布巴林银行不得继续从事交易活动并将申请资产清理。10 天后，这家拥有 233 年历史的银行以 1 英镑的象征性价格被荷兰国际集团收购，宣告了巴林银行的彻底倒闭。巴林银行倒闭事件固然是自身管理部门的重大失误所致，但作为英国中央银行的英格兰银行对金融衍生产品交易风险认识不足，未及时发现并采取措施纠正这一失误，当巴林银行出现危机时，对其控制和挽救的应急措施不力，被普遍认为是导致巴林银行倒闭的另一个重要原因。

② 参见宋海鹰《〈金融服务与市场法〉对英国金融监管的变革》，《国际金融研究》2001 年第 5 期。

中“新商业行为规则”（New Conduct of Business Sourcebook）的说明，对冲基金的合格投资者具体是指 FSA 认定的“合格交易对手”和“专业客户”①，后者包括了具有一定的专业经验和知识的高净值个人投资者。② 2001 年颁布的《集合投资（豁免）发起条例》［Promotion of Collective Investment Scheme（Exemption）Order 2001］对“不受监管的集合投资计划”中合格投资者的内涵和外延做出了进一步明确的规定，以个人投资者为例，其范围主要包括：（1）曾经加入不受监管的集合投资计划的个人投资者；（2）正在参与不受监管的集合投资计划的个人投资者；（3）年均收入在 10 万英镑以上或者净资产（排除房产、以房产为抵押的贷款及各项保险等之后的资产）超过 25 万英镑的高净值个人投资者等。③

二是监管对冲基金的管理人。《2000 年金融服务与市场法》没有类似美国证券法律法规中的豁免条款，根据该法第 31 条的规定，只要担任集合投资计划的管理人，无论是公募基金还是私募基金，都必须事先取得 FSA 的核准。FSA 在其发布的监管手册中围绕基金管理人的董事、高管与内部控制制度、基金管理人投入自有资本的数额以及反洗钱、商业道德规范等内容设置了一系列的标准对投资基金管理人进行规范。④ 对冲基金虽然属于“不受监管的集合投资计划”，其发售无须经过 FSA 的审核或者认可，但其管理人却必须事先取得 FSA 的核准并接受其持续监管。为了强化对对冲基金管理人的监管，2005 年 10 月，FSA 组建了一个名为“对冲基金管理人监察小组”的团队，对英国境内规模较大的对冲基金进行单独的风险

---

① “新商业行为规则”是 FSA 为了配合欧盟颁布的《金融工具市场指令》（Markets in Financial Instruments Directive，简称 MiFID）的实施而制定，该规则沿用了 MiFID 中的投资者分类制度，将客户划分为散户（Retail）、专业客户（Professional Clients）和合格交易对手（Eligible Counterparties）三个类别。专业客户是指具有一定专业经验、知识和技能，能够独立做出投资决定并正确评估投资风险的客户。合格交易对手是指可作为参与金融交易对手的投资公司、保险公司或者企业法人等组织机构。具体分类标准，参见赵昕《对我国银行理财业务合格投资者的分析与建议》，《金融监管研究》2016 年第 6 期。See Financial Services and Markets Act 2000，Section 86（7）；The Financial Services Authority，*New Conduct of Business Sourcebook*，R. 4. 12. 1（4），available at http：//fsahandbook. info/FSA/html/handbook/COBS/4/12（defining a“category 7 person”），last visit on 2019. 10. 7。

② See Id. at R. 3. 5. 3，available at http：//fsahandbook. info/FSA/html/handbook/COBS/3/5#D182，last visit on 2019. 10. 7.

③ See Promotion of Collective Investment Scheme（Exemption）Order 2001，Section 21.

④ 参见肖百灵《国外金融机构集合投资产品监管体制研究》，载桂敏杰主编《证券法苑》（第八卷），法律出版社，2013，第 402 ~ 425 页。

评估，并为其量身定制化解风险的指导方案。①

3. 后危机时代："双峰"监管模式确立

金融危机虽然导致了大量金融机构破产倒闭，但是从另一个角度来看，它也为各国检验其金融监管体制的有效性提供了一次难得的契机。"每一次金融危机后都会产生一轮全新改革，最深刻的改革往往产生于最严重的危机之后。"② 2007 年下半年，在由美国次贷危机引发的金融风暴中，以北岩银行（Northern Rock）挤兑事件③为代表的一系列金融机构破产案再次暴露出英国金融监管体制的内在缺陷。

首先，英格兰银行缺少宏观审慎监管职责的授权，其对系统性金融风险的监测、研判、防控几近空白。其次，虽然 FSA、财政部和英格兰银行于 2006 年签署《金融稳定谅解备忘录》（Memorandum of Understanding for Financial Stability），确立了三方合作框架，但是对彼此在金融机构监管中的职责分工并不明确，当问题金融机构出现时，有关部门相互推诿和扯皮的现象时有发生，危机应对处置效率低下。④ 最后，FSA 身兼微观审慎监

① See Rebecca Jones, Speech Discussing the Results of the Initial Consultation on Hedge Funds: *A Discussion of Risk and Regulatory Engagement*, Nov. 15, 2005, available at http://www.fsa.gov.uk/pages/Library/Communication/Speeches/2005/1115_rj.shtml, last visit on 2019.10.7.

② 参见张育军《金融危机与改革》，中信出版社，2014，前言。

③ 北岩银行成立于 1965 年，是英国的五大抵押贷款银行之一。2007 年，北岩银行由于受到美国次贷危机的影响而发生融资困难，并于同年 8 月 16 日首次向英格兰银行申请援助但遭到拒绝，因为后者在与财政部和 FSA 协商之后一致认为，由其他银行对北岩银行实施并购会是更好的解决方案。在危机爆发一周前，英国的劳埃德银行（Lloyds TSB）曾提出收购重组北岩银行，但希望英格兰银行给予总额 300 亿英镑的贷款支持，这一方案由于时任财政部部长埃莱斯特·达林（Alistair Darling）的反对而未能实现。直到 9 月 14 日，英格兰银行才决定向北岩银行提供抵押贷款援助；但是由于次贷危机已向全球深度蔓延，草木皆兵的英国民众在得知英格兰银行的注资消息后，蜂拥至北岩银行提取存款，爆发了英国银行业自维多利亚时代以来的首次银行挤兑风波。为防止事态失控，英国财政部于 9 月 17 日宣布为北岩银行提供担保，这一举措意味着北岩银行的储户能够全额取回他们的存款，挤兑风潮才告结束。英国金融监管机构在对北岩银行的危机处理中行动迟缓，被认为是导致此次危机扩大的一个重要原因。参见方芸《立法模式构建视阈下银行重整法律制度研究》，中国社会科学出版社，2018，第 64 页。See "Northern Rock, Lessons of the Fall, How a financial darling fell from grace, and why regulators didn't catch it", *the Economist*, available at http://www.economist.com/node/9988865, 18 October, 2007, last visit on 2019.09.25。

④ 参见方芸《银行重整法律制度构建——以模式选择为中心》，博士学位论文，中国政法大学，2015。

管与行为监管二职，囿于后者的高度政治敏锐性以及成效易于评价等特点，极易表现出重视行为监管、忽视微观审慎监管的倾向性，在一定程度上助长了风险隐患的滋生。

痛定思痛之后，英国政府开始了第三次金融监管体系革新，经过两轮改革最终建立起现行的“双峰”监管模式。第一轮改革以《2012 年金融服务法案》（Financial Services Act of 2012）为标志，目的在于建立“双峰监管 + 超级央行”的整体框架。FSA 被拆分为审慎监管局（Prudential Regulation Authority，简称 PRA）和行为监管局（Financial Conduct Authority，简称 FCA）两个各自独立的监管机构。PRA 隶属于英格兰银行，主要负责对其授权经营的银行（包括建筑协会和信用社）、保险公司和一些重要的投资公司等金融机构进行微观审慎监管。FCA 由 FSA 更名而来，负责对所有金融机构（包括被 PRA 监管的金融机构）进行行为监管，以及对不受 PRA 监管的其他金融机构（包括系统性影响较小的投资公司、贷款公司和保险中介等）进行授权经营和审慎监管。[①] 在 PRA 和 FCA 各司其职，密切合作的同时[②]，英格兰银行内设负责宏观审慎监管的金融政策委员会（Fi-

---

① 由 PRA 授权和监管的对象分为三类：第一类是银行（包括建筑协会和信用社），第二类是保险公司，第三类是可能对金融体系的稳定性造成影响的投资公司。在英国现行的金融监管体系下，前述金融机构取得营业许可必须同时满足英国财政部 2013 年发布的《2000 年〈金融服务与市场法〉准入条件法令》［The Financial Services and Markets Act 2000（Threshold Conditions）Order 2013］中由 PRA 和 FCA 各自设定的市场准入条件，并接受 PRA 的审慎监管和 FCA 的行为监管。如果根据前述法令的规定，一家银行开展的业务无需得到 PRA 的授权，则该银行只受到 FCA 的监管。参见方芸《立法模式构建视阈下银行重整法律制度研究》，中国社会科学出版社，2018，第 122 ~ 123 页。See Financial Services and Markets Act 2000, Section 429（1）; The Financial Services and Markets Act 2000（Threshold Conditions）Order 2013, No. 555, 2A - 2E, 3B - 3E, 5F; Bank of England, *The Prudential Regulation Authority's approach to banking supervision*, June 2014, available athttp://www.bankofengland.co.uk/pra/Pages/supervision/approach/default.aspx, last visit at 2019.09.25。

② 根据两家机构所签署的备忘录，FCA 和 PRA 不进行联合监管，但任何一家机构在对其监管的金融机构采取强制措施之前（例如撤销营业许可、申请重整或者破产清算等），应当与另一家机构进行事先协商。See FCA&PRA, Memorandum of Understanding（MoU）between the Financial Conduct Authority（FCA）and the Prudential Regulation Authority（PRA）, Section 23, 43, available at http://www.bankofengland.co.uk/about/Pages/mous/mous2.aspx, last visit on 2019.10.7。

nancial Policy Committee)。[①] 由此可见，在改革后的“双峰”监管体制下，英格兰银行集货币政策制定与执行、宏观审慎管理与微观审慎监管于一身，是名副其实的“超级银行”。

第二轮改革以《2016年英格兰银行与金融服务法案》（Bank of England and Financial Services Act 2016）为标志，通过将PRA由英格兰银行的附属机构转为内设部门，并将其董事会升格为审慎监管委员会（Prudential Regulation Committee)，与金融政策委员会、货币政策委员会（Monetary Policy Committee）并列成为英格兰银行的三大专业委员会，力图实现货币政策实施、宏观审慎监管与微观审慎监管三大功能的协调配合。[②]

在英国现行的“双峰”监管体制下，对冲基金的监管框架由三个层级组成（见图3-5）。

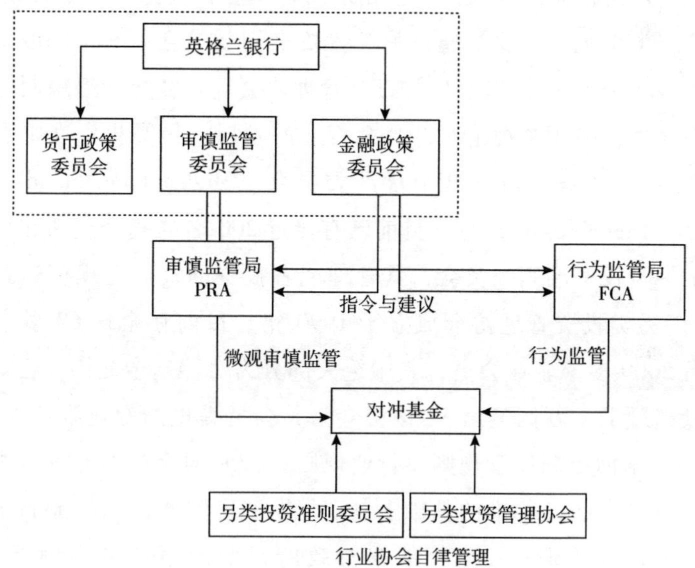

图3-5　英国对冲基金的监管框架

---

① 金融政策委员会以英格兰银行理事会下设委员会的形式存在，其主要职责是：（1）通过识别和评估系统性风险监测英国金融体系的稳定；（2）向PRA和FCA发出指令，要求其针对被监管对象采取相应的监管措施；（3）向英格兰银行、财政部、FCA、PRA或其他监管机构提出建议；（4）发布金融稳定报告。See Financial Services Act 2012, Chapter 1A, Section 9B, 9G, 9H, 9O-9R, 9W。

② 参见牛慕鸿、徐昕、钟震《英国“双峰”监管模式的背景、特点及启示》，财新网，http://finance.caixin.com/2018-02-13/101211109.html，最后访问时间：2019年10月6日。

在第一个层级，英格兰银行下设三个专业委员会相互独立运作，同时又密切协调配合：货币政策委员会负责制定货币政策，审慎监管委员会负责微观审慎监管，金融政策委员会负责宏观审慎监管。金融政策委员会并不直接参与对冲基金的监管执行，而主要是通过向 PRA 和 FCA 发出指令和提出建议，由相关监管机构落实。就维护金融市场稳定的总体目标而言，负责宏观审慎监管的金融政策委员会是指挥官和决策者，作为“双峰”的 PRA 和 FCA 是执行者，英格兰银行通过金融政策委员会统筹“双峰”。

在第二个层级，FCA 承接了 FSA 原来的金融市场监管职责，成了对冲基金的法定监管机构，主要负责对对冲基金的管理人及其行为进行监管并制定监管规则。另一个法定监管机构 PRA 不承担日常监管对冲基金的职责，但是会从防范系统性风险的视角对对冲基金行业给予持续关注。

在第三个层级，主要是通过另类投资准则委员会（Standards Board for Alternative Investments）以及另类投资管理协会等行业协会组织制定行业标准和行为守则，引领和规范对冲基金行业的发展。另类投资准则委员会成立于 2008 年，前身为对冲基金标准委员会（Hedge Fund Standards Board Hedge Fund Standards Board），目前已有接近 200 名的基金经理和机构投资者加入了另类投资准则委员会，其管理或者投资的资产总规模达到了 3 万亿美元。① 另类投资管理协会成立于 1990 年，目前在全球 60 多个国家和地区拥有 2000 多家企业会员，其中绝大部分为对冲基金，协会会员管理的资产总额超过了 2 万亿美元。② 该协会为其会员提供的专业服务主要包括：（1）定期、全面更新监管规则及行业规则；（2）对会员的监管合规进行指导；（3）在践行行业标准的基础上制定尽职调查问卷；（4）颁布主要领域的最佳行为指导手册；（5）能够对政府及监管事务的咨询提供意见；（6）为特定岗位和人员提供培训。③ 另类投资准则委员会和另类投资管理协会现均已成为国际证券事务监察委员会的附属委员会，不仅会员广泛分

---

① See Standards Board for Alternative investments: *The History of SBAI*, https: //www. sbai. org/a-bout – us/, last visit on 2019. 10. 7

② See Alternative Investment Management Association: The History of AIMA, https: //www. aima. org/about/our – history. html, last visit on 2019. 10. 7.

③ 参见于宏巍、杨光《英国私募基金监管体系政策支持及借鉴意义》，《清华金融评论》2017 年第 4 期。

布于欧洲、北美和亚太地区，而且其制定的监管规则和行业标准已经成为国际对冲基金行业公认的自律规范，成为将国内标准转化为国际通行标准的最佳典范。

考虑到现行监管框架下审慎监管与行为监管之间可能存在的冲突，英国通过多种途径的制度安排来加强“双峰”之间的统筹协调。首先是在立法层面构建 PRA 和 FCA 分工协作的制度框架。根据《2012 年金融服务法案》的规定，任何监管规则的制定必须经过 PRA 和 FCA 的沟通协商，以确保监管的连贯性和协调性。若两家监管机构发生意见分歧无法达成一致，则交由金融政策委员会进行仲裁。FCA 有权对对冲基金及其管理人实施处罚，但如果 PRA 认为该处罚会对金融体系的稳定造成威胁，其有权进行否决。其次是 PRA 和 FCA 通过签署监管备忘录进一步完善和健全相互之间的协调机制。在监管规则的制定层面，PRA 和 FCA 的相关部门每个季度要安排会面，就各自监管规则对另一机构履职的影响进行充分沟通与协商。在监管规则的执行层面，FCA 和 PRA 为了保持独立性虽然不进行联合监管，但任何一家机构在对其监管的机构采取强制措施之前（例如撤销营业许可、申请重整或者破产清算等），必须与另一家机构进行事先协商。[①] 在数据交换和信息共享层面，FCA 和 PRA 成立了联合数据管理委员会，每个季度要举行会面，就各自采集的监管数据和相关信息进行充分的交换与沟通。

（三）英国对冲基金监管规则体系

英国对冲基金相关行业监管的成文法律法规体系主要由三个部分组成。

一是欧盟针对另类投资基金（Alternative Fund）[②] 发布的指令、实施细则、监管指南以及相关技术标准。尽管英国已经正式启动脱欧程序，但是由于英国金融市场与欧洲金融市场的一体化程度很高，并且目前仍是欧

① 参见方芸《银行重整法律制度构建——以模式选择为中心》，博士学位论文，中国政法大学，2015。

② 根据《欧盟另类投资基金管理人指令》的界定，另类投资基金包括对冲基金、私人股权投资基金、商品基金、房地产投资基金、基础设施基金、风险投资基金等多种形式；但指令并不适用于控股公司、养老基金、员工参股或储蓄计划、超国家机构、各成员国中央银行、各成员国负责管理社保基金和养老金的国家、地区组织或机构、资产证券化特殊目的的实体或保险合同和合营企业。

盟成员国，因此欧盟在证券投资领域所发布的许多指令、实施细则以及直接适用于市场参与主体和监管机构的监管指南、技术型标准等，对英国仍然具有约束力。就对冲基金的监管而言，主要是指欧盟2011年6月8日正式发布的《欧盟另类投资基金管理人指令》（the Directive 2011/61/EU on Alternative Investment Fund Managers），欧盟证券委员会（European Securities Commission）根据“委任立法”（Delegated Acts）制定的关于《欧盟另类投资基金管理人指令》的实施细则，以及欧盟证券及市场管理局（European Securities And Markets Authority）制定的直接适用于市场参与主体和各成员国监管机构的监管指南以及相关技术标准。英国基本上全盘接受了与该指令相关的规则和标准，并对本国法律法规做出了相应的修改。[①] 除此之外，欧盟还有一些与对冲基金相关的指令，也在英国的对冲基金监管法律体系中得到了落实和植入，包括《欧盟新金融市场工具指令》（Directive 2014/65/EU on Markets in Financial Instruments）、《卖空及信用违约掉期的若干方面的指令（卖空规制）》[Regulation（EU）236/2012 on Short Selling and Certain Aspects of Credit Default Swaps, Short Selling Regulation]、《证券融资交易规则》[Regulation（EU）2015/3565 on Securities Financing Transactions Reporting, SFT Regulation] 等。值得注意的是，由于英国与欧盟的脱欧谈判尚在进行之中，欧盟所发布的与对冲基金相关的指令、实施细则、监管指南以及相关技术标准未来是否能在英国对冲基金监管法律体系中得以保留尚不明朗。有学者认为，在后脱欧时代，由于英国对冲基金的管理人不能像现在这样直接通过“护照”制度在欧盟金融市场上进行对冲基金产品的管理和销售，有可能会通过在欧盟成员国设立子公司的方式间接向其位于欧盟的投资者继续提供服务。[②]

二是英国国内的相关立法。主要包括《2000年金融服务与市场法案》、FCA颁布的实施细则和指导手册、财政部颁布的关于税收方面的法律法

---

① 英国虽然在立法层面接受了《欧盟另类投资基金管理人指令》及其配套的实施细则，但是仍然遭到了国内一些学者的批评，主要理由是该指令名义上是强化对基金管理人的监管，但实质上更多的监管内容针对的是基金机构本身，这与英国长期以来推行的间接监管模式并不契合。See Giorgio Tosetti Dardanelli, Direct or Indirect Regulation of Hedge Funds: A European Dilemma, *European Journal of Risk Regulation*, Volume 2, Issue 4, 2011, pp. 463。

② See Mariia Domina Repiquet, A Fresh Perspective on Hedge Funds: Exploring New Opportunities Post - Brexit, *Business Law Review*, Volume 39, Issue 3, 2018, pp. 71 - 78.

规，此外，还有关于劳动保护、反洗钱、预防和惩治贿赂等方面的与对冲基金相关联的法律法规。

三是另类投资准则委员会和另类投资管理协会制定的自律性规则。任何签字成为这两个行业协会会员的对冲基金及其管理人都应当遵守该协会制定的行业标准与行为守则。以另类投资准则委员会制定的《对冲基金标准》（HFSB Hedge Fund Standards：Final Report）为例，其制定的行业标准主要包括信息披露、估值、风险管理、基金治理（含股东行为规范）等5个方面，对于提高基金公司透明度、诚信和良好治理具有深远意义，对于FCA颁布的监管规则起到了良好的补充作用。

三 英美私募投资基金监管体制的立法启示

综观英美两国关于对冲基金监管制度的法律框架设计，我们可以发现，普遍需要考虑两个问题：一是监管路径的选择问题，二是监管权力的配置问题。作为私募投资基金行业最为发达的两个国家，英美关于对冲基金监管体制的构建及其发展变化对我国未来私募投资基金立法具有以下三个方面的启示。

（一）直接监管与间接监管相互搭配

从英美资本市场的监管经验来看，对冲基金监管路径的选择主要有两种模式。

1. 直接监管模式

直接监管模式，即由监管当局针对对冲基金行业制定专门统一的法律法规直接进行管理和规制，防止对冲基金规模或者风险的过度扩张，进而影响金融市场的整体稳定。此种模式首先也是最引人诟病之处在于阻碍市场自律机制的形成，进而产生道德风险，投资者和交易相对方因为相信监管机构已经全面掌握了对冲基金隐含的系统性风险，容易放松自身对对冲基金的核查和风险控制，在一定程度上阻碍了市场制衡力量的产生，同时也间接鼓励了对冲基金管理人追求高风险的投资决策行为。其次，对冲基金对于推动金融产品创新、增加市场流动性、提高市场效率等多个方面具有积极的推动作用，如果对其实施直接接管，容易扼杀对冲基金为金融市场带来的创新与活力，同时也会消耗监管部门宝贵的资源，分散监管部门对其他领域（例如普通民众参与更多的公募基金等）的关注度。最后，在金融自由化和全球化不断加深的格局下，采取直接监管模式规制本国的对冲基金行业，可能驱使对冲基金向境外发生转移，形成金融监管的死角。典型的例子就是《多德—弗兰克法案》实施后，美国的许多对冲基金公司为了逃避在 SEC 注册投资顾问的强制性义务，纷纷选择到环境更为宽松的境外进行注册。

2. 间接监管模式

间接监管模式，主要是通过限制合格投资者的范围提高对冲基金市场的准入门滥，以及对向对冲基金提供金融服务或作为交易对手的金融机构加强监管，来间接控制对冲基金的杠杆程度以及潜在的系统性风险。间接监管模式不仅大大降低了监管费用，同时还保留了对冲基金活动的必要不透明性，使它们能够维持其特色运营方式，因此在过去一直是大部分国家和地区监管对冲基金的首选方案，英美两国皆是如此。但是近年来，间接监管模式的有效性却遭到了越来越多的质疑。

从理论上分析，这种间接监管模式能否取得成效，主要取决于两个关键因素，一是向对冲基金提供服务或作为交易对手的金融机构能否妥善管理好对手风险，二是金融市场的自律机制能否发挥制约作用。囿于对冲基金跨市场和跨品种投资的特征以及金融产品日趋复杂化的现实，人们有充分理由怀疑这些受监管的金融机构是否有能力准确掌握对冲基金的风险全貌以及杠杆运用的情况。特别是当对冲基金业务已经成为银行和证券商一个主要收入来源的大环境下，经纪业务的激烈竞争容易诱发这些受监管的金融机构放松风险管控；而站在交易相对方的角度，由于管理费与投资表现挂钩，对冲基金管理人天然具有倾向承受较高风险以提升业绩的冲动。此外，以现时大部分对冲基金偏低的透明度来说，很难让人不怀疑它们能在适当时间提供充分而又准确的资讯，使市场纪律发挥效能。2003 年，SEC 在长期资本管理公司危机事件之后展开了关于对冲基金行业的一系列深入调研，并在最终的报告中将间接监管模式下的隐忧归结为以下几个方面：一是由于缺乏充分的信息披露，监管部门很难及时发现对冲基金运作过程中的欺诈或其他不端行为，也无法全面掌握对冲基金的发展情况并准确评估其所蕴含的潜在系统性风险；二是在缺少外部监管的情况下，对冲基金的管理人向投资者提供的定价或者估值信息经常出现错误但却不能及时被监管部门发现；三是在多种因素的综合作用下，对冲基金呈现出了一种“零售化”（Retailization）的发展趋势，随着养老基金、大学基金和共同基金等纷纷涉足对冲基金，越来越多缺乏专业知识技能、不具备自我保护能力的普通投资者直接或者间接地暴露在对冲基金的高风险之下。[①] FSA 在其 2005 年公布的关于对冲基金的研讨报告中也表达了类似的观点。

在 2007 年爆发的金融危机中，对冲基金对金融体系稳定性的风险传导和放大作用使得越来越多的国家和地区意识到了强化对冲基金监管的重要性和必要性。英美两国的修法活动可以被视为全球范围内后危机时代破解对冲基金监管困境的一个缩影。无论是美国出台《多德—弗兰克法案》对现有对冲基金的间接监管模式进行补充和调整，还是英国通过《2012 年金融服务法案》对原有对冲基金监管模式进行大刀阔斧的改革，虽然在方案和内容上存在差异，但是从本质上看，都是希望能够将直接监管与间接监管两种模式进行加成，升级或者创设出一套新的监管框架，以实现鼓励金融创新与维护金融安全的有机结合，确保在避免对对冲基金行业正常经营行为产生不当影响的同时，最大限度地保护投资者的合法权益与金融市场的稳定。

（二）政府监管与自律监管各有利弊

将监管权赋予自律组织，最主要的优势在于：第一，由行业自律组织制定监管规则更加契合市场实际需要，能够有效降低立法成本；第二，行业自律组织在贯彻实施监管措施时较之政府机构具有更大的灵活性；第三，自律组织能够迅速跟进对冲基金领域发生的违规行为并做出及时而有效的反制措施；第四，由行业自律组织牵头进行监管，不仅能够避开由政府监管带来的复杂的管辖权问题，而且可以借由吸收国际会员的方式扩大对外交流的范围，更好地促进对冲基金国际监管协作。

但与此同时，自律监管的缺点亦十分突出，主要表现在以下几个方面。首先，自律组织既是市场的参与主体，又是市场的监管主体，身兼二

---

① See United States Securities and Exchange Commission, *Implication of the Growth of Hedge Funds*, 2003, pp. 76 – 83, available at https://www.sec.gov/news/studies/hedgefunds0903.pdf, last visit on 2019.10.5.

职导致其监管偏好通常放在规范市场竞争秩序、防范金融系统风险和维护自律组织会员权益等方面，容易轻视或者忽略对投资者利益的充分保护。其次，由于缺乏政府公权力部门作为坚实的后盾，自律组织能够采取的措施手段往往柔性有余，刚性不足，难以对对冲基金领域的种种违法违规行为形成足够的威慑力或者在危机发生时力挽狂澜。最后，由于行业自律组织基本上是各自为政，相互之间的联系较为松散，其对对冲基金市场监管缺乏统筹规划，容易造成监管真空以及监管标准和监管措施的冲突，因此埋下了风险爆发的隐患。

将对冲基金的监管权赋予政府部门，主要有以下三个方面的优势：第一，能够在整体上对监管对冲基金市场进行统筹规划，防止出现因过度投机所造成的混乱局面；第二，政府部门制定的监管规则因为有国家公权力的背书，对基金及其相关从业人员均具有很强的拘束力，提高了对冲基金监管的权威性和震慑力；第三，监管者与市场各参与主体之间不存在关联关系或者利益冲突，其相对超脱的法律地位决定了政府能够公正、公平、公开地发挥其监管作用，并且更加注重维护投资者的合法权益。

不可否认，政府监管的不足之处也是显而易见的：首先，由于监管者超脱于市场之外，其制定的监管规则有可能脱离实际需要，造成监管效率下降；其次，囿于立法和执法的程序性要求，监管部门在应对市场发生的意外情况或者突发状况时，较之自律监管常常反应迟缓，有可能错失阻止风险在金融系统内传播的最佳时机。

综上所述，在把对冲基金的监管权力赋予政府还是赋予行业自律组织这个问题上进行选择时，立法论上的首要考量事项，即两种权力配置方案各自的优点和缺陷。从英美两国的监管实践来看，将自律监管与政府监管结合起来，更有利于构建一个层次清晰、分工明确、功能齐全、结构完善的对冲基金监管框架；至于自律和他律（政府监管）在这个监管框架中的作用和地位则需要具体情况具体分析，并没有一个堪称“完美”的制度范本可供借鉴。

（三）监管体制的构建必须因地制宜和与时俱进

就制度设计而言，不同的对冲基金监管体制并没有明显的优劣之分，但各个国家和地区在进行立法时却必须考虑其在本国现实法律体系中的运行效果；同时，在立法上已经做出的选择仍然有可能随着金融环境的变化而面临新的挑战。[①]

英美两国在一开始不约而同地选择了以行业自律组织为主的间接模式来管理和规范对冲基金行业，其考量的诸多因素当中有相似的地方，也有各自的特殊情况。相似之处主要表现在两国的对冲基金都只向合格投资者发售，虽然认定标准存在差异，但基本面是一致的，即认为合格投资者拥有足够的资本和能力应对投资风险，因此应当以买者自负其责作为监管的基本原则，而不需要像对待共同基金或者受监管的集合投资计划那样直接将其纳入政府的监管范围。此外，纵观英美两国的经济发展历史，对冲基金的表现虽然十分活跃，但是其证券市场鲜少出现长期下跌的情况，美国的道琼斯工业平均指数和英国的富时指数也没有出现“过山车”的走势，这被认为从另一个角度证明了对冲交易与证券市场的波动之间不存在必然的因果关系。[②]

但是，我们也注意到英美两国还有各自的特殊国情考量。于美国而言，一个必须承认的客观现实是对冲基金的规模相对于投资公司要小得多，ICI 发布的《美国基金业年鉴》显示，在 2007 年金融危机发生之前，美国注册成立的投资公司的净资产管理规模已经达到了 12.97 万亿美元[③]，而当时全球对冲基金的净资产管理规模才 1.87 万亿美元，即使美国在国际对冲基金市场上一枝独秀，但从体量上看，其资产规模对整个美国金融市场的稳定仍然难以构成根本性威胁。

英国在对冲基金监管模式的选择问题上也采用了间接监管模式，其中最主要的客观原因在于当时英国绝大部分的对冲基金为了通过税收减免实现税收中性，将注册地设在了被誉为“境外税负天堂”的开曼群岛、百慕大三角洲、泽西岛、英属维京群岛以及巴哈马等地；而根据《2000 年金融服务与市场法》的规定，当且仅当对冲基金注册地在英国时，FSA 才对基金享有直接监管权。此外，由于市场经济首先在英国发育完成，以亚当·斯密（Adam Smith）和大卫·李嘉图（David Ricardo）为代表的古典经济学家所倡导的市场自由竞争理念深入人心，使得英国的金融市场与普通民

① 参见方芸《立法模式构建视阈下银行重整法律制度研究》，中国社会科学出版社，2018，第 136 页。

② 参见李锦成《美国对冲基金发展经验对中国的借鉴》，《经济问题》2013 年第 4 期。

③ See Investment Company Institute: 2019 Investment Company Fact Book: A Review of Trends and Activities in the Investment Company Industry, p. 32, available at https://www.ici.org/research/investors/Ownership, last visit on 2019. 10. 7.

众对政府直接监管和干预金融机构的活动始终存有强烈的抵触情绪。英国的普通法传统使其在证券制定法上难以形成气候，而零散庞杂的判例法面对高度复杂的证券市场监管形势往往力不从心；再加上英国社会文化中相对保守和传统的文化价值理念等也是促使英国选择以行业自律组织为核心的间接监管模式的重要因素。

2007 年金融危机的爆发，使包括英美在内的多个国家和地区的政府意识到原有的对冲基金监管体制已经不再适应金融市场发展的需要。以《多德—弗兰克法案》和《2012 年金融服务法》为代表的一系列法案对两国对冲基金的监管体制进行了重大改革，直接监管与间接监管、政府监管与自律监管之间的界限被打破，从而标志着英美两国关于对冲基金监管模式的选择开始从传统的单一模式转向了更为复杂的混合模式。

第二节　我国私募投资基金监管体制的运行现状

从本章比较法分析可以看出，中文“私募投资基金”一词与境外立法和理论学说并无直接对应性，所以我国金融市场上所称的“私募投资基金”一词是中国对一类基金的特有称谓，主要用以表达与公募投资基金或共同基金相对的一类基金。[①] 前文亦提到，我国私募投资基金的投资对象也不限于“证券”，而包括了非公开公司股权和其他金融投资品，因此对于我国而言，私募投资基金监管体制有着特殊的中国语境。总体来看，与英美等境外成熟证券市场相比较，我国私募投资基金还处于发展初期，远远没有充分发挥出潜力，而其监管体制也是在私募投资基金萌芽—起步—野蛮生长—监管跟进的发展过程中才逐渐建立和清晰起来的。

一　我国私募投资基金的分类及其发展历程

人们普遍认为，私募投资基金在我国的历史最早可以追溯至 20 世纪 80 年代出现的代客理财业务，但直到 2014 年“私募投资基金”的概念才被正式写入国内监管机构和行业自律组织正式发布的规范性文件。在自律

① 参见巩云华《私募证券投资基金监管理论及新理念辨析》，《经济参考研究》2012 年第58 期。

规则层面，中基协2014年1月17日发布的《私募投资基金管理人登记和基金备案办法（试行）》（简称《私募登记备案办法》）中首次界定了“私募投资基金”的概念。[①] 在制定法层面，尽管2013年修订的《证券投资基金法》第二条并未明确对“私募投资基金”做出定义，且其适用对象仅为证券投资基金[②]，但是证监会2014年6月30日审议通过的《私募投资基金监督管理暂行办法》（简称《私募暂行办法》）对私募投资基金的内涵与外延做出了进一步的明晰。[③] 根据《私募暂行办法》中关于私募投资基金的定义和对其投资范围的规定，我国私募投资基金不仅包括《证券投资基金法》提及的以非公开方式募集资金并以“证券投资”为其主营业务的私募投资基金，还包括以非公开方式募集资金的股权投资基金（Private Equity，简称PE）、创业投资基金（Venture Capital，简称VC）以及其他投资活动的实体。

作为对中国私募投资基金管理人及私募投资基金进行登记/备案的管理组织，中基协2016年9月发布了《关于资产管理业务综合报送平台上线运行相关安排的说明》。依照资产管理业务综合报送平台发布的《有关私募投资基金“业务类型/基金类型”和“产品类型”的说明》，私募投资基金被划分为私募证券投资基金、私募股权投资基金、创业投资基金和其他基金四大类别，以及分别与之对应的四类母基金（Fund of Founds，简称FOF）[④]，共计八种类型；同时基于不同类别私募投资基金管理人可发起设

① 《私募登记备案办法》（中基协发〔2014〕1号）第2条：“本办法所称私募投资基金（以下简称私募基金），系指以非公开方式向合格投资者募集资金设立的投资基金，包括资产由基金管理人或者普通合伙人管理的以投资活动为目的设立的公司或者合伙企业。”

② 《证券投资基金法》第2条：“在中华人民共和国境内，公开或非公开募集资金设立证券投资基金，由基金管理人管理，基金托管人托管，为基金份额持有人的利益，进行证券投资活动，适用本法。”

③ 《私募暂行办法》第2条：“本办法所称私募投资基金（以下简称私募基金），是指在中华人民共和国境内，以非公开方式向投资者募集资金设立的投资基金。私募基金财产的投资包括买卖股票、股权、债券、期货、期权、基金份额及投资合同约定的其他投资标的。非公开募集资金，以进行投资活动为目的设立的公司或者合伙企业，资产由基金管理人或普通合伙人管理的，其登记备案、资金募集和投资运作适用本办法。”

④ 私募证券投资基金、私募股权投资基金、创业投资基金和其他私募投资基金在各自的类型中都可分为基金和母基金两种类型。母基金是指投资于本类型私募投资基金、信托计划、券商资管、基金专户等资产管理计划的私募投资基金，不直接持有标的资产，而是通过所投资的基金间接持有。母基金实际上是帮助投资者通过购买一只基金而持有“一篮子基金”，以达到分散投资、降低非系统性风险的目的。

立/受托管理的私募投资基金类别，中基协将私募基金管理人划分为“私募证券投资基金管理人”、“私募股权、创业投资基金管理人”及“其他私募投资基金管理人”三类。①

除此之外，2018 年 8 月 29 日，中基协发布了《私募基金登记备案相关问题解答（十五）》，明确自 2018 年 9 月 10 日起，新的申请机构或已登记的私募基金管理人，可以向协会申请成为“私募资产配置基金管理人”。自此，在目前证券类、股权创投类和其他类私募基金管理人之外，有了一种全新的私募投资基金及管理人类型可以选择。② 我国私募投资基金及管理人的具体类型划分和定义参见表 3－2。

表 3－2　我国私募投资基金及管理人的类型划分

<table>
<tr><th colspan="2">私募投资基金管理人类型</th><th>可申请管理的私募投资基金类型</th></tr>
<tr><td rowspan="2">私募证券投资基金管理人</td><td>私募证券投资基金</td><td>指主要投资于公开交易的股份有限公司股票、债券、期货、期权、基金份额以及证监会规定的其他证券及其衍生品种的私募投资基金</td></tr>
<tr><td>私募证券投资类 FOF 基金</td><td>指主要投资于证券类私募基金、信托计划、券商资管、基金专户等资产管理计划的私募投资基金</td></tr>
<tr><td rowspan="4">私募股权创业投资基金管理人</td><td>私募股权投资基金</td><td>指除创业投资基金以外主要投资于非公开交易的企业股权的私募投资基金</td></tr>
<tr><td>私募股权投资类 FOF 基金</td><td>指主要投资于股权类私募基金、信托计划、券商资管、基金专户等资产管理计划的私募投资基金</td></tr>
<tr><td>创业投资基金</td><td>指主要对处于创业各阶段的未上市成长性企业进行股权投资的私募投资基金（新三板挂牌企业视为未上市企业）</td></tr>
<tr><td>创业投资类 FOF 基金</td><td>指主要投资于创投类私募基金、信托计划、券商资管、基金专户等资产管理计划的私募投资基金</td></tr>
</table>

① 参见中基协发布的《有关私募投资基金“业务类型/基金类型”和“产品类型”的说明》。

② 根据中基协的要求，私募资产配置基金应当主要采用母基金的投资方式，即私募资产配置基金中 80% 的已投资出去的资金不能直接投资于底层资产，而应当投资于已备案的私募基金、公募基金或者其他依法设立的资产管理产品。在前述私募基金类型中，其他三类母基金都不能够“跨大类”投资，属于私募证券投资基金的母基金，不允许投资一级市场；属于私募股权、创业投资基金的母基金不允许投资二级市场。而私募资产配置基金虽然同样是以母基金的方式投资，但是可以突破以往基金业协会对其他三类私募母基金“专项经营”的要求，同时投资于一、二级市场，在满足投资者对于分散投资、资产多元化配置需求的同时，极大地提高了基金管理人在投资范围和投资策略上的灵活度。

续表

私募投资基金管理人类型		可申请管理的私募投资基金类型
其他私募投资基金管理人	其他私募投资基金	指投资除证券及其衍生品和股权以外的其他领域的私募投资基金
	其他私募投资类FOF基金	指主要投资于其他类私募基金、信托计划、券商资管、基金专户等资产管理计划的私募投资基金
私募资产配置基金管理人	私募资产配置	指主要投资于各类别私募投资基金（证券类、股权类以及其他类别私募投资基金）以及公募投资基金或者其他依法设立的资产管理产品

二　我国私募投资基金的监管组织体系

长期以来，我国私募投资基金的法律监管一直处于滞后的状态，与基金业蓬勃发展的状态极不相适应。在此期间，通过合法渠道发行私募证券投资基金需要满足的条件较为苛刻，往往需要依靠信托公司、证券公司、商业银行等金融机构才能完成发售；而那些没有依托前述金融机构设立的私募证券投资基金，由于当时的证券法律法规中没有统一的标准对其进行定性，其发行、运营过程中的不规范操作十分普遍，与非法经营证券业务、非法集资等违法犯罪行为之间的界限不甚清晰。在实践中，许多私募证券投资基金经常游走于法律的灰色地带，投资者权益遭受不法侵害的事件时有发生。

2012年12月，全国人民代表大会常务委员会修订了《证券投资基金法》（中华人民共和国主席令第71号）①，首次将“非公开募集基金”纳入其调整范围，并授权证监会制定相关业务规范，从而标志着私募证券投资基金的合法性在法律层面得到了正式认可。虽然《证券投资基金法》中明确规定由证监会对“非公开募集基金”进行监管，但由于《证券投资基金法》第二条将该法的适用范围规定为“公开或者非公开募集资金设立证券投资基金进行证券投资活动”，故理论界和实务界的主流意见认为私募股权投资基金与创业投资基金等其他类型的私募投资基金不能直接适用

① 根据《关于修改〈中华人民共和国港口法〉等七部法律的决定》（中华人民共和国主席令第23号），此文件已于2015年被修正。

《证券投资基金法》。

2013年6月，中央机构编制委员会办公室（简称中央编办）印发了《关于私募股权基金管理职责分工的通知》（中央编办发〔2013〕22号），明确由证监会负责私募股权基金市场监管，国务院发展与改革委员会负责宏观政策与发展政策制定。[①] 中央编办综合司又在2014年2月印发《关于创业投资基金管理职责问题意见的函》（编综函字〔2014〕61号），进一步明确中国证监会负责私募股权基金的监督检查。至此，中国证监会正式从国家发改委手中接过了对私募股权投资基金与创业投资基金的监管权，成为我国私募投资基金行业的主要监管机关。

近年来，在证监会的授权和指导下，中基协通过开展私募投资基金及其管理人的登记备案工作和履行自律管理职责，初步形成和规范了我国私募投资基金行业的秩序，我国针对整个私募投资基金行业的监管框架已初见端倪。证监会私募基金监管部负责人在2016年4月29日的证监会例行新闻发布会上表示，当前私募基金监管将遵循“统一监管、功能监管、适度监管、分类监管”的基本原则开展工作。具体监管思路是：在将私募证券投资基金、私募股权投资基金、创业投资基金和其他各类私募投资基金纳入统一监管并进行统一登记备案的基础上，不在私募投资基金的发行环节设置行政审批而是实行事中与事后的监管，“充分发挥投资者和市场对私募投资基金管理人的约束以及私募基金管理人的自我约束作用”[②]，并根据各类私募投资基金在功能和类型上的区别实施分类分级差异化监管。以下将以私募证券投资基金为例展开讨论。

如图3－6所示，我国现行私募证券投资基金监管组织体系主要可以划

① 在中央编办印发《关于私募股权基金管理职责分工的通知》和《关于创业投资基金管理职责问题意见的函》两个规范性文件之前，虽然我国没有对私募股权投资基金与创业投资基金的法律地位和合规监管出台全国性法律法规，也没有明确其监管机构，但是国家发改委在2011年1月和11月，分别印发了《国家发展改革委办公厅关于进一步规范试点地区股权投资企业发展和备案管理工作的通知》（发改办财金〔2011〕253号）（现已失效）和《国家发展改革委办公厅关于促进股权投资企业规范发展的通知》（发改办财金〔2011〕2864号）（现已失效）两个通知，对私募股权投资企业的设立、资本募集、投资领域、风险控制、信息披露、适度监管和行业自律等重要内容做出制度性安排，从而在事实层面上取得了对私募股权投资基金与创业投资基金的监管权力。

② 刘彩萍：《证监会详解私募基金监管思路》，财新网，http：//finance. caixin. com/2016－04－29/100938573. html，最后访问时间：2019年10月7日。

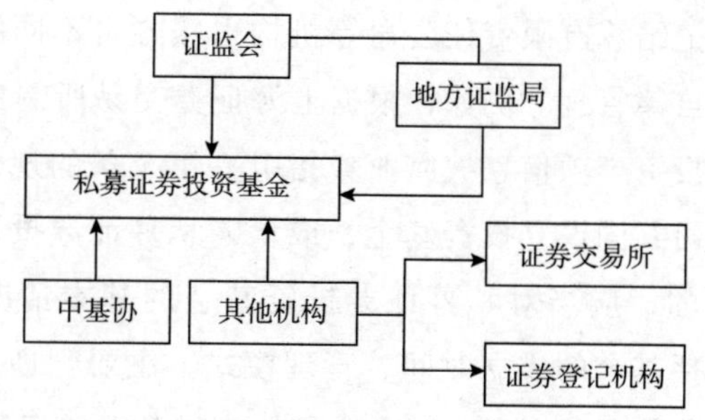

图 3－6　我国私募证券投资基金的监管组织体系

分为两个层级。

在行政监管的层面，由证监会及其下辖的地方证监局负责对私募证券投资基金实施统一集中的行政监管。为了更好地履行监管职责，证监会于 2014 年 4 月成立了私募基金监管部，设定了该部门的具体职能。① 各地方证监局依照证监会的授权，负责对经营所在地在其辖区内的私募证券投资基金管理人涉及公司治理及其内部控制，以及基金运作等事项进行日常监管（包括现场检查）。

在自律监管的层面，由中基协根据《证券投资基金法》和证监会的授权，承担对私募证券投资基金进行自律管理的主要职责。② 此外，上海、深圳两地的证券交易所、中国金融期货交易所、中国证券登记结算有限公

① 根据中国证监会官方网站发布的信息，私募基金监管部的主要职责包括：（1）拟订监管私募证券投资基金的规则、实施细则；（2）拟订私募证券投资基金的合格投资者标准、信息披露规则等；（3）负责私募证券投资基金的信息统计和风险监测工作；（4）组织对私募证券投资基金开展监督检查；（5）牵头负责私募证券投资基金的风险处置工作；（6）指导中基协开展登记备案工作；（7）负责私募基金的投资者教育保护、国际交往合作等工作。参见中国证券监督管理委员会《私募基金监管部职能》，中国证监会官方网站，http：//www. csrc. gov. cn/pub/zjhpublic/G00306215/201404/t20140411 _ 246991. htm，最后访问时间：2019 年 10 月 7 日。

② 中基协的主要职责具体包括：（1）教育和组织会员遵守有关法律法规，维护投资者合法权益；（2）依法维护会员的合法权益，反映会员的建议和要求；（3）制定实施行业自律规则，监督、检查会员及其从业人员的执业行为，对违反自律规则和协会章程的给予纪律处分；（4）制定执业标准和业务规范，组织从业考试、资质管理和业务培训；（5）提供会员服务，组织行业交流，推动行业创新，开展行业宣传和投资者教育；（6）对会员间、会员与客户之间发生业务纠纷进行调解；（7）依法办理私募基金的登记、备案；（8）协会章程规定的其他职责。参见中国证券投资基金业协会《协会简介》，中国证券投资基金协会官方网站，http：//www. amac. org. cn/gyxh/xhjj/382300. shtml，最后访问时间：2019 年 10 月7 日。

司和中央国债登记结算有限责任公司等机构也从各自不同的角度对私募证券投资基金实施自律管理。例如，根据上海证券交易所制定的《上市公司与私募基金合作投资事项信息披露业务指引》第8条的规定，私募证券投资基金与上市公司共同设立投资基金，或认购私募证券投资基金发起设立的投资基金份额的，应当对私募证券投资基金的基本情况进行充分的披露，具体内容包括基金的成立时间、管理模式、主要管理人员、主要投资领域、近一年经营状况，以及是否在中基协完成备案登记等。

三　我国私募投资基金的监管规则体系

表3－3　我国私募投资基金的主要监管规则

发布机构	类别	名称
全国人大及国务院	法律	证券投资基金法（2015年修正）
	行政法规	私募投资基金管理暂行条例（征求意见稿）
证监会	部门规章	私募投资基金监督管理暂行办法
		证券期货投资者适当性管理办法
		证券期货经营机构私募资产管理业务运作管理暂行规定
		证券期货经营机构私募资产管理业务管理办法
		证券期货经营机构私募资产管理计划运作管理规定
	规范性文件	关于禁止违规开展私募产品拆分转让业务问题的答复
		关于与发行监管工作相关的、与并购重组行政许可审核相关的私募投资基金备案的问题与解答
中基协	自律规则	私募投资基金管理人登记和基金备案办法（试行）

如表3－3所示，我国现行私募投资基金的监管政策法律体系主要由三个层级规范组成：第一个层级是全国人大通过的《证券投资基金法》及国务院正在制定过程中的《私募投资基金管理暂行条例》。《证券投资基金法》设立专章对私募证券投资基金做了专门规定，主要内容包括：私募证券投资基金的管理人登记制度、非公开募集制度、合格投资者制度以及基金合同的必备条款，强调信息披露和对投资者的保护。此外，国务院《私募投资基金管理暂行条例（征求意见稿）》明确了私募投资基金的定义、类型和投资范围，加强了对私募投资基金参与主体（如私募基金管理人及

其出资人和高管人员、私募基金托管人）的要求，对管理人募集活动、投资运作、信息披露做出了进一步的规范，着重加强了对基金、管理人及其相关人员违法违规行为的法律责任追究。

第二个层级是证监会制定的若干适用于私募投资基金的部门规章，其中较为重要的规章包括《私募投资基金监督管理暂行办法》《证券期货投资者适当性管理办法》《证券期货经营机构私募资产管理业务运作管理暂行规定》和证监会为《资管新规》而制定的配套实施细则《证券期货经营机构私募资产管理业务管理办法》及《证券期货经营机构私募资产管理计划运作管理规定》（以下合称《资管细则》）。《私募投资基金监督管理暂行办法》是我国私募投资基金在粗放发展了 20 多年以后迎来的第一个纲领性文件，该办法第五条确立了我国对设立私募投资基金管理机构和发行私募投资基金不实施行政审批只进行登记备案的基本原则。《私募投资基金监督管理暂行办法》还明确规定由中基协在负责私募投资基金登记备案工作的基础上开展行业自律，并从登记备案、合格投资者、资金募集、投资组合、监督管理和法律责任等方面做出了具体规定。《证券期货投资者适当性管理办法》依据多维度指标构建起了对证券期货投资者分类的体系，明确了产品分级的底线要求和职责分工，规定了经营机构在适当性管理全过程的义务，明确规定了普通投资者在信息告知、风险警示、适当性匹配等方面享有的特别保护以及经营机构法律义务对应的监管措施与行政处罚，对于维护中小投资者合法权益具有重要意义。

鉴于证券期货经营机构开展的私募资管业务在 2015 年股市异常波动期间暴露出诸多问题，在原《证券期货经营机构落实资产管理业务“八条底线”禁止行为细则》实践及相关修改意见建议的基础上，中国证监会进一步研究出台了《证券期货经营机构私募资产管理业务运作管理暂行规定》，从杠杆倍数、结构化产品、资金池等多个方面对证券期货经营机构私募资产管理业务做出了规范，并实施“新老划断”过渡，禁止证券期货经营机构参与具有“资金池”性质的私募资产管理业务。[①] 《资管细则》在与《资管新规》保持高度一致的前提下，适度放宽了私募资管业务的展业条件。

① 参见王都鹏、赵晓辉《证监会严控资管业务杠杆倍数》，《金融世界》2016 年第 8 期。

第三个层级是证监会、中基协以及其他监管机构为了全面规范私募投资基金行业秩序和信用环境所制定的大量规范性文件。[①] 特别是中基协作为私募投资基金的法定自律组织，将《证券投资基金法》和《私募投资基金监督管理暂行办法》中的各项原则和规定落实到“7+2”自律规则（由7个“办法”和2项“指引”构成）当中，逐步建立起了系统全面的自律规则体系。需要特别指出的是，2018年4月27日，中国人民银行联合原中国银行业监督管理委员会、证监会、原中国保险监督管理委员会、国家外汇管理局共同发布的《资管新规》，从产品分类、投资者适当性管理、金融机构受托管理职责、产品代销、投资限制及鼓励、信息披露、第三方托管、资金池、刚性兑付、产品分级、多层嵌套和通道等多个方面对我国金融机构的资产管理业务进行了统一规范，对于国内私募投资基金的运营也产生了重要的影响。

对现有法律规范体系进行文本分析可知，我国对私募投资基金的监管主要是在遵循“统一监管、功能监管、适度监管、分类监管”四项基本原则的基础上，按照“扶优限劣”的思路展开。[②]

“统一监管”是指将不同私募投资基金类别统一收归证监会的监管范畴。“功能监管”是指对于不同私募投资基金业务，按照相同的功能属性实行统一的功能监管。“适度监管”意指证监会不对私募投资基金在发行环节进行行政审批，而是充分发挥投资者和市场对私募投资基金管理人的约束，以及私募投资基金管理人的自我约束作用，主要由中基协以行业自律组织的身份实行事中事后监管。“分类监管”要求对私募投资基金、私募股权投资基金和创业投资基金分别进行备案，“同时根据各类私募基金在管理规模、投资者人数、合规风险程度以及投诉举报数量等方面的差异，以问题和风险为导向，进行分类监测和检查”。[③] 根据扶优限劣监管策

---

① “规范性文件”这一法律术语，就其在我国目前法律领域的实际用法而言，有广义与侠义两种理解：广义的规范性文件是指规定权利与义务并适用于不特定对象，包括法律、法规、规章在内的所有具有普遍拘束力的各种抽象法律文件；狭义的规范性文件仅指除了法律、法规和规章以外的抽象性法律文件。本文除有特别指出之外都只在狭义上使用“规范性文件”这个概念。参见黄金荣《“规范性文件”的法律界定及其效力》，《法学》2014年第7期。

② 参见李丹丹《证监会详解私募基金监管思路》，《上海证券报》2016年4月30日。

③ 参见《私募基金监管体系全解读》，搜狐网，http://www.sohu.com/a/241288826_463907，最后访问时间：2019年10月7日。

略的要求，中国证监会及其下属各证监局应当鼓励优秀的私募投资基金机构做大做强，同时对违法违规、失联以及空壳化基金机构开展深入的清理工作。

第三节 我国私募投资基金监管体制存在的问题及对策建议

我国私募投资基金的产生和迅速发展是中国证券市场市场化发展的内生需求，虽然采取宽松的备案制监管模式符合我国私募基金发展状况，有利于私募基金市场规模的发展和扩大[①]，但这种监管体制同时要面临产权制度基础的“原罪”与监管不足导致的短期行为和机会主义盛行等问题。[②]从境外资本市场监管经验来看，发达国家和地区的监管理念也一直在强监管、自律监管和有限监管等理念中徘徊选择。[③] 如何正确认识我国私募投资基金现行监管体制中存在的问题并探索有针对性的解决路径，是本节讨论的重点。

一 我国私募投资基金监管体制存在的主要问题

我国的私募投资基金经过30多年的发展，已经具备了一定的规模和市场竞争力，但仍然面临着不少问题与挑战，其中现行监管体制的缺漏就是阻碍其发展上升空间的一个重要内因。具体而言，主要包括以下几个方面。

（一）监管规则效力位阶偏低，缺乏顶层设计和体系梳理

目前，我国私募证券投资基金行业没有专项的法律或者行政法规支持，在现有的规则体系中，效力层级最高的行政规章在数量上却是最少的，除了法律法规和中基协制定的自律管理规则以外，还有大量监管部门、行业自律组织根据私募投资基金行业发展需要而发布的甚至不属于规

---

① 参见刘道云《论我国私募基金法律规制的完善》，《新金融》2013年第6期。

② 参见耿志明《中国私募基金监管制度研究》，《上海金融》2006年第3期。

③ 参见巩云凡《私募证券投资基金监管理论及新理念辨析》，《经济参考研究》2012年第58期。

范性文件范畴的通知、说明、问题解答等文件，在私募投资基金的实际运作过程中发挥着重要的规则作用。由于缺乏统一的立法顶层设计，这些由不同的机构或者组织，在不同的时期基于不同的目的而制定的、效力位阶偏低的文件所汇聚而成的规则体系，内容庞杂，内在逻辑脉络清晰度差，不仅给当下私募投资基金的法律适用带来了很多困难，也在一定程度上影响了私募投资市场各参与主体对自身行为法律风险的预判。

在此背景下，2017 年 8 月 31 日国务院发布《私募投资基金管理暂行条例（征求意见稿）》公开向社会各界征求意见。该条例一旦正式发布和实施，无疑将在很大程度上弥补我国私募投资基金监管领域上位法“缺位”的状态，并大大提高我国私募投资基金监管规则体系的立法层级；但如果只是简单地推出一部关于私募投资基金监管的行政法规而不对现有的规则体系进行深入梳理与规整，我国私募投资基金行业监管体系的顶层设计在某种程度上而言仍然是不完善的。[①]

举例而言，自 2014 年 8 月《私募投资基金监督管理暂行办法》出台以来，“适度监管”便成为我国私募投资基金监管逻辑的核心，有学者将其总结为三个特征：以自律监管为主，以政府监管为辅；以非行政性处罚为主，以行政处罚为辅；以固有风险监管为主，以管理风险监管为辅。[②]但是从《私募投资基金管理暂行条例（征求意见稿）》的内容来看，其延续了 2016 年以来资本市场从严监管的趋势，不仅充分吸纳了《私募投资基金监督管理暂行办法》以及中基协近年来颁布的大量监管规则，而且还在第十章专门针对 35 类私募投资基金机构及其从业人员违反监管规则的行为设定了与之相对应的行政处罚后果，由于涉及面广、处罚力度大，该条例草案刚一公布就获得了“私募投资基金史上最严监管条例”的称号。虽然立法者的初衷是打击我国私募投资基金领域甚嚣尘上的非法集资活动，但与国际私募投资基金监管体制的整体发展趋势相比较，难免过于严苛，同时与公募投资基金的监管逻辑和思路亦有重复之嫌，难以满足差异化监管的要求。

---

① 关于《私募投资基金管理暂行条例（征求意见稿）》的争议与展望，可参阅本书第一章第四节内容。

② 参见许可、肖宇《私募投资基金的适度监管体制探析》，《西南民族大学学报》（人文社科版）2016 年第 8 期。

（二）现有规则体系存在矛盾和冲突

根据前文的规则分析可知，我国私募投资基金监管体系所表现出来的矛盾和冲突，主要可以归纳成以下三个问题。

问题一：私募投资基金的种类边界模糊不清。由于现行有效的《私募投资基金监督管理暂行办法》没有关于私募投资基金类型划分的明确规定，目前中基协在监管实践中的基本做法是以基金投资产品所涉主要领域为标准，将私募投资基金按照私募证券投资类、私募股权/创业投资类和其他投资类等进行分类，并在分类注册的基础上要求私募投资基金进行专业化经营。《资管新规》则是以不低于80%的投资比例作为划分指标，按照投资性质的不同，将私募产品分为固定收益类产品、权益类产品、商品及金融衍生品类产品和混合类产品，并针对不同类型的资管产品，在信息披露、认购门槛、结构化设计等方面提出了不同的要求。

《私募投资基金管理暂行条例（征求意见稿）》第2条明确将私募投资基金划分为私募证券投资基金和私募股权投资基金，由于没有设计兜底性类别条款，从而引发了实践中创业投资基金以及非标债权基金等其他类私募投资基金是否属于“私募投资基金”的争议。众所周知，分类清晰是实现有效监管的前提和基础；但是从既有规则和正在制定中规则的相关表述来看，显然目前我国关于私募投资基金的类型划分和认定标准，在立法层面尚未达成共识，以至于监管主体不明，甚至出现了监管权之争的白热化现象。①

问题二：合格投资者的认定标准不统一。目前我国关于合格投资者的认定标准主要体现在《资管新规》第五条②和《私募投资基金监督管理暂行办法》第十二条、第十三条的规定当中。比较之后不难发现，前述规章

---

① 参见张艳《私募投资基金行业自律监管规则研究》，《证券市场导报》2017年第5期。

② 《资管新规》第5条规定：“合格投资者是指具备相应风险识别能力和风险承担能力，投资于单只资产管理产品不低于一定金额且符合下列条件的自然人和法人。（一）家庭金融资产不低于500万元，或者近3年本人年均收入不低于40万元，且具有2年以上投资经历。（二）最近1年末净资产不低于1000万元的法人单位。（三）金融监督管理部门视为合格投资者的其他情形。合格投资者投资于单只固定收益类产品的金额不低于30万元，投资于单只混合类产品的金额不低于40万元，投资于单只权益类产品、单只商品及金融衍生品类产品的金额不低于100万元。合格投资者同时投资多只不同产品的，投资金额按照其中最高标准执行。”

在合格投资者认定标准的设定上存在较大差异。以投资单只资产管理产品的最低金额为例，《资管新规》按照“投资于单只固定收益类产品”、“投资于单只混合类产品”和“投资于单只权益类产品、单只商品及金融衍生类产品”的类别分别设定了不低于30万元、不低于40万元和不低于100万元的多元化标准，而《私募投资基金监督管理暂行办法》中只规定投资于单只私募投资基金的金额不低于100万元的单一标准。自然人的投资资格亦是如此，《资管新规》规定自然人作为合格投资者，必须具有2年以上投资经历，并且满足下列三个条件之一：（1）家庭金融净资产不低于300万元；（2）家庭金融资产不低于500万元；（3）最近3年本人年均收入不低于40万元。而《私募投资基金监督管理暂行办法》中则将自然人成为合格投资者的标准设定为金融资产不低于300万元或最近三年年均收入不低于50万元。最后，就单位投资者而言，两个部门规章都规定了净资产不得低于1000万元，但区别在于《资管新规》对净资产的计量期限做出了“最近1年末”的限制，而《私募投资基金监督管理暂行办法》中则没有关于计量期限的限制条款。《资管新规》和《私募投资基金监督管理暂行办法》是由不同机构制定但属于同一效力级别的部门规章，而作为起草制定中的上位法《私募投资基金管理暂行条例（征求意见稿）》关于合格投资者的认定标准没有做出相对应的规定。未来私募投资基金合格投资者认定的法律依据为何，仍然有待进一步明确。

问题三：私募投资基金刚性兑付的处置措施不明确。《资管新规》第18条规定金融机构对资产管理产品实行净值化管理，并列举了刚性兑付行为的具体表现及其对应的惩处措施；但是相关内容在《私募投资基金监督管理暂行办法》和《私募投资基金管理暂行条例（征求意见稿）》）中均未出现。根据《资管新规》第2条的规定，除私募投资基金专门法律、行政法规中有明确的规定外，私募投资基金适用《资管新规》的相关规定。按照这个法律适用的逻辑推演，私募投资基金的刚性兑付行为也应当适用《资管新规》罚则，但在实践中，《资管新规》第十八条关于刚性兑付的惩处规定目前仍然只适用于存款类金融机构和非存款类持牌金融机构，私募投资基金在刚性兑付问题上遭遇了无法可依的窘境。[①]

---

① 参见于文菊《〈资管新规〉对私募投资基金监管的影响》，《华北金融》2018年第6期。

（三）国际监管协作机制尚未建立

2017 年 11 月，IOSCO 发布了关于对冲基金的第四次调查报告。截至 2016 年 9 月 30 日，该报告共收集了 1971 只合格对冲基金数据，全球对冲基金净资产管理规模（AUM）约为 3.2 万亿美元；[①] 而根据中基协的统计数据，截至 2019 年 8 月底，在中基协存续备案的私募基金的规模为 13.38 万亿元，其中私募证券投资基金的规模为 2.36 万亿元[②]，对比全球对冲基金规模的 3.2 万亿美元仍相距甚远。

另外，随着中国资本市场的开放程度和国际化水平不断提升，外资资金和外资机构正在逐渐成为 A 股市场的重要参与力量。2016 年 6 月 30 日，《私募基金登记备案相关问题解答（十）》正式发布，允许符合条件的外商独资和合资企业，申请登记成为私募证券投资基金管理机构，在中国境内开展包括二级市场证券交易在内的私募证券投资基金管理业务，暂不涉及资本跨境流动，由中基协负责开展对外资私募机构的登记工作。2017 年 1 月初，中基协发布《外商独资和合资私募证券投资基金管理人登记备案填报说明》，对相关政策背景、申请材料、办理程序等进行了详细说明。该项政策自发布以来即成为海外市场的关注热点，截至 2019 年 8 月，已有 21 家外资机构在中基协完成登记（包括世界最大对冲基金公司美国桥水公司），备案私募证券投资基金产品共计 46 只，资产管理规模达到了 54 亿元人民币。[③] 2019 年 6 月 13 日，证监会主席易会满表示，证监会将陆续推出 9 项对外开放举措，其中就包括了放开外资私募证券投资基金管理人管理的私募产品参与“沪港通”“深港通”交易的限制。[④]

在国际证券市场中，以对冲基金为代表的很多私募证券投资基金都是

---

① See The Board of the International Organization of Securities Commissions: *Report on the Fourth IOSCO Hedge Funds Survey* (*Final Report*), available at https: //www. iosco. org/library/pubdocs/pdf/IOSCOPD587. pdf, last visit on 2019. 10. 7.

② 参见中国证券投资基金业协会《私募基金管理人登记及私募基金产品备案月报》（2019 年第 8 期），中国证券投资基金业协会网站，http: //www. amac. org. cn/tjsj/xysj/smdjbaqk/394398. shtml，最后访问时间：2019 年 10 月 7 日。

③ 参见刘慧《私募基金领域对外开放迎来四项新举措》，新华网，http: //www. xinhuanet. com/2019 - 08/09/c_ 1124858435. htm，最后访问时间：2019 年 10 月 7 日。

④ 参见谷枫《资本市场两大政策信号：科创板开板叠加对外开放九条》，《21 世纪经济报道》2019 年 6 月 14 日。

跨境运营，基金的主要债权人及交易相对方常分受多个单位所管辖，因此在对私募证券投资基金进行监督时，国际监管合作将会发挥重要的作用。特别是考虑到任何对冲基金监管都是出于对审慎和系统风险的关注，而对冲基金在其他管辖区内的资产和责任可能对该基金（或其母公司）在其母国市场内的健康发展具有重要影响，情况就更加如此。如今，我国已成为世界第二大经济体，金融开放进程不断提速。在跨境投资的大背景下，中国的资本市场面临“引进来”和“走出去”的两大问题，要建设规范、透明、开放、有活力的中国私募投资基金市场，必须加强与各国金融市场监管机构的交流与协作机制。令人遗憾的是，现行私募投资基金监管规则中关于国际监管合作部分仍属空白，而《私募投资基金管理暂行条例（征求意见稿)》也只在第五十七条规定外商投资私募基金管理人的管理办法，由国务院证券监督管理机构另行制定，没有对我国证监会与境外私募投资基金监管机构进行跨境监管协作做出制度性的安排。

二　关于完善我国私募投资基金监管体制的建议

当前，我国私募投资基金的内外部环境正呈现出“喜忧参半”的复杂态势：一方面，我国经济在“十三五”期间仍将保持中高速增长，“一带一路”倡议进入全面实施阶段，全方位金融开放的信号已经释放，为私募投资基金行业的发展提供了新的机遇和空间；另一方面，受到行业竞争程度提升、互联网金融冲击以及经济金融全球化影响，私募投资基金的发展正面临着产品备案困难、项目端受限、项目开放难、风险处置难和客户不断流失等一系列困难。

从某种意义上说，我国私募投资基金的井喷式发展，是以宽松监管甚至是弱监管为前提的。笔者认为，在当前“坚守底线思维”“防范化解重大风险”的顶层政治理念指导下，私募投资基金监管体制完善应以机遇与挑战并存的发展环境作为现实基础，充分借鉴国际私募投资基金立法及修法的经验，在新《证券法》第二条第三款将资产管理产品定位为“准证券”的基础上，完善《证券投资基金法》和《资管新规》，同时在以下三个方面进行着力。

（一）树立私募投资基金监管立法的“相机抉择”理念

理论界和实务界对于私募投资基金监管模式选择的主要分歧点在于，私募投资基金监管体制是应该“适度从严”还是“适度从松”，是以行政监管为主还是以自律监管为主。毋庸讳言，我国私募投资基金行业目前既存在监管滞后的金融安全问题，也存在创新不足的金融效率问题。从英美等国家私募投资基金监管体制的发展历程来看，立法者总是不断地在金融安全与金融效率之间进行“相机抉择”：当金融安全受到威胁时强调干预主义，限制过度自由主义；当金融效率需要提升时转而倚重自由主义，弱化干预主义。笔者认为，私募投资基金监管体制的选择，同样应当围绕前文介绍的金融法基本理念“相机抉择”。现阶段，我国私募投资基金监管立法的顶层设计在处理二者之间的关系时应当把握两个基本原则。

其一，要坚持安全优先，兼顾效率。党的十八大以来，中央反复强调要把防控金融风险放到更加重要的位置，守住不发生系统性、区域性风险的底线。2019 年 2 月 22 日，中共中央政治局就完善金融服务、防范金融风险举行第十三次集体学习时，习近平总书记进一步强调指出，金融是国家重要的核心竞争力，金融安全是国家安全的重要组成部分，防范化解金融风险特别是防止发生系统性金融风险，是金融工作的根本性任务。[①] 因此，私募投资基金监管体制的顶层设计必须首先厘清过度监管与监管不足的界限，对监管模式做出清晰的安排，在守住安全底线的前提下追求金融效率。

近年来，我国的私募投资基金面临着风险叠加共振的隐患，既有登记备案造假，挪用、侵占基金财产，信息提供不充分，基金从业人员操纵市场、进行内幕交易或者利用“老鼠仓”牟利，管理人超额提取报酬等老问题，也有利用互联网平台以私募名义变相公开募集资金、助长影子银行、与实体经济产生风险传染等新问题。[②] 因应私募投资基金不断暴露出的风险，监管机构必须将直接监管与间接监管结合起来：一方面，在不对私募

---

① 参见习近平《深化金融供给侧结构性改革 增强金融服务实体经济能力》，新华网，http：//www. xinhuanet. com/2019 - 02/23/c_ 1124153936. htm? agt = 2/，最后访问时间：2019 年 10 月 7 日。

② 参见刘瑜恒《我国私募基金风险及监管对策研究——基于美国的比较分析》，《金融监管研究》2018 年第 8 期。

投资基金进行事前行政审批的前提下，通过强化信息披露制度，健全合格投资者制度，落实银行、证券公司等向私募投资基金提供金融服务或作为交易对手的金融机构的风险管理，以及完善股票、期货、衍生品等各类金融产品的交易规则，切断私募投资基金的个体风险演化为金融市场系统性风险的传播路径；另一方面，应当借鉴英美等国的成熟经验，对达到一定规模、相对较大的私募投资基金建立特别监管机制，特别是对一些组织架构复杂、关联关系明显、外部融资占比较高、交易对手集中、风险敞口较大、产品设计或者组合投资策略复杂的私募投资基金，监管部门应该重点关注，加强风险监测与排查。

其二，要注重发挥金融安全与金融效率之间的相互作用和影响。从长远来看，金融效率和金融安全在本质上具有统一性：维护金融安全的终极目标是为了提高金融效率，促进金融发展；而金融效率只有建立在安全稳定的基础上，才能够让金融资源同时符合理性化和最优化的配置方式。因此，排斥效率的绝对安全不是私募投资基金监管立法所应追求的目标；而忽略安全追求效率的制度设计，即使能够在短期内实现金融效率的提高，但是长期来看则难逃金融危机的命运，同样不可取。私募投资基金监管立法的顶层设计应当充分考虑私募投资基金本身的运作特点及其外部特征，在遵循“卖者尽责，买者自负”的治理思路下，把握好行政监管与自律监管的功能定位，明确行政监管是私募投资基金必须遵守的刚性底线，而自律监管则是为私募投资基金提供最佳行为指引，从而构建起有别于对公募证券投资基金的监管制度框架，充分利用市场机制、行业自律组织以及私募投资基金管理机构的自我约束，保障私募投资基金行业的运作秩序。

（二）健全私募投资基金监管规则体系

党的十八届三中全会审议通过了《中共中央关于全面深化改革若干重大问题的决定》，在阐述完善金融市场体系时，明确提出要鼓励金融创新，丰富金融市场层次和产品。这是深化金融体制改革、完善社会主义市场经济体系的战略部署，对我国今后的金融立法工作具有重要指导意义。

从私募投资基金的发展实践来看，金融创新虽然已经成为资源配置和提升市场运作效率的关键，但仍然存在许多问题，例如私募投资基金实施金融创新的自主研发能力弱，大多数创新举措仍然停留在对国内外同行的产品、模式和经验的简单吸收与模仿；金融创新活动缺乏整体规划，标准化程度低，规范性差，业务创新与服务创新结构失衡；金融产品与服务同质化现象十分突出，难以满足各类客户群体日益增长的多样化、个性化服务需求等。并且随着改革的推进以及制度红利的释放，新的经济主体和新型生产组织形式正在不断产生，现有的监管规则体系还无法与之相适应，迫切需要加快金融法制建设，鼓励并引导私募投资基金在有效控制风险的前提下大力开展金融创新活动，促进行业的良性发展并惠及全社会。

另外，随着我国“从储蓄向投资转移”的金融体制改革逐步推进，“金融商品与服务日益向个人生活渗透和扩展，一个庞大的个人金融服务需求市场正在形成”。[①] 与传统意义上的消费方式相比较，金融交易的供求双方在商品属性、价格以及质量方面存在较为突出的信息不对称现象；而金融创新产品的推出往往伴随着社会公众认知度不高、产品专业性高、设计不周全等特点，这使得金融消费者与私募投资基金管理人之间的信息不对称程度进一步扩大，从而给金融产品和服务的提供者利用信息优势维系其掠夺性金融交易提供了渠道和机会。受到先行先试政策的影响，我国私募投资基金领域发生的消费维权纠纷正逐年递增，并呈现出突破传统商事法律关系范畴、利益主体多元、法律适用难度大等特点，迫切需要在立法层面予以积极回应。

有鉴于此，有必要对我国现行私募投资基金监管规则体系进行全面梳理和系统化规范，具体内容包括以下几个方面。

第一，为私募投资基金创新型的金融产品和金融服务预留发展空间。对制定过程中的《私募投资基金管理暂行条例》，我们建议修改第二条“关于私募投资基金类型划分”的规定，在私募证券投资基金与私募股权投资基金之外，概括性地增加“其他类别私募基金”，以便留有足够的可操作空间，避免挫伤市场的创新积极性。在合法合规的基础上积极支持金融新产品、商业新模式不断涌现，以满足实体经济创新发展的融资需求。

第二，统一《资管新规》和《私募投资基金监督管理暂行办法》关于合格投资者的认定标准，为督导私募投资基金落实投资者适当性管理制度

---

① 参见刘迎霜《我国金融消费者权益保护路径探析——兼论对美国金融监管改革中金融消费者保护的借鉴》，《现代法学》2011 年第 3 期。

提供明确的法律依据，防止相关机构和个人利用法律的漏洞将私募投资领域的风险传递给处于弱势地位的普通投资者。

第三，建立私募投资基金刚性兑付的惩处机制。我们建议，《私募投资基金管理暂行条例》应参照《资管新规》中关于存款类金融机构和非存款类持牌金融机构刚性兑付行为的处罚规定，对私募投资基金刚性兑付行为的处罚措施和实施机关做出明确规定。

第四，提高行业自律规则的规范性。结合《资管新规》、《资管新政》以及即将出台的《私募投资基金管理暂行条例》，有必要及时对中基协公布的自律性规则以及相关通知、公告和问题解答等规范性文件进行系统性梳理，对其中与法律法规和部门规章不一致的内容，尽快做出修改和调整，保障私募投资基金监管规则体系的统一性。

第五，坚持“以人为本”的价值取向，进一步细化私募投资基金管理人及产品的登记备案规则。具体而言，要从私募投资基金产品的推介对象、推介方式、风险评估、风险揭示等方面强化私募投资基金机构的法律责任，保障投资者的信息知情权，从根本上扼制并扭转部分私募投资基金过度追求利润的非理性行为，防止机构和个人假借创新之名行侵害金融消费者权益之实。

（三）构建私募投资基金国际监管协调与合作机制

在经济金融全球化的背景下，特别是经历了 2007 年金融危机的洗礼后，私募投资基金监管体制在世界范围内呈现出愈加明显的趋同化发展趋势，这主要表现在：两大法系相互借鉴，相互融合，欧盟颁布的一系列关于另类投资基金的指令文件，英国另类投资准则委员会和另类投资管理协会制定的自律性规则，各国（地区）制定的对冲基金监管标准和行为守则，以及国际证券事务监察委员会、世界银行（World Bank）和金融稳定委员会（Financial Stability Board）等国际金融组织发布的关于私募投资基金发展和监管的报告等，都对推进私募投资基金监管制度的国际化发挥了重要作用。中国不仅是上述国际金融组织的成员，而且早在 2014 年，另类投资管理协会就与中基协签署了合作谅解备忘录。随着我国金融领域的开放程度越来越高，私募投资基金监管立法与国际接轨的外在压力和内生动力也将显著增加。

当然，全球范围内金融业立法的趋同化并没有抹杀法律的本土性，因为法律作为"内在的、默默地起作用的力量"的产物，"它深深地根植于一个民族的历史之中，而且其真正的源泉乃是普遍的信念、习惯和'民族共同的意识'"。[①] 诚如苏力教授所言，法律的本土资源并非只存在于历史中，更重要的是当代人的社会实践已经形成或正在萌芽发展的各种非正式的制度。[②]

从客观上看，法律的本土化与国际化确实存在一定程度的矛盾和冲突：因为法律的本土化要求法律规则必须与本国社会经济发展密切结合，但过度的本土化可能导致制度和规则的设计与国际通行趋势相背离，甚至"直接构成相关领域融入国际秩序的绊脚石"；[③] 法律的国际化则要求法律规则必须与国际通行趋势接轨，但由此可能导致相关的制度设计脱离本国的社会经济基础和法律传统，甚至使一些具有本土特色的制度遭到废弃，从而引发大量争议。笔者认为，在我国私募投资基金监管立法的过程中，构建国际监管协作机制，是妥善处理法律本土化与法律国际化二者之间冲突的一个最佳方案。

一方面，从现实的国际金融环境考虑，私募投资基金跨地区、跨国家流动十分频繁，由于存在严重的信息不对称，单个国家或地区的监管部门很难凭借一己之力对以对冲基金为代表的私募投资基金的动向进行准确预判与实时跟踪，因此在识别、分析和处理私募投资基金系统性风险以及打击相关违法犯罪活动的过程中，迫切需要通过国际监管协作机制进行充分的信息交换与执行合作。

另一方面，从立法的技术层面考虑，开放不仅是国家社会经济繁荣发展的必由之路，更是我国改革开放以来的一贯国策。私募投资基金监管立法要顺应我国经济深度融入世界经济的趋势，就必须进一步加强法律制度的开放性和包容性，在维护国家主权和国家利益的前提下，顺应国际立法的改革趋势。通过私募投资基金监管国际协作机制，我们可以更好地了解到不同国家和地区的政治偏好、传统与立法动机，在对本土资源深刻探查的前提下，借鉴其他国家和地区私募投资基金监管立法的优秀经验进行理性的法律制度移植。

---

① 〔美〕E·博登海默：《法理学：法律哲学与法律方法》，邓正来译，中国政法大学出版社，1999，第88页。

② 苏力：《法治及其本土资源》，中国政法大学出版社，1996，第14页。

③ 王利明：《法律的本土化与国际化》，中国民商法律网，www.civillaw.com.cn，最后访问时间：2019年9月27日。

第四章　基金服务机构法律制度研究

自2003年首部《证券投资基金法》发布实施以来，我国基金行业开始进入高速发展时期，基金数量呈倍速增长，行业规模持续扩大，社会影响力和市场影响力日益扩大。目前，证券投资基金已经成为我国资本市场最重要的机构投资者之一，也成为我国广大投资者重要的投资工具。基金行业在迎来发展机遇的同时，也加剧了市场竞争，各类基金管理公司对为基金服务业务的专业化要求越来越高，旨在为基金投资者等市场主体提供更为专业化和个性化的优质服务。同时，基金管理人和托管人为降低经营成本，优化公司结构并实现专业化经营，迫切希望将后台不产生收益的非核心业务外包给专业的服务机构。因基金市场不断发展而对专业化服务的需求与市场参与主体业务外包的诉求，在客观上共同为基金服务行业的发展提供了广阔的空间。为及时响应基金市场中的变化，2012年修订的《证券投资基金法》（以下简称《基金法》）设专章对基金服务机构做出规定，在立法上明确基金服务机构的范围及基金服务业务的性质，并对各类服务机构的准入机制、权利义务、主要职责等方面做了原则性的规定，同时为基金业务外包提供了制度支持。

文献回顾与综述

本章主要对证券投资基金服务机构界定、监管与法律责任三个维度进行研究，文献综述涉及的方向和主题主要包括：第一部分对基金服务机构的重要意义及价值涉及的重要文献进行回顾，第二部分对各类基金服务机构及服务业务涉及的重要理论的文献进行回顾，第三部分对基金服务机构监管理论的文献进行回顾，第四部分对基金服务机构义务与责任相关研究文献进行回顾。

一　基金服务机构的重要意义及制度价值

2012年修订的《基金法》将从事基金销售、销售支付、份额登记、信息技术、审计、法律等服务业务的服务机构纳入基金监管范围，并专章设定其行为规则、法律责任条款和监管规则。《基金法》将基金服务机构纳入规制与调整范围，彰显出基金服务机构对于我国基金行业发展的重要性，同时也意味着基金服务机构对于基金市场有着重要意义及价值。

胡增辉指出，随着基金业的快速发展，专业化程度不断提高，基金服务行业的业务范围也随之扩大，业务专业深度大为增强，基金服务机构成为基金市场上备受关注的焦点。作为证券投资市场的重要组成部分，基金销售机构、销售支付机构、结算机构、审计师、律师等基金业中介机构的发展对于基金管理人的基金运作、基金份额持有人利益保护等都起到了巨大的推动作用。①

刘运宏、卫学玲认为，基金中介服务机构对于基金市场的贡献主要在于，在依靠自身专业服务维护基金正常运行的同时，也营造了良好的资产管理服务环境，其服务标准和水平影响着基金行业运营的稳定性。②

李曙光认为，基金市场的监管应当是动态的、多方面的参与。基金中介服务有利于充分发挥市场监管的作用，并与行政监管、行业监管相互补充、相互协调，共同形成强大的外部监督力量并对基金市场进行强有力的监管。李曙光同时强调，基金销售机构、基金份额登记机构、会计师事务所及律师事务所是提供市场监督的主要力量，中介服务机构在保障基金业务按照市场的价值规律运行之上，既能稳定市场秩序，又能保护投资者利益。③

马振江认为，基金中介服务机构市场竞争与基金治理的关系在于，如果中介机构存在一定的市场竞争，能够促进其在服务过程中坚持独立、

① 参见胡增辉《新〈证券投资基金法〉评论》，硕士学位论文，湖南大学，2013，第29页。

② 参见刘运宏、卫学玲《证券投资基金法修改中的创新与不足》，《证券法苑》2013年第8期。

③ 参见李曙光《新基金法重置行业规则》，《中国金融》2013年第10期。

客观原则，对相关服务项目做出实事求是的结论，给出公正客观的评审意见，就可以有效地监督相关当事人的行为，起到净化市场环境、促进基金管理人和基金经理良性竞争的作用，最终使基金治理水平得以提高。①

唐耀祥认为，普通投资者将基金中介服务机构作为获取信息的重要渠道，因此基金中介服务机构作为独立的第三方，在市场信息输送方面为基金公司和普通投资者架起了一座桥梁，基金中介服务机构经过信息收集与专业分析，再以通俗易懂的方式提供信息报告，这是基金中介服务机构深受很多投资者的信任和依赖的重要原因。②

总而言之，基金中介机构对于基金市场存续发展的重要意义在于加强投资合法权益保护与促进基金行业健康发展。伴随着基金市场规模的扩大及行业专业化程度的提高，基金中介机构客观上获得了极大的发展空间，而基金中介机构不断规范和提升其服务业务的专业性，又有利于基金市场的进一步稳定和发展。

二　基金服务机构及相关业务存在的主要问题

我国目前对于基金销售机构的研究集中于第三方独立基金销售机构与基金销售渠道多元化的联系，以及基金销售宣传推介及投资者保护等。随着我国基金市场规模的扩大，各类金融机构及非金融机构均希望能够在基金市场占有一定的业务份额，这其中属基金销售行业最为明显，以至于基金销售成为当前金融领域内混业经营程度最高的持牌业务。

（一）基金销售机构及销售业务

目前，我国法律明确除基金管理人可以销售自行募集的基金以外，商业银行、证券公司、保险公司、期货公司等八类主体在获得基金销售牌照之后，便可从事基金销售业务。表面上各类金融机构的主体多样化能够促

---

① 参见马振江《中国证券投资基金治理模式研究——基于公募证券投资基金的分析》，博士学位论文，吉林大学，2010，第 178 页。

② 参见唐耀祥《开放式基金会计运行及信息披露研究》，硕士学位论文，西北农林科技大学，2011，第 41 页。

进基金销售渠道的多元化，然而，综观整个基金销售行业，商业银行一家独大的现象十分突出，由此导致我国目前基金销售渠道相对单一。沈明辉、陈汉昌、郭旭通过分析“国内基金销售渠道的问题在于银行地位过高，导致基金发行成本高”的问题，解释了国内公募基金行业在规模不断增长的情况下利润却没有增长的原因。[①]

2012 年，第三方销售牌照开始发放，基金行业普遍认为独立基金销售机构的出现必将对基金销售渠道单一的现象有所改观。然而，在独立基金销售机构出现之前，我国基金销售渠道的固定模式便早已形成并在实践中发展多年，因而，独立基金销售机构制度推行的效果并未立竿见影。在独立基金销售机构出现的头几年里，我国基金销售渠道的模式并未发生显著变化，沈朝晖、陈汉昌、郭旭指出，我国证券投资基金多渠道销售模式中存在各渠道间发展不平衡的问题。[②] 哈图认为，基金销售机构、基金第三方电子商务平台、基金销售支付结算机构为基金核心销售机构。目前基金销售主要通过基金销售机构代销，而基金代销机构又分为商业银行、证券公司、期货公司、投资咨询机构、独立销售机构五大类，其中商业银行代销规模最大，随着电子商务和互联网技术的发展，基金直销与代销规模将迅速扩大。[③] 然而，随着独立销售机构在数量上成为继商业银行之后的第二大主体以及投资者选择观念的转变，已经有学者对独立销售机构产生了新的认识与看法。史妍认为，在互联网等新兴模式下，独立基金销售机构已成为基金销售市场的主力军，一方面有利于拓宽公募基金的销售渠道，另一方面有利于普通中小投资者通过互联网等途径方便快捷地投资门槛低、品种多的基金产品，其正推动着整个基金销售行业的变革，促使销售渠道和服务方式得到完善，并逐步改善基金销售业务的生态链。[④]

在基金销售业务中，除基金份额发售以及基金份额的申购和赎回业务外，基金宣传推介业务也是基金销售中的一个重要业务板块。吴鲲认为，

---

① 参见沈明辉、陈汉昌、郭旭《基金销售的困境及解决之道》，《市场研究》2013 年第 6 期。

② 参见沈明辉、陈汉昌、郭旭《基金销售的困境及解决之道》，《市场研究》2013 年第 6 期。

③ 参见哈图《浅析互联网对基金行业发展的影响》，《电子制作》2015 年第 2 期。

④ 参见史妍《关于推动独立基金销售机构规范发展的探索实践》，《北京金融评论》2018 年第 3 期。

我国投资者对于证券投资基金观念的转变，在很大程度上来自基金销售机构对投资者的教育和对基金产品的宣传力度，并且其认为我国基金宣传推介存在以下特点：第一，形式的多样性；第二，内容的规范性；第三，材料使用的差异性。[①] 由于基金宣传推介将基金产品信息以电子或书面等方式向社会大众予以公布，其本质上属于基金产品信息的主动披露，而我国投资者在选择基金时在一定程度上会受到披露信息的影响。对此，朱侃指出，现行法对于基金销售行为的监管要求主要集中于宣传推介和投资者保护两方面。基金宣传推介材料必须真实、准确，与基金合同、基金招募说明书相符，禁止虚假记载、误导性陈述或者重大遗漏。[②] 随着互联网平台与基金销售机构形成合作开展基金销售的趋势，互联网平台开始涉足基金销售宣传。孙央认为，目前互联网基金销售中执法力度薄弱的地方在于基金销售的宣传推介，实践中互联网平台实际上扮演了基金产品宣传员的角色，但法律并未将其规定为监管对象，由此产生监管漏洞，故应当明确基金销售机构为宣传推荐材料的制作主体，而互联网平台仅提供居间服务。[③] 同时，在法律责任设置方面，一方面应当加重对于基金销售机构违规宣传推介的行政责任，加大违法成本；另一方面，对于民事责任方面，如何判断虚假记载、误导性陈述或者重大遗漏，投资者如何行使民事赔偿权，都未做出明确规定，都比较模糊，因此需要进一步完善相应的法律法规，对于互联网平台违规宣传推介，除依照擅自从事基金销售业务而承担行政责任之外，还应当确立对投资者合法权益造成损害的民事赔偿责任。[④]

总体上，针对基金销售业存在的现行问题，一方面需要调整和完善监管规则体系。具体而言，一是解决功能监管和主体监管错位问题，二是提高准入门槛，三是加强对基金销售领域风险的关注和应对。另一方面需要创新监管方式，完善基础设施。具体而言，一是针对目前重资格轻销售、重私募轻公募、先取牌照后炒卖牌照等现象，建立分级监管体系，完善退出机制；二是将基金监管信息系统打造为信息共享平台；三是规范自有资

---

① 参见吴鲲《证券投资基金宣传推介的实务操作研究》，《经济研究导报》2018 年第 32 期。

② 参见朱侃《论我国互联网平台基金销售创新与监管》，《金融法苑》2015 年第 2 期。

③ 参见孙央《互联网基金销售的法律监管研究》，硕士学位论文，华东政法大学，2014，第 28 页。

④ 参见孙央《互联网基金销售的法律监管研究》，硕士学位论文，华东政法大学，2014，第 28 页。

金运用，计提风险准备金。

（二）基金业务外包理论

我国基金业务外包理论是对金融业务流程外包理论的延伸，随着国际金融产业发展日益深化，金融业前后台业务分离的趋势不断加快。王力阐述了金融后台和金融后台体系的概念与内涵，并认为金融机构经营成本、信息技术发展、金融创新及金融自由化是促使金融后台业务与金融机构相分离的原因。① 曾康霖、余保福认为，金融服务外包有助于降低经营成本、规避经营风险并增强核心竞争力。② 吴更仁认为，金融服务外包存在协议风险、机密外泄风险、业务转变风险、依赖性风险、利益冲突风险及职业风险六类风险，因此应当加强金融服务外包风险的防范与控制。③ 金永红、吴江涛通过对美国、英国及部分国际组织关于金融业务外包的监督制度的比较分析，认为我国在建立金融业务外包监督体系方面具有必要性和迫切性，并提出监督体系建设的具体要求。④ 张子昱、张丽拉指出，我国金融业务外包仍然存在市场规模小和市场化程度低、外包形式简单、法律法规不健全等问题，并提出相应的对策建议。⑤

我国基金行业市场规模的扩大也伴随着市场竞争的加剧，基金管理公司基于内外部压力，开始寻求开展基金业务外包。总体上，我国关于基金业务外包的专门和系统理论较少，现有研究论述多数是在金融业务外包理论基础之上结合基金行业特点进行的延伸。

（三）基金投资顾问

基金投资顾问是顺应基金投资专业化的产物，既为基金投资者选择基金产品提供专业化建议，也受基金管理人委托为其提供证券买卖等建议。

---

① 参见王力《金融产业前后台业务分离的新趋势研究》，《财贸经济》2007 年第 7 期。

② 参见曾康霖、余保福《金融服务外包的风险控制及其监管研究》，《金融论坛》2006 年第 6 期。

③ 参见吴更仁《金融服务外包风险控制》，《海南金融》2007 年第 8 期。

④ 参见金永红、吴江涛《金融服务业务外包监管的国际比较及其启示》，《上海金融》2008 年第 2 期。

⑤ 参见张子昱、张丽拉《论我国金融后台业务外包存在的问题及对策》，《经济研究导刊》2012 年第 32 期。

目前，由于我国采取契约型基金模式，基金的管理与运作均由基金管理人负责，而基金投资顾问仅开展投资咨询建议服务。马振江指出，在美国共同基金中，投资顾问通常扮演着双重角色，一方面专门负责基金投资运作和日常行政管理，另一方面提供证券投资咨询建议服务。[①]

对于基金投资顾问的市场功能和价值，需要结合基金产品的特殊性加以认识理解。方桂荣认为，投资基金的投资信息是投资者进行正确投资的决策依据和基础，与普通商品不同，基金产品本质上是一种信息产品，投资者需要按照基金产品所散发出的各种信息来判断其价值；但普通投资者的信息收集及分析能力有限，无法形成专业化的投资分析并进行科学、合理的投资，如果基金产品存在披露虚假信息等情况，投资者对此则更无识别能力[②]，因此需要外力支持和辅助。沈明辉等指出，基金销售应当更加注重专业的投顾指导，为投资者提供资产配置以及产品优选等专业性的服务。[③] 此外，孟磊等认为，基金投资顾问机构在执业过程中还需要承担投资者教育的职能，具体包括引导投资者长期投资、自主决策等。因此，基金市场中必须引入专业化的投资建议机构。[④]

由于基金投资顾问直接接受投资者或基金管理人的委托，为其提供基金产品或证券买卖的咨询建议，特别是普通投资者在进行投资决策时，基于对投资顾问机构专业的信赖，通常将投资建议转化为投资决策。因此，基金投资顾问对于委托人负有信义义务。郑佳宁认为，信义义务的确立，使得投资顾问机构受到道德及法律强制力的双重约束。[⑤] 对于信义义务的认定不能机械套用任何标准，因为信义在很多法律中以多种形式出现。盛学军认为，认定证券交易中信义义务关系属性标准有三点：第一，存在信赖；第二，存在承诺或保证；第三，脆弱性标准。[⑥] 信义义务分为勤勉义务与忠实义务，勤勉义务是对受托人在专业能力及服务水平方面的要求，

---

① 参见马振江《中国证券投资基金治理模式研究——基于公募证券投资基金的分析》，博士学位论文，吉林大学，2010，第 100 ~ 101 页。

② 参见方桂荣《投资基金监管法律制度研究》，博士学位论文，重庆大学，2008，第 40 页。

③ 参见沈明辉、陈汉昌、郭旭《基金销售的困境及解决之道》，《市场研究》2013 年第6 期。

④ 参见孟磊、李娟娟《对我国证券投资顾问业务的思考》，《陕西教育》（高教版）2012 年第 6 期。

⑤ 参见郑佳宁《论智能投顾运营者的民事责任——以信义义务为中心的展开》，《法学杂志》2018 年第 10 期。

⑥ 参见盛学军《证券公开规制研究》，法律出版社，2004，第 122 ~ 123 页。

而忠实义务则更加注重防范委托人与受托人之间的利益冲突。武贵振指出，信义关系忽略了对注意义务（勤勉义务）的要求，因而应当引入专家义务理论，强化对投资顾问机构在专业能力及服务水准方面的要求。①

智能投资顾问是大数据、人工智能技术与投资顾问相结合的产物，在关于智能投顾的角色与功能定位上，理论界存在分歧。郭雳、赵继尧认为，智能投顾的运营模式与传统投资顾问没有本质区别，法律关系仍然是投资者与投资顾问机构之间的委托关系，因此，智能投顾仍然属于投资顾问。②

从境外各国各地区对于智能投顾的认识和政策立法来看，智能投顾的主要内涵是向投资者提供投资建议，进而直接或间接地获取咨询费用。新技术的运用促进了金融服务模式的优化，但并未从根本上改变智能投顾的业务模式及法律关系。关于智能投顾的业务和功能，叶林、吴烨认为，智能投顾在实践中往往含有资产管理的功能，并且资产管理业务大于投资咨询业务，其角色与功能定位难以被传统投资顾问所涵盖；我国对于智能投顾应当秉持以资产管理业务为本质功能，以投资咨询业务为附属功能的思路，构建“资产管理＋投资咨询”的二元功能定位。③ 在我国契约型基金模式下，基金管理人负责基金的管理与运作，投资顾问作为基金服务机构仅承担投资建议功能，故宜将其定位于投资咨询的服务机构。

关于智能投顾对现行法律尤其是商法可能产生的影响，郭雳、赵继尧指出，智能投顾将在市场准入、账户全权委托、智能机器人严格责任、投资顾问信义义务等方面构成对现行法律法规的挑战，其中对传统信义义务的挑战主要表现在投资者适当性的评估、信息披露及投资者保护三个方面；建议借鉴美国相关经验，完善我国市场准入，推进账户全权开放，构建信息披露、投资者保护、风险防控体系，转变监管思路、完善人工智能

---

① 参见武贵振《证券咨询机构的专家民事责任》，博士学位论文，中国政法大学，2011，第33～34页。

② 参见郭雳、赵继尧《智能投顾发展的法律挑战及其应对》，《证券市场导报》2018年第6期。

③ 参见叶林、吴烨《智能化资管业务的法律规制》，《西北工业大学学报》（社会科学版）2018年第4期。

立法。[①] 郑佳宁认为，智能投顾由于无法满足民事主体的规范要求，自身无法承担民事责任且基于人类主体性价值的考虑，无法承认智能投顾为民法上的主体，因而对于因智能投顾使用产生的民事责任则应由智能投顾运营者来承担。此外，民事责任的承担则以违反法定信义义务为前提，但在智能投顾背景下，人工智能技术改变了传统的投顾模式，因此需要对智能投顾之信义义务进行更新。具体而言，针对“忠实义务”，需要对智能投顾的算法及相关材料予以披露，并保证披露内容真实、准确、全面且能为广大投资者所理解，以此保证算法的公正性；针对“勤勉义务”，基于投资者适当性制度的要求，智能投顾需要对投资者进行合理的电子问卷调查，因此需要保证电子问卷的合理性、科学性，同时应确保智能投顾算法的有效性，以保障能够提供符合投资者最佳利益的投资建议，最后还应当加强对智能投顾的监管与维护。[②]

（四）基金评价机构

基金评价业务是在基金业发展到一定阶段之后才兴起的业务，它既包括对基金产品的投资收益和投资风险的评价，也是对基金管理人管理能力的一种客观反映。在美国共同基金业务中，基金评级机构同会计师事务所、律师事务所一道成为最主要的中介服务机构。

基金评价对基金市场各类参与主体均具有积极意义。巴曙松认为，基金评价有助于形成对基金管理人的市场化外部监督机制。[③] 赵玉彪认为，基金市场中投资者与基金管理人之间的信息不对称源自证券投资基金采取的运作模式，基金份额持有人完成基金份额申购之后就意味着基金的管理权与收益权产生了分离。[④] 投资者在选择目标基金时，受限于自身信息收集与分析能力，通常只能通过基金的历史收益情况来评判基金优劣，对于

---

① 参见郭雳、赵继尧《智能投顾发展的法律挑战及其应对》，《证券市场导报》2018 年第 6 期。

② 参见郑佳宁《论智能投顾运营者的民事责任——以信义义务为中心的展开》，《法学杂志》2018 年第 10 期。

③ 参见巴曙松《对推进基金评价体系建设的战略性思考》，《中国经济时报》2003 年 6 月 13 日。

④ 参见赵玉彪《我国证券投资基金绩效评价及影响因素研究》，博士学位论文，吉林大学，2013，第 7 页。

投资过程中的其他风险却并不知情。刘超认为，建立声誉机制有助于完善我国证券投资基金宏观管理制度，声誉机制核心内容在于基金管理人基于维护其声誉的考虑，在资产管理与运作中必须勤勉尽责，且对自己的行为完全负责。而声誉则来自对基金的评价。[①] 通过基金评价机构对基金业绩进行合理科学地评价，一方面能引导基金投资者对目标基金进行正确评价，从而降低投资者风险；另一方面则有助于基金管理公司以此为参照进行自我业绩评估，促进基金管理公司提高管理水平，从而提高行业竞争力。

由于基金评价对于投资者及基金管理人均具有指引性作用，客观上要求基金评价的方法和结果必须标准、全面、完整，否则将会误导投资者及基金管理人。有观点还指出，由于当前基金评价机构还同时开展基金销售、投资顾问等业务，因此保持基金评价机构客观中立、防范利益冲突也是基金评价机构的法定义务。[②] 在监管方面，我国于 2010 年发布实施了《证券投资基金评价业务管理暂行办法》，旨在对评价方法及评价结果等相关行为进行相应约束。

三 基金服务机构与信息披露

基金服务机构在证券投资基金信息披露中有着极其重要的外部监督作用。对此，林祖云认为，需进一步加强中介机构在信息披露中的职责，制定和完善相关法律法规，提高中介机构提供虚假信息的机会成本，规范证券市场中介机构在信息披露中的行为，强化中介机构对于提高投资基金信息披露质量以及监督信息披露违法违规行为的责任。[③]

胡光志、方桂荣认为，证券投资基金信息披露制度在保障基金行业健康发展及保护投资者方面发挥着举足轻重的作用，然而目前我国投资基金信息披露制度面临着风险披露和费用披露的规定不够健全等问题；在完善

① 参见刘超《我国证券投资基金的宏观管理——制度分析与政策建议》，《经济社会体制比较》2010 年第 5 期。

② 参见全国人大常委会法制工作委员会编《中华人民共和国证券投资基金法释义》，法律出版社，2013，第 205 页。

③ 参见林祖云《基金信息披露制度现存问题及其对策》，《政治与法律》2009 年第 7 期。

我国证券投资基金行业信息披露制度方面，除了规范基金管理公司的行为外，还要特别注意规范证券中介机构的行为和强化其对于信息披露的相关责任。[①]

四 对基金服务机构的执业监管

朱成刚认为，基金持有人对于认购、申购并持续持有基金的投资行为及其决策，一部分基于对中介机构的信赖，中介机构工作本身也构成对基金管理公司的外部监督；中介机构对基金持有人应当承担专家责任，以促使其审慎行为，勤勉尽责。[②] 换言之，对于基金服务机构的监管要以基金行业的健康发展和保护基金投资人利益为导向，重点强调中介机构诚实信用和勤勉尽责，对于不能勤勉尽责的中介机构及从业人员要适时采取相关监管措施，或者追究相应的法律责任。

对于私募基金的监管，洪磊认为，私募基金自律管理的最终目的，就是实现市场化信用制衡机制，让市场主体的自我信用在市场竞争中发挥决定性作用。首先应当推动行业建立“三重博弈”机制，其中，在机构登记和重大事项变更环节，引入法律意见书制度，在产品备案环节，强化托管机构职责，发挥中介机构的独立性和专业价值，在私募基金管理人与中介服务机构之间形成信用博弈。[③] 邱鹏则认为，私募基金机构门槛低、监管不严格和违法成本低及监管规则不完善等原因，共同造成我国私募基金风险事件频发，损害了投资者利益。针对上述问题，除政府部门在立法、监管、深化改革层面发挥主导作用以外，基金服务机构也应当积极履行相应职责。[④]

---

① 参见胡光志、方桂荣《中国投资基金信息披露制度及其完善》，《法学研究》2008 年第 3 期。

② 参见朱成刚《证券投资基金持有人利益保护法律机制研究》，博士学位论文，中国政法大学，2006，第 28～29 页。

③ 参见洪磊《私募基金自律管理的逻辑》，《清华金融评论》2018 年第 5 期。

④ 参见邱鹏《我国私募基金风险及监管研究》，《现代管理科学》2019 年第 3 期。

五　境外关于基金中介机构的相关研究

需要指出，中外立法关于接近中介机构的含义不尽相同甚至大相径庭。在美国，《1940 年投资顾问法》规范的主要对象投资顾问在接受投资公司委托为其提供服务时，其功能和法律地位与我国的公募基金管理公司及私募基金管理人相类似；同时，美国的投资顾问在共同基金业务中还可能从事诸如提供证券投资咨询建议服务的业务，其角色类似我国的证券投资咨询机构，此时成为基金中介机构。我国台湾地区共同基金基本法之“证券投资信托及顾问法”规定的证券投资顾问，既可以为客户提供有价证券投资或项目投资的分析意见或推介建议，也可以从事全权委托投资业务，即可兼营投资顾问与资产管理业务。

近年来，关于境外共同基金中介机构的研究及立法，主要集中于其应承担义务的性质、内涵及法律责任。Tamar Frankel 指出，交易经纪商和投资顾问系金融市场的命脉和生命线（lifeline），在分业年代他们接受不同的监管甚至无须承担受信责任，但随着金融混业的深入，应当通过相关法律为所有金融中介机构确立忠实的信义义务并且限制其利益冲突行为。[①] 2010 年《多德—弗兰克法案》第 913（g）条授权美国证监会颁布规则，要求所有的证券商、投资顾问在向零售客户（retail customers）提供个性化投资建议时，必须为客户的最大利益服务而不得以实现自身利益作为主要出发点，任何重大利益交易的实施都应当取得客户同意并予以披露；同时，要求中介机构承担的受信义务标准，不得低于《1940 年投资顾问法》第 206 条为投资顾问所规定的标准。Peter D. Isakoff 认为，现行证券法和投资顾问法对于金融机构对客户负有的信义义务没有达到充分理解的程度，两法创设的信义义务制度不能充分保护客户免受侵害：金融机构经常无法履行基本的勤勉义务或者对客户不予披露负面结果，而客户往往直到损失已经发生才能获悉相关信息。为此，建议基于代理法原则重构金融机构的统一受信义务，在事先明确信义义务的具体内容，具体包括注意义

① Tamar Frankel, Fiduciary Duties of Brokers - Advisers - Financial Planners and Money Managers (August 10, 2009), Boston Univ. School of Law Working Paper No. 09 - 36.

务、遵守权限义务、勤勉义务以及为客户财产价值最大化而良好行为的义务；对于声称拥有专业技能和知识的专业机构，要最大限度地运用这些技能代表客户的利益去执行投资或者做出投资建议；代理法下还要求投资顾问对于客户及时披露和持续监督投资进展。①

对于金融机构受信义务违反之民事责任，有学者认为，在美国违反受信义务是一种侵权，适用侵权法原则。② 但在受害投资者基于证券法向金融机构索赔时，则面临巨大的信赖关系的证明义务。反观我国台湾地区，"金融消费者保护法"明确规定金融服务业违反适当性和说明告知义务，应当承担侵权责任。同时，为了更好地保护普通投资者的利益，金融机构需要就损害与违反义务的行为之间之因果关系承担举证责任。③

第一节　基金服务机构的界定及其范围

证券基金市场服务机构又称证券基金服务中介机构，在美国等成熟资本市场，证券服务机构通常被称为资本市场的看门人（gatekeeper）。证券投资基金在美国的常见形式为"共同基金"。由于共同基金按照公司制度来运作管理共同基金，共同基金属于公司型基金的组织形式；在公司型基金的运营模式下，公司通常没有自己的雇员，而通过设立基金董事会这一日常机构来代表基金股东利益，具体管理与运作事项则一般交由服务机构完成。在美国共同基金市场中，为基金交易提供具体服务的中介机构主要包括主承销商、保管人、过户代理人、行政管理人、投资顾问、独立会计师及律师。④ 其中，投资顾问类似于我国契约型基金下的基金管理人，此外还可以单独从事证券投资咨询服务，因此也属于常见的基金服务机构之一。

---

① Peter D. Isakoff, Agents of Change: The Fiduciary Duties of Forwarding Market Professionals, Duke Law Journal, Vol. 61, No. 7, 2012.

② 参见朱伟一《证券法》，中国政法大学出版社，2018，第192页。

③ 参见王文宇等《金融法》，中国台湾元照出版有限公司，2019，第554页。

④ 参见马振江《中国证券投资基金治理模式研究——基于公募证券投资基金的分析》，博士学位论文，吉林大学，2010，第100页。

一　基金服务机构的理论界说与立法

由于我国基金法律制度大量借鉴自美国，对基金服务机构的理论定义，可重点参照美国学者的言说。美国哥伦比亚大学法学院科菲教授认为，看门人本质上是市场中的重复交易者，他们向投资者提供产品的核实和鉴定服务，为金融产品供应者提供产品质量担保，可将之简单定义为，那些以自己职业声誉为担保向投资者保证发行证券品质的各种市场中介机构。也有美国学者认为，交易经纪商和投资顾问系金融市场的命脉和生命线。[①]

关于证券服务机构的性质和社会职能，我国法学界较为典型的观点认为，在证券发行上市和交易过程中，发行人需要聘请各类专业机构协助制作有关申请文件，并出具有关报告和证明文件；证券服务机构既独立于发行人和上市公司，又独立于投资者，他们在提供专业服务的同时，也在履行一种社会公证、社会监督的职能。[②] 关于基金服务机构，有学者指出，基金评价机构、会计师事务所、律师事务所应当作为广大基金份额持有人的"看门人"。[③] 本书认为，基金服务机构与证券服务机构在从事具体业务上存在一定差异，但就其市场看门人的本质而言则应无二致。

对于基金服务机构的定义及其范围，学界观点素有广义与狭义之分。在广义上，基金服务机构是指为基金产品设立运营与管理、基金财产托管、基金交易提供专业服务的各种机构，其中包括担任基金管理人的基金管理公司、担任基金托管人的商业银行或其他金融机构、基金销售机构、基金销售支付机构、基金评价机构、基金估值机构、律师事务所、会计师事务所等。在狭义上，基于信托法律关系中的共同受托，一般将处于基金受托地位的基金管理人、基金托管人排除在基金服务机构之外。在实定法上，纳入基金法调整的基金服务机构范围的标准在于，基金服务机构必须

---

① 参见〔美〕约翰·C. 科菲《看门人机制：市场中介与公司治理》，黄辉、王长河等译，北京大学出版社，2011，第3页。

② 参见吴弘主编《证券法教程》（第二版），北京大学出版社，2017，第164页。

③ 参见刘俊海《〈新证券投资基金法〉的七大制度创新》，《中国证券报》2013年2月25日。

具备基金行业的特点，同时其服务业务本身对基金投资人资金和财产安全等合法权益有重要影响。反之，如果相关服务业务不具备行业特点或对基金投资人的合法权益不具有重要影响的，则不属于基金服务业务，从事该业务的机构不属于基金服务机构。[①]

从我国基金立法来看，2003 年出台的首部基金法并未专门涉及基金服务机构，仅少量的涉及基金销售、基金份额登记。随着我国基金市场的快速发展，基金服务业务类型不断拓展，需求量急剧上升，提供基金服务的机构种类繁多。为对其进行必要的监管和规制，2012 年修订的《证券投资基金法》引入基金服务机构的概念并设专章予以规定，其中第九十八条对基金服务机构进行明确列举，包括基金销售机构、基金销售支付机构、基金份额登记机构、基金投资顾问机构、基金估值机构、基金评价机构、基金信息技术服务机构七类主体。对于会计师事务所和律师事务所，则通过该法第一百零七条，以接受委托出具法律意见书、审计报告、内部控制评价报告的方式引进。因此，2012 年《基金法》实际上将律师事务所、会计师事务所界定为基金服务机构。

需要特别指出，在现行《基金法》体系下，担任基金管理人的基金管理公司和担任基金托管人的商业银行或其他金融机构并不在基金服务机构的范畴之内。事实上，基金管理人对基金财产的管理、运用，基金托管人对基金财产的保管、清算交割的办理、审查资产净值的审核、基金份额持有人大会的召开等业务均具有基金行业的特点，上述业务对基金投资人的资金和财产安全等合法权益均有直接重大影响，理论上亦应当列为基金服务机构加以调整规范。但是，诚如证券法上的证券公司之于证券市场具有特殊的重要性和地位，基金管理人和基金托管人之于基金业具有特殊的功能价值，尤其是我国证券投资基金多采契约型组织形式，界定基金持有人与基金管理人、基金受托人的法律关系及明确其权利义务系基金法的核心内容之一。为此，《基金法》设立专章对基金管理人、基金托管人进行规定。

---

① 参见全国人大常委会法制工作委员会编《中华人民共和国证券投资基金法释义》，法律出版社，2013，第 191 页。

二　我国基金服务机构的主要特点

根据基金服务机构的立法，可以归纳出我国基金服务机构的几个特点：从事基金服务业务接受准入管理、提供有偿服务、具有法定的资质、受益于业务外包、承担严格的法律责任。

（一）服务有偿化

基金服务机构属于商主体，其设立目的在于营利，其组织形式可以采取公司、合伙等，在基金市场中通过提供基金服务谋取商业利益。如《证券投资基金销售管理办法》规定基金销售机构办理基金销售业务，可以按照基金合同和招募说明书的约定向投资人收取销售服务费等费用。据此，基金服务机构作为民商事主体，可根据意思自治原则与委托人自行协商确定收费事项。但是，在此过程中仍应遵守相关行业自律管理规定，防止乱收费和恶性竞争等不当行为，共同促进基金市场的稳定运行。

（二）资质法定化

鉴于基金行业本身的高度专业性和复杂性，从事基金服务业务通常需要具备专业、完善、系统的理论基础和实操方法，对此从不同中介机构一般从事不同专业业务可窥见一斑，如基金销售机构为客户依法办理基金份额的发售、申购和赎回业务，基金估值机构接受基金管理人委托，代为办理基金会计核算、估值及相关信息披露等业务，会计师事务所对委托人财务情况进行审计并出具审计报告，律师事务所则主要向委托人提供法律服务并出具法律意见。基金服务的专业化，客观上产生了对基金服务机构资质的特别要求。在我国，对于基金服务机构从事基金服务的资质，根据不同的管理要求分别采取核准（行政许可）制或注册、备案的管理制度。

（三）基金业务外包制度

自 2001 年我国发行首支开放式基金以来，我国基金行业从无到有、从小到大，实现了规范发展。截至 2019 年 5 月底，我国共有 124 家基金管理公司，共计管理 5932 只基金产品，管理的基金资产规模达 13.73 万亿元人民币。在基金市场规模扩大过程中，基金销售主体和销售渠道随之增多，行业间的竞争日趋激烈。由于基金管理人的核心业务在于资产管理与运作，市场竞争往往导致基金管理人无法将优势资源集中于核心业务。在此背景下，基于降低运营成本、优化公司治理结构、开展专业化经营等行业诉求，我国开始积极研究借鉴欧美金融业务流程外包制度，并在2012年《基金法》中引入了基金业务外包机制，明确规定：基金管理人可将份额登记、核算、估值、投资顾问等业务委托给基金服务机构代为办理；基金托管人可将核算、估值、复核等业务委托给基金服务机构代为办理。在此基础上，中国证券投资基金业协会发布实施《基金业务外包服务指引》，对基金业务外包的操作进行细化和规制。在相关制度指引规范下，专门从事基金服务业务的机构开始快速发展。

总体而言，基金业务外包是基金行业发展到一定阶段的必然产物，是市场竞争与基金管理人专业化经营的现实需要，也是国际成熟市场的专业通行做法。[①] 基金业务外包制度核心理念在于通过专业化分工促进资源的有效配置，真正实现“专业的人做专业的事”。实践证明，对于我国基金行业取得的发展成就，基金业务外包制度起到了至关重要的促进作用。

（四）承担严格的法律责任

基金服务机构作为基金市场的重要参与主体，不仅为基金管理人和基金托管人提供大量的技术业务支持，更为重要的价值在于保障基金投资人资金和财产安全等合法权益。因此，基金服务机构能否规范运行，影响着整个基金市场的稳定与发展。为此，《基金法》及相关法律法规对于基金服务机构及从业人员的违法违规行为均设置了相应的行政责任、民事责任及刑事责任，其中行政责任的数量最多且行政规制范围最广。除《基金法》设置了各类基金服务机构及从业人员因违法而应当受行政处罚的规定外，各类部门规章及规范性文件对于各类基金服务机构的具体违法违规行为进行了细化，而与之对应的行政处罚措施也更加具体。

---

① 参见全国人大常委会法制工作委员会编《中华人民共和国证券投资基金法释义》，法律出版社，2013，第200～201页。

三　基金服务机构的行业准入机制

由于证券投资基金活动中，担任基金管理人的基金管理公司及其他机构通常将向社会募集资金，用于从事证券投资活动，担任基金托管人的商业银行或其他金融机构则保管所有基金投资者的资金财产，而无论基金管理、证券投资与基金资产托管业务均直接涉及广大投资者的利益，进而影响基金市场的稳定与安全。为此，我国《基金法》对于从事基金管理与托管业务的经营主体采取核准制，目的在于以行政化的手段对其进行严格的事前监管。[①] 对于公募基金的中介机构，根据《基金法》第九十七条规定，各类基金服务机构应当按照国务院证券监督管理机构的规定进行注册或者备案。换言之，我国基金法对于基金服务机构的市场准入管理主要采取注册制或备案制，体现了简政放权和市场化治理的理念。

在具体立法方式上，由于我国基金服务机构种类繁多，作为基金市场专门大法的《基金法》仅就基金服务机构的统一行为准则（如勤勉义务）及对各类机构的核心要求做出规定。对于设立条件或从业条件等基金服务机构管理的具体内容，主要由相关部门规章及规范性文件予以规定。例如，《证券投资基金销售管理办法（2013 年修订）》（以下简称《基金销售管理办法》）对于商业银行、证券公司、期货公司、保险机构、证券投资咨询机构、独立基金销售机构等机构申请注册基金销售业务资格设置了一般性的条件，同时，对于不同的申请主体还设置了相应的特别性条件。又如，《证券基金经营机构信息技术管理办法》对于证券基金经营机构借助信息技术手段从事证券基金业务活动与信息技术服务机构为证券基金业务活动提供信息技术服务，分别设置了不同的从业条件。

第二节　基金服务机构及其业务的准入与规范

从境外来看，各国各地区基金法律普遍对基金服务机构设置了一定的准入门槛，并制定有相应的行为规范。有关准入和监管规则针对不同类型的基

---

① 具体规定，分别参见《基金法》第 13 条、第 32 条。

金服务机构而言，存在较大区别。通常而言，基金销售机构、基金销售支付机构、基金份额登记机构和基金投资顾问，是各国和各地区的重点规制对象。其中，有的基金服务机构类别在不同国家和地区具有不同界定，受到的关注及相应立法体例也有所不同，因而需在比较法的视角下，分别观察分析。

一 基金销售机构及销售业务的准入与规范

基金销售机构是指依法办理基金宣传推介、基金份额发售或基金份额的申购和赎回，并收取相应佣金的服务机构。根据中国证监会《基金销售管理办法》的规定，基金销售机构是指基金管理人以及经证监会及其派出机构注册的其他机构。《基金法》第五十五条第二款规定，基金份额的发售，由基金管理人或者其委托的基金销售机构办理。据此，公募基金的发售由基金管理人自行办理或者委托其他销售机构办理。其他销售机构的范围，根据《基金销售管理办法》的规定，包括商业银行（含在华外资法人银行）、证券公司、期货公司、保险机构、证券投资咨询机构、独立基金销售机构以及证监会认定的其他机构。

（一）基金销售机构的设立及业务资格的取得

根据各国基金监管规则，基金销售机构及其业务接受准入规制较为普遍。在美国，基金受益凭证的发行大多经过当地的经纪商和交易商批发，然后分散零售给投资者，一些大的投资公司一般都附有自己所控制的销售机构，因此，基金受益凭证的募集与销售往往由兼营基金的投资咨询公司、证券经纪商和投资银行业务负责代销。在日本，基金的销售机构称为指定证券公司，这些证券公司须根据《金融商品交易法》的规定，取得大藏省核发的执照，然后根据基金信托契约的指定，从事受益凭证的承销业务。上述证券公司除自身的投资信托业务外，还兼任自营商、承销商等角色。此外，从事证券买卖的外销员也可代理指定证券公司从事基金受益凭证的承销业务。在新加坡、中国台湾地区等地，基金受益凭证的募集与销售一般由经理公司或其附属机构及其指定的承销机构办理。我国基金法律制度也借鉴了域外相关成熟规则。

我国《基金法》规定从事基金销售业务的机构应当按规定进行注册或

备案，《基金销售管理办法》进一步规定，除基金管理人以外的其余申请基金销售业务的机构，应向工商注册登记所在地的中国证监会派出机构进行注册并取得相应资格。针对各类申请主体的资质，《基金销售管理办法》对于除基金管理人以外的其余申请基金销售业务的机构设置了一般性的准入条件；同时，针对商业银行、证券公司、期货公司、独立销售机构等各类机构，采用“整体一般性+个体特殊性”的立法模式，分别设置了特别性准入条件。[①] 需要指出，2019年2月22日，中国证监会发布了《公开募集证券投资基金销售机构监督管理办法（征求意见稿）》及相关配套规则，该征求意见稿将基金销售机构分为两类：第一类是持牌类机构，包括商业银行、证券公司、期货公司及保险公司；第二类为独立基金销售机构，指专门从事基金销售的机构，包括保险经纪公司、保险代理公司、证券投资咨询机构等。针对现有分散的准入管理体例，为提升法律条文的简明性，征求意见稿整合了机构的准入条件，并对持牌类机构和独立基金销售机构设置不同的准入门槛。[②] 相较于原《基金销售管理办法》，征求意见稿采用“整体一般性+持牌类特殊性或独立销售特殊性”的立法模式。

在设立程序上，《基金销售管理办法》规定除基金管理人以外的各类机构从事基金销售业务的，应当向其工商注册登记所在地的中国证监会派出机构（以下简称证监局）申请注册，当地证监局受理后进行审查，并做出注册或不予注册的决定，在获得注册之后依法申领《经营证券期货业务许可证》，并将机构基本信息报证监会备案，并予以定期更新。此外，在获得销售业务资格之后，如超过1年时间未开展基金销售业务的，则将被终止业务资格。

近年来，随着互联网信息技术的广泛运用，独立基金销售机构已成为基金销售市场的主力军。应予承认，独立基金销售机构有利于拓宽公募基金的销售渠道，有利于中小投资者通过互联网等途径，方便快捷地投资门槛低、品种多的基金产品，体现了互联网金融与普惠金融的理念和发展方向。[③] 然而，在独立基金销售机构快速发展的过程中，频频出现因内部控制及风险管理制度不完善而引发的各种违法违规行为，在对投资者合法权

---

① 参见该《办法》第9~15条。

② 参见《公开募集证券投资基金销售机构监督管理办法（征求意见稿）》第7~9条。

③ 参见史妍《关于推动独立基金销售机构规范发展的探索实践》，《北京金融评论》2018年第3期。

益造成损害的同时，也影响着基金市场的稳定，因此需要通过立法等方式完善独立基金销售机构的内部监督制度。在彻底构建起完善的内部监督制度之前，适当加强外部监督成为独立基金销售机构健康发展的重要保障。为此，证监会上述征求意见稿，对基金销售机构的设立程序拟做如下调整：独立销售机构的注册申请由证监会单独受理，而商业银行、证券公司等持牌类机构则继续由工商注册登记所在地的证监局受理。除此之外，为深化行政审批制度改革，征求意见稿对于基金销售机构采取“先批后筹”的方式，申请机构可先行向证监会或证监局申请注册，在获得注册之后，按照相关法律法规完成基金销售业务的筹备工作，通过证监会或证监局的现场检查验收，完成工商变更登记后，统一向证监会申领经营证券期货业务许可证。

（二）基金销售机构的说明义务和适当性义务

适当性规则不仅是基金法针对基金服务机构的重要监管措施，同时也是关于基金投资者重要的保护性规则。有关规则对基金经营机构明确课以说明、建议等适当性法定义务。

1. 说明义务

说明义务是指基金销售机构在向基金投资人销售基金产品时，应当以后者能充分理解的方式向其说明产品的重要信息尤其是可能存在的各种风险。鉴于金融商品和服务的特殊性，各国家和地区对于金融机构都设置了较高标准的说明义务。总体上，金融机构的说明义务不仅对信息的准确性与完整性提出了要求，而且强调了信息的可理解性与可获得性。①

根据我国《基金法》的规定，基金销售机构承担的说明义务之首要内容是充分揭示投资风险。基金投资是一种风险投资，虽然基金投资者可能按其持有的基金份额分享投资产生的收益，但也可能因投资基金遭受损失。② 鉴于此，基金销售机构应当向投资人充分揭示投资基金及基金投资运作中可能面临的各种风险。基金投资的风险，总体上可以分为市场风险

---

① 参见贾同乐《金融机构信义义务研究》，博士学位论文，吉林大学，2016，第 140 页。

② 如根据《基金销售管理办法》第 43 条规定，即使基金销售机构宣传推介货币市场基金，也应当在相关宣传材料中提示基金投资人，购买货币市场基金并不等于将资金作为存款存放在银行或者存款类金融机构，基金管理人不保证基金一定盈利，也不保证最低收益。

(如系统性风险)、基金管理风险、技术风险和合规风险等。[①] 此处尤其要提出开放式基金特有的赎回风险，赎回被视为开放式基金持有人的重要权利和退出机制，但是现实中影响其实现的因素并不少见。比如根据现有规定，当单个交易日基金的净赎回申请超过基金总份额的10%时，投资人可能无法及时赎回持有的全部基金份额，这一风险又称开放式基金的巨额赎回风险。

2. 适当性义务[②]

我国新修订的《证券法》明确规定了证券公司对投资者适当性管理的义务和责任，作为证券法特别法的《基金法》第九十八条也规定：基金销售机构应当根据投资人的风险承担能力销售不同风险等级的基金产品。这实际上建立了基金销售机构适当性义务的基石。2018 年 4 月中国人民银行、银保监会、证监会及国家外汇管理局联合发布的《关于规范金融机构资产管理业务的指导意见》，根据相关法律法规精神和规定再次明确了金融机构的适当性义务和要求。[③]

事实上，中国证监会 2016 年发布的《证券期货市场投资者适当性管理办法》第一条明确其制定依据包括《证券投资基金法》，而其第二条规定，向投资者销售公开或者非公开募集的证券投资基金和股权投资基金(包括创业投资基金)，适用该办法。这表明，基金销售也适用其确立的适当性管理规则。在上述法律和规章之外，证监会根据《基金法》制定实施的《证券投资基金销售适用性指导意见》和《基金销售管理办法》均以行政规章的方式，对基金销售过程中的适当性制度做了详细规定。

需要指出，强调投资者保护是证券法、基金法等金融法律的首要宗旨，而投资者适当性是实现这一立法目标的重要制度之一。一般认为，在基金销售中，保护投资人合法权益主要有两种渠道：一是开展投资者教育

---

① 参见全国人大常委会法制工作委员会编《中华人民共和国证券投资基金法释义》，法律出版社，2013，第 196 页。

② 对基金投资者适当性义务保护制度的系统考察，可参见本书第五章内容。

③ 主要内容包括：金融机构发行和销售资产管理产品，应当坚持“了解产品”和“了解客户”的经营理念，加强投资者适当性管理，向投资者销售与其风险识别能力和风险承担能力相适应的资产管理产品；禁止欺诈或者误导投资者购买与其风险承担能力不匹配的资产管理产品；金融机构不得通过拆分资产管理产品的方式，向风险识别能力和风险承担能力低于产品风险等级的投资者销售资产管理产品。

活动，二是落实销售适当性原则。[①] 其中，基金销售投资者适当性的核心内容和要求是根据投资人风险承受能力销售不同风险等级的基金产品，也即合适的产品卖给合适的投资者。根据证监会《证券投资基金销售适用性指导意见》等规定，基金销售机构应当履行如下具体义务：（1）审慎调查。基金代销机构在接受代销委托之前，应当对基金管理人进行审慎调查并做出评价。通过尽职调查，充分了解基金管理人经营相关信息[②]，并将调查结果作为是否代销该基金管理人的基金产品或是否向基金投资人优先推介该基金管理人的重要依据。（2）基金产品风险评价。基金产品风险评价结果是基金销售机构向基金投资人推介基金产品的重要依据，要求基金产品风险应当至少包括低风险等级、中风险等级和高风险等级三个等级。（3）对基金投资人风险承受能力调查和评价。（4）对基金产品和基金投资人进行匹配。

（三）基金销售机构的其他行为限制及退出机制

为规范基金销售行业运行，保障基金销售市场健康发展，加强投资者保护，《基金销售管理办法》采用“负面清单”的方式，规定基金销售机构及其从业人员从事基金销售业务的禁止性行为。[③] 中国证监会2019年2月公布的《基金销售机构监管办法（征求意见稿）》，重点对基金服务机构及从业人员在虚假或不当宣传、泄露基金投资人信息、实施不合规的销售安排、未按程序办理销售业务等几个方面做出规制，旨在进一步促进基金服务机构及从业人员合规经营。

如果说行为限制目的在于保障市场主体公平竞争，合理的退出则是在公平基础上的优胜劣汰。允许各类市场主体适用统一规范的市场退出程序，既是公平竞争的体现，也是优胜劣汰的应有之义。[④] 然而，《基金销售

---

① 参见朱侃《论我国互联网平台基金销售创新与监督》，《金融法苑》2015年第2期。

② 这些信息包括基金管理公司的诚信状况、经营管理能力、投资管理能力和内部控制情况。

③ 这些行为包括：（1）以排挤竞争对手为目的，压低基金的收费水平；（2）采取抽奖、回扣或者送实物、保险、基金份额等方式销售基金；（3）以低于成本的销售费用销售基金；（4）承诺利用基金资产进行利益输送；（5）进行预约认购或者预约申购（基金定期定额投资业务除外），未按规定公告擅自变更基金的发售日期；（6）挪用基金销售结算资金；（7）基金宣传推介材料不合规的情形；（8）证监会规定禁止的其他情形。

④ 参见《完善市场推出机制 推动经济高质量发展》（2019年7月16日），http://www.ndrc.gov.cn/govszyw/201907/t20190718_941766.html，最后访问时间：2019年8月15日。

管理办法》对于基金销售机构退出市场的机制并不完善，仅规定了暂停和终止基金销售业务资格的情形，对于那些已经不满足基金销售业务资格条件，本身存在重大风险隐患且可能损害基金投资人合法权益的基金销售机构，《基金销售管理办法》仍然准许其继续从事基金销售则显然不合理。此外，基金销售牌照作为金融行业的特许牌照，自2016年“停发”以来，部分获得销售牌照但经营业绩并不理想的销售机构希望通过倒卖出牌照来获得利润，一些独立基金销售机构采用代持股方式、变更股东方式进行牌照倒卖，在一些监管较松的省市获取牌照后再变更注册，导致行业准入乱象丛生。

为此，证监会《基金销售机构监管办法（征求意见稿）》拟对基金销售机构实施业务牌照续展制度，明确许可证有效期为3年，基金销售机构拟在许可证届满后继续从事基金销售业务的，应当在许可证届满前6个月向证监会或证监局提出续展申请，且不得有下列情形：（1）不符合基金销售业务资格注册相关条件；（2）最近一年度基金销售日均保有量（货币市场基金除外）低于10亿元；（3）内部管理混乱，存在重大经营风险；（4）累计亏损超过实缴注册资本70%，无法正常经营；（6）存在重大违法行为，或者连续两年被采取暂停业务等行政监管措施未得到有效整改。

二 基金销售支付机构及其业务监管

基金销售支付结算是基金销售中的重要一环，对基金销售资金安全有序的监管是基金投资人财产安全的重要保障。与普通支付相比，基金销售支付具有以下重要特点：一是基金销售支付需要准确记录投资人交付款项的时间；二是基金销售支付机构需要协助基金销售机构进行客户身份识别等反洗钱相关工作；三是基金销售支付机构如不能按时办理销售结算资金的划付，将直接影响基金投资人的财产安全。[①] 鉴于基金销售支付结算业务的重要性，中国证监会在《基金法》《基金销售管理办法》的基础上，制定实施了《证券投资基金销售结算资金管理暂行规定》（证监会公告

① 参见全国人大常委会法制工作委员会编《中华人民共和国证券投资基金法释义》，法律出版社，2013，第192~193页。

〔2011〕26号）等相关规范性文件，明确了基金销售资金流转、账户管理和支付业务等流程与要求。

（一）基金销售支付机构的定义及其设立

我国《基金法》第九十九条规定，基金销售支付机构应当按照规定办理基金销售结算资金的划付，确保基金销售结算资金安全、及时划付。据此，所谓基金销售支付机构（fund payment agency），是指在基金销售活动中为基金销售机构、基金投资人之间的货币资金转移、结算提供服务的机构。根据《基金销售管理办法》第二十五条和第二十六条之规定，基金销售支付机构分为商业银行基金销售支付机构与非商业银行基金销售支付机构。根据相关统计，截至2019年7月，包括支付宝、财付通、新浪支付、网银在线在类的40家支付机构获得支付牌照，可以为公开募集基金销售机构提供支付结算服务。[①]

基金销售支付机构应当经中国证监会备案，未经注册或备案的任何机构或个人，不得办理基金销售的支付业务。《基金销售管理办法》明确规定，申请从事基金销售支付业务的商业银行或支付机构应当具备下列条件：（1）有安全、高效的办理支付结算业务的信息系统；（2）制定了有效的风险控制制度；（3）中国证监会规定的其他条件。此外，商业银行应当具有基金销售业务资格，支付机构应当取得“支付业务许可证”且建立有效的业务隔离机制。其中，为取得“支付业务许可证”而成为支付机构的各类申请人除应当遵循各类机构的基本设立条件以外，还应当遵循《非金融机构支付服务管理办法》及《非金融机构支付服务管理办法实施细则》。

根据上述部门规章及规范性文件，非金融机构申请《支付业务许可证》的，在申请程序上，首先需要向其所在地的中国人民银行分支机构提交申请资料，经审查满足条件后再报中国人民银行批准，在申请条件上，申请人的注册资本因其从事支付业务的地域范围不同而不同，在全国范围内从事支付业务其注册资本最低限额为1亿元人民币，在省级范围内从事支付业务其注册资本最低限额为3000万元人民币，且均为实缴资本，除此

① 资料来源：http://www.csrc.gov.cn/pub/zjhpublic/G00306205/201509/t20150924_284306.htm?keywords=%E9%94%80%E5%94%AE%E6%94%AF%E4%BB%98，最后访问时间：2019年8月15日。

之外，申请人及申请人的主要出资人还应当满足相应的资格条件。[①]

（二）保证基金销售结算资金安全独立的义务

我国《基金法》第一百条规定了基金销售结算资金独立性，以及基金销售机构、基金销售支付机构负有保证基金销售资金安全、独立的义务。基金投资人参与基金募集、申购、赎回、分红等活动，在其结算账户与基金财产托管账户之间划转的资金，就是该条规定涉及的基金销售结算资金。投资人要投资基金产品，需在基金申购时将资金交付基金销售机构，根据相关流程最终将划转到基金托管账户。根据《基金法》第六十六条第二款规定，投资人交付申购款项，申购成立；基金份额登记机构确认基金份额时，申购生效。结合上述内容可知，投资者交付的申购款项即构成基金销售结算资金，其独立性在投资者交付时确立。

根据《基金法》第一百条的规定，基金销售结算资金的独立性包括以下内容和要求：（1）资产隔离。一方面，对于经手基金销售结算资金的基金销售机构、基金销售支付机构而言，基金销售结算资金不被列入其破产清算财产；另一方面，非因投资人本身的债务或者法律规定的其他情形，司法机关不得查封、冻结、扣划或者强制执行基金销售结算资金。这一规定要求对基金销售结算资金采取保全和执行措施时，应当首先确定是否因基金投资人自身债务问题引起或者法律有明确规定。（2）中介机构的义务。基金销售机构和基金销售支付机构应当采取规定和必要措施，保证基金销售结算资金的安全和独立，禁止任何单位和个人以任何形式挪用。实践中，上述两类中介机构可以在符合规定的商业银行开立基金销售结算专用账户，并通过基金销售结算资金监督机构的第三方监督，建立外部监督机制以更好保证基金销售结算资金的安全独立。

三　基金份额登记机构及登记业务的监管

基金份额登记机构（fund registration agency）是指办理基金份额过户、存管和结算等业务的机构。基金管理人可以办理其募集基金的份额登记业

---

① 参见《非金融机构支付服务管理办法》第八条、第十条。

务，也可以委托基金份额登记机构代为办理基金份额登记业务。

（一）基金份额登记机构业务范围及规范

在美国，证券市场的基金份额登记机构由美国证券交易委员会（简称证监会）负责监管和注册。在共同基金发展的初期，通常由已经取得股票登记结算系统的商业银行以业务开发的形式开展基金登记结算业务，但随着共同基金后台系统建设更加专业化和复杂化，基于专业化经营和降低成本的考虑，一些专门从事基金份额登记业务的服务机构开始成立并独立运作。从 20 世纪 80 年代到 21 世纪早期，随着共同基金行业的发展，一些大基金公司为了降低成本和满足客户服务的需要，陆续把基金份额登记业务从外包转回到自建，把其中部分功能外包给基金份额登记机构。[①]

根据我国《基金法》的规定，基金的份额登记系基金管理人的法定职责，但基金管理人可以基金委托份额登记机构办理，其中公募基金的登记机构应当经证监会认定。实践中，公募基金管理人将基金份额登记委托中国证券登记结算有限责任公司办理。需要指出，根据《基金法》第一百零一条规定，基金管理人将份额登记义务委托给其他机构的，其法定责任不得因此免除。

基金份额登记程序本质上是基金登记机构依据基金登记制度为投资者基金份额的申购与赎回进行确认并进行会计核算的过程，投资者的申购与赎回申请未经份额登记机关确认的，不得生效。在业务范围方面，除份额登记业务以外，基金份额登记机构还主要从事以下业务：（1）办理投资人基金份额账户的建立与管理；（2）基金交易的确认、清算与结算；（3）代理发放红利；（4）建立并保管基金份额持有人名册；（5）登记代理协议规定的事由。在基金业务外包中，如果基金管理人计划变更委托的基金份额登记机构，则应当在变更前将方案报送证监会备案。

在目前基金登记注册的实践中，中国证券登记结算公司作为依据证券法规定确立的法定证券登记结算机构，主要办理封闭式基金、LOF、ETF 等在交易所上市基金的登记结算业务。而封闭式基金的登记业务与开放式

---

① 参见阎楠《中登公司开放式基金注册登记业务外包发展研究》，硕士学位论文，西南交通大学，2017，第 34 页。

基金的情形不同，根据《基金法》第六十五条的规定，开放式基金的登记可以由基金管理人或基金服务机构办理，虽然中国证券登记结算公司也开发有开放式基金登记结算系统，并办理开放式基金的登记结算业务，但大部分开放式基金的登记结算业务由基金管理公司办理。在境外，基金的注册登记机构并不是统一的，而是由市场来选择，通过市场竞争，可能更有助于提高效率。①

基金份额登记机构负责基金申购及赎回的份额确认生效，根据其业务范围及职责，需要遵守的义务和规范要求包括：（1）以电子介质的方式保存登记数据，并保证其真实、准确、完整，不得隐匿、伪造、篡改或者毁损。电子介质登记数据是基金份额持有人权利归属的重要依据，必须予以妥善保存并保证其信息的真实准确完整。根据《基金法》的规定，登记数据需要备份至证券监管机构认定的机构，保存期限自基金账户销户之日起不得少于20年。（2）基金份额登记机构应当制定完备的份额登记业务管理制度，建立安全、高效的基金份额登记业务技术系统，设立独立的基金份额登记业务部门，并拥有满足营业需要的固定场所和安全防范措施。（3）在基金销售过程中，大部分与投资者身份、权益相关的业务，基金份额登记机构均会参与其中并进行相应处理，因此，基金份额登记机构不得从事与份额登记业务存在潜在利益冲突的其他业务，对因业务产生的有关数据及资料严格保密，非因法定原因不得随意提供。登记机构还应采取有效措施，方便基金份额持有人查询其本人基金份额的持有记录。

（二）基金份额出质登记的法律适用

基金份额登记机构登记的基金份额数据是基金投资者财产权利的根据，而以基金份额出质是我国物权法明确规定的权利出质的情况。

《基金法》第一百零二条规定，基金份额持有人以份额出质的，质权自基金份额登记机构办理出质登记时设立。该规定对应了《物权法》第二百二十三条关于可以基金份额出质的规定，但是在办理出质登记主体方面，两法具体规定出现了不一致的情形：根据《物权法》第二百二十六条

① 参见赵英《权利质权公示制度研究》，博士学位论文，中国社会科学院，2009，第145～146页。

规定，以基金份额出质的，质权自证券登记结算机构办理出质登记时设立，而《基金法》规定的办理出质登记的机构为基金份额登记机构。笔者认为，《物权法》制定于2007年，彼时对应的证券登记结算机构应当与证券法上的含义相同，而现行《基金法》第一百零二条关于基金份额出资等的规定系2012年修订时新增内容。易言之，物权法制定之初，关于基金份额出质的登记机关等事项在原基金法中没有规定，因此该法将其与上市公司股份均视为证券法上的证券类型，规定适用相同的登记机构。

事实上，我国基金份额的登记制度与证券法上确立的证券登记制度存在较大差异，登记机构的确立则存在明显差异。证券法上的证券登记结算机构确定为非营利法人，并被排除在证券服务机构范畴之外，而基金法上的基金份额登记机构则为基金管理公司或者其委托的从事基金份额登记业务的基金服务机构，实践中公募基金管理人将基金份额登记业务委托给中国证券登记结算公司亦颇为常见。

综上，从立法背景和现状来看，基金法确立的基金份额登记体制更符合现实情况。此外，从基金份额出质登记的立法来看，《物权法》属于担保的一般法，《基金法》在此方面做出的特别规定属于特别法的内容，应予以优先适用。

四 基金估值机构与估值业务的规范

第三方估值是消除资本市场信息不对称的重要措施。投资基金份额的市场价值判断，是投资者衡量投资可行性的关键手段，因此基金估值机构是一类重要的基金服务机构。

（一）基金估值机构及业务概述

基金估值机构（fund valuation agency），是指接受基金管理人委托，代为办理基金会计核算、估值及相关信息披露等业务活动的机构。基金估值业务通常指对基金拥有的全部资产及所有负债按一定的原则和方法进行估算，确定其公允价值并系统、连续地进行会计确认、计量、记录等业务活动。

在发达国家和地区，因其资本市场高度发达，基金估值业态在私募股权基金中较为成熟。对此，估值机构一般从被投资企业的现金状况、资本结构、股东价值、社会责任四个方面进行估值。[①] 投资标的为具有高度流动性的“证券”时，尽管证券市场本身能够创造出一些价值判断机制，但由于非发达市场固有的结构性缺陷，基金估值机构的作用及其规制在后发市场中具有特殊的意义。

美国《1940 年投资顾问法》就基金估值做了专门规定，基金管理人可以自行经营估值核算业务，也可以委托基金服务机构代为办理。在我国基金法上，基金管理人负有准确、及时进行基金估值和份额净值计价义务以及与基金估值相关的信息披露义务。基金托管人则负有复核、审查基金管理人计算的基金资产净值和基金份额申购、赎回价格的职责，这也是基金托管人对基金管理人实施监督的重要内容之一。

（二）基金估值机构业务规范

2017 年 9 月 5 日，证监会发布《关于证券投资基金估值业务的指导意见》就基金估值的基本原则做出规定，具体而言：（1）对存在活跃市场且能够获取相同资产或负债报价的投资品种，在估值日有报价的，除会计准则规定的例外情况，应将该报价不加调整地应用于该资产或负债的公允价值计量。估值日无报价且最近交易日后未发生影响公允价值计量的重大事件的，应采用最近交易日的报价确定公允价值；（2）对于不存在活跃市场的投资品种，应采用在当前情况下适用并且有足够可利用数据和其他信息支持的估值技术确定公允价值；（3）如经济环境发生重大变化或证券发行人发生影响证券价格的重大事件，使潜在估值调整对前一估值日的基金资产净值的影响在 0.25% 以上的，应对估值进行调整并确定公允价值。

此外，上述基金估值指导意见还规定基金管理人和基金托管人未遵守基金估值相关规定造成基金财产或者基金持有人利益受损的，应当根据基金法的规定承担个别或连带赔偿责任。

---

① 参见靳磊《私募股权基金估值方法比较研究》，《现代管理科学》2012 年第 11 期。

五 基金投资顾问机构及业务的规范与监管

投资顾问（fund investment consulting agency），是英美法系国家和地区应用较为普遍的用以指称为投资者提供投资决策咨询和建议的专业机构。在我国，基金投资顾问一般指按照约定向基金投资者、管理人等客户提供基金及其他投资产品的投资建议，辅助客户做出投资决策，并从中获取报酬或者经济利益的机构。实践中，基金投资顾问及其从业人员从事投资顾问业务，可能向普通投资者提供基金产品的投资建议，也可能接受基金管理人的委托为其证券买卖提供专业化建议。

（一）基金投资顾问及其业务的比较法界定

投资顾问在美国共同基金法律制度和基金法律关系构造中扮演着核心角色。具体而言，美国共同基金中的投资顾问与我国《基金法》中的基金投资顾问在角色与功能定位上既存在共同之处，但又具有明显差异。在共同基金中，投资顾问一方面是专门负责基金投资运作和日常行政管理的机构，它通过信托机制受托于共同基金，按照基金招募说明书规定的投资目标和管理政策来买卖证券，发挥着资产管理与运作的功能，其实质等同于我国基金市场中的基金管理人。

另一方面，投资顾问也提供证券投资咨询建议服务。美国《1940 年投资顾问法》明确规定，投资顾问是指为了报酬而为别人提供咨询服务的人，不管是运用书面材料还是直接材料为顾客提供和证券相关的投资、购买、售卖等活动，投资顾问利用自身专业的信息收集和分析能力，为基金等投资产品的买卖提供专业化建议，这方面则与我国基金投资顾问相同。归纳而言，在美国共同基金中，投资顾问扮演着双重角色，既具有资产管理与运作的功能，又具有咨询建议的功能；我国基金顾问机构则从事单一的咨询建议业务，并不涉足资产管理。

英国从事证券投资咨询的主体被认定为“财务顾问”，其业务范围不仅包括证券行业，也包括所有与理财相关的业务。2005 年英国对财务领域做出变更，将其区分为独立财务顾问、独家承销商与多产品承销商。[①]

---

① 参见季松《证券投资咨询业务市场规制研究》，博士学位论文，北京交通大学，2017，第 67 页。

日本在1986年出台《有关有价证券投资顾问业的管理法律》，将投资顾问契约规定为“是指当事人一方对相对方约定基于有价证券的价值等或对有价证券价值等的分析，通过口头、书面及其他方法，关于投资判断进行交易，相对方约定对此约定支付报酬的契约”，基于此，对投资顾问规定为“是指以顾客基于投资顾问契约提供建议为业进行的营业”。[①]

我国台湾地区“证券投资信托及顾问法”第四条规定，证券投资顾问是指直接或间接自委任人或第三人取得报酬，对有价证券、证券相关商品或其他经主管机关核准项目之投资或交易有关事项，提供分析意见或推介建议；证券投资顾问事业是指经主管机关许可，以经营证券投资顾问为业之机构，证券投资顾问事业经营之业务种类包括证券投资顾问业务和全权委托投资业务等。根据上述规定可见，我国台湾地区投资顾问同样享有资产管理的权利，在证券市场中扮演着双重角色。

（二）基金投资顾问的受信义务

在证券投资顾问业务中，投资顾问机构与投资者存在委托的法律关系，投资者基于对投资顾问机构的信赖，通常依据其投资建议进行投资决策，促使二者之间形成特殊的信赖关系，而在这种关系中投资顾问机构往往处于优势地位，并容易滥用优势地位为自己或者第三人牟利，导致投资者利益无法得到应有的保护。因此，中外学界普遍认为，应当明确投资顾问机构对于投资者负有信义义务。对于信义义务的具体内涵，则有一定认识分歧。有观点认为，信义义务主要从忠实义务和勤勉义务两方面加以界定。[②] 另有观点认为，我国应当在金融领域为金融机构确立的信义义务包括适当性义务、说明义务、忠实义务和勤勉义务。[③] 还有学者认为，关于信义义务的既有规则更加强调规制受托人与委托人之间的利益冲突，即更加注重忠实义务，对于受托人基于勤勉义务而应当具备的专业能力和服务

---

① 参见〔日〕河本一郎、大武泰南《证券交易法概论》（第四版），侯水平译，法律出版社，2001，第366～367页。

② 参见董新义《资产管理业者的信义义务：法律定位及制度架构》，《求是学刊》2014年第4期。

③ 参见贾同乐《金融机构信义义务研究》，博士学位论文，吉林大学，2016，第135页。

水准等要求却付诸阙如；为此，建议引入专家义务理论，强化对投资顾问机构的专业能力及服务水准，丰富勤勉义务的内涵。[①] 笔者认为，适当性义务、说明义务虽有特别突出和进一步具体化的必要，但本质上仍主要属于勤勉义务的范畴；而引入专家义务，目的仍在于丰富勤勉义务的内涵。鉴于此，笔者同意从忠实义务和勤勉义务两大方面，来完善我国证券基金法领域的投资顾问受信业务制度。

总体而言，我国目前对于基金投资顾问机构的行为限制在立法上规定较少且较为分散。根据如上思维路径，结合《基金法》规定及其他基金投资顾问制度安排，建议从如下两方面来界定我国基金投资顾问的受信义务：一方面，基于勤勉义务的要求，基金投资顾问机构在提供投资顾问服务中，应当以行业内的专家身份为客户提供相关咨询；如实陈述自身服务能力和经营业绩，准确评估投资者的风险承受能力及投资偏好，在向其充分提示投资风险的基础之上，提供适当且合理的投资建议；另一方面，基于忠实义务的要求，基金投资顾问机构应当从基金投资者利益出发，基于其利益最大化原则提供投资建议和辅助投资决策；不得以任何方式承诺或者保证投资收益，不得从事任何损害服务对象合法权益的行为。从完善基金投资顾问受信义务制度来看，未来应进一步明确基金投资顾问与签约投资者的信义关系，在此基础上对服务对象承担受信义务。

六　基金评价机构及基金评价业务的监管

基金评价机构（fund rating agency），是指对基金的投资收益和风险或基金管理人的管理能力开展评级、评奖、单一指标排名或其他评价活动的机构。基金评价机构作为基金投资重要的投资决策辅助机构，活跃于成熟资本市场国家和地区。

（一）基金评价服务机构及其业务概述

在美国共同基金中，基金评级机构是主要的中介服务机构之一，其为

① 参见武贵振《证券咨询机构的专家民事责任》，博士学位论文，中国政法大学，2011，第40页。

基金投资者的投资决策提供及时有效的信息，帮助投资者降低决策过程中的信息搜寻成本和决策失误，使资金流向业绩排名靠前的基金，形成对管理人良性的外部激励，有利于抑制基金管理人的道德风险。

美国基金评级机构的设立通常无须获得行政许可，只要遵循有关法律法规，任何机构或个人都可以从事基金评级业务。由于评级业务本身的复杂性、专业性和权威性，市场竞争的残酷性和被认可程度等原因，目前美国开展基金评级的公司数量并不多，行业较负盛名的主要有晨星、标准普尔、Micropal 和理柏公司等。尽管评级机构为数不多，但对基金业发展的影响却不容小觑。据统计，美国公司型基金有 80% 以上的基金投资者会受到基金评级结果的影响，基金公司在其广告宣传中也普遍引用基金评级机构的评级结果。①

我国资本市场虽然尚不成熟，但基金评价机构也开始逐步发展。目前，我国基金市场中的基金评价机构主要包括以下几类：（1）从事基金评价业务的证券公司；（2）从事基金评价业务的证券投资咨询机构；（3）独立基金评价机构；（4）媒体；（5）证监会认定的其他机构。

（二）基金评价业务的功能价值

从美国共同基金业来看，基金评价在基金管理中占很重要之地位，基金净资产价值如计算错误，除误导客户外，基金相关费用（如经理费及保管费）及顾问的绩效报酬也因此计算错误，故基金净资产价值应正确计算且提供给客户，投资顾问公司应有适当之内部控制及验证程序以侦测资产评价是否重大偏离市价。

基金评价机构与业务在我国基金市场同样扮演着极为重要的作用：（1）由于我国公募基金采取契约型形式，基金份额持有人在基金份额申购完成之后的投资运作由基金管理人负责，意味着基金财产的控制权与经营管理权产生了分离，基金持有人与管理人之间不断形成新的信息不对称。基金投资者在选择目标基金时，受限于自身信息收集与分析能力，通常只能通过市场公开的基金收益情况来评判基金优劣，对于投资过程中的其他

① 参见马振江《中国证券投资基金治理模式研究——基于公募证券投资基金的分析》，博士学位论文，吉林大学，2011，第109页。

风险难以知情，无法对目标基金形成一个较为全面、客观的评价。因此，基金评价业务的目的之一，就在于通过专业的基金评价，帮助投资者对目标基金做出更为科学的分析。（2）基金产品效益的背后是基金管理人对基金的管理与运作，全面客观的基金评价体系既能够帮助基金管理人就同行业竞争者的投资情况提供信息反馈，促使其通过对比分析出自身不足，进而改善投资管理，增强自身的市场竞争力。[①] 同时，基金评价对基金管理人构成市场化的外部约束，对投资者来说则是投资决策和风险控制的重要参照指标，有利于推动基金信息的传播与基金市场的发展。[②]

综上，基金评价机构基于自身专业、系统的理论基础、标准和方法对市场上的基金进行评级、排序，为投资者选择基金产品提供一个相对客观的参考标准，在降低投资者的投资风险和保护投资者合法权益的同时，也有助于基金管理人通过参考评价结果而改善基金的管理与运作。

（三）基金评价机构的利益冲突防范

2007 年美国次贷危机后，美国学界反思认为，信用评价机构是危机加深和蔓延的重要推波助澜者，美国证监会特别指出信用评价机构的利益冲突、信息披露等失范问题。为此，美国证监会先后通过四个法规增加信息披露的内容，对利益冲突防范制度进行完善。[③] 上述情况表明，信用评价对于金融市场的发展具有非常直接的影响，甚至可能成为金融危机的助推器。

在基金市场，普通投资者在选择基金产品时，通常将基金评价机构的评价、评级或排序结论作为重要的参考依据，其在很大程度上影响着投资者的选择。因此，若基金评价机构不能客观公正开展评价服务，甚至进行违规操作、恶性竞争乃至虚假信息披露，将对投资者产生误导，严重者可能给投资者造成巨大损失，引发基金市场系统性风险。为此，需要以基金评价机构为抓手，制定实施相关业务规范。

---

① 参见赵玉彪《我国证券投资基金绩效评价及影响因素研究》，博士学位论文，吉林大学，2013，第 7 页。

② 参见巴曙松《对推进基金评价体系建设的战略性思考》，《中国经济时报》2003 年 6 月 13 日。

③ 参见封红梅《中国投资基金评价新规评析——金融危机后美国信用评价法制发展的启示》，《山东社会科学》2011 年第 2 期。

目前，我国除《基金法》的原则性规定外，规范基金评价机构及其业务的主要是2010年1月中国证监会与中国证券业协会相继发布的《证券投资基金评价业务管理暂行办法》和《证券投资基金评价业务自律管理规则(试行)》。上述监管规章和自律规则做出的主要规范要求可归纳为：(1) 从事基金评价业务应当坚持长期性与全面性原则，即注重对基金的长期评价和全面综合评价，同时对基金评价的具体标准设专章予以规制；(2) 强化基金评价业务的信息披露，要求基金评价机构通过指定网站或信息披露媒体向社会披露评价标准、评价方法和程序；(3) 要求基金评价机构遵循公正性原则，防止利益冲突。

我国《基金法》第一百零四条规定，基金评价机构应当客观公正，按照依法制定的业务规则开展基金评价业务，禁止误导投资人，防范可能发生的利益冲突。基金评价机构一般并不以基金评价业务为唯一业务，往往同时开展基金销售、投资顾问等业务，在同时开展多种业务的情况下就可能发生利益冲突。《证券投资基金评价业务管理暂行办法》和《证券投资基金评价业务自律管理规则（试行)》在防止利益冲突方面做了如下主要要求：(1) 要求基金评级机构遵循公正性原则，即在从事评级业务过程中，保持中立地位，公平对待所有评级对象，不得存在歪曲、诋毁的行为，并要求基金评价人员不得同时在两个以上的基金评价机构执业；(2) 要求基金评价机构内部不同部门之间及与基金管理公司或基金销售机构之间建立防火墙制度，实行业务隔离；(3) 基金评价机构与评价对象存在当前或潜在利益冲突时，应当在评级报告、评价报告中声明该机构与评价对象之间的关系，同时说明该机构在评价过程中为规避利益冲突影响而采取的措施；(4) 基金评价机构应当避免使用与评价对象存在当前或潜在利益冲突的人员对该对象进行评价。

七　基金信息技术系统服务机构的立法与规范

信息系统是证券基金市场基础设施的重要组成部分。随着信息技术的进步及其在证券市场应用程度的加深，证券基金经营机构、专项业务服务机构的各类业务活动以及风控、合规等各类管理活动已与信息系统深度融合。在此情况下，为了维护资本市场安全稳定运行，保护投资者合法权益，需要就证券基金信息技术系统服务机构做出相应规范。

（一）基金信息技术系统及服务机构的立法

我国原有证券法对于证券市场信息技术系统服务的规定较为欠缺，《基金法》则于2012年修订时，明确将信息技术系统及服务机构纳入其调整范围。其中，该法第九十七条规定，从事公开募集基金的信息技术系统服务等基金服务业务的机构，应当按照国务院证券监督管理机构的规定进行注册或者备案；第一百零五条规定，基金服务机构的信息技术系统，应当符合规定的要求；国务院证券监督管理机构可以要求信息技术系统服务机构提供该信息技术系统的相关资料。此外，基金法还对该类机构的行政法律责任做了具体规定。

在证券法和基金法的基础上，证监会自2008年以来先后出台了《证券期货业信息安全保障管理办法》以及《证券期货业信息安全事件报告与调查处理办法》，以信息技术安全为核心提出了监管要求，2018年12月又发布了《证券基金经营机构信息技术管理办法》（以下简称《信息技术管理办法》）。至此，我国证券基金信息技术系统及服务机构的规范体系初具雏形。

（二）基金信息技术服务机构的界定

证券法和证券投资基金法没有对证券基金信息技术服务机构进行明确定义。根据《信息技术管理办法》第三条规定，信息技术服务机构是指为证券基金业务活动提供信息技术服务的机构，其中信息技术服务的范围如下：重要信息系统的开发、测试、集成及测评，重要信息系统的运维及日常安全管理，证监会规定的其他情形。结合《基金法》的相关规定，可将基金信息技术服务机构定义为：接受基金管理人、基金托管人和基金服务机构的委托，为委托人提供基金业务核心应用系统、信息系统运营维护、信息系统安全保障和基金交易电子商务平台等业务活动的机构。[①] 需要指出，与前述各类基金服务机构服务对象既包括基金投资人的委托也包括基

① 参见全国人大常委会法制工作委员会编《中华人民共和国证券投资基金法释义》，法律出版社，2013，第207页。

金管理人或者托管人不同，基金信息技术服务机构专指接受基金管理人、委托人、中介机构的委托并为其提供信息技术服务的机构。①

根据《信息技术管理办法》的规定，基金信息技术服务机构就是为基金管理公司提供信息技术服务的机构；同时，证券基金专项业务服务机构借助信息技术手段从事证券基金业务活动的，参照该办法执行。而证券基金专项业务服务机构，是指从事公开募集基金的销售、销售支付、份额登记、估值、投资顾问、评价等基金服务业务的机构和证券投资咨询机构。

（三）对基金信息技术服务机构的主要规范要求

《信息技术管理办法》集中从资质、内审、质量控制、信息留存等方面，细化了对证券基金信息技术服务机构的管理。根据其规定，基金信息技术服务机构应当履行以下主要义务。

1. 依据规定向监管机构申请备案

《信息技术管理办法》规定的基金信息技术服务机构应当符合六项条件并向证监会办理备案。②

2. 健全内部质量控制机制，定期监测相关产品或服务

基金信息技术服务机构在提供相关信息服务过程中，如果出现明显质量问题，应当立即核实有关情况，采取必要的处理措施，明确修复完成时限，及时完成修复工作。

3. 不得从事明确禁止的行为

信息技术服务机构在为证券基金业务活动提供信息技术服务的过程中，不得有参与经营机构向客户提供业务环节或者发布可能引发误解的信

---

① 对于基金服务机构而言，基金信息技术服务机构属于基金中介机构的信息技术服务商。

② 此六项条件及相关要求主要包括：近三年未因从事非法金融活动，违反金融监管部门有关规定展业，为非法金融活动提供信息发布服务等情形受到监管部门行政处罚或重大监管措施；信息技术服务机构及其控股股东、实际控制人、实际控制人控制的其他信息技术服务机构最近一年内不存在证券期货重大违法违规记录；具备安全、稳定的信息技术服务能力和及时、高效的应急响应能力；熟悉相关证券基金业务，具备持续评估信息技术产品及服务是否符合监管要求的能力等。基金信息技术服务机构备案材料应当包括本机构基本情况、信息技术服务情况、服务对象情况、内部控制情况等相关资料；备案内容发生变更的，应当及时更新备案材料。如备案材料不完整或者不符合规定的，应当根据证监会要求及时补正。

息等七类明确禁止的行为。[①]

4. **按照规定报送资料及配合监管机构检查**

信息技术服务机构应当按照证监会要求定期报送相关资料，并保证提交报告的内容真实、准确、完整。此外，证监会及其派出机构在对服务机构信息技术管理及服务活动的监管过程中开展现场检查及非现场检查时，信息技术服务机构应当予以配合，如实提供有关文件、资料，不得拒绝、阻碍或隐瞒。

5. **出现重大事件及时履行报告义务**

信息技术服务机构出现《信息技术管理办法》规定情形的，应当立即报告住所地证监会派出机构。[②]

八　律师、会计师事务所从事基金服务的准入与义务

在全球证券市场，注册会计师事务所和律师事务所等中介机构扮演的角色均举足轻重，并且历来受到立法、司法和执法的高度重视。例如在美国，除了成文法之外，联邦最高法院通过相关判例认定[③]，注册会计师具有“公众看门人”的职能，对投资公众负有忠诚责任，需要始终独立于其客户而不能辜负公众的信任。[④] 各国针对作为基金服务机构的律师、会计师事务所进行的基金立法活动，同样表现为遵循基金市场诚信的基本理念。

---

① 具体包括以下行为：(1) 参与证券基金经营机构向客户提供业务服务的任何环节或向投资者、社会公众等发布可能引发其从事证券基金业务误解的信息；(2) 截取、存储、转发和使用证券基金业务活动相关经营数据和客户信息；(3) 在服务对象不知情的情况下，转委托第三方提供信息技术服务；(4) 提供的产品或服务相关功能、操作流程、系统权限及参数配置违反现行法律法规；(5) 无正当理由关闭系统接口或设置技术壁垒；(6) 向社会公开发布信息安全漏洞、信息系统压力测试结果等网络安全信息或泄露未公开信息；(7) 法律法规及证监会禁止的其他行为。

② 触发报告义务的主要情形包括：(1) 人员、财务、技术管理等方面发生重大变化，可能无法持续为证券基金经营机构提供信息技术服务；(2) 提供的信息技术服务存在明显缺陷，可能导致所服务的三家及以上证券基金经营机构发生信息系统运营异常、数据泄露、遭受网络攻击等情形；(3) 其他可能对投资者合法权益、证券期货市场造成严重影响的事件。

③ United States v. Arthur Young & Co., 465 U.S. 805 (1984), 817-818.

④ 原文为：In certifying the public reports that depict a corporation's financial status, the accountant performs a public responsibility transcending any employment relationship with the client, and owes allegiance to the corporation's creditors and stockholders, as well as to the investing public。

（一）律师、会计师事务所从事基金业务的范围

随着股票发行注册制等市场化改革的深入进行，我国资本市场更加强调保荐人和证券服务机构“看门人”的作用。在证券投资基金活动和基金市场中，作为中介机构，律师、会计师事务所同样承担着重要作用。早在2003年我国首部《基金法》中，就在基金募集、基金信息披露及基金财产清算中明确规定律师事务所和会计师事务所的地位和职责。现行《基金法》在原基金法的基础上进一步完善了律师、会计师事务所参与基金业务的规定，如该法第五十一条、第八十一条规定，公开募集基金的注册和清算均需要律师事务所出具法律意见书；第三十条、第四十三条、第八十一条规定，公募基金的管理人和托管人终止履行职责以及公募基金的清算，都需要经会计师事务所审计。除此之外，证监会根据基金法等法律制定的部门规章，对律师、会计师事务所履行职责的规定更为详细和具体。

具体而言，在基金业务领域，会计师事务所主要开展以下业务：（1）公募基金管理公司设立、公募基金管理人审计；（2）基金托管人净资产和资本充足率专项验资；（3）公募基金管理公司变更重大事项审计；（4）基金服务机构注册审计；（5）公募基金管理人和基金托管人职责终止时的基金财产审计；（6）基金合同终止后清算组的清算报告审计。

律师事务所从事基金业务主要包括：（1）核查和检验相关事项。在基金管理公司及其子公司的设立、修改章程、变更股东等各个环节，均会产生众多的法律文件，这些文件往往具有很强的技术性和规范性，需要律师的参与以满足监管要求和核查文件的真实性与准确性。（2）出具法律意见书。律师事务所从事基金法律业务，可以为下列事项出具法律意见：证券投资基金管理公司及其分支机构的设立、变更、解散、终止，证券投资基金的募集、证券公司集合资产管理计划的设立，基金合同终止时清算组做出的清算报告，对基金管理公司、基金、基金销售机构相关事项进行核查和验证的结果。

（二）律师、会计师事务所从事基金业务的准入机制

长期以来，我国对于会计师事务所从事证券、期货相关业务采取行政审批制度，而由于我国并未出台关于会计师事务从事证券投资基金业务的

专门规定，因此一般参照适用会计师事务所从事证券业务的相关规定。2000年6月财政部、证监会联合发布的《注册会计师执行证券期货相关业务许可证管理规定》明确规定，对注册会计师、会计师事务所执行证券、期货相关业务实行许可证管理。2007年4月财政部和证监会联合发布的《关于会计师事务所从事证券、期货相关业务有关问题的通知》（财会〔2007〕6号）规定，会计师事务所从事证券、期货相关业务，应当按照本通知规定取得证券、期货相关业务资格。2017年9月19日，《证监会行政审批中介服务事项清单》明确要求，具有证券、期货相关业务资格的会计师事务所从事包括公募基金管理公司设立、公募基金管理人审计等在内的4项基金中介业务应当获得行政审批。

新修订的《证券法》第十章对证券服务机构从事证券投资咨询服务之外的业务，统一实施行政备案制度。因此，新《证券法》正式实施后，会计师事务所从事证券基金业务的准入机制将由现行行政许可改为备案制度。[①]

而与其他证券服务机构资格管理不同，我国对于律师事务所从事证券服务业务，较早取消了资格审批制度。2002年12月23日，司法部和证监会联合发布《关于取消律师及律师事务所从事证券法律业务资格审批的通告》，明确自2002年11月1日国务院决定发布之日起，取消律师事务所从事证券法律业务资格审批、律师从事证券法律业务资格审批、外国律师事务所协助中国企业到境外发行股票和股票上市交易备案。因此，律师事务所从事基金业务，亦仅需要向证券监管机构备案。

（三）律师、会计师事务所从事基金业务的主要义务

除《基金法》之外，《证券法》《注册会计师法》等法律法规及证监会根据法律法规发布实施的规章规则，对于律师、会计师事务所从事证券基金业务多有规定。以下主要结合《基金法》2012年的修订变化及新法实践，就律师、会计师事务所从事基金业务的主要义务进行列举分析。

---

① 需要指出，《基金法》第97条规定适用注册或者备案的基金服务机构仅列举了从事公开募集基金的销售、销售支付、份额登记、估值、投资顾问、评价、信息技术系统服务等基金服务业务的机构。对于会计师事务所、律师事务所的准入机制，仍需要适用《证券法》的相关规定。

1. **勤勉尽责义务**

《基金法》第九条规定，基金服务机构从事基金服务活动，应当恪尽职守，履行诚实信用、谨慎勤勉的义务；第一百零六条规定，律师、会计师事务所应当勤勉尽责、恪尽职守。因此，勤勉尽责是律师事务所、会计师事务所从事基金业务的基本准则和原则性要求。根据有关理解，勤勉尽责应当至少包括两方面的内涵：一方面，要求二者（及其他中介机构）利用其专业知识和技能以及经验努力履行职责，依据法律法规及主管机关自律组织的规定，独立、客观、专业地发表意见，而不受其他外在因素的影响；另一方面，要求其在发表专业意见的过程中，必须穷尽能力和渠道核查、验证各类文件材料，保证其意见内容不存在虚假记载、误导性陈述或者重大遗漏。①

2. **核查验证相关文件的义务**

2003 年基金法以结果为导向，要求中介服务机构出具的文件内容应当真实、准确和完整。2012 年《基金法》则对中介机构执业过程中的行为规范做出明确要求，即应当对其所依据的文件资料的真实性、准确性和完整性做出核查和验证。从实践中来看，工作底稿是判断律师、会计师是否勤勉尽责和履行相应核查验证义务的重要证据。

3. **对受托的各项与基金业务有关的事项发表意见**

2003 年基金法仅要求中介服务机构对于公开披露的信息出具专业意见并保证其真实、准确和完整，显然这一规定对于中介机构的责任范围限定过窄。事实上，在基金服务过程中形成的信息可以区分为公开披露的信息和非公开信息。2012 年《基金法》填补了这一立法漏洞，规定律师事务所、会计师事务所为有关基金业务活动出具专业意见。从实践中来看，上述中介机构不仅应当就公募基金法律文件、基金财务报告和定期报告等公开信息发表专业意见，还应对委托人申请业务资格、内部控制、重大变化等非公开信息提供服务和承担相应责任。此外，对于非公开信息，各类中介机构应当按照《基金法》第 106 条的规定和合同要求履行保密义务。

4. **根据法律法规及执业准则拒绝出具报告和避免利益冲突**

中介机构履行职责应当客观中立和公正，否则其出具的文件将对不特

① 参见全国人大常委会法制工作委员会编《中华人民共和国证券投资基金法释义》，法律出版社，2013，第 208 页。

定的市场投资者造成误导和损害。对此，《注册会计师法》第二十条和第三十一条规定了会计师事务所和注册会计师在从事证券市场审计业务，遇有其明确规定情形的，应当拒绝出具有关报告。[①] 而根据证监会相关管理规定，律师事务所从事证券基金业务时，应当主动防止利益冲突，具体包括：同一律师事务所不得在其他同一证券业务活动中为具有利害关系的不同当事人出具法律意见；律师担任公司及其关联方董事、监事、高级管理人员，或者存在其他影响律师独立性的情形的，该律师所在律师事务所不得接受所任职公司的委托，为该公司提供基金法律服务。

第三节　基金服务机构的监管措施与法律责任

我国《基金法》第九条规定了基金服务机构诚实信用、谨慎勤勉的一般性义务，第一百零六条、第一百四十五条明确了各类基金服务机构因违反本法规定而应当承担民事责任；在法律责任一章中，分别规定了各类基金服务机构应当承担的行政责任。此外，各类基金服务机构违法行为情节严重触及刑律者，可能涉及刑事处罚。总体上，《基金法》规定的基金服务机构违法可能承担的法律责任可分为行政责任、民事责任和刑事责任；而在法律规范设置上，关于行政责任的设置相对具体和完备，而民事责任与刑事责任的规定则过于原则。

一　基金服务机构的监管措施与行政法律责任

证券投资基金活动是证券市场的重要组成部分，对证券市场的监管包括对证券投资基金活动的监管，我国《基金法》第十一条明确规定证券投资基金活动由国务院证券监督管理机构实施监督管理。国务院证券监督管理机构可以依法制定有关证券投资基金活动的规章、规则，对基金管理人、基金托管人、基金服务机构等主体进行监管，对违法行为进行查处等。

在证券监管措施方面，广义上包括证券监督管理机构依法对监管事宜

---

① 主要情形包括：（1）委托人示意其作不实或者不当证明的；（2）委托人故意不提供有关会计资料和文件的；（3）因委托人有其他不合理要求，致使注册会计师出具的报告不能对财务会计的重要事项做出正确表述的。

和监管对象采取的行政许可、行政强制和行政处罚等行为。[①] 狭义上，是指证券监督管理机构对证券期货市场各类主体存在的违法或不当行为或者危险状态，依法采取的监督管理措施的总称。[②]《基金法》第二章“基金管理人”、第三章“基金托管人”、第十一章“基金服务机构”及第十三章“监督管理”，明确赋予了证券监督管理机构采取监管措施的权力。同时，由于基金托管人由商业银行或其他金融机构担任，在我国金融分业监管的模式下，商业银行等金融机构的监管由国务院银行业监督管理机构统一实施。如果基金托管人存在违法违规情形，国务院证券监督管理机构和银行保险业监督管理机构均可对其采取监管措施。

此外，国务院证券监督管理机构为履行监督管理职能，颁布了一系列规章规则，其中大量涉及行政许可、行政强制和行政处罚内容。本节仅就基金法律法规和规章规则对涉及基金服务机构采取的监管措施予以分析；同时，由于《基金法》对基金服务机构的准入采取备案或注册制而不对行政许可单独论述，下文主要围绕行政强制和行政处罚展开。

（一）对基金服务机构的行政监管措施

中国证监会于2018年5月发布《证券期货市场监督管理措施实施办法(试行)》，明确证券监督管理机构为依法履行职责可以采取的监督管理措施包括责令改正、监管谈话、出具警示函、责令公开说明、责令参加培训、责令定期报告、暂不受理与行政许可有关的文件、认定为不适当人选以及法律和行政法规规定的其他监督管理措施共9大类。同时，该办法将上述监管措施与实施证券期货市场禁入、行政处罚以及采取风险处置措施等执法活动明确区分，并依法源标准将其区分为法律、行政法规规定的监督管理措施和证监会规章规定的监督管理措施。其中，责令改正、监管谈话、出具警示函、责令公开说明、责令参加培训、责令定期报告、暂不受理与行政许可有关的文件、认定为不适当人选属于证监会规章规定的监督管理措施，而责令增加内部合规检查的次数、公开谴责等十类措施属于法律、行政法规规定的监督管理措施。

---

① 参见华东政法大学课题组《证券公司与证券服务机构法律制度完善研究》，课题组负责人吴弘，《证券法苑》2014 年第 10 期。

② 参见张红《证券监管措施：挑战与应对》，《政法论坛》2015 年第 4 期。

根据中国证监会原主席肖钢的解释，证券监管措施属于一种事中监管措施，是对市场主体合规性和审慎性监管过程中实施的矫正性措施，旨在防止风险蔓延和危害后果扩散，对时效性要求较高。[①] 同时需要看到，采取证券监管措施往往对监管对象及其他主体造成直接乃至重大影响，因此也具有较大的事前遏制违法违规行为的功能。

（二）对基金服务机构的行政处罚

证券行政处罚是对证券市场违法违规行为人实施的惩罚性措施，其主要目的是惩戒，系证券监管中事后监管的重要手段，也是最传统的一种监管手段。根据我国《行政处罚法》的规定，行政处罚措施包括警告、罚款、没收违法所得、责令停业等6种。

《基金法》对于基金服务机构的行政处罚，在立法上采取类似于“总分”的形式。首先，《基金法》第一百三十六条规定，系对《基金法》第九十七条关于要求基金服务机构履行注册或者备案规定的衔接，是对违反上述规定确立的行政法律责任。[②] 其次，《基金法》第一百三十七条至第一百四十三条针对不同类别的基金服务机构违反本法规定的，分别规定相应的行政处罚内容。最后，《基金法》第一百零一条针对各类基金服务机构规定了应当建立完备的风险管理制度和灾难备份系统、不得泄露与基金份额持有人以及基金投资运作相关的非公开信息的义务，第一百四十四条针对基金服务机构违反上述规定的，统一规定了对机构的罚款和责令停业（停止基金服务业务），以及对直接负责的主管人员和其他直接责任人员警告、撤销基金从业资格和罚款的行政处罚。

（三）基金服务机构从业人员的市场禁入

《基金法》第一百四十八条规定：违反法律、行政法规或者国务院证

---

① 参见《大力推进监管转型——肖钢同志在2014年全国证券期货监管工作会议上的讲话》（2014年1月21日），http：//www. csrc. gov. cn/pub/newsite/tzzbh1/tbgzdt/tbgzyw/201402/t20140220_ 244108. html，最后访问时间：2019年8月16日。

② 具体规定如下：“擅自从事公开募集基金的基金服务业务的，责令改正，没收违法所得，并处违法所得一倍以上五倍以下罚款；没有违法所得或者违法所得不足三十万元的，并处十万元以上三十万元以下罚款。对直接负责的主管人员和其他直接责任人员给予警告，并处三万元以上十万元以下罚款。”

券监督管理机构的有关规定，情节严重的，国务院证券监督管理机构可以对有关责任人员采取证券市场禁入的措施。根据《证券法》及证监会相关规章规则[①]，所谓基金市场禁入，是指在一定期限内直至终身不得从事基金管理业务、基金托管业务、基金服务业务，不得担任基金管理人、基金托管人及基金服务机构的董事、监事、高级管理人员。

对于证券市场禁入的法律性质，学界和实务界一直存在不同认识，分歧的核心在于市场禁入是行政监管措施还是行政处罚抑或具有独立功能？从证监会对于证券市场禁入措施与行政处罚并列的情况来看，似乎不应将市场禁入认定为行政处罚。但在相关统计中如《2018 年证监会行政处罚情况综述》，则将市场禁入统计在内，由此导致难以判断二者的关系。[②] 在学界，有学者认为市场禁入为证券行政责任的范畴，但又独立于行政处罚。[③] 另有学者认为，市场禁入制裁措施兼具“惩罚性”与“补偿性”的独特性质，应将市场禁入纳入行政处罚的范畴，确保证监会行政行为的规范化，为当事人提供更多的法律保障。[④] 此外，还有学者认为市场禁入属于独立的经济法法律责任形式，而非行政责任。[⑤] 本书认为，证券市场禁入系独立于行政处罚的事后监管手段，属于证券法行政责任的范畴。

中国证监会根据《证券法》等规定发布实施的《证券市场禁入规定》（证监会令第 115 号），是证监会做出证券基金市场禁入决定的又一重要依据。[⑥] 就基金服务机构人员的市场禁入来看，应当包括直接从事基金服务

---

① 《证券法》第二百三十一条规定：违反法律、行政法规或者国务院证券监督管理机构的有关规定，情节严重的，国务院证券监督管理机构可以对有关责任人员采取证券市场禁入的措施。前款所称证券市场禁入，是指在一定期限内直至终身不得从事证券业务或者不得担任上市公司董事、监事、高级管理人员的制度。

② 资料来源：http：//www. csrc. gov. cn/pub/newsite/zjhxwfb/xwdd/201901/t20190104_ 349383. html，最后访问时间：2019 年 8 月 18 日。

③ 参见张红《证券行政法专论》，中国政法大学出版社，2017，第 12 页。

④ 参见黄辉、李海龙《强化监管背景下的中国证券市场禁入制度研究：基于实证与比较的视角》，《比较法研究》2018 年第 1 期。

⑤ 参见张守文《经济法原理》，北京大学出版社，2013，第 216 页。

⑥ 根据该规定，被采取证券市场禁入措施的后果是：在禁入期间内，除不得继续在原机构从事证券业务或者担任原上市公司、非上市公众公司董事、监事、高级管理人员职务外，也不得在其他任何机构中从事证券业务或者担任其他上市公司、非上市公众公司董事、监事、高级管理人员职务；被采取证券市场禁入措施的人员，应当在收到证券市场禁入决定后立即停止从事证券业务或者停止履行上市公司、非上市公众公司董事、监事、高级管理人员职务，并由其所在机构按规定的程序解除其被禁止担任的职务。

业务并被认定为违反相关规定且情节严重者，直接后果是在一定期限内或者终身不得从事证券基金业务，不得担任其他上市公司、非上市公众公司董事、监事、高级管理人员职务。[①]

二 基金服务机构的民事法律责任

目前我国证券基金市场关于违法行为的责任承担方式均偏重于行政责任，主要通过行政处罚威慑违法者，同时警示和教育其他市场主体。然而，这种一般式保护并不能代替个别性保护，行政处罚不能救济和补偿具体受害者的权益。[②] 民事责任则重在消除违法行为的后果，并使受害人因此受损的利益得到应有的救济。

（一）基金服务机构民事责任概述

基金服务机构民事法律责任的承担以违反民事法律义务为前提。针对我国基金服务机构的民事法律义务，《基金法》第九条规定了基金服务机构的一般义务，第十一章针对各类基金服务机构基于不同的业务要求规定了特殊性义务。

基金服务机构民事法律义务是在基金法诚实守信、谨慎勤勉的一般诚信义务基础上的细化和具体展开。总体而言，《基金法》上对各类中介机构规定的诚信义务，要求其在提供基金服务时忠实、谨慎、勤勉，利用专业知识和经验充分尽到超出一般人的“专家”注意义务，不得有法律法规规定的禁止行为。一旦违反上述义务并给相关权利人造成损害的，则应当承担相应的民事责任。对此，《基金法》第一百四十五条第一款规定：违反本法规定，给基金财产、基金份额持有人或者投资人造成损害的，依法承担赔偿责任。当然，《基金法》关于民事责任的规定过于原则和粗略，

① 在“欣泰电气”欺诈发行上市案件中，证监会对签字保荐代表人和注册会计师均做出了市场禁入措施，如对北京兴华会计师事务所的三位财务报表审计报告签字注册会计师，分别采取5年和3年的证券市场禁入措施，自宣布决定之日起，在禁入期间内，不得从事证券业务或者担任上市公司董事、监事、高级管理人员职务。参见中国证监会市场禁入决定书（王全洲、杨轶辉、王权生）〔2016〕10号。

② 参见孙丽娟《传统民法的有关规定在裁判证券纠纷中的适用》，《证券法苑》2010年第2期。

司法机关在对个案裁判过程中仍需要根据其他法律法规以做综合认定。

在《基金法》等法律法规之外，最高人民法院发布的《关于审理证券市场因虚假陈述引发的民事赔偿案件的若干规定》（法释〔2003〕2号）以及《关于审理涉及会计师事务所在审计业务活动中民事侵权赔偿案件的若干规定》（法释〔2007〕12号）等司法解释均直接规定了专业服务机构承担民事责任的内容。对于基金服务机构所涉民事责任，同样需要根据相关司法解释加以认定和处理。

（二）基金服务机构民事义务与责任的特殊性

在我国证券投资基金活动中，由于目前公募基金仅采契约型，基金三方核心当事人即基金投资者与基金管理人以及基金托管人的权利义务通过基金合同予以确立，而基金投资者与常见的基金销售机构等基金服务机构也是直接签订合同办理相关基金业务。由此产生以下问题，即基金中介服务机构是否仅对基金投资者负有合同义务。

本书认为，尽管基金服务机构与投资者在投资基金业务活动中通常需要签订书面合同，但是这并不表示二者之间只存在传统民事合同关系。事实上，正如本文前述，在金融领域，一旦各方当事人介入与投资者或者金融消费者的法律关系中，则由于委托代理和各方专业能力的差异以及信息不对称等因素的叠加，在投资者与专业机构之间形成的形式上平等的法律关系，因为普通投资者处于弱势地位，需要通过加重专业机构及从业人员的义务来实现投资者保护，这一义务就是商法中常见的受信义务或者信义义务。以境外的情况来看，在英美法系中，信义义务比合同项下的普通法义务更为严厉和繁重，而对金融服务者施加信义义务系金融消费者保护的独特制度。在金融法律关系中，通过事前对金融服务提供商单方面施加强制性的信义义务，或者事后由司法机关认定应负信义义务，有助于实现法律的原则性和灵活性，避免大陆法系的僵硬。①

在基金投资活动中，部分机构如基金销售机构、投资顾问等与基金投资者直接签订合同开展基金业务，而一些机构如基金估值机构和基金评价

① 参见汪其昌《对金融服务者施加信义义务：英美保护金融消费者的一个独特制度》，《经济研究参考》2011年第20期。

机构以及律师事务所、会计师事务所，主要直接接受基金管理人和托管人的委托提供相应服务，但是他们的工作成果如基金评价报告等往往对不特定的基金投资者产生影响。因此，如果上述机构以与基金投资者不存在合同关系而主张不应对投资者承担任何义务和责任，与证券市场中介机构的定位是不符的。即使基金投资者和相关基金服务机构签订了有关金融产品或者服务合同，由于金融领域合同的不完备性[①]，也无法实现对基金投资者的充分保护。有学者指出，在实践中，无论是证券经纪业务、保荐承销业务、资产管理业务还是其他证券金融业务，当事人之间都签署相应合同，但是在执法和司法上，均不局限于以合同作为裁判纠纷的依据。[②]

从实定法及其实践来看，我国《基金法》第九条第一款规定基金服务机构从事基金服务活动应当履行诚实信用、谨慎勤勉义务。2019 年 11 月 14 日，最高人民法院公布的《全国民商事审判工作会议纪要》第七十三条规定：在确定卖方机构适当性义务的内容时，应当以合同法、证券法、证券投资基金法、信托法等法律规定的基本原则和国务院发布的规范性文件作为主要依据。由上可知，关于金融消费和投资法律关系，需要综合运用各种民商事法律明确其所涉权利义务。

最高人民法院《全国民商事审判工作会议纪要》第七十四条规定：金融产品发行人、销售者未尽适当性义务，导致金融消费者在购买金融产品过程中遭受损失的，金融消费者既可以请求金融产品的发行人承担赔偿责任，也可以请求金融产品的销售者承担赔偿责任，还可以根据《民法总则》第一百六十七条的规定，请求金融产品的发行人、销售者共同承担连带赔偿责任；金融服务提供者未尽适当性义务，导致金融消费者在接受金融服务后参与高风险等级投资活动遭受损失的，金融消费者可以请求金融服务提供者承担赔偿责任。综此，在确立基金服务机构对基金投资者的义务和责任方面，需要根据其产品或者服务合同以及《基金法》等法律法规予以综合确认。总体上，基金投资者对基金服务机构因信赖后者的专业知识和能力而使双方形成信任关系，后者如果背信应承担相应责任。

---

① 参见贾同乐《金融机构信义义务研究》，博士学位论文，吉林大学，2016，第 68 页。

② 参见董新义《资产管理业者的信义义务：法律定位及制度架构》，《求是学刊》2014 年第 4 期。

基金服务机构违反对基金投资者的诚信义务（从一般诚信至信义义务），在民法体系中可以发生缔约过失责任、违约责任以及侵权责任的竞合。[①] 对于上述违反行为法律责任之性质，境外多将其界定为侵权责任。例如，在美国证券法上，违反受信义务是一种侵权，适用侵权法原则。[②] 根据我国台湾地区“金融消费者保护法”第十一条规定，金融服务业违反第九条销售适合度考量之义务及第十条契约内容及风险揭露之权利义务之规定，致金融消费者受到损害者，应负损害赔偿责任。有学者认为，上述规定明确了金融消费者的请求权基础，规定金融服务业的责任为过失责任。[③] 笔者认为，在我国将基金服务机构违反诚信义务的责任定性为特殊侵权责任，应无疑义。

三　基金服务机构的刑事法律责任

在我国，《刑法》中与基金有关的犯罪主要集中在破坏社会主义市场经济罪当中，但除因实施内幕交易、挪用资金、违法运用资金操纵市场等证券法律的禁止交易行为外，证券基金服务机构纯粹因为提供专业服务的违法行为被刑事处罚的案例几乎没有。当然，这并不意味着证券基金服务机构不存在被刑事处罚的法律风险。事实上，根据《基金法》第一百四十九条的规定，任何主体违反本法规定构成犯罪的，都可能被依法追究刑事责任。又如，根据《注册会计师法》第三十九条规定，会计师事务所、注册会计师违反其相关规定，故意出具虚假的审计报告、验资报告，构成犯罪的，依法追究刑事责任。

从境外市场来看，成文法对中介机构刑事责任明确规定及裁判案例并非罕见。在美国，2002 年《萨班斯—奥克斯利法案》涉及注册会计师立法的一个重要方面是加重刑事责任。[④] 在我国台湾地区，“证券交易法”第

---

① 参见贾同乐《金融机构信义义务研究》，博士学位论文，吉林大学，2016，第 146 页。

② 参见朱伟一《证券法》，中国政法大学出版社，2018，第 192 页。

③ 参见王文宇等合著《金融法》，中国台湾元照出版有限公司，2019，第 554 页。

④ 具体内容包括：故意进行证券欺诈的犯罪最高可判处 25 年的有期徒刑，对个人和公司的罚金最高分别可达 500 万美元和 2500 万美元；故意破坏文件或捏造文件，防止、阻碍或影响联邦调查的行为构成犯罪，可单处或并处罚款或 20 年有期徒刑；会计师事务所的审计和工作底稿至少应保存 5 年，违法者将予以罚款或判处 10 年有期徒刑；证券欺诈犯罪的追诉时效，由原来发现违法行为后 1 年或发生后 3 年，分别延长为 2 年和 5 年。

174 条第 2 项规定了律师、会计师等中介的刑事责任。[①] 此外，我国台湾地区“证券投资信托及顾问法”第七章“罚则”对经营证券投资顾问业务和证券投资顾问事业之董事、监察人、经理人或受雇人违反该法规定者，规定了非常详细的刑事处罚措施。[②] 该法第 120 条还规定，法院为审理违反该法之犯罪案件，得设立专业法庭或指定专人办理。

我国资本市场违法违规成本过低已久为实务界和理论界所诟病。新修订的《证券法》大幅提高了对证券市场违法行为行政处罚的力度，强化了违法行为人的行政法律责任。但是，要彻底解决资本市场违法违规成本过低及可能产生的相关问题，既不能仅仅靠行政监管的单方手段，也非证券法和基金法修订单枪匹马即可解决。从法律责任的综合配置来看，民事、行政和刑事责任三者缺一不可，综合施策必须统筹完善三种法律责任制度。就刑事责任而言，根据我国刑事立法体制，要完善证券基金刑事法律责任制度，必须推动包括《刑法》修改在内的立法工作。在此过程中，应包括完善证券基金中介服务机构重大违法行为刑事处罚的明确规定。

---

① 具体规定为：律师对有关证券募集、发行或买卖之契约、报告书或文件，出具虚伪或不实意见书；或会计师对公司、外国公司申报或公告之财务报告、文件或资料有重大虚伪不实或错误情事，未善尽查核责任而出具虚伪不实报告或意见；或会计师对于内容存有重大虚伪不实或错误情事之财务报告，未依有关法规规定、一般公认审计准则查核，致未予叙明者，处 5 年以下有期徒刑，得科或并科新台币 1500 万元以下罚金。如有严重影响股东权益或损及证券交易市场稳定者，得加重其刑至二分之一。我国台湾地区相关案例，参见赖英照《股市游戏规则：最新证券交易法解析》，中国台湾赖英照出版，2017，第 663 页。

② 该法关于投资顾问等中介服务机构刑事处罚的规定主要见第 105 条、第 105 条之一、第 106 条、第 107 条、第 108 条、第 109 条、第 110 条。

第五章　投资者保护视角下的适当性制度研究

党的十九大报告指出，要深化金融体制改革，增强金融服务实体经济的能力，守住不发生系统性金融风险底线。中央经济工作会议指出，要把防控金融风险放到更加重要的位置。如何在管控资本市场创新风险的同时进一步加强投资者保护？按照现代金融服务基本原则的要求，成熟市场普遍采取投资者适当性管理的做法。[①] 国际清算银行（BIS）《金融产品和服务零售领域的客户报告》中“投资者适当性”是指“金融服务机构在提供金融中介服务和金融产品销售时，需恰当审核客户的各项资格，保证其财产状况、风险偏好、投资目标、投资经验、专业知识、融资需求与其提供的产品和服务相匹配”。[②] 我国目前对投资者适当性制度的应用已经充分体现在创业板、新三板、融资融券、股指期货等领域，并于2017年7月1日施行《证券期货投资者适当性管理办法》，由此对证券、基金、期货及衍生品领域建立了统一的适当性管理框架。

投资者适当性制度是投资者权利保护的有效制度，其在证券投资基金领域也发挥着对基金份额持有人权利保护、金融市场秩序维护的核心作用。自2017年7月1日《证券期货投资者适当性管理办法》施行以来，学界与实务界对投资者适当性制度在证券投资基金领域的运行效果、修正完善予以高度关注。从基金投资者权利保护出发，探讨如何完善该领域投

---

① 参见中国证券监督管理委员会《〈证券期货投资者适当性管理办法〉及起草说明、简要解读》，http：//www.csrc.gov.cn/pub/ningxia/xxfw/gfxwj/201703/t20170321_313885.htm，最后访问时间：2019年4月5日。

② See BIS，Customer Suitability in the Retail Sale of Financial Products and Services，April，2008，at4.

资者适当性制度，实则是研究国家金融体制改革、金融监管、多层次融资市场优化的问题。在证券投资基金领域完善投资者适当性制度，强化适当性规则在基金投资者保护中的应有作用，是守住不发生系统性金融风险底线[①]、取得“金融普惠”与“风险防范”战略双赢的有益探讨。

文献回顾与综述

针对投资者适当性制度的研究，以“投资者适当性制度”为主题词进行搜索，在该关键词下共搜索到核心期刊558篇，研究对象包含投资者适当性制度、投资者保护、金融市场、股指期货、股权众筹经营机构、风险承受能力等，发表年度集中于2012～2017年。学界普遍认为的投资者适当性制度最早的官方性通用定义，来自2008年国际清算银行（BIS）、国际证监会组织（IOSCO）和国际保险监管协会（IAIS）联合发布的《金融产品和服务零售领域的客户适当性》报告。关于制度的源起，赵晓钧研究发现，学界普遍认为投资者适当性制度起源于美国[②]，经历了由一项道德标准逐渐演化为法律规则，并终以确定为世界所接受的制度规范。

一 关于投资者适当性制度性质的研究

李东方、冯睿研究发现，在学术表达上，投资者适当性制度又有“投资者适当性管理”“投资者适合性制度”“适合性原则”“适合性规则”“适当性理论”“适合性义务”等多种称谓，表达方式虽然多样但实际含义一致，都是在研究投资者适当性问题，产生的原因在于学术翻译和研究切入点的不同。在我国的法律文本中，多以“投资者适当性管理制度”为称呼。[③]

总的来说，除了在表达方式上略有不同之外，学者对投资者适当性制

① 参见刘姝晨《我国股权众筹法律规制研究》，硕士学位论文，南昌大学，2016。

② 参见赵晓钧《中国资本市场投资者适当性规则的完善——兼论〈证券法〉中投资者适当性规则的构建》，《证券市场导报》2012年第2期。

③ 参见李东方、冯睿《投资者适当性管理制度的经济和法律分析》，《财经法学》2018年第4期。

度实质内涵的理解都没有太大的差距，概括而言包含以下两点：一是胡改蓉、钱一凡认为投资者适当性制度的建立基础是以证券交易的监督和管理为需要的，目的是防范和控制证券交易活动中的风险[①]；二是徐倩认为投资者适当性制度在实际运用中是一个动态匹配的过程[②]，目的是为证券金融产品或服务寻求最合适的投资者。

投资者适当性制度在世界范围内已经被绝大多数国家所接受，其作为一项投资者保护制度框架下内容，在保障投资者合法权益方面发挥了重要作用。近年来，随着我国金融市场的不断开放和发展，投资者适当性制度作为一个舶来品，也已经在金融市场的多个领域得到运用，投资者适当性制度不仅存在于证券市场，在银行业市场、信托业市场也都有体现，在证券投资基金份额持有人权利保护方面已经展现了一定作用。在《证券法》修改的背景下，我国证券投资基金领域的投资者适当性制度完善正要搭乘《证券法》修订的东风。

国内学界虽然在对投资者适当性制度理解的基本方向上没有产生较大的分歧，但是在认识论上，对投资者适当性制度的理解还存在多种差别。

我国多数学者对投资者适当性制度的理解是将该制度划分为三大要素：一是投资者分类，二是产品分级和投资方式分级，三是产品与投资者匹配。苏春娣、董亚莉认为此种理解过于教科书式[③]，他们将投资者适当性制度在证券市场中的工作要点总结为五大原则[④]，并指出券商与投资者作为服务者与服务对象，在服务与被服务的过程中不单单是一种机械的教条对应关系，而应属一种保护与被保护的关系。

在适用范围上，投资者适当性制度的覆盖范围并没有完整的立法明确，而是散见于各类行政法规、部门规章中，涵盖的领域复杂多样，陈东胜认为投资者适当性制度的覆盖范围涵盖了证券经纪业务、承销业务、资

① 参见胡改蓉、钱一帆《2016年中国证券市场法制研究报告》，《公司法律评论》2017年第17期。

② 参见徐倩《投资者适当性制度研究综述》，《合作经济与科技》2016年第20期。

③ 参见苏春娣、董亚莉《投资者保护权益与机制之我见——如何做好投资者适当性管理》，载《创新与发展：中国证券业2016年论文集》，第521页。

④ 全面性原则、分类管理原则、诚实信用和防范利益冲突原则、强制留痕原则、持续性及动态性原则。参见苏春娣、董亚莉《投资者保护权益与机制之我见——如何做好投资者适当性管理》，载《创新与发展：中国证券业2016年论文集》，第522页。

管业务、咨询业务、融资融券业务、代销金融产品业务等所有业务类型中。[①] 但张付标、李玫也指出，如果仅根据《证券公司监督管理条例》的规定，法定的投资者适当性制度的适用范围将只包含资管、融资融券、证券销售业务，证券经纪业务、投资者交易行为管理等业务系一种实践补充。[②]

如学界共识，从制度的目的出发，投资者适当性制度的确是用于防范证券交易风险、强化对证券交易活动的监督管理，因此李春风、李镇华将投资者适当性制度解释为一种"管理性制度"[③]，而张付标、李玫则指出在法律关系上作为券商和投资者这一对平等主体是不存在相互管理的法律关系的。[④] 也正是因为这种共识，学者多将我国的投资者适当性制度理解为一项带有管理色彩的制度规范，制度适用的对象是券商等服务机构，并且在我国的立法中，也倾向于将投资者适当性制度置于对券商行为管理的章节或条款中，而相比于成熟资本市场中的投资者适当性制度，投资者适当性制度的定位具有管理券商和保护投资者权益的双重性质，目标定位的不同就会造成制度的设计大体类似，但制度本身的功能发挥将会存在差异。

赵晓钧指出，学者在引进投资者适当性制度时，研究的场域多是以股票交易市场或期货市场为主[⑤]，如前文所述，在股票交易、期货交易市场中的投资者适当性制度重点是强调合格投资者制度，因此刘学华（2011）将投资者适当性制度与合格投资者制度进行等同[⑥]，而张付标、李玫则认为投资者适当性制度与投资者市场准入制度之间存在不同，两者不能完全对等[⑦]，投资者适当性制度的落脚点是在对券商尽职服务与否的判断上，作用的最终对象不是投资者而是券商。也有学者指出，虽然这种等同理解

① 参见陈东胜《中国证券市场中小投资者权益保护机制研究》，载《创新与发展：中国证券业 2016 年论文集》，第 499 页。

② 参见张付标、李玫《论证券投资者适当性的法律性质》，《法学》2013 年第 10 期。

③ 参见李春风、李镇华《证券市场产品适当性管理现状与改进建议》，《证券市场导报》2010 年第 7 期。

④ 参见张付标、李玫《论证券投资者适当性的法律性质》，《法学》2013 年第 10 期。

⑤ 参见赵晓钧《中国资本市场投资者适当性规则的完善——兼论〈证券法〉中投资者适当性规则的构建》，《证券市场导报》2012 年第 2 期。

⑥ 参见刘学华《我国投资者适当性管理制度构建浅析》，《中国证券期货》2011 年第 9 期。

⑦ 参见张付标、李玫《论证券投资者适当性的法律性质》，《法学》2013 年第 10 期。

的方式的确有待考虑，但在逻辑层次上，确有一定的正确性，投资者分类制度、投资者准入制度、投资者适当性制度应该是一脉相承的，合格投资者制度细化到一定程度时亦可作为投资者适当性制度的一项判断依据。

综上所述，笔者认为当前对投资者适当性制度性质的前期研究已经比较充分，但尚未能从一个综合的体系视角来讨论投资者适当性制度，在证券投资基金领域的投资者适当性制度只是简单地将该制度进行适用，而非反馈、丰富该制度的本身内在构建。在基金法领域，投资者适当性制度应当是以“基金法律关系主体中的法定义务”为横向基础，以“监管层的监管职责”为纵向规制，以“法律责任”为制约保障的一个综合制度体系。

二　关于投资者适当性制度正当性的研究

投资者适当性制度起源于美国，是当今资本市场常用的投资者权利保护安排，对基金份额持有人权利保护来说，尤为重要。由于金融投资产品的不断创新、金融市场的不断发展变化，各国对投资者适当性制度的研究仍处于不断探索、不断完善立法规范的过程中。而在现有规则中，各国立法有所差别，理论界也在不断研究探讨。

在讨论投资者适当性对投资者权利保护的正当性方面，美国通过三种理论来对投资者适当性制度的合法性和正当性进行论证，即代理理论、特殊情势理论和招牌理论。随着理论的发展，又涌现出适当的义务和脆弱性理论、不平等理论、信义义务理论。Lennar I. Rotman 强调，产生信任是证券经纪人对客户承担信托义务的先决条件。由于信任，受托人有义务为受益人的利益行事；罗斯教授和 Silgeiman 教授认为，投资者的适用性是指经纪人推荐符合特定客户要求的证券的法律义务。

概括而言，学界探讨对该制度的理论探讨主要观点如下。

（一）代理理论

代理理论的理论构造是将券商与投资者之间建立一种委托代理关系，券商系基于这样一种委托代理关系为投资者进行服务安排的。原凯指出，作为受托人一方的券商，要最大限度地为委托人提供证券服务，能够最大限度地保证委托人在证券交易活动中风险最小化和资产收益最大化，因此就要求券商在推荐产品和提供服务时要履行包括提示义务、信息披露和告知义务、忠诚义务、审慎义务等在内的受托人义务。[①]

该理论的前提是将券商与投资者之间的法律关系视为“委托代理关系”。周友苏、罗华兰对券商与投资者之间的法律关系进行了探讨，认为券商与投资者之间在进行证券经纪或证券销售活动中的法律关系可以有“委托关系”“居间关系”“买卖关系”三种。[②]

（二）特殊情况理论

Frederick Mark Gedicks 指出特殊情况理论的理论构造是义务分配的衡平法原理，认为处在特殊情况（优势地位）下的主体要比处在一般情况下（劣势地位）的主体承担更多的义务。[③] 相较于投资者，券商不论是在信息对称性上还是在资源掌控性上都要比投资者处于一种更为优势的地位，券商拥有大量的信息资源和产品资源，因此券商在推荐产品和提供服务时要基于这样一种特殊地位，结合投资者的投资经验、资产状况、咨询状况为投资者匹配最合适的证券产品和服务。

范永龙阐释道，该理论的理论背景可以追溯到经济学中的市场信息平衡理论和经济学中的委托代理关系。[④] 在信息不对称的背景下，投资者将被假定为交易中的代理人，券商将被假定为交易中的委托人，在该委托代理关系下，券商必须更加负责，既要避免因自身优势地位产生“道德风险”，同时还要避免因自身对资源的熟悉和掌控而给投资者带来的“逆向选择”风险。所以李东方、冯睿认为，从结构上来说，特殊情况理论将法律上的委托代理关系突破到了经济学中，扩大了代理理论的范畴，并且从

① 参见原凯《道德规范的法律进化——美国券商推荐的适合性规则研究》，《商场现代化》2009 年第 10 期。

② 参见周友苏、罗华兰《论证券民事责任》，《中国法学》2000 年第 4 期。

③ See Frederick Mark Gedicks, Suitability Claims and Purchases of Unrecommended Securities: An Agency Theory of Broker - Dealer Liability, Arizona State Law Journal, Summer 2005, pp. 526.

④ 参见范永龙《试论金融衍生品交易中投资者适当性制度》，《黑龙江省政法管理干部学院学报》2010 年第 5 期。

表现形式上，特殊情况理论更像是一种券商对投资者进行的“干预方法”。[①]

（三）招牌理论[②]

招牌理论是由美国学者罗斯提出的，它的理论构造是基于宣示主义的公示公信，认为券商只要在证券销售活动中对自己的产品、销售行为进行上架宣传（Hanging out a shingle：挂出招牌），即视为券商昭示了自己的身份，将会以公平、透明、负责任的态度对待投资者。券商因其具有信息不对称情况下的优势地位，那么当他在对自己的产品或服务进行推介时，人们就有理由相信这些信息，券商的专业能力是值得相信的，即公示公信，在适当场合下券商适当的建议，都具备被投资者相信的可信力。

罗斯指出该理论的理论基础源于普通法中的“自我宣称”理论。[③] 在“自我宣称”理论中，在证券交易活动中具备高水平、高地位及高资源占有度的主体被禁止使用自己的优势地位来欺诈或不公平对待弱势主体，并且应当背负与自己所宣称的、和自己的专业能力相对应的高标准义务，同时作为弱势一方的投资者有充分理论相信券商所发布的信息，能尽职地为自己提供产品和服务。

综上所述，学界和实务界从不同层面论证了投资者适当性制度的正当性和合法性，不论是防范金融风险，还是限制产品经营机构的权利滥用，所有的出发点都是对投资者权利的保护。不管是招牌理论，还是特殊情况理论，其实际都是立足英美衡平法的制度构建之上，而中国特色的法治环境下讨论投资者适当性制度，却不宜照搬上述理论。在中国投资者适当性制度的理论发展，宜要结合中国金融市场的发展实践。

笔者认为，投资者适当性制度的正当性渊源，在于能最大限度地满足各类投资人的需求，推以差别化的产品。在证券投资基金话语下的投资者适当性制度，其正当性在于既实现“金融普惠”，又解决了当前中国金融投资者尚未成熟的局面，使得投资者在保护框架内自决自为，又能降低信

---

① 参见李东方、冯睿《投资者适当性管理制度的经济和法律分析》，《财经法学》2018 年第 4 期。

② See Louis Loss, *The SEC and the Broker - Dealer*, 1 Vand. L. Rev. pp. 516 - 518 (1948).

③ See Louis Loss, The SEC and the Broker - Dealer, 1 Vand. L. Rev. pp. 516 - 518 (1948).

任成本，最大可能地实现降低信息不对称的目的。

第一节　投资者适当性制度概说

本书前文已就证券市场投资者适当性的概念做了定义和基本介绍，且指出基金服务机构的适当性规则是投资者保护的重要手段。但关于投资者适当性的词源分解、制度起源、法律性质及其与合格投资者的联系和区别，尚未及做系统阐释。我国金融法律体系已从立法层面引入了投资者适当性规则，从前述不同方面对有关制度进行概念分析和特征解读，是投资者适当性规则应用于监管执法、司法实践的重要前提。

一　投资者适当性制度的概念与特征

投资者适当性制度（Investor Suitability），曾译作“投资适当性制度”。国际证券委员会组织和国际清算银行于 2008 年发布的《金融产品和服务零售业客户适当性报告》中关于“投资者适用性”的定义，同样成为我国界定该制度的通说概念，并被我国《证券投资基金法》第九十八条所明确采纳。[①]

我国《证券期货投资者适当性管理办法》对该制度的描述较为详细，可视作中国本土市场的立法探索。[②] 从词源上看，“投资者适当性”可分拆为投资者和适当性两项内容。其中，“投资者”是指通过投资活动，获取收益者。投资活动首先是商业活动，这就表明了“投资者”这样的词天生带有商业属性。与商法原论中的“商人”有一系列重叠的交叉点。“商人”——以商为业者，是商法法律关系中的主体，属于“商主体”之一，

---

① 我国《基金法》第九十八条规定，基金销售机构应当向投资人充分揭示投资风险，并根据投资人的风险承担能力销售不同风险等级的基金产品。

② 我国《证券期货投资者适当性管理办法》对该制度的描述为：“向投资者销售证券期货产品或者提供证券期货服务的机构（以下简称经营机构）应当遵守法律、行政法规、本办法及其他有关规定，在销售产品或者提供服务的过程中，勤勉尽责，审慎履职，全面了解投资者情况，深入调查分析产品或者服务信息，科学有效评估，充分揭示风险，基于投资者的不同风险承受能力以及产品或者服务的不同风险等级等因素，提出明确的适当性匹配意见，将适当的产品或者服务销售或者提供给适合的投资者，并对违法违规行为承担法律责任。”

然而，“商主体”却并不全是“商人”，“偶尔从事商业活动的人”则属于“商主体”，却不是“以商为业者”。[①] 另外，从事社会公益活动的组织，本身不具备商业属性，可是在某种时候，也可能与别的法律主体从事商业交易，建立商业法律关系，这一类组织属于“商业法律关系中的非商人”。“投资者”是“从事投资活动的人”，与“以商为业者”的界定范畴，有着相互映射。[②]“投资者”同样也包含了二元属性，可以是“以投资活动为业者”，此时具有“商人”属性；也可以是“非以投资活动为业者”，此时具有“一般商主体属性”，系“从事商业活动的非商人”。[③]

对“投资者”的商法属性进行二元界定，其重要意义在于：以投资活动为业的投资者与非以投资活动为业的投资者，其投资经验和风险承受能力必然不同，这就要求法律规制的出发点天然地应当进行分类调适，这正是适当性制度存在的最原始基础——不同投资者的投资属性各异。[④]

“适当性”，从词源来说，表现的是一种匹配和契合状态，既要求法律在规制设定时，考虑一个动静结合的预期目标，又要设定一系列实现这一目标所需的体制框架。有一种观点认为“适当性”是“证券经纪人有义务仅推荐符合特定客户需求的产品”。在实践中，能使这种动静结合、匹配契合状态目标实现的，绝非单单由证券经纪商一方努力。从投资者保护的角度来说，投资者自身的理性判断也不可或缺，特别是投资者自身积极配合证券经纪商、监管部门进行风险控制，积极参与“适当性”的实现过程，从而达至“适当性”目标，将远比将“适当性”的全部义务苛予证券经纪商，更为科学。[⑤]

从各国的实践来看，“适当性”从来不是一个孤立的单方义务，而是一个双方甚至多方的配合联动。由此可见，“适当性制度”，实际上应当具备三大内核，即“契合状态”、“监管标准”和“多方法律关系”。[⑥] 它首

---

① 参见王保树《公司法任意性法律规范适用的留意点》，《国家检察官学院学报》2011 年第 1 期。

② 参见张国健《商事法论》，中国台湾三民书局，1980，第 7 页。

③ 参见赵万一《商法学》，法律出版社，2001，第 140 ~ 141 页。

④ 参见范健《德国商法》，中国大百科全书出版社，1993，第 191 ~ 197 页。

⑤ See Honore, A. M. Ownership, Oxford Essays in Jurisprudence, Oxford: Oxford University Press, 1961: 91.

⑥ See Nozick, R. Anarchy, State and Utopia , Oxford: Basil Blackwell, 1974: 160.

先是一种匹配度，是一个标准判断，即证券金融机构所提供的产品和服务与投资者的风险承受能力、投资能力、经验、信息能力、金融工具驾驭熟练度等相匹配。其次，它亦是一种“监管标准”，是监管层对风险控制的一把量尺，在丈量是否达到匹配契合目标的过程中，实现动态调适。最后，适当性制度还是一种“多方法律关系”，应当包括投资者、证券商、监管层多方法律关系。

二 投资者适当性制度不同于合格投资者制度

前文所引述的《金融产品和服务零售行业的客户适当性报告》是在全球范围内具有广泛影响的关于投资者适合性制度的定义。这一定义反映了实务部门的直观理解，而该制度在我国学界，却存在不同认识，争议最大的，莫过于投资者适当性制度与合格投资者制度的区别。

有观点是，投资者适合性制度要求某些高风险金融产品参与者具有一定的资格，法律法规对某些类型的投资者施加市场准入限制，金融机构在销售产品时应该是适当的、产品销往适当的投资者。根据投资者的适当性，法律法规要求金融机构在向普通投资者提供服务时遵守更严格的行为准则，以避免普通投资者的盲目或鲁莽投资。[①] 从另一个角度来看，投资者适当性制度，似乎就是一种投资者的“准入制度”。

一般认为，清晰的合格投资者制度始于美国 1982 年“Regulatin D”（以下简称“D 条例”）的 501 规则，其列举的八个种类的个人和实体作为认可投资者，具体包括机构投资者、发行人内部人、高净值个人投资者三类。我国 2012 年修订的《证券投资基金法》第八十八条明确界定了基金合格投资者的概念，按照定义，我国基金合格投资者除要求较高风险识别与承担能力外，还要求“基金份额认购金额不低于规定限额”。中国证监会《私募投资基金监督管理暂行办法》所规定的合格投资者类型，与美国“D 条例”类似。

从相似性来说，前述两个概念都是通过国家对市场主体资格的确立、审核和确认，允许其参与一定的投资活动。从这个角度出发，极容易将投

① 参见张付标《证券投资者适当性制度研究》，博士学位论文，对外经济贸易大学，2014。

资者适当性制度和合格投资者制度等同。在我国学界，引发投资者适当性制度和合格投资者制度等同的根源，还在于实务界将诸多投资者适当性制度的规则与合格投资者制度同时并用，甚至将投资者适当性制度的某些规则围绕合格投资者制度展开。[①] 譬如，投资者适当性制度在中国证监会《关于建立期指投资者适当性制度的规定（试行）》中的表述："股指期货投资者适当性制度是根据股指期货的产品特征和风险特征……选择适当的投资者审慎参与股指期货交易。"[②] 在这样的实务规制中，可以看出"选择适当的投资者"，实际上是投资者适当性制度最基本的原理，而围绕投资者适当性制度，该规定实际上有阐述了参与股指期货交易的投资者门槛准入。

如果这些观点成立的话，投资者适当性制度和合格投资者制度是不是能够等同？

回溯该制度的诞生，合格投资者的概念最初是通过判例法"需要保护的标准"原则，反向确定了公募的豁免标准，形成了"合格投资者"的理论基础。[③] 美国"D 条例"则明确规定，美国私募股权证券只能出售给"认可投资者"，这在经济上足以承担风险，然后翻译为"认证投资者""合格投资者"，这是合格投资者制度的正式起源。英国的情况也比较类似。英国金融行为监管局（FCA）认可的成熟投资者也要求投资者符合资格。[④] 2002 年，中国证券监督管理委员会发布《合格境外机构投资者境内证券投资管理暂行办法》将该制度引入中国，随后在基金销售、中小企业私募债、股指期货、创业板、国际证券业务等领域都建立了合格投资者制度。

可见，合格投资者制度，从其诞生来看，要解决的问题是在高风险、高回报的发行领域，要求投资者拥有特定的行为能力。合格投资者制度本

---

① 参见张付标《证券投资者适当性制度研究》，博士学位论文，对外经济贸易大学，2014。

② 参见张付标《证券投资者适当性制度研究》，博士学位论文，对外经济贸易大学，2014。

③ 参见陈颖健《私募基金合格投资者制度研究》，《证券市场导报》2018 年第 10 期。

④ 成熟投资者的认定方式具体为两种：一种为由获得金融行为监管局（FCA）许可的企业进行评估，将具有足够能力来知悉投资活动中所涉及风险的投资者认定为成熟投资者；另一种为投资者自我认定，个体在满足以下任一条件时便可自我认定为成熟投资者：（1）在此之前至少 6 个月期间为天使投资系统或其分支机构的成员之一。（2）在此之前两年内，对非上市公司投资一次以上。（3）在此之前至少有两年时间在或曾在私募股权投资专业领域工作或为中小型企业提供融资。（4）在此之前有两年时间是或曾是一个年营业额不少于 100 万英镑公司的董事。

质上是一种将投资者进行区分的制度，是一种市场准入制度。[①] 根据所参与市场的风险情况和回报情况，给投资者的准入设定了门槛，立法上为“精英式”的设计思路，是指在高风险、高回报的市场内，排除无法驾驭风险和不具备相应能力的投资者，将其拒之门外，从而设定一个闭合式的交易环境，才能形成安全、稳定的市场。该制度的基本设计风格是“缩小参与圈子”。

相反，投资者适当性制度的设计风格，却是满足不同投资者的不同需求，其出发点在于尽可能地“扩大参与圈子”。对投资者的差异化服务、差异化管理，使得投资能力不等、风险驾驭能力高低不同的投资者群体，都能在投资市场中找到适合自己的定位，从而实现在风险可控范围内的“普遍参与”。该制度从设计上，是侧重对不同投资者提供不同的法律保护，而合格投资者制度的设计理念，则是从市场风险、投资者自身能力的角度，设定其入场门槛，满足条件的可以投资，而排除一部分不满足条件的人。[②]“区分条件才可入场”和“入场后进行差异服务、分类保护”，是合格投资者制度和投资者适当性制度的形象区别。

因此，投资者适当性制度不是合格投资者制度，它比合格投资者制度更适合互联网金融范畴下的开放型和包容性投资市场。[③]

三　投资者适当性制度的性质

探讨投资者适当性制度的性质，实际上讨论的是投资者适当性制度的法律定位问题。[④] 我国《证券公司投资者适当性制度指引》对投资者适当性做出的描述[⑤]，基本继续沿用了《金融产品和服务零售领域的客户适当性报告》中的定义。从类似的定义可以看出，针对金融机构通常使用“应当”这一法律用词，这似乎表明投资者适当性制度是金融机构、证券公司

① 参见张付标《证券投资者适当性制度研究》，博士学位论文，对外经济贸易大学，2014。

② 参见张付标《证券投资者适当性制度研究》，博士学位论文，对外经济贸易大学，2014。

③ 关于互联网基金的法律规制，可参见本书第六章的内容。

④ 参见侯国跃、刘玖林《经营机构违反投资者适当性制度的民事责任》，《证券法苑》2019 第 1 期。

⑤ 该指引指出：“证券公司向客户销售金融产品，或者以客户买入金融产品为目的提供投资顾问、融资融券、资产管理、柜台交易等金融服务，应当按照本指引的要求，制定投资者适当性制度，向客户销售适当的金融产品或提供适当的金融服务。”

的一项义务。

美国的立法则倾向于认为，投资者适当性制度同时兼具两层属性：一是证券公司、金融机构的义务，二是证券监管机构的一项监管规则。[①] 现行美国证券规则中的投资者适当性制度，一般将投资者适当性定位成证券公司的一种格式合同中的义务，其本质是一种信义义务。欧洲大部分国家，则将投资者适当性制度认为是证券公司的一项法定义务，亦是政府对投资行为的监管制度安排。不论从哪个角度来看，投资者适当性制度都体现出了政府干预的要义。但值得注意的是，美国的投资者适当性制度更倾向于是一种证券公司的信义义务，而欧洲大部分国家则倾向于是一种具备强制力的制度安排，这一细微区别，致使投资者适当性制度的责任强弱产生了变化。[②] 违背信义义务和违背强制法律，在承担责任上，各国或多或少都有区别，而对市场的立法导向意义，自然也不大相同。违背投资者适当性制度的行为，美国多援引违反信义义务进行处理，也不排除监管层面的行政权力处罚，而欧洲大部分国家，对违背投资者适当性制度的后果持比较严厉的态度。[③]

那么问题在于，投资者适当性制度究竟是一项合同义务，还是一项法定义务？是一套制度规则，抑或是责任承担体系？

实际上，对投资者适当性制度的法律定位探讨，应该区分不同语境。法律概念在不同的语境之中，往往具有不同的内涵。以美国为例，虽然美国的证券规则中认定了投资者适当性制度应当落实在证券公司的格式合同中，但这并不就一定排除美国对投资者适当性制度“除开信义义务之外的法律定位”。在美国现行证券监管条款里，依然存在系统规则，对证券公司进行要求。[④] 也就是说，当在投资者、融资人、证券经营机构三者之间处于平等主体关系拟定合同时，投资者适当性制度是已经前置完备的合同义务的应然状态；而制定格式合同，该制度实质上是一种法律硬性规定，

① See Locke, J. Two Treatises of Goverment, ed. P. Laslerr , Cambridge: Cambridge University Press, 1988: 291.

② See Hegel, G. W. F. Elements of the Philosophy of Right, ed. A. W. Wood , Cambridge University Press, 1991: 73.

③ 参见张付标《证券投资者适当性制度研究》，博士学位论文，对外经济贸易大学，2014。

④ See Akerlof, G. A. The Market for Lemmons: Quality Uncertainty and the Market Mechanism, The Quarterly Journal of EconomicsVol. 84, No. 3. Oxford University Press, 1970: 488 -500.

排除了三方当事人对条款进行修改的权利。这一排除，明显就带有强制干预的色彩，要求证券经营机构必须使用格式条款，自然是一种法定义务。

从横向层面来看，将投资者适当性制度认定为一种法定义务，更为合理。其直接带来的法律导向，能作用市场判断，排除了处于信息传递中间地位的证券经营机构为了自身利益而在业务推动中伤害投资者利益。这里的法定义务，具有法律强制力，更能较好地约束市场中的强势方，保护投资者权益，它具有丰富内涵，包含了尽职调查、禁止虚假推荐等，下文将详细展开论述。

从纵向的层面来看，投资者适当性制度又存在于监管规则的话语体系中，是一种监管标准。违反投资者适当性制度，应当承担的不只是违约责任、侵权责任，还应当承担来自监管部门的问责。

另外，值得注意的是，投资者适当性制度应当涵盖投资活动中各方法律主体应承担的适当性义务，而不仅仅是证券经营机构的独家义务。长久以来，投资者适当性制度被认为是处于中间地位证券公司或者金融机构应当承担的义务，这和金融市场刚刚起步时的原始状态密不可分。然而，随着金融市场的不断发展、创新，投资者、融资人的风险意识提高、投资技能提升、投资经验累积，将全部适当性义务苛予证券经营机构，将会出现制约证券经营机构正常发展的不良后果。投资者适当性制度也随之变化，将适当性义务进行重新分配，投资者与融资人也承担相应的适当性义务。

当然，也有观点，将投资者适当性制度认为是投资者自身应当承担的义务，这望文生义地将所有适当性义务全部推到了投资者身上，这或是未来投资者极度成熟、具有极强风险控制能力和理性判断能力、市场极度健康有序、法律规制极度完善时，才能进行的义务分配状态。[①] 权且可以将这样的状态，认为是投资者适当性制度的一个终极发展目标。至少在现阶段，投资者适当性制度中的“投资者”表现的是法律规制中的价值取向，不论是证券经营机构、监管层、投资者自身、融资人，在投资者适当性制度框架所进行的法律行为，其落脚点都是保护“投资者”。而上述主体（包括投资者自身），分别承担了不同份额的适当性义务，监管层承担了监

① 参见姚瑶《经营机构投资者适当性义务的证成与制度构建》，《南方金融》2017 年第 11 期。

管职责。

综上，投资者适当性制度是以“证券基金法律关系主体中的法定义务”为横向基础，以“监管层的监管职责”为纵向规制，以“法律责任”为制约保障的一个综合制度体系。我国《证券期货投资者适当性管理办法》第三条规定确认了上述体系。① 可见，我国立法采纳了上述综合制度体系的观点。

第二节　基金投资者的一般保护机制

根据不同的法理论，其对基金投资者保护的影响也有不同。从私法一般理论出发，基金投资者保护主要侧重投资者的自我救济机制、投资避险机制和司法赔偿机制；从国家干预的监管理论出发，其主要体现于信息披露、关联交易、治理结构等监管，以及为此配合的公法责任追究方面。根据上述保护机制的一般内容，基金投资者保护机制又可分为自我救济、民事诉讼救济、内部制衡与外部监管几种不同的表现形式。毫无疑问，基金投资者保护是基金运作的一个根本性问题，其贯穿于整个证券投资基金法律制度的始终，从这个角度说，基金投资者适当性制度是基金投资者保护的一个特殊机制。

在具体阐述投资者适当性制度的内容前，对投资者保护的一般机制做简单介绍，有利于比较不同基金投资者不同保护机制的优劣。鉴于投资者保护的其他环节、一般机制在本书相应章节中已有相关阐述，本节只选取其中的两个一般机制进行介绍，即基金份额持有人大会与证券投资者保护基金。

---

① 我国《证券期货投资者适当性管理办法》第三条规定：“向投资者销售证券期货产品或者提供证券期货服务的机构（以下简称经营机构）应当遵守法律、行政法规、本办法及其他有关规定，在销售产品或者提供服务的过程中，勤勉尽责，审慎履职，全面了解投资者情况，深入调查分析产品或者服务信息，科学有效评估，充分揭示风险，基于投资者的不同风险承受能力以及产品或者服务的不同风险等级等因素，提出明确的适当性匹配意见，将适当的产品或者服务销售或者提供给适合的投资者，并对违法违规行为承担法律责任。”

一 基金份额持有人大会

一般认为，证券投资基金是公司和信托两种制度相互结合的产物。一方面，与公司运作类似，基金作为投资者冒险的工具，投资者的主要目的是将资金交给有专业理财能力的管理人经营管理，基金财产经营管理权与受益权的分离必然大大提高资本的运作效率。但另一方面，这个过程也将作为受益人的投资者排除在资金运作之外，而相对于公司组织机构，基金的治理结构较为简单和薄弱，由于缺乏监督，极易引发基金管理人对基金财产的侵害。考虑到证券投资基金的以上特点，投资基金法对基金持有人权利义务的配置及其所提供的保护水平亦应介于公司法对股东及信托法对信托受益人的保护之间。①

由此，一种普遍性的监督机制就有了存在的理由，这就是前文所介绍的基金份额持有人大会。基金份额持有人大会是基金投资者间接监控基金事务的一种权利自我实现机制，通过这种方式，能够有效提升基金持有人的话语权，如基金持有人在一定条件下有权召集持有人大会，有权对基金持有人大会审议事项行使表决权等。这样，基金投资者对基金的业绩评价，不仅可以"用脚投票"，也可以"用手投票"，从而使自己的利益更好地得到保护。②

值得注意的是，理论界一直存在一种质疑甚至否认基金持有人大会作用的观点。主要理由有：一是基金运作是一种专家理财方式，尊重基金管理人在法律和信托契约约束下的广泛的投资自由裁量权，有利于基金管理人运用其专业技能为受益人谋取最大收益。基金持有人大会的存在实际上削弱了受托人的权利。二是就基金持有人大会所决议的事项来看，其完全可以通过信托契约、受托人相互制衡及监管机构的监督来实现。况且，召开基金持有人大会费时费财，基金投资者不一定有兴趣参加，导致会议流

① 转引自张国清《投资基金治理结构之法律分析》，北京大学出版社，2004，第 154 ~ 155 页。

② 参见易宪容《〈证券投资基金法〉该规范什么》，《中国经营报》2003 年 11 月 2 日。

于形式。[①] 三是对于开放式基金来说，不论它是契约型的还是公司型的，都没有设立投资基金股东大会（基金份额持有人大会）的真正需要，这是因为，与投资管理质量相比，开放式基金管理方式的有关问题对基金持股人或基金份额持有人的利益影响微乎其微。对于开放式基金业绩不满的投资者，通常宁可通过赎回机制收回投资转向其他领域，而不愿采取措施来改善基金的管理。[②]

以上观点均值得商榷：第一，将基金持有人大会与基金管理人的自由裁量权做简单对立的理解是错误的。无论基金管理人的“自由裁量”范围有多广泛，它必然存在一个法定的边界，那就是基金受托人的信赖义务。对于基金持有人大会所享有的大多数职权，如更换基金管理人、基金托管人，提前终止基金合同等，将这些事项交由基金份额持有人决定，是对基金管理人适当履行信赖义务的内在要求。[③] 第二，关于基金管理人和基金托管人之间的制衡，属于基金治理结构范畴，对于契约型基金来说，其内部制衡有着天然的缺陷，不足以否定基金持有人大会存在的价值。第三，投资者购买基金份额无非是想选择一个真正有良好理财能力并且值得信赖的管理人从而获得资本增值，而绝非期望在事后发现其能力不济甚至弃职责不顾时才选择无奈退出。为了实现投资信托的设立目的，有必要为投资者预留一个可供自由选择的监督机制，不论投资者在事实上是否最终使用，以免导致投资者最后不得不通过基金份额的频繁抛购来维护自己的利益，不当地增加其权利行使的成本。当然，我国基金份额持有人大会的实际运行效果和制度缺陷，本书第二章已有详尽分析讨论，兹不赘述。

二　证券投资保护基金

投资有风险，这是现代市场经济社会的一个基本常识，对于充满投机性的资本市场来说尤为如此。投资者风险自负是各国证券法公认的一个基

① 参见周天林《析投资基金当事人的权利义务》，载徐学鹿主编《商法研究》（第一辑），人民法院出版社，2000，第 386 页。

② 参见王连洲、董华春《〈证券投资基金法〉条文释义与法律精析》，中国方正出版社，2004，第 316～317 页。

③ 至于基金持有人大会的某些职权，如转换基金运作方式，该事项是否有必要强制提交基金持有人大会审议，而不允许通过基金合同的事先约定达成，似乎还可以进一步讨论。

本原则，但是，这只是就普通的市场投资风险而言的。在现实中，除了一些市场主体可能利用强势地位从事损害投资者合法权益的活动外，对于投资者来说，其还面临着一些资本市场所特有的系统性风险。资本市场的系统性风险来自虚拟经济系统的正反馈机制，任何一个环节出了问题均可能被这种机制放大到其他环节，引起“多米诺骨牌效应”。①

其中一个较为常见的情形是证券公司的重组、兼并和破产，可能直接影响证券投资者的权益。因为，投资者的投资行为离不开证券公司的中介联动作用：投资者买卖包括基金在内的上市证券，须通过有证券交易所会员资格的证券公司进行；证券投资基金的管理也大多是由证券公司来完成的。尤其是随着浮动佣金制的兴起，资本市场日趋激烈的竞争客观上导致证券公司盈利能力的下降，进而引发危机。② 处理这类危机，新兴资本市场国家往往通过行政方式来处理，但这种以国库为后盾的国家直接救助，被认为容易引发国家救助的道德风险。③ 发达国家和地区的经验则是，建立一种旨在降低证券投资系统性风险影响的避险机制——证券投资者保护基金。将保护基金作为证券市场的一项基础性制度，将有助于促进证券公司破产清算机制的形成，建立证券公司风险防范和处置的长效机制。④

美国证券业在战后同样经历了从固定佣金制向浮动制的转变过程。为免受市场动荡而影响投资者保护，1970 年，美国国会制定了《证券投资者保护法案》(Securities Investor Protection Act)，并依据该法案建立了证券投资者保护基金（Securities Investor Protection Corporation，简称 SIPC)。⑤ 证券投资保护基金是一个非营利性会员组织。在证券业机构因破产或失去偿付能力时，几乎所有购买了在 SEC 注册的证券的投资者，都受到 SIPC 的赔偿保护，但购买了未注册的投资证券，如商品期货合约、投资合约（有限合伙协议）等，以及面临破产的证券机构的一般合伙人、股东、董事或

① 有关资本市场的正反馈机制介绍，请参阅成思危《风险投资论丛》，民主与建设出版社，2003，第 221 页。

② 参见董华春《SIPC 应对美国金融危机的举措对中国的启示》，《商事法论集》2011 年第 1 期。

③ 参见邹爱华《证券投资者保护基金运作模式研究》，《法学杂志》2006 年第 2 期。

④ 参见谢世飞《论价值投资者主导股票市场所需的基本制度》，《山西财经大学学报》2013 年第 4 期。

⑤ 参见董华春《SIPC 应对美国金融危机的举措对中国的启示》，《商事法论集》2011 年第 1 期。

高级管理人员除外。[1]

英国《金融服务法》第五十四条也有类似证券投资保护基金的规定：基金从业者不能或者几近不能履行与其投资业务相关的民事责任赔偿时，由设立的赔偿基金（Compasation Fund）对投资者进行补偿。赔偿基金由专门成立的管理公司保管，并由证券管理委员会对基金运用加以监督。赔偿基金之来源则由基金从业者按照其营业规模及投资业务种类由上述之专门管理公司计算后予以缴纳。[2] 这个专门的管理公司，就是指英国的金融服务赔偿计划有限责任公司（Financial Services Compensation Scheme Limited，简称 FSCS)。

如果根据保护基金是否强制设立，境外证券投资者保护基金的运作模式则大体上可分为两种：一种是强制模式，即通过立法规定成立投资者赔偿基金，美国、英国、我国香港地区等证券市场均采用这种模式；另一种是自愿模式，即国家法律没有做出规定，而是由证券交易所或证券商协会等自律性组织发起成立赔偿基金，并负责基金的日常运作，加拿大的证券市场则采用了此种模式。[3]

投资者保护基金本身也是一种基金运作方式，对其运作需要引入一定的监管。从比较法来看，对投资者保护基金的监管主要有证券行政当局监管、行业协会监管、交易所监管和行业协会与交易所共同监管四种监管模式。[4]

证券投资保护基金虽然只是一种“普惠”式的保护机制，但在我国这样一个尚未发展成熟、系统性风险较高的新兴资本市场中，且证券公司浮动佣金制已在实践中广泛采用、中小投资者的司法保护途径又不十分顺畅的情况下，证券投资者保护基金对于增强广大投资者的信心，维护中小投资者的合法权益仍有较强的现实意义。从多个资本市场相关立法经验来看，“证券投资者保护基金不仅是一种投资者救助制度，同时还是改善资

---

① 参见巴曙松、屠沂枫《救助投资者——证券投资者保护制度的国际比较》，《资本市场》2005 年第 1 期。

② 参见周玉华《投资信托基金法律应用》，人民法院出版社，2000，第 186 ~ 187 页。

③ 参见钟伟、须晨《制度化保障体系——美国证券投资者保护基金及其对中国的启示》，《国际贸易》2003 年第 3 期。

④ 参见吴东《证券投资者保护基金的国际法律规制及经验借鉴》，《理论月刊》2007 年第 10 期。

本市场宏观治理的重要制度，可以通过同业之间的相互约束改进证券公司的风险管理”。[①] 当然，理性的论者恐怕不会天真到欲将一切问题均付诸证券投资者保护基金制度去解决，即便如此，只要是对证券（基金）投资者权利保护具有正面性的制度构建，就不失为一种有益尝试。从这个角度说，证券投资者保护基金制度的进一步完善依然值得期待。

三 证券投资基金一般保护与适当性保护的比较

正如前文分析，证券投资基金一般保护机制不论在理论上还是实践中，均有存在的必要性。但是，由于适用范围的广泛性以及实定法上的缺陷，一般保护机制对投资者保护而言，其力度之不足也是显而易见的。

（一）一般保护机制的不足

一般保护机制的不足不仅与金融立法的基本取向有关，也与一般机制的针对性不足有关，具体概括如下。

一是保护措施的缺乏。表面上看，一般性的投资者保护规定具有宏大叙事、面面俱到的特点，但缺乏细节上的对应，必然止步于规范的规则设定，而缺乏有效的措施落实。“金融抑制”理念的长期惯性，更是加剧了这一点。传统理念下，具体法律规则的制定并不是为了落实投资者保护的目的，而是将金融稳定作为首要目的，最多兼顾效率和证券市场的发展，无暇顾及金融投资者的保护。

二是民事责任落实的不足。作为证券法的特别法，基金法的民事责任规则难以脱离证券法的一般框架。从一般性的证券民事责任来看，投资者保护制度中涵盖了上市公司因违法应承担的民事责任，但司法实践中的投资者保护的民事责任落实并不理想。[②] 究其原因，除证券法民事规则自身的问题外，后者也并没有专门针对基金法这一特殊领域。

三是尚未实现投资者的精确保护。相比投资者适当性保护制度将投资者进行分类，一般保护机制将所有证券投资者同等对待，要求服务提供者

---

① 参见巴曙松、屠沂枫《证券投资者保护基金制度的国际比较》，《新经济导刊》2005 年第 5 期。

② 参见李剑《我国中小投资者法律保护机制的演进》，《证券市场导报》2008 年第 4 期。

统一提供保护。这不仅使不需要此类保护的专业投资者承担了额外的交易成本，也加重了服务提供者的负担，在一定程度上影响了市场效率。

（二）适当性保护机制的特别意义

投资者适当性保护制度的建立，明显提升了投资者保护制度的层次，其相对一般保护机制的进步意义体现在以下几个方面。

第一，实现了投资者在投资活动中的事前保护。在之前投资者保护规范中并没有对投资者的事前保护，证券基金份额持有人大会主要是证券交易的事中保护，证券投资保护基金是证券交易的事后保护，规定投资者可以在极少数情况下请求服务提供者或上市公司对其投资损失进行民事赔偿。投资者保护制度的设立，要求服务提供者在交易执行前履行投资者适当性评估的责任，防止投资者投资其不适合的产品。

第二，将监管重点从上市公司转向金融服务提供者。一般保护机制侧重于上市公司的治理和信息披露等监管，防止公司及大股东对中小金融投资者的侵犯。随着金融产品越来越复杂，证券投资者的交易离不开证券服务提供者的撮合，且服务提供者的信息获取和专业能力远高于投资者，投资者的投资行为极易受到服务提供者的影响。在这种情况下，证券监管部门将监管重心转向服务提供者，要求其履行适当性义务，不得向投资者推销不适当的产品，具有明显的现实意义。

第三，对投资者进行了差异化保护。投资者适当性保护制度对投资者进行差异化保护，形成了证券交易中不同交易能力证券投资者的差别对待，为各类投资者提供最适合的保护。差异化保护有利于各交易能力的投资者与各类风险的证券市场进行优化匹配。

第三节　经营机构的投资者适当性义务内容①

投资者适当性对基金投资人的权利保护，体现在该制度对产品和投资者适当性匹配的一系列设计安排中，从上述论证中可以看出，投资者适当

① 本节部分内容曾以本书作者之一赖继的名义，作为阶段性成果公开发表。参见赖继《经营机构适当性主体义务实证研究——以防范金融结构性风险及投资人保护为视角》，载《证券法律评论》2019年卷。

性制度，与其他一般保护机制相比，具有强有力、全覆盖的特点，从一定程度上来说，投资者适当性制度几乎可以实现对投资者在证券投资基金领域的大部分风险防控。

投资者适当性制度在实践中究竟涵盖了哪些义务规范，是世界各国一直探讨的问题，我国《证券投资基金法》第九十八条并没有明确投资者适当性义务的具体内容，但《证券期货投资者适当性管理办法》第三条做出了相应探索。同时，该办法第二条还明确了投资者适当性制度适用的范围。[①] 从前述规定可以看出，我国投资者适当性制度在证券期货等领域都建立起了投资者适当性制度的基本框架，对经营机构设定了投资者适当性义务，这些义务规范在一定程度上与世界各国的规范相同，也在一定程度上与我国投资者适当性制度与市场的契合相符。但同时也应当看到，投资者适当性制度在基金领域的适用，是一个动态发展的过程，对于某些实践中存在的问题，仍需要不断自我修正。因此，有必要结合域外经验与国内实践经验，探讨证券投资基金经营机构的义务内容，这些义务规范的内容阐述将在后文一一阐释。

一 尽职调查投资者适当性信息

尽职调查是证券投资基金经营机构适当性义务的重要环节，甚至在一定程度上，被视作整个基金领域投资者适当性制度的起点。[②] 世界各国的立法，都要求经营机构负有了解客户的义务，这和经营机构所处的中间地位分不开。而我国长期的金融实践，对金融机构的尽职调查义务，从来都是严格规制。作为资本市场的信息反应枢纽，第一时间能接触到投融资双方的信息，如果怠于行使尽职调查，不去了解客户，自然无法弄清楚什么样的项目产品适合什么样的客户，投资者适当性制度将成为空谈。因此，在经营机构的适当性主体义务中，最首要的就是尽职调查，这是一切适当性制度的起点。

---

① 《证券期货投资者适当性管理办法》第二条：向投资者销售公开或者非公开发行的证券、公开或者非公开募集的证券投资基金和股权投资基金（包括创业投资基金，以下简称基金）、公开或者非公开转让的期货及其他衍生产品，或者为投资者提供相关业务服务。

② 参见赖继《股权众筹法律规制研究》，博士学位论文，重庆大学，2017。

在我国涉及金融投资领域的许多规范文件中，可以明确看到立法层面对证券投资基金经营机构履行尽职调查义务对实现投资者适当性制度有多么重要。监管层对经营机构履行适当性主体义务的导向在于[①]，一是对适当性信息须进行尽职调查，二是对获取的适当性信息还应当进行妥善保管。

我国证券投资基金经营机构的适当性义务要求经营机构必须对适当性信息进行尽职调查，那么哪些信息属于适当性信息？参考国外立法例，美国和欧盟将投资人信息收集视为一个系统型的客户刻画——“你如何认识你的客户？”[②]，其系统（部分）要素见表5－1。

表5－1 美国与欧盟尽职调查规则

	美国金融业监管局规则（FINRA规则）	欧盟金融工具市场指令MiFID规则
客户的年龄	必要了解	必要了解
投资时间和经验	必要了解	必要了解
财务和税务状况	必要了解	必要了解
投资需要和目标	适度必要了解	必要了解
流动性要求	必要了解	适度必要了解
拥有足够的专业投资知识	适度必要了解	适度必要了解
风险承受能力	必要了解	必要了解
家庭情况	一般了解	一般了解

分析表5－1可以看出，不论是美国还是欧盟，对于金融机构的适当性信息收集，具有长期的实践，并得出了行之有效的指标，这些指标汇集后，体现在规范文件中，既要求金融机构必须履行适当性信息的调查义务，又给出了详细的指引，哪些信息是必要了解，哪些信息是适度了解，哪些信息是一般了解，按图索骥式的客户刻画方式为目前通行做法。我国《证券期货投资者适当性管理办法》也规定了经营机构需要了解的投资者信息。[③]

① 参见宋雅婷《股权众筹投资者适当性制度研究》，硕士学位论文，湖南大学，2016。

② 参见宋雅婷《股权众筹投资者适当性制度研究》，硕士学位论文，湖南大学，2016。

③ 该办法第六条规定：经营机构向投资者销售产品或者提供服务时，应当了解投资者的下列信息：（一）自然人的姓名、住址、职业、年龄、联系方式，法人或者其他组织的名称、注册地址、办公地址、性质、资质及经营范围等基本信息；（二）收入来源和数额、资产、债务等财务状况；（三）投资相关的学习、工作经历及投资经验；（四）投资期限、品种、期望收益等投资目标；（五）风险偏好及可承受的损失；（六）诚信记录；（七）实际控制投资者的自然人和交易的实际受益人；（八）法律法规、自律规则规定的投资者准入要求相关信息；（九）其他必要信息。

然而，一枚硬币总有两面，客观而论，对于投资人风险能力的刻画，涉及方方面面的问题，一张表格式的调查，并不能解决全部问题，承担适当性义务的主体还需要发挥主观能动性，才能完全掌握客户信息。在现实中，投资人面对金融机构的问卷调查，应付居多，而金融机构的业务人员，对客户信息的问卷调查，也存在未上升到风险控制的思想层面，仅仅是认为这是一个例行公事的程序环节。

当前，许多金融机构的尽职调查也流于形式居多，笔者调研中访问了一家金融机构，获取了该公司的问卷设计，在问卷中设计了一系列适当性信息的采集，比如家庭情况、收入情况、投资预期、是否承担房贷和车贷、是否有过投资其他金融产品的经验、学历、所能承担本金损失的百分比例等。该问卷不可谓不详尽，然而笔者在调研中发现，这类调研之所以流于形式，在于经营机构和投资人的互不信任感。[①] 对于投资人来说，自己不过是购买一款投资产品，却要被调查整个收入状况，甚至家庭和不动产信息，这些信息有些涉及投资人的隐私部分，提供是否安全？是否恰当？从基金经营机构来说，面临的问题是，这些问卷采集的信息，很难核实真伪。投资人提供的信息，由于缺乏有效的核实手段，这样的适当性管理，对风险的控制极其微弱。

然而，不可否认，在当前庞大的网络数据面前，经营机构能使用上述按图索骥的方式，总是有积极意义。而有效适当性信息调查，则需要更多义务性规范。比如，美国 SEC 规定中间机构需合理调查投资者的投资目标、投资需求、财务状况及其他信息，并将信息进行整合。[②] 可以参见的另一个经验是，中国香港地区的《证券及期货事务监察委员会持牌人或注册人操守准则》。中国香港地区一度是亚洲金融高地，其金融市场的繁荣，离不开成熟而有效的规范准则。特别行政区证监会对金融机构的尽职调查，要求颇高，“可以运用一切合理方式，了解客户的信息并保存管理”。

另外，如实提供信息，也应当在投资人方面设置配合的如实告知义

① 问卷源自四川省金融产品销售机构的惯用模板，同时在调研访谈中，我们还发现，面对尽职调查，投资人和经营机构往往陷入匹配困境，投资人比较突出、集中的心理：不信任心理、成本考虑、搭便车、故意夸大财力等；经营机构尽职调查不适当：增加运营成本，无法核实真实性，缺乏统一标准等。

② 参见宋雅婷《股权众筹投资者适当性制度研究》，硕士学位论文，湖南大学，2016。

务。对于证券投资基金经营机构来说，获取投资人信息，实际上在网络销售方式普及的今天来说，远比传统面对面进行销售难得多。经营机构在对用户真实性审查时，最大的问题是如何保证用户注册提供信息的真实性，在互联网上，用他人信息造假的情况比比皆是。[①] 目前常见的经营机构对投资用户的身份信息审查，都要求用户注册提供身份证件，经营机构除了对用户注册时提供证件进行一一审查外，还应当负担更进一步的查明义务，比如在用户注册提供证件时，要做到身份信息与本人相对应，可以借鉴当前各大券商展开的网上开户方式，通过客服与用户进行远程视频连线，审查用户与所提供证件信息是否相符[②]，并进行在线信息调查，通过连线问答方式对投资人进行适当性信息的问取。通过远程认证和调查方式，不失为克服互联网受众过于广泛的好做法。[③]

如果投资人拒绝提供适当性信息，美国金融业监管局规则（FINRA 规则）和欧盟金融工具市场指令 MiFlD 规则的做法是，当客户经过一定次数的适当性信息调查采集而拒不提供真实信息时，允许金融机构拒绝为其提供服务。

综上，尽职调查是证券投资基金经营机构进行适当性信息收集的初始工具，也是整个经营机构履行适当性义务最重要的一环。我国经营机构适当性义务的尽职调查，必须首先设计好调查问卷的科学性，这一点可以参考、综合各个领域的尽职调查。其次是确保经营机构对投资者适当性信息的保管和保密义务，打消投资人提供信息的顾虑。再次，通过法律规范，赋予我国基金经营机构和金融机构大致相等的地位，从而为经营机构进行征信、资产等信息的真实性核查，打开一个合法的口子。最后，在适当性信息的提供中，如果投资人据不提供信息，经营机构可以拒绝为其服务，如果投资人故意提供虚假信息，经营机构可以获得豁免责任。

二　对适当性信息进行保管和保密

保管和保密义务，是证券投资基金经营机构适当性义务的保障，正如

① 参见赖继《股权众筹法律规制研究》，博士学位论文，重庆大学，2017。

② 参见赖继《股权众筹法律规制研究》，博士学位论文，重庆大学，2017。

③ 参见赖继《股权众筹法律规制研究》，博士学位论文，重庆大学，2017。

上文所述，如果没有健全合理的保密和保管机制，投资人主动、积极将适当性信息提供给经营机构，将会面临非常大的忧虑。

综观各国立法例，都对经营机构的适当性信息保管和保密义务进行了规定，在保管信息的类别方面，有的国家对投资人的基础信息、投资记录进行了法律规制，要求保管信息必须有一定的手续和技术，包括服务器的容量、系统软件的更新、安全防止泄密的措施等。美国 MiFID 规则的做法，是要求不只保管适当性信息，甚至适当性信息的采集过程都要保管。我国香港地区则更为严格，不只要求对适当性信息进行采集和保管，还要求销售顾问在对金融产品进行推销时，对所做的适当性服务进行录音保存。[①]在保管适当性信息的时长上，各国规定不一，有的规定保管时长为五年，有的时长为七年，有的时长为十年。[②]

保密义务则更为严格，经营机构的保密能力和网络技术无法分开，因此在适当性信息的保密方式上，各国法律都要求经营机构必须建立起有效的防窃密、防黑客网络安全体系。

从法律关系的角度来看，适当性信息的保密和保管义务可以是投资人与经营机构、融资人与经营机构自主意思表示的约定条款，然则为何要通过法律将适当性信息的保管保密法定义务负担给经营机构呢?[③] 核心缘由在于，一是由法定方式确定的保管和保密义务，更能实现经营机构与投资人之间的相互信任，借以完成适当性信息的真实获取。二是经营机构与融资人的需求一致性较高，在尽可能完成融资，推出项目的诉求上，二者往往忽略了投资者适当性信息的保护。综上，保管和保密义务若仅仅是各方的约定义务，居于强势一方的经营机构则可能会为了减轻自己保管与保密的成本，而做出对投资人、融资人不利的条款约定。

综上，我国经营机构的适当性信息保管保密义务，宜采取“底限年限”的做法[④]，即经营机构的保管和保密义务是法定义务，同时又是约定

---

① 参见姚瑶《经营机构投资者适当性义务的证成与制度构建》，《南方金融》2016 年第 3 期。

② 参见姚瑶《经营机构投资者适当性义务的证成与制度构建》，《南方金融》2016 年第 3 期。

③ 参见赖继《股权众筹法律规制研究》，博士学位论文，重庆大学，2017。

④ 我国《证券期货投资者适当性管理办法》第三十二条规定：经营机构应当按照相关规定妥善保存其履行适当性义务的相关信息资料，防止泄露或者被不当利用，接受中国证监会及其派出机构和自律组织的检查。对匹配方案、告知警示资料、录音录像资料、自查报告等的保存期限不得少于 20 年。

义务。法定义务决定了最低的保管和保密年限，双方的约定协议不得低于法定底限。而双方另有特殊需求的，则可以视实际情况而定。[1]

三　对投资人进行分类

对投资人进行分类，是为投资人提供适当性服务的前提。证券投资基金经营机构的适当性义务，是以适当性信息尽职调查为起点，在获取信息之后，进行整合分析，对投资人进行分类，从而提供个性化服务，为不同状况的投资人选择适合其投资的产品。

证券投资基金领域投资者适当性制度的核心是风险控制，那么对投资人进行的分类，应当立足在投资人的风险能力区别之上。有的国家在立法上，将投资人分为专业投资人和普通投资人，如日本《金融商品交易法》将投资人分为专业投资人和普通投资人。专业投资人是具备一定专业经验和知识的人。美国的证券法体系中率先设定了“认证投资者”制度。而英国《众筹监管规则》的规定更为直接：参与资金募集的公众投资人只能是英国金融行为监管局（FCA）授权的机构认证的成熟投资者（Sophisticated Investors）[2] 或特定投资人[3]。欧盟的《金融工具市场指引》将客户分为专业客户、合格交易对手及零售客户。

不难看出，世界各国对个人投资人的分类，都立足在投资人的专业性和风险承受能力之上。专业投资人的风险意识和风险控制技能自然要优于普通投资人，专业投资人本身就具备较高的风险承受能力，从调查成本上来说，调查风险承受能力，实则也顺带能进行投资人专业程度的调查。基金投资本身就是“普惠”“开放”的投资模式，其投资人以草根居多。虽然我国《证券期货投资者适当性管理办法》规定了对投资人进行专业投资

---

① 参见赖继《股权众筹法律规制研究》，博士学位论文，重庆大学，2017。

② 英国监管层认可参与公开资金募集的几类投资人包括：被证明或自我证明为成熟投资者；被证明为高净资产的普通投资者；作为风险资本联系人或公司财务联系人的普通投资者；在投资发起之前，确认从授权的个人收到受监管的投资建议或投资管理服务的普通投资者；证明投资不超过其净投资组合，不包括基本生活、养老金和人身保险 10% 的普通投资者。其中，高资产投资人指年收入不少于 10 万英镑或资产净值不少于 25 万英镑的投资者，不包括主要基本住所、以养老金形式获得的任何收入以及根据特定保险合同获得的权利与收益。

③ 参见赖继《股权众筹法律规制研究》，博士学位论文，重庆大学，2017。

人和普通投资人的划分，并且在一定条件上，二者可以相互转换，但根据实践的情形来看，简单地进行专业投资人和普通投资人的划分，显得有些粗略。我国证券投资基金领域经营机构的投资人分类方法，应当重点立足风险承受能力，形成以风险承受能力分类为主，而以专业经历为辅的分类方式。

在实践中，不同金融机构的风险承受能力评估有不同的做法，有的机构风险承受能力评估的主要内容和尽职调查重合①；有的机构则有所侧重和区别，单独再进行一轮风险承受能力评估。总体上，尽职调查和风险承受能力评估配合使用的情况居多。风险承受能力评估主要是围绕能承受本金损失的百分比，以及对投资目标的分析、投资风格、偏好等。通过评估，将客户分为保守型、谨慎型、稳健型、进取型、激进型五类。笔者认为，这是未来我国经营机构在履行适当性义务时，对投资人进行分类的重要借鉴。

四　产品分级与适当性匹配

什么风险等级的产品，应当推荐给什么样风险承受能力的投资人，这是证券投资基金经营机构投资者适当性制度的核心操作。它分为三个环节，一是对投资人进行分类，二是对产品进行分级，三是将产品和投资人进行匹配。后面两个步骤，基本上是同时进行，是一个适当性义务的两个层面。在对投资人进行科学分类之后，产品分级是经营机构履行适当性主体义务最核心的环节。产品的分级必须建立在两个基本面上，一是经营机构对融资人发布的项目高度了解，二是经营机构具备分析预测能力，对融资人发布的项目进行详细的论证。

经营机构履行适当性主体义务，不仅要对投资人进行尽职调查，对融资人及其项目的信息了解，是解决多方信息不对称的关键。针对这一点，各个国家都做出了相对严格的规定，尤其是金融市场经济比较发达的美国、英国、日本等，对于经营机构了解项目的要求做了详细规定，如果连项目的基本信息都无法掌握，何谈对项目进行分级？这些信息包括融资用

① 参见李梓宁《私人银行法律规制问题研究》，博士学位论文，吉林大学，2015。

途、盈利模式、监督权行使、预期股权分配、运作方式等。有观点认为经营机构在对融资项目进行审查中，只需要对项目进行合法性审查、形式审查即可，经营机构没有能力也没有义务对数量众多的互联网融资项目进行实质审查。笔者赞同对融资项目进行合法性审查，即该项目是否符合国家法律，达到这样的审查程度即可。① 这样的观点并不与经营机构进行融资项目信息了解和分级相矛盾。经营机构对项目进行合法性审查，与对项目进行分级是两个概念。合法性审查，是经营机构决定项目能否进行展示和募集资金的门槛，项目是否具备盈利潜质，应当交给市场去判断，而只有合法性审查通过之后的项目，才会对项目进行进一步的了解调查、论证分级。

产品的分级与项目的预期收益率分不开，根据金融规律，收益和风险也是不可分的，预期收益率高的产品，其风险也相对较高。笔者调研走访的机构对项目收益进行论证，根据风险和预期收益论证，该机构将产品的风险程度进行了分级，见图 5－1。

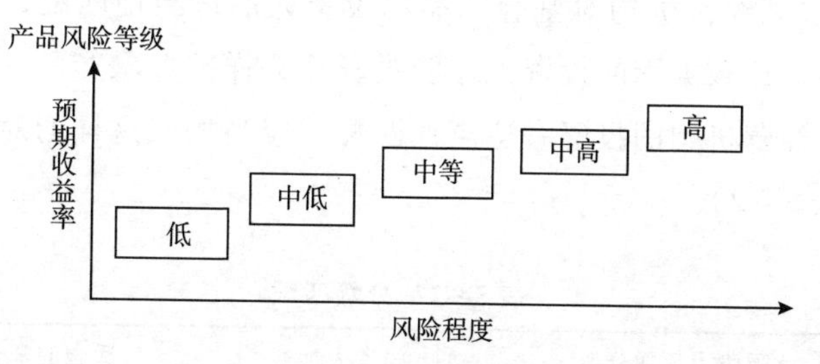

图 5－1　产品风险分级

我国《证券期货投资者适当性管理办法》中对机构如何划分产品风险等级提供了考虑要素，包括流动性、到期时限、杠杆情况、结构复杂性、投资单位产品或者相关服务的最低金额、投资方向和投资范围、募集方式、发行人等相关主体的信用状况、同类产品或者服务过往业绩以及其他因素。上述考虑要素，是机构对产品进行分级的出发点，而非实际的产品分级呈现，在实践中，经营机构对产品的风险分级多有不同，宜采用“低、中低、中等、中高、高”这样的多级分阶式分级。从对风险的描述和投资者适当性匹配的角度来说，这样的分级应当越多越好。层级越多，

① 参见赖继《股权众筹法律规制研究》，博士学位论文，重庆大学，2017。

则经营机构对投资人进行项目匹配的精准度就越高，比如有的金融机构将产品分级为“低 A、低 B、低 C……”、“中等 A、中等 B、中等 C”，其操作性更强，准确度也更高。

有观点质疑这样简单的分级就能让客户明白拟投项目的风险情况。客观而言，简单的一个等级标签无论如何也不能完全将项目的风险进行详细阐述，要向投资人描述产品的详细信息，还必须辅以详细、明确的信息披露、项目说明、风险告知等措施。即便是公司的自有股东，在市场上也不可能对项目的风险了解得巨细无遗。投资人购买基金份额，获知项目具体风险无法通过单纯的一项制度就能解决，但对投资产品进行分级标号，是投资人进行个性化服务的基础，是一种具有积极意义的直观操作。

完成了项目的分级，经营机构履行适当性义务需要完成的，是将项目与投资人进行适当性匹配。参考市面上任意一款基金产品，都会发现在产品说明书里列明“适合客户”的范围，比如“本产品适合风险承受能力为谨慎型、稳健型、进取型、激进型，有投资经验及无投资经验的个人和机构投资者”。某经营机构对基金产品和投资人的适当性匹配，制作了详细的清单表格，什么类别的投资人才能投资什么样的金融产品，有了一一对应的关系。经营机构的投资者适当性匹配，应当按照这样的对应方式进行设计（见表 5－2）。

表 5－2　分级匹配

风险承受能力评估分值	投资人类型	适合的基金产品
待定（根据不同经营机构尽职调查获取）	保守型	低风险项目
待定（根据不同经营机构尽职调查获取）	谨慎型	低、中低风险项目
待定（根据不同经营机构尽职调查获取）	稳健型	低、中低、中等风险项目
待定（根据不同经营机构尽职调查获取）	进取型	低、中低、中等、中高风险项目
待定（根据不同经营机构尽职调查获取）	激进型	低、中低、中等、中高、高风险项目

综上，我国经营机构的适当性义务规范，包含了对产品进行分级以及对产品进行投资人匹配，根据不同经营机构和不同项目的实际情况，产品的分级级数、标号可以有所不同，但最为重要的是，建立产品分级和产品与投资人匹配的制度，并制作分级指引表和匹配指引表，为经营机构操作

提供框架和规范。

五 差异化风险揭示

风险揭示是经营机构应尽的职责之一，也是经营机构履行适当性主体义务的一项重要环节。风险揭示，又叫风险提示，指的是义务人在特定时候向投资人告知风险状况，用以提醒投资人可能发生的风险，辅助投资人进行理性判断。经营机构所要履行的适当性主体义务中的风险揭示，是指对不同投资人进行差异化、个性化的服务。风险揭示的方式有多样，有风险告知书、网页提示、公开声明、投资人手册等。[①]

世界各国都在立法上对经营机构的风险揭示义务有着相应规定。从这些条款来看，风险揭示通常贯穿整个基金募集资金的全部阶段，各阶段的风险揭示在内容上有所不同。经营机构有义务对展示项目可能产生的风险进行预判，并且应当将该风险与收益的实情向投资人揭示。[②] 在这一阶段，差别化的风险揭示中，要求经营机构采取对待不同投资人进行个性化服务，如果是具有专业背景和经验的投资人、机构投资人，那么经营机构的风险揭示，只需要尽到提示义务即可，在实践中，常用风险告示的方式，展示在网站的醒目位置即可；而针对保守型、谨慎型或者初级投资人、不成熟投资人，风险揭示的要求则要稍微严格，在实践中，有将投资人推送至账户消息，并要求收取回执，保证投资人已经接收到风险提醒，对这类投资人的风险揭示，尽量不适用专业术语和生涩的金融词语，力求成为对投资人很好的指引，通俗易懂。

募资中的风险揭示是在项目融资运作中，发现变化型风险，及时进行信息披露，实际上，在募资中的风险揭示，具备项目监督的性质。[③] 当出现项目风险时，经营机构应当履行差异化风险揭示服务，对非专业投资人、不成熟投资人，要及时发出风险预警，这一义务要比对专业投资人和机构投资人履行义务更为严苛。原因在于，专业的投资人和机构投资人具备专业知识、人力财力，对所投资本进行风险把控，甚至在介入项目监督

---

① 参见赖继《股权众筹法律规制研究》，博士学位论文，重庆大学，2017。

② 参见赖继《股权众筹法律规制研究》，博士学位论文，重庆大学，2017。

③ 参见赖继《股权众筹法律规制研究》，博士学位论文，重庆大学，2017。

的事项上，更具便利性。

六　差异化信息披露

信息披露制度，起源于英美，是一项历史悠久的制度。在金融市场和法律沿革的历史长河中，该制度不断完善，成为金融市场的重要制度。[①] 证券投资基金经营机构履行适当性主体义务的内容，包含了对投资人进行差异化的信息披露服务。这个问题包含了两个层面，第一是经营机构面对不同投资人，需要披露哪些重要信息，或者说披露重要信息的标准是什么？第二是经营机构面对不同投资人，如何提供差异化服务？

第一个问题讨论是差异化信息披露服务的基础。参照过往经验，金融市场披露重要信息的标准应当以对投资人有重大关系为标准。[②] 从保障投资人利益出发，经营机构必须要披露的重要信息，大体包括两方面问题，一是经营机构自身信息的披露，二是经营机构对基金发起项目的信息披露。[③]

经营机构自身信息披露的意义在于，解决投资人与经营机构之间的基

① 英国的"南海泡沫事件"（South Sea Bubble）导致了 1720 年"诈欺防止法案"（Bubble Act of 1720）的出台，而后 1844 年英国合股公司法（The Joint Stock Companies Act 1844）中关于"招股说明书"（Prospectus）的规定，首次确立了强制性信息披露原则（The Principle of Compulsory Disclosure）。当今世界信息披露制度最完善、最成熟的立法在美国。它关于信息披露的要求最初源于 1911 年堪萨斯州的《蓝天法》（Blue Sky Law）。1929 年华尔街证券市场的大阵痛，以及阵痛前的非法投机、欺诈与操纵行为，促使美国联邦政府 1933 年的《证券法》和 1934 年的《证券交易法》的颁布。在 1933 年的《证券法》中美国首次规定实行财务公开制度，这被认为是世界上最早的信息披露制度。

② 在美国，信息披露的重大性标准是通过三个典型案例得到发展与修正的。在 SEC. vs Texas Gulf Sulphur（1968）案中法院认为在某一特定情况下，重大性标准取决于以下两个因素间的平衡：时间发生的可能性和该事件对公司行为整体影响的程度。同时还确立了如果一项不实陈述可能导致合理投资者的信赖并且出于这种信赖而买卖证券，这种不实陈述便是重大事件。随后美国最高法院在 TSC Industries vs. Northway（1976"TSC"）案中修正了关于重大性标准的书面陈述，认为："如果一个理性的投资者很可能在决定如何投票的时候认为该事实是重要的，那么该遗漏的事实便是重大的。"在 Basic Inc. vs. Levinson（1988）案中，最高法院采用了 TGS 案中的一个标准，即重大性取决于事件发生的可能性与该事件的发生对公司整体活动预测影响程度之间的平衡（Probability - Magnitude Test）。最后，最高法院再次重申，事件的重大性完全取决于理性投资者会如何看待未公开或者不实公开的信息。

③ 参见袁敏《经营机构信息披露法律问题研究》，硕士学位论文，华东师范大学，2016。

本信任问题。[①] 首先，经营机构自身信息的披露，可以帮助投资人对该经营机构有一定的了解，对其过往案例、营收率有所知晓，在评估经营机构的实力和经验之后，投资人更好地做出理性判断，是否有过成功案例，是否有把握在该经营机构投资成功。其次，不同的投资人具有不同的投资风格，正如上文所述投资人的分类一般，什么样的经营机构适合什么样的投资人，也是一个双向选择的过程，经营机构自身信息的展示，本身也是对投资人进行初步分类的过程。最后，经营机构自身信息的披露，毫无疑问是对经营机构自身的制约监督[②]，对防止经营机构欺诈和串通融资人共同欺诈，有一定的制约作用，只有将经营机构置于公众的视野之下，才能最大限度地保护投资人利益，这一点，在世界各国的立法上，都做出了相同的规定。经营机构作为投资人和融资人的枢纽中心，处于解决信息不对称问题的核心地位，若是经营机构的信息都不能有效、详细地披露，投资人将如何信任经营机构?[③] 更不用说信任隔着电脑屏幕在地球另外角落里的融资人。目前，实践中，经营机构自身信息披露，大体上包含互联网经营机构的 ICP 备案、向监管层备案或注册情况、经营机构注册资本、管理制度及人员、风险控制制度、投保保险状况（若有)、主要从事业务类型、符合规定的审计情况等。

经营机构对基金发起项目的信息披露，是投资、融资的核心。如果这一方面的信息不被披露，任何投资人都无法接收到有效、真实的项目信息，任何融资活动也就无法谈起。美国、英国、日本等都对经营机构的信息披露做了详细规定[④]，大体上包括基金发起项目的详细情况、项目的目标发行额、资金用途、项目运作模式、截止日期、盈利模式与前景监督权及风险控制、融资进展情况的定期更新等。

未来我国基金领域投资者适当性制度的完善和发展中，对经营机构进行的信息披露，也应当借鉴上述披露经验。另外，在披露的方式上，根据我国投资人现阶段的不成熟状况，还应当禁止经营机构向公众投资人、非专业投资人进行不合规、不道德的劝募、诱募行为，以避免经营机构与融

---

① 参见袁敏《经营机构信息披露法律问题研究》，硕士学位论文，华东师范大学，2016。
② 参见赖继《股权众筹法律规制研究》，博士学位论文，重庆大学，2017。
③ 参见赖继《股权众筹法律规制研究》，博士学位论文，重庆大学，2017。
④ 参见赖继《股权众筹法律规制研究》，博士学位论文，重庆大学，2017。

资人串通掩盖真实信息，诱导投资人出资的局面。在我国目前的司法判例中，对投资人进行了第三人善意保护，基于经营机构和融资人发布的信息，只要投资人是基于该信息的善意判断，出现风险后将不免除经营机构和投资人之间的“免责协议”或“免责条款”，这也是丰富完善经营机构投资者适当性制度的一种思路。

第二个问题是如何对分类的投资人进行差异化的信息披露。经营机构应当在基金份额认购前向所有投资人以书面形式提供报价和上述全部应当披露的信息，然而，面对庞大信息，不同专业背景、投资经历的投资人，如何区别哪些是重要和重点信息，进而判断哪些是不适合自己的项目，哪些是适合自己的项目。在这种情况下，经营机构履行投资者适当性主体义务所要进行的差异化信息披露，就非常必要。针对不同的投资人，经营机构提供的信息披露服务自然需要有所区别，比如针对没有专业知识背景和专业投资经验的普通投资者，经营机构提供的信息披露服务，必须区别于专业投资者和成熟投资者。一方面，在为非专业投资人、不成熟投资人、普通投资者、公众投资人提供信息披露服务时，必须确保披露服务的内容扼要、简明清晰、浅显易懂，避免专业术语和生涩的金融词汇，陈述时的立场要中立，不得带有劝募说辞；另一方面，专业投资人和机构投资人由于自身的条件不同，对其可以提供比较专业、精准的信息披露。另外，有条件的经营机构还可以开通有偿咨询服务，这类服务的要点是提供专业解答，但必须保持中立立场。

第四节　投资者的适当性辅助义务内容

投资者适当性制度的核心目的，是保护投资人权益，防控资本市场结构性风险。但是，这一目的并不意味着投资人在整个适当性制度中，就没有任何负担或义务。基于基金法市场诚信理念的考量，尽管基金投资者的财产状况、投资经验和风险偏好有较大差异，但只要具备完全的民事行为能力人，投资者在资本市场中理应根据自己的善意判断来决策自己的行为，如若投资人不如实提供信息给证券投资基金经营机构，那么经营机构不管如何展开尽职调查，都无法对投资人进行适当性匹配，适当性制度的目标将成为一纸空谈。因此，在除去经营机构承担了大部分或主要的适当性义务，也即是适当性主体义务之外，投资人仍然需要承担适当性辅助义务。

投资人处于辅助义务的地位，并不是说其行为的法律后果无关紧要，在金融契约层面，投资人必须要在适当性制度的框架内，进行一定的“作为”和“不作为”，这些行为直接影响着金融机构适当性行为的认定。换言之，讨论投资人的辅助义务，实际上就是讨论在整个证券基金投资，什么样的投资行为是适当性行为。

一　如实提供匹配适度的信息

投资人的辅助性义务，最基础的一项在于如实提供信息。在一定程度上，这项基本义务是投资人配合经营机构履行适当性义务的最为基础的辅助要素，是经营机构进行投资人分类、产品分级并匹配的前提条件，在整个结构性风险防控中属于“充分项”。

从信息经济学来看，信用行为取决于市场的充分程度以及有效的激励机制。[①] 在实践中，经营机构和投资人之间往往出现“匹配困境”。这是由投资人与经营机构双方出现信息不对称造成的问题，在证券投资基金的投资中，经营机构须先行收集投资者适当性信息，评估其风险承受能力，再推送风险适当的产品。适当性信息的匹配，在投资人层面表现为如实告知信息，在经营机构层面表现为尽职调查。

在适当性制度规则框架下，金融经营机构与投资者的信息匹配困境，有投资者和经营机构两方面的原因。对于投资人来说，自己不过是购买一款投资产品，却要被调查整个收入状况，甚至家庭和不动产信息，这些信息有些涉及投资人的个人信息和隐私部分，提供给经营机构，是否安全，是否恰当？根据个人信息保护与采集的法律规则，某些不能反映其投资现状的个人信息，如基因、血型、疾病等，被法律和行政法规所绝对禁止采集；对于能够反映信息主体投资状况的信息，也应当经过信息主体的同意并告知其不利后果。[②] 因此，如果基金投资者基于自身考虑，不同意提供相关信息，投资信息匹配和经营机构的适当性义务就无法有效实现和履行。

---

① 参见白云《个人征信体系的法经济学基础》，《法学论坛》2013 年第 2 期。

② 参见薛智胜、夏慧慧《大数据征信与投资者个人信息保护的冲突与平衡路径初探》，载《证券法律评论》2019 年卷，中国法制出版社，2019，第 173 ~ 174 页。

经营机构面临的问题是，这些问卷采集的信息，难以进行实质审查。也就是说，即便投资者主动提供了相关信息，但对于信息的准确性、充分性，经营机构缺乏核实真伪的手段和措施。具体分析原因，在投资人层面有不信任心理、成本考虑、隐私担忧、搭便车心理、故意夸大财力等，而在经营机构层面则有增加运营成本的考虑、缺乏统一操纵标准、无法核实真实性等。

在个人信息保护法律规则日趋严格与金融服务机构适当性规则日益完善的基础上，进一步完善和优化投资者适当性辅助义务法律规范，需要关注的是投资人该告知什么程度的个人信息？经营机构该调查至什么程度以及什么种类的客户信息？根据适当性信息评估出的风险承受能力和产品风险等级该如何匹配？投资一款千元级的认购产品，是否只需要投资人展示自己具有万元级数的风险承受财力就可以？这种亮资、验资的“度”何在？如果投资人不主动提供信息，或者提供的信息不充分、不真实，产生何种法律后果？

要回应上述问题，打破匹配困境，就须结合我国资本市场实践，在立足广泛调研的基础上，对投资者适当性信息的匹配度进行量化，尝试建立一个可量化模型，找出风险概率最小的阈值，同时又能打消投资人和经营机构的种种顾虑和成本负担。

笔者认为，未来证券投资基金领域的投资者适当性制度的立法探索，须力求对适当性匹配信息进行分类，实现财力匹配、专业匹配、经验匹配、心理匹配。通过这四类要件指引，找出对风险控制最为有益的匹配指标，这些指标汇集后，呈现为具有操作性的规范标准，为林林总总的经营机构给出详细的指引，哪些信息是必要了解，哪些信息是适度了解，哪些信息是一般了解。同时，适当性规则应与个人信息保护规则无缝衔接，一方面，法律应明确投资人只需告知符合匹配度的信息即可，有权拒绝经营机构采集与此无关的个人信息；另一方面，在尊重投资人信息同意权①、被遗忘权②、更正权的基础上，还应赋予经营机构一定的自主利用的权利，即可以运用一切合理方式，了解客户的适当性信息并保存管理。最后，还

① 关于信息主体个人信息采集、利用中的同意权，参见朱悦《大数据征信中数据主体的同意权研究》，载《证券法律评论》2018 年卷，中国法制出版社，2018。

② 有关个人信息保护的被遗忘权，参见段卫利《论被遗忘权的法律保护——兼谈被遗忘权在人格权谱系中的地位》，《学习与探索》2016 年第 4 期。

要设计与此相适应的法律责任作为制度保障，如果投资人拒绝提供适当性信息或提供信息失真，或者经营机构超出匹配度调查过多信息，则可能承担风险责任（参见本章第五节的内容）。

二　投资者投资行为的适当性限制

投资者适当性辅助义务，除了如实提供匹配适度信息之外，还有一层重要含义：投资人有义务将投资行为限制在适当性范围内，或者对此阐述为“投资人有义务将投资行为进行适当性限制”。

在这方面，我国金融行业早已开展了内容丰富的实践探索，在许多领域都做出过对投资人的投资行为进行限制保护的措施。回顾我国历史上的传统证券投资市场风险控制规则可以发现，我国证券立法及其行政监管部门对投资行为的限制思路一贯谨慎。我国法律法规和部门规章均对A股市场[①]设置了涨停跌停的限制，而在开启融资融券[②]之后，我国的A股市场投资行为出现了一些变化。通俗地说，融资融券是一种信用交易活动。这样的信用交易，在长期A股市场只能看多获利的基础之上，增加了新的投资方法，借入证券卖空的投资行为，使得A股市场也具备了做空的反向空间。虽然融资融券的本意是增补市场活力，促进融资，但从开启之后引发的股指快速下跌来看，市场非但没有获得活力，反而加剧了风险。原因在于融资融券给予了投资人超出自身可支配的投资资产，投资人基于信用获得额外配资，在投资行为中可以进行杠杆操作。从2015年股市大跌的情况来看，我国的投资人并没有理性运用融资融券工具，而仅仅将其当作牛市追涨、熊市杀跌加码翻倍的投机工具，过多的场外配资加剧了A股市场的脆弱性，如果说融资融券给予投资人收益翻番的机会，而A股的多次急速下探就使得风险与收益问题见仁见智。A股市场的融资融券除了涨跌停限

① 1990年底创建的A股市场无论是上市公司的数量，还是市场的总市值，都是中国股票市场当之无愧的代表。A股的正式名称是人民币普通股票，它是由我国境内的公司发行，供境内机构、组织或个人（不含台、港、澳投资者）以人民币认购和交易的普通股票。

② 融资融券交易（securities margin trading）又称“证券信用交易”或保证金交易，是指投资者向具有融资融券业务资格的证券公司提供担保物，借入资金买入证券（融资交易）或借入证券并卖出（融券交易）的行为。包括券商对投资者的融资、融券和金融机构对券商的融资、融券。从世界范围来看，融资融券制度是一项基本的信用交易制度。

制以外，还设定了投资人仓位亏损的强制交割平仓规则，基于信用合同中所约定的担保条款，当投资人的证券资产亏损达到一定限度时，融资融券的授信方将对持仓进行强制交割清理，以保证损失不被无限扩大而造成信用体系的崩塌。然而这也仅仅是规则限制中的一种。如果对于涉及高杠杆、高风险、高回报率的投资行为没有即时的限制治理规则，非要等到事后面临亏损风险的时候才进行平仓，不能不说离投资行为规则的成熟还有很长一段路要走。

如果说 A 股市场的投资限于对投资客体进行实体投资，从而促进企业融资使得股票价值上升而获利，因此法律法规仅允许做多操作，那么我国其后开通的股指期货[①]，有关投资客体就进一步被虚拟化，做空操作成为常态。而在这一投资渠道中，除了规定开户人，即投资人具备一定数额的资产外，对其投资行为的即时限制相对薄弱。

从我国过去的金融实践中可以看出，防范结构性风险，是我国金融市场惯常采取谨慎思路的原因之一。为此对投资行为进行限定，有类似涨跌停限制、强制平仓等许多可行的方法，这些思路直接为构建证券投资基金投资人的适当性辅助义务提供借鉴。

在实践中，对金融市场的投资行为的限制有几种：一是限制投资者的单一投资额，即投资者在投资某金融产品单次不能超过一定金额；二是于投资者的可支配资产或净资产设定比例，即投资者用于金融产品投资的总金额不得超过个人可支配资产的一定比例；三是限制投资者投入的投资资金总额，即总额限制，投资者用于金融产品投资的总额设定了一个上限。

上述的融资融券与股指期货，除强制平仓制度外，实际上还对投资行为有过适当性限制的考量。这样的适当性限制考量，虽然目前还处于比较初级的阶段，却在一定程度上符合我国市场发展的水平。股指期货在设置强制平仓制度的同时，尝试着对投资行为进行了持仓限额制度，持仓限额制度是对投资行为进行适当性限制的雏形，指的是为了控制风险与防止市场操纵，对投资人的投资行为做出后所持有的投资品数量设定上限。我国

---

① 股指期货（Share Price Index Futures），英文简称 SPIF，全称是股票价格指数期货，也可称为股价指数期货、期指，是指以股价指数为标的物的标准化期货合约，双方约定在未来的某个特定日期，可以按照事先确定的股价指数的大小，进行标的指数的买卖，到期后通过现金结算差价来进行交割。

在股指期货市场的投资行为限制在于对单个、一般股指期货交易账户持仓限额为600手。

从融资融券交易规制中，我们还可以看到另一种对投资行为进行适当性限制的思路，这对探讨投资行为适当性限制也有裨益——担保限制。[①] 投资者在A股市场从事普通股票交易时，可以以自由意思和自由财产支配买卖证券，可以随意进行银转证、证转银。在融资融券交易中，对投资人的投资行为要求其提供足值担保品，这一足值比例由投资人与券商事先的合同约定，通常根据合同条款，在投资人担保足值比例不够时，券商可以根据授信情况对投资人账户进行平仓处理。

我国在证券投资基金中进一步建构投资行为适当性限制规范体系时，可以吸取上述的各种投资行为规制思路，采取混合方式，即限制投资人单次投资金额占净资产的总数之比例的同时，对投资人一定时间内的投资总量进行限制，对投资行为进行适当性限制。也可借鉴传统金融产品投资的规范经验，比如持仓限额限制、担保限制、强制平仓限制等，这些都可作为有益经验进行吸纳。

第五节 基金投资者适当性制度责任体系

在证券投资基金领域，调整适当性义务和责任关系的，不仅有传统的民法、商法规则体系，还有证券法、侵权责任法、合同法等部门法域。在公法领域，违反投资者适当性义务，市场主体所要承担的是证券法、行政法、刑事法相对应的责任，更多体现为一种纵向的法律监管。在私法领域，违反投资者适当性义务，市场主体要承担的则是由合同法、侵权责任法、证券法、基金法等构成的民事责任，体现的是一种横向法律关系。

① 担保限制的另一个具体规定在于："投资者信用账户维持担保比例不得低于130%。当投资者维持担保比例低于130%时，证券公司应当通知投资者在不超过2个交易日的期限内追加担保物，且客户追加担保物后的维持担保比例不得低于150%……投资人可以提取保证金可用余额中的现金或充抵保证金的有价证券，但提取后维持担保比例不得低于300%。"

一 证券投资基金投资者适当性制度的公法责任

投资者适当性制度的公法责任是证券投资基金法政府适度干预理念的直接体现，其重点是保护投资人和守住市场底线。“适度”二字表明，在整个投资者适当性制度的法律责任体系中，公法责任处于辅助地位，发挥的是教育、惩戒、指引、规范作用。这类责任不可能像商法、合同法一样面面俱到地调整证券投资基金中出现的所有问题。公法责任作为私法责任的兜底和补充，不是处理平等关系的合同纠纷、侵权纠纷。那么从比较法和实定法不同角度看，适当性制度公法责任体系规制体系，到底是如何建构的?

在我国证券法实践中，公法责任重点针对的是金融机构违反信息披露义务和反欺诈义务进行的行政处罚，乃至刑事处罚，如我国《刑法》针对信息披露的“内幕交易罪”和针对基金“老鼠仓”的“利用未公开信息交易罪”。在基金法领域，我国2012年修订的《证券投资基金法》第一百三十八条对投资者适当性义务的罚款、市场准入的行政法责任。[①] 但是，以上规定相对简陋，没有分别针对经营机构不同内容的适当性义务进行分类规制，也没有做出适当性义务的豁免性规定。

从世界各国的公法责任规范来看，适当性义务的违反通常被纳入反欺诈和信息披露的规则体系，配套了从“较轻”的行政责任到“较重”的刑事责任体系，用以规制信息披露不真实和欺诈行为，并匹配了相应的豁免规则。比如，美国《证券法》第4A条a5款、《SEC建议稿》第503条等。上述两个条款的背后，是严厉的行政责任，一旦违反美国《证券法》第4A条a5款、《SEC建议稿》第503条，义务主体将面临行政处罚，分别受到吊销牌照、限制入市、大额罚款等行政处罚，严重的欺诈犯罪，将移送司法处理。同时根据美国FINRA Rule2111和Rule2090的规定，对于某类有信誉的投资者，经营机构仅向其发售一定数额的证券，而不做任何公

① 本条规定如下：“基金销售机构未向投资人充分揭示投资风险并误导其购买与其风险承担能力不相当的基金产品的，处十万元以上三十万元以下罚款；情节严重的，责令其停止基金服务业务。对直接负责的主管人员和其他直接责任人员给予警告，撤销基金从业资格，并处三万元以上十万元以下罚款。”

开推荐和推广，可以受到适当性规则的豁免。我国香港地区也有类似的豁免规则，对于特定的专业投资者，经营机构可以免除一部分适当性义务，在尽职调查、投资建议合理性和风险揭示方面都不做强制性要求。[①] 这些规定的背后，是关于适当性义务主体基于信义义务的当然要求。由于经营机构对这类特定投资者订单的自动和被动接收与执行，客户与经营者并不成立信赖关系，自然不受适当性义务的限制。[②]

我国基金投资者适当性制度的公法责任构建，也应当立足于守住市场底线，聚焦反欺诈、信息披露不实等行为，将整顿市场和防控市场风险作为核心任务，将行政处罚与刑事处罚结合起来，并明确不同适当性义务内容的规制标准和豁免标准，为促进市场交易和交易规范提供强有力的规则保障。

就行政责任与刑事责任的过渡空间来说，我国基金立法和刑法规制尚未关注适当性制度的配套性规定。在刑事责任领域，没有违反适当性义务而直接构成的犯罪，只有相关具体罪名对义务人的具体犯罪行为进行分别打击，如欺诈发行股票罪、债券罪、诱骗投资者买卖证券罪、编造并传播证券交易虚假信息罪、内幕交易罪等。从行政监管的角度，轻微违反适当性义务的行政公法责任和刑事责任之间，尚有一大片空白之处。严重侵害投资人利益的行为，显然不限于刑法中目前规定的几个具体罪名，行政法和刑法责任的平顺衔接，尚待完善。

笔者认为，未来我国证券投资基金投资者适当性制度的公法责任体系构建，可以在基金销售机构适当性行政责任的基础上，分类细化拟定处罚条款，其间的数额可以根据市场情况和社会经济发展水平进行调整。关于行政责任与刑事责任的平顺衔接，则有必要拟定兜底条款，对两大责任体系之间的空白领域进行填补，即对于经营机构违背基金信任关系，严重侵害投资人利益，增设一般背信罪苛以刑法责任。[③] 另外，还须制定“利用经营机构自身优势或融资人优势误导投资者”、“对特定类型投资者的投资

---

① 参见陈晨《股权众筹投资者适当性制度研究》，《上海金融》2016 年第 10 期。

② See Frederick Mark Gedicks, Suitability Claims and Purchase of Unrecommended Securities: An Agency Theory of Broker - Dealer Liability, Arizona State Law Journal, 2005, 〔Ariz. St. L. J. 37: 0574〕.

③ 有关基金背信罪与基金法的扩张调适，可参见本书第七章第三节的内容。

建议免责、尽职调查和风险揭示豁免”的认定细则，并实现行政处罚与刑事处罚的平顺衔接。

二 基金投资者适当性制度的私法责任

关于投资基金投资者适当性制度的私法责任，需要探讨的是平等主体之间的行为规范和私法后果的设置。从实践来看，投资人与经营机构签订金融服务和产品销售合同，约定了双方义务，但有关合同义务与投资者适当性义务并不能混为一谈。从前文关于投资者适当性义务内容的分析来看，适当性义务更多的是法定义务，在某种意义上，合同条款不过是法定义务的部分或者全部体现。关于这一点，理论界和实务界曾存在不同认识，但近年来趋向形成共识。

（一）违反适当性义务的民事责任性质

关于违反适当性义务的民事责任，理论界曾有侵权责任说、违约责任说、区分责任说和责任竞合说不同观点。侵权责任以证券经营机构违反法定义务为前提，而基于诚信原则的信义义务被认为是证券经营机构负有的法定义务，逻辑上，该等责任属于特殊法上的侵权责任无疑。[①] 另有部分学者以经营机构与投资者拟定合同这一法律事实，主张此类责任为民事责任属于合同责任，或应区分不同阶段、不同行为，认定不同责任性质，如向不同投资者推荐适当产品，此为先合同义务。[②] 还有部分观点以责任竞合理解适当性义务违反行为，即违反信义义务为侵权责任，违反基金交易服务合同为违约责任，违反“了解客户”的先合同义务为缔约过失责任。[③]

本书赞同责任竞合说。当投资人、经营机构处于平等主体关系拟定基金服务合同时，投资者适当性制度提供的框架是已经前置完备的合同义务的应然状态；而制定格式合同，实质上是一种法律强制性规定，排除了三方当事人对条款进行修改的权利。这一排除，明显就带有基于填补金融契约漏洞的目的、保障信义义务履行的强制干预色彩。可见，要求经营机构

---

① 参见本书第四章第三节关于“基金服务机构的监管措施与法律责任”的观点。

② 参见王锐《金融机构的适当性义务研究》，法律出版社，2017，第273~275页。

③ 参见胡伟《投资者适当性制度民事责任探析》，《广西社会科学》2013年第2期。

必须使用格式条款，自然是一种法定义务。不过，法定义务的成立不能否定“金融契约”的契约法本质，“强制填补”的目的仍在于维系双方的意思自治，故传统合同法的违约责任在此也当然成立。

此外，由于存在传统的服务合同关系，先合同义务自然也有成立的余地。当基金发起人不履行适当性义务，造成投资人损失时，则基金发起人可能因为“在订立合同前故意隐瞒与订立合同有关的重要事实或者提供虚假情况”而承担缔约过失责任，同时这一行为也因为违背投资者适当性的法定义务，而构成对投资人的侵权，此处将会引起缔约过失责任和侵权责任的竞合。

前述规范分析表明，当经营机构不履行适当性主体义务，造成投资人损失时，经营机构同时违反合同而承担违约责任、违反法定义务承担侵权责任，对投资人而言，可择一进行最优赔偿。在实践中，投资人往往很难援引违约条款追究经营机构的违约责任，经营机构在合同中，会约定诸如“经营机构只对项目进行初步审查，不保证项目信息的真实性，不对风险负责”等“免责条款”，特别是经营机构做足适当性义务的形式，比如草草对投资人进行尽职调查，让投资人签订风险自行承受协议书后，其免责理由将更为充足，投资人的维权将会诉无可诉。在这种情况下，投资人提起侵权之诉，自然更有保障得多。

需要注意的是，经营机构的侵权责任与投资人自身的适当性辅助义务也有密切关联。我们认为，投资者的辅助义务在性质上非严格意义上的法定义务，也非证券交易合同的给付义务或附随义务，而是一种间接性的不真正义务。[①] 这种义务的特点是，法律不强制行为人履行，也不因此承担赔偿损失的责任，只是受到轻微的制裁或失去一种有利的法律地位，因此也可以叫作“负担性义务”。[②] 在投资者适当性辅助义务的场合，投资人违反该等义务，造成的损失并非向对方承担赔偿责任，而只是作为经营机构、基金发起人的全部或部分免责、减责的事由，经营主体得据此主张免除合同履行义务，或提出相应的赔偿数额减免抗辩。

虽然我国法律法规并未明确这项义务的性质和规则，但司法实践和行

---

① 参见崔建远主编《合同法（第三版）》，法律出版社，2003，第64页。

② 参见〔德〕卡尔·拉伦茨《德国民法通论（上册）》，王晓晔、程建英等译，法律出版社，2003，第269页。

业监管的一些做法已经对此予以了一定的考虑。《创业板市场投资者适当性管理暂行规定》第六条规定，如果投资者拒绝提供相关投资信息或提供虚假信息，证券公司可以拒绝为其提供服务。最高人民法院 2019 年 8 月 25 日发布的《全国法院民商事审判工作会议纪要（征求意见稿）》之五第七十七条也明确经营机构基于投资人行为的“免责标准”。根据规定，金融消费者故意提供虚假信息，或者存在既往投资经验、受教育程度等因素，足以切断适当性义务违反与投资者自主决定的因果关系的，经营者可不承担责任。同时，这一规定还创建了关于适当性义务的举证责任分配规则。实践中，经营机构常常“仅以金融消费者手写了诸如‘本人明确知悉可能存在本金损失风险’等内容主张其已经尽了告知说明义务”[①]，最新规则如获通过，经营机构未能举证其告知内容达到“一般人能够理解的客观标准”，则还需要继续举证其行为已充分履行了适当性义务。

（二）典型案例分析

尽管前文引用的《征求意见稿》相关内容被最高人民法院 2019 年 11 月 14 日正式发布的纪要文本所删除，但在该纪要文件公布以前，关于适当性义务的内容及举证责任分配等司法应用，在实践中早有判例出现。下文具体介绍。

1. 基本案情

2015 年 6 月原告王某经被告中国建设银行北京恩济支行（以下简称“恩济支行”）工作人员推荐，在恩济支行购买共计 96.6 万元的基金产品。2016 年初，由于原告王某需要用钱，遂通知被告恩济支行要求赎回基金，却被告知已经亏损 30 余万元，此时原告王某才知其购买的为第三方发行的高风险产品，随后原告王某在被告的建议下继续持有该基金产品等待回本，在此期间，原告王某多次与被告恩济支行进行协商沟通，但终未予解决，截至 2018 年 3 月 28 日赎回基金，原告王某共亏损约 57 万元。王某以被告恩济支行违反基金销售适当性为由将其诉至北京市海淀区人民法院，要求被告恩济支行除赔偿因基金投资而亏损的 57 万元以外，并按照银行同

① 金融实务中金融机构普遍采用这种方式免除其适当性义务，一旦纪要成为正式规定，必然倒逼实践做法有所调整。有关争议可参见林雪《业内热议最高法适当性 6 条规定：保护投资者利益管理人和销售机构行为更趋严谨》，《中国基金报》2019 年 8 月 26 日。

期存款利率向其支付因资金占用而产生的利息。

北京市海淀区人民法院查明的事实还包括：(1) 在购买基金过程中，被告恩济支行向王某主动推介了“风险较大”的“经评估不适宜购买”的理财产品，该基金的上述特点与原告王某在风险评估问卷中表明的投资目的、投资态度等风险偏好明显不符，属于不适宜原告王某购买的理财产品，同时被告恩济支行也没有按照要求由王某书面确认是客户主动要求了解和购买产品并妥善保管相关记录。(2) 在原告王某购买涉诉基金过程中，被告恩济支行未向原告王某出示和提供基金合同及招募说明书，也未向原告王某说明涉案基金的运作方式和风险情况。

北京市海淀区人民法院于 2018 年 8 月 3 日做出一审判决①，认定被告恩济支行主动向王某推介明显不符合原告王某在风险评估问卷中表明的投资目的、投资态度等风险偏好的基金，存在重大过错；未向原告王某出示和提供基金合同及招募说明书的行为，没有尽到提示说明义务。海淀法院最终认定恩济支行具有侵权过错，判决支持了原告王某关于要求被告恩济支行赔偿 57 万元损失及承担因资金占用而产生的利息的诉讼请求。

被告恩济支行上诉后，北京市第一中级人民法院于 2018 年 11 月 8 日做出二审判决。② 二审法院审理认为，金融市场的特点决定了投资者对金融产品风险和收益的认识主要依赖于产品销售者和服务者的推介和说明，因此必须依法确定卖方机构适当性义务，确保投资者在充分了解投资标的及其风险的基础上做出自主决定。在本案中，二审法院再次明确采纳适当性规则，认为适当性义务的核心为告知说明义务。对于该义务的履行标准，法院采用了“根据产品的风险和投资者的实际情况，综合一般人能够理解的客观标准和投资者能够理解的主观标准”来确定。同时还要求被告对是否履行了了解客户、适合性原则、告知说明和文件交付等适当性义务等事实，具体承担举证证明责任。最后，法院认定，被告恩济支行并未提供相应证据或提供的证据不足以证明其已经履行告知义务，因此被告恩济支行在向原告王某销售基金的过程中存在明显不当推介行为和重大过错，违反了作为基金代销机构应当承担的适当性义务，一审法院查明的事实与

① 北京市海淀区人民法院民事判决书（2018）京 0108 民初 21776 号。

② 北京市第一中级人民法院民事判决书（2018）京 01 民终 8761 号

适用法律并无不当，故判决驳回被告恩济支行的上诉，维持一审判决。

因不服二审判决，恩济支行向北京市高级人民法院申请再审。北京市高级人民法院于2019年7月30日做出裁定。[①] 再审法院经审理认为，两审法院根据查明的事实并结合相应证据所做判决，并无不当，被告恩济支行的再审申请并不成立，因此裁定驳回被告恩济支行的再审申请。

2. **案例简评**

上述案例是商业银行作为基金代销机构与投资者之间因基金销售与投资引发的商事纠纷，涉及基金经营机构违反适当性义务的民事责任承担问题。基于法院查明和认定的案件事实，一审、二审及再审法院对于案件的法律适用保持了一致。笔者认为，该案判决以下问题尤其值得关注。

（1）对于销售基金产品的金融机构对基金投资人所负义务及责任的定性。本书认为，二审法院对于王某与恩济支行理财法律服务的关系决定了后者应当对前者承担适当性义务，其本质是投资者对专业机构信赖而产生的一种受信义务，由此产生的法律责任为侵权责任。鉴于此，恩济支行认为一审判决用侵权关系来要求其承担责任的异议理由并不成立。但是，由于其间存在先合同责任、违约责任以及侵权责任的竞合，的确需要更充分地阐明侵权责任的性质。

（2）关于说明义务的标准和认定。二审法院认为，应当依法确定卖方机构适当性义务，而适当性义务的核心即为告知说明义务，且卖方机构应当根据产品的风险和投资者的实际情况，综合一般人能够理解的客观标准和投资者能够理解的主观标准来确定告知说明义务。本案中，《须知》和《确认书》上载明的内容均是恩济支行提供的通用一般性条款，未能体现涉诉基金的类型及风险等具体内容，即不能体现恩济支行向王某告知说明的具体内容，不能就此认定恩济支行履行了告知说明和文件交付等适当性义务。本书认为，二审法院上述认定的卖方机构的说明义务符合其应当是一种较高标准的说明义务之通说共识，此义务的核心在于必须以投资者能够充分理解的方式，针对特定金融产品或者服务做出详细具体的说明。唯有如此要求，才能促使金融机构提高告知说明的针对性、准确性和可理解性，而非仅以空洞或者原则性的一般条款来履行对投资者的告知说明

① 北京市高级人民法院民事裁定书（2019）京民申3178号。

义务。

（3）关于举证责任的配置。二审法院明确采纳了卖方机构就适当性义务履行承担举证责任的倒置规则。在学理上，多数学者主张立法应当在举证责任分配方面实行举证责任倒置规则，以减轻金融消费者的证明责任和便利其实现民事救济。[①] 也有学者指出，美国法上要求投资者证明合理信赖的立法，成为投资者通过诉讼索赔的拦路虎。[②] 我国台湾地区规定的金融机构违反告知说明等义务的责任，为避免因果关系证明之困难，乃将因果关系之举证责任转换由金融服务机构负担。[③] 根据前文分析，我国金融实践也倾向于要求经营机构承担履行相应义务的举证责任，加之在类似本案的司法实践中亦明确了金融机构对其履行相关义务的举证责任，建议未来在金融法律法规层面吸收确认。

（4）关于适当性义务与买者自负的关系。本案由于各级法院最终判决基金代销机构对基金投资者的全部损失承担赔偿责任，不少人由此担心这种判决是否导致投资者“买者自负”原则的落空。证券法上投资者风险自负，是买者自负（Caveat Emptor）原则在证券法领域的体现。[④] 我国新《证券法》第二十五条规定：股票依法发行后，发行人经营与收益的变化，由发行人自行负责；由此变化引致的投资风险，由投资者自行负责。这是证券法上关于买者自负原则的基本规定，这一规定同样适用于基金投资活动。但是，需要指出，买者自负原则的适用是有前提的，其中很重要的前提就是卖者有责，具体包括证券发行人与证券商等主体必须依法履行其信息披露、投资者适当性管理等法定义务，除非投资者违反了适当性辅助义务，按要求如实提供相关信息，且该义务违反与其损失有相当的因果关系，否则相关经营机构必须承担相应的法律责任，而不能根据买者自负原则主张免责。因此，买者自负和金融机构履行受信义务并不存在直接冲突，反而有相互促进作用。

---

① 参见贾同乐《金融机构信义义务研究》，博士学位论文，吉林大学，2016，第 149 页。

② 参见朱伟一《证券法》，中国政法大学出版社，2018，第 461 页。

③ 参见王文宇等《金融法》，中国台湾元照出版有限公司，2019，第 554 页。

④ 参见曾洋《投资者风险自负原则研究》，载《南京大学法律评论》（2013 年春季卷）。

第六章　互联网基金法律规制研究

自2013年余额宝上线以来，互联网基金在我国如雨后春笋般呈蔓延式飞速发展，到2014年底，仅上线一年的时间，以余额宝为首的互联网基金迅速抢占我国金融市场，作为一种“互联网+”与“基金”相结合的金融创新，两者神奇的化学反应使其短时间内成为金融市场中规模最大的投资渠道。

尽管在2013年至今的过程中，不断有质疑和否定，但互联网基金始终高速发展到了今天。不可否认，互联网基金的诞生，给传统的金融市场运营模式及发展理念造成了极大的冲击。但“搅局者”的出现，在短时间内就能以如此迅猛的态势直接改变整个金融市场的格局，恰恰也说明了正是传统金融企业长期的故步自封，坐享垄断和压榨市场利率带来的“奶酪”养成的应变不到位。商场如战场，这样“反之即破、攻之即成”的传统金融格局，因“搅局者”的出现，使原本“高枕酣睡”的传统金融企业不得不思考如何居危思安，重新审视自己的市场定位与发展方向。互联网基金，既是对传统金融市场的冲击，也是传统金融市场要面对的自我革新的挑战，喊着互联网基金是“金融寄生虫”的口号已无法推翻已成大业的“宝宝”基金们，正如有学者所说，无论是否愿意，中国互联网金融变革已然开始，如何从互联网基金的成功中汲取经验，自我变革，与互联网基金形成良性竞争、互利多赢的结果是未来整个金融行业都应当考虑的问题。①

但是，互联网基金的成功仅仅说明了传统金融行业的裹足不前，以及

① 参见廖学锋《余额宝“搅局”基金业托管银行“居中”应势图变》，《银行家》2013年第9期。

互联网是当前时代下打开金融投资新浪潮大门的钥匙。然而市场竞争无形的手，离不开政府干预有形的手。互联网基金的健康高质量发展，仍然需要法律另一只手予以规制，双手合力共同推进互联网时代下的金融变革。尽管自诞生至今已有六年光景，互联网基金仍然存在一系列风险，还有许多需要明确规制的地方，需要用理性的眼光对待。如何明确互联网基金的法律属性，明确针对其现有风险甚至是未来可能产生的风险给予相应的有效规制的困境，是当前互联网金融变革和依法治国背景下的一道难题。洞悉这两点，不仅有利于互联网基金的发展，也有利于未来整个金融市场的健康运行和互利多赢发展。

文献回顾与综述

自 2013 年余额宝诞生开始，作为一种新的金融模式，互联网基金在我国飞速发展，随着互联网基金的不断壮大，不仅给传统的基金模式带来了极大的挑战，也对商业银行等金融机构带来了巨大的冲击，也因此产生了许多的讨论。经知网检索，以“互联网基金”为主题的论文发表量颇多，2019 年（截至 8 月）发表 6 篇，2018 年 42 篇，2017 年 78 篇，2016 年 99 篇。截至 2019 年 8 月，以“互联网基金”为主题的硕博论文共计 19 篇，以“互联网货币基金”为主题的硕博论文共计 26 篇，其中以“法律监管”“监管制度”为主要论述内容的硕博论文共计 8 篇。经过对上述文献的综合梳理，当前对“互联网基金法律规制”的研究集中观点如下。

一　关于互联网基金发展现状的研究

互联网基金是互联网与基金业的相互融合，形成了信息技术与金融资本相结合的新兴金融领域。从特点上来说，韩质栩认为，互联网基金最大的特点及优势在于其操作快捷方便，大部分互联网基金只需要投资者利用手机或者电脑进行简单操作，就可以获得比银行存款更高额的回报，时间短，收益可观。而互联网平台与基金管理人的高度融合，使其拥有了规模庞大的客户群，甚至一些用户在互联网基金诞生初期，将互联网平台等同于基金管理人，在极大程度上实现了互联网平台用户到基金管理人客户群的快速转换。不仅如此，互联网基金的诞生，由于其投资门槛低的原因，满足了新兴客户群体特殊的投资需求，同时其每日便捷的收益查询，既提高了透明度，也让投资者得到了更好的客户体验。[①]

赵启星等人指出，互联网基金的信息“零滞后性”与购买条件的“零门槛性”使得金融排斥的空间被压缩。[②] 程皓认为，互联网货币基金具有的高流动性所带来的长尾效应，迅速聚集社会大量闲散资金，让更多资金存量不大的人群获得优质金融服务，有助于“普惠金融”理念的实现。[③] 另外，有学者还认为，互联网基金的成功还源于我国的存款利率尚未完全实现市场化。从数据上看，我国银行活期存款率的过低，导致了货币基金的蓬勃发展，而互联网货币基金的高收益与低流动性损失，使得互联网基金一经诞生，就急速抢占投资市场。[④] 廖学锋认为，互联网基金创新的成功还得益于托管银行的应势图变。[⑤] 徐徐认为，互联网基金一经诞生飞速发展的原因还在于其诞生之时，有关法律法规不能对其进行有效的监管，监管的难度使得互联网基金迅速滋生和蔓延。[⑥] 除此之外，学者李志鹏等运用 GARCH 模型和 VaR 测度方法分析后，认为纯互联网基金的收益波动风险最低，也是建议投资者把纯互联网货币基金视作低风险的稳健型金融产品进行投资。[⑦]

作为一项金融创新，互联网基金打破了金融市场的平衡，对传统的金融秩序格局产生了强大的心理冲击效应。基于立场不同，在理论界与社会界掀起了一场关于“宝宝”业务的存废之争。反对者高举余额宝等互联网基金是“金融寄生虫”“银行的吸血鬼”的大旗，号召“废除”余额宝等互联网基金。尽管该言辞过于激进，但不可忽视的是，互联网金融在当前

---

① 参见韩质栩《互联网基金的兴起及其对传统商业银行的挑战——以余额宝为例》，《东岳论丛》2015 年第 2 期。

② 参见赵启星、吴为、倪怡雯《互联网货币基金运作与风险防范研究》，《农村金融研究》2015 年第 12 期。

③ 参见程皓《互联网货币市场基金的创新与监管初探》，《江西师范大学学报》2014 年第 4 期。

④ 参见张宏妹、丁忠甫《对我国互联网货币基金的发展和监管的探讨》，《学术界》2016 年第 3 期。

⑤ 参见廖学锋《余额宝“搅局”基金业托管银行“居中”应势图变》，《银行家》2013 年第 9 期。

⑥ 参见徐徐《基于余额宝的互联网基金分析及监管对策研究》，《金融市场》2014 年第 6 期。

⑦ 参见李志鹏、姚小义《我国互联网货币基金收益波动风险比较》，《财会月刊》2015 年第 26 期。

确实已经对传统商业银行的存款、贷款和中间业务产生了一定的冲击。

也有不少论者对互联网基金持支持态度。郝身永认为，尽管有冲击，但互联网基金对传统基金模式提出的变革挑战更值得关注。如果能够将互联网金融置于合理合法的监管之下，互联网金融所具有的多重优势将发挥“利大于弊”的功效。[①] 吕凯波认为，互联网金融发展对传统银行业、证券业和保险业的影响是挑战与机遇并存，互联网金融的发展能够弥补传统金融的不足，但无法产生颠覆性影响。[②] 廖新仲认为，余额宝的产生和迅速发展是市场规律正常运行的结果，是个人理性及由此产生的集体行为选择的结果。[③] 黎四齐、李时琼认为，证监会制定的有关规章为支付机构与基金销售牵线搭桥性的规定保障了余额宝等互联网基金业务开展的合法性。从实践角度来看，互联网基金的诞生，并未对我国经济发展带来不良影响。相反，经过后金融危机阶段的适时调整，我国经济的发展已走出了受外部危机冲击的困境。互联网基金成为中国银行业的众矢之的的原因在于互联网基金触动了中国银行业的奶酪。[④] 但无论银行业是否愿意，互联网基金的诞生已然拉开我国互联网金融变革的大幕，银行业再如何高举反对大旗也已“无力回天”，如何根据当前形势做出相应改变，才是各银行家应该思考的问题。[⑤]

综上所述，笔者认为关于互联网基金发展现状的研究，应当作为法律对其规制的背景的基础研究，且宜应用多学科交叉的研究视野，因为这关系传统金融机构未来的金融模式甚至是未来我国整个金融行业的经营模式与运行格局。

---

① 参见郝身永《互联网金融对传统商业银行的短期冲击与深远影响》，《上海行政学院学报》2015 年第 2 期。

② 参见吕凯波《颠覆抑或补充：互联网金融发展对中国金融业的影响》，《经济体制改革》2017 年第 4 期。

③ 参见廖新仲《论余额宝对接基金的经济本质和经济价值》，《广东财经大学学报》2014 年第 6 期。

④ 参见黎四齐、李时琼《对余额宝所引发法律问题的思考——基于金融创新的视角》，《中南大学学报》2014 年第 3 期。

⑤ 参见廖学锋《余额宝“搅局”基金业托管银行“居中”应势图变》，《银行家》2013 年第 9 期。

二　关于互联网基金性质的研究

一般认为，互联网基金隶属于互联网金融模式产品范畴。谢平进一步指出，互联网金融将变革产生新的融资模式。罗明雄将互联网金融分为六大模式：第三方支付、P2P 网贷、大数据金融、众筹、信息化金融机构、互联网金融门户。程皓认为，互联网货币基金强调第三方支付平台的引入，基金管理公司利用互联网进行直销的模式并不属于互联网货币基金的范畴。[①] 因此，学界普遍认为，互联网货币基金是基于传统货币基金的互联网思维创新，但本质仍是货币市场基金，我国的互联网货币基金按照法律形式进行分类，均属于契约型基金，其性质是信托。

就互联网平台经营者的法律属性而言，几乎所有学者都是从最具代表性的余额宝为例出发进行分析，目前对其法律地位主要有以下两种说法。一是代销机构说。这一观点在余额宝诞生初期“甚嚣尘上”，原因在于余额宝的运作模式与传统理解的基金直销有很大区别——投资的账号由支付宝直接持有，而非基金管理公司。持这一观点的论者认为，支付宝在未获得基金销售牌照的情况下进行销售行为于法无据，将对投资者利益构成潜在威胁。[②] 二是销售渠道说，该观点认为余额宝等互联网基金仅是对基金销售渠道的创新，与传统基金销售相比，余额宝等互联网基金只是在销售渠道的起点和终点之间引入了互联网平台进行参与，且这种参与并非对销售的参与，而是体现为提供连接的支持。[③] 陈威则认为余额宝的运营模式属于“打擦边球”的行为，就目前法律而言，不能轻易下结论。同时，关于第三方电子商务平台的法律属性，陈威也认为很难对其下明确的定义，因为在不一样的法律关系中，互联网第三方平台的法律属性也是会出现不

① 参见程皓《互联网货币市场基金的创新与监管初探》，《江西师范大学学报》2014 年第 4 期。

② 参见法治周末，http：//www. legalweekly. cn/index. php/Index/article/id/3515，最后访问时间：2019 年 7 月 11 日。

③ 参见郭田勇《余额宝、百发风险可控 实质是渠道》，http：//stock. xinhua08. com/a/20131031/1267688. shtml？ f = arank，最后访问时间：2019 年 7 月 12 日。

一样的情况。①

廖新仲从《物权法》的角度，认为在《物权法》中并未将动产或者货币等种类物排除于用益物权之外，互联网基金以合同约定的方式将特定货币作为标的物，设定存续时间，对接基金管理人和投资者形成货币用益合同，故其法律性质属于用益物权。②

综上所述，笔者认为，明确互联网基金的性质，不仅有利于确立互联网基金的合法地位，也有利于针对其存在的风险确定合理的监管方式，这是我们探讨网络证券投资基金法律规制不可回避的前置性问题。正如学者白牧蓉所说，对一个金融产品的属性界定，关乎风险的承担，关乎法律适用的选择，关乎当事人权利的保障。③ 然而事实上，针对互联网基金的性质，学术界到目前为止都欠缺一个明确、统一的定义。

三　关于互联网基金法律关系的研究

大多数学界在分析以余额宝为代表的互联网基金法律关系时，认为存在三方主体：第三方电子商务平台、基金管理人、投资者。少部分学者支持将基金发起人纳入互联网基金法律关系的当事人中。互联网基金中的各个主体的联系形成了不同的法律关系，而对这些法律关系的认定，各方也有不同的观点。

基金投资者作为基金财产的筹集对象，毋庸置疑为互联网基金中法律关系的主体之一。在互联网货币基金法律关系中，如同普通证券投资基金关系，投资者与基金管理人是互联网基金的核心法律关系。一般对互联网基金管理人的讨论是从狭义上进行的讨论。狭义的基金管理人，其主要职责是管理经营基金资产。学界普遍认为，互联网基金管理人与投资者之间的法律关系实际上是一种自益信托关系。④

---

① 参见陈威《互联网第三方平台理财的法律监管研究——以余额宝为例》，硕士学位论文，华侨大学，2017，第 14 页。

② 参见廖新仲《论余额宝对接基金的经济本质和经济价值》，《广东财经大学学报》2014 年第 6 期。

③ 参见白牧蓉《从余额宝的法律隐患看相关制度之完善》，《西北民族大学学报》2014 年第 1 期。

④ 参见白牧蓉《从余额宝的法律隐患看相关制度之完善》，《西北民族大学学报》2014 年第 1 期。

而关于基金托管人在互联网基金中的角色定位，有学者认为，基金托管人的参与，使得基金财产的所有权、经营管理权以及保管权分别赋予投资者、基金管理人和基金托管人。基金托管人由此获得了对基金财产的保管职责和对基金管理人的监管职责，是信托法律关系的受托人。①

对于基金发起人是否为基金法律关系当事人的讨论，学界主要存在两种观点。有观点认为，基金设立过程是契约型投资基金成立的必经阶段，基金发起人作为设立阶段的主体应当是基金法律关系的当事人，明确其权利义务和责任也有利于保护投资者的合法利益，也有利于填补基金立法对发起人的空白性与不确定性。但反对者认为，讨论基金法律关系当事人的基础在于基金合同，而发起人仅存在于基金合同成立之前，发起人在基金合同成立之后，发起人将以身份转换或退出等形式不再对基金法律关系产生影响。②

第三方电子商务平台是构成互联网基金法律关系中的重要一方，但对于其法律地位及其是否纳入互联网基金法律关系当事人范畴，也存在分歧。白牧蓉认为，基金管理人与电子商务平台是一种基金交易合同关系。陈威认为基金管理人与第三方电子商务平台二者之间不仅存在基金交易合同关系，而且存在委托代理的法律关系。

而且，关于基金投资者与电子商务平台、基金管理人与电子商务平台之间的法律关系究竟为何种性质，争议也较大，主要分为委托关系说、商事代理居间说、消费保管合同说及信托关系说。委托关系说认为，第三方电子商务平台与投资者之间签订的《服务协议》即为一种委托代理合同，第三方电子商务平台提供的其他服务并未改变委托代理之本质。商事代理居间说则认为第三方电子商务平台既与基金公司签订合同，又与投资者签订合同的行为属于一种居间行为，目的在于为基金公司与投资者进行民事法律行为报告信息机会。③ 消费保管合同说则认为投资者与第三方电子商务平台签订的协议具有实践性的特点，而我国法律当中与其最为匹配的就

① 参见何媛媛《我国互联网货币基金法律关系探析》，硕士学位论文，西南政法大学，2015，第 11 页。

② 参见曹新寨《关于完善我国证券投资基金契约结构的思考》，《湖北社会科学》2003 年第 5 期。

③ 参见方琪《余额宝的法律性质及其监管原则》，《审计与理财》2014 年第 8 期。

是消费保管合同关系。信托关系说则认为第三方电子商务平台所管理的资金性质完全符合信托财产的特点，其享有的权利也完全符合信托法律关系的特点。[①] 还有人认为，由于第三方电子商务平台与基金管理人的关系不明，主要是由于没有披露过任何法定性的文件来明确双方关系，需要有约束力的信息披露支持，才能在具体中对二者的法律关系下明确的定义。[②]

综观以上观点，笔者认为，互联网基金法律关系的确定，首先应在明确法律关系主体的基础上，再在各个主体之间分析其所具有的法律关系。而互联网基金法律关系的认定则影响互联网基金的后续规制问题，因此也有必要对互联网基金的法律关系进行梳理分析并总结，形成一个完整的、有逻辑结构的互联网基金法律关系界定。

第一节　互联网基金的基本界定

2015 年 3 月，国务院在十二届全国人大三次会议提交的政府工作报告中，首次提出“互联网 + ”的概念，“互联网 + 金融”作为推动互联网产业创新发展和金融行业创新发展的重要方式，同时也被写入国家“十三五”规划布局中。自 2013 年起，互联网金融（互金）从最初的发展伊始向高速增长转变，在经历了真空监管的野蛮生长后向稳中带进的精耕细作推进。到 2019 年，“互联网 + 金融”领域已经形成了涵盖移动支付、征信、理财、融资、消费金融、金融咨询、互联网银行等在内的互联网金融全产业。[③] 互联网理财作为互联网金融的重要业务单元，也在其中发挥着重要的作用。

一　互联网基金的概念

互联网基金（互基）的诞生是伴随着互联网理财概念的产生而产生

① 参见陶华强《论第三方支付中的信托法律关系》，《重庆交通大学学报》（社科版）2012 年第 6 期。

② 参见程皓《互联网货币市场基金的创新与监管初探》，《江西师范大学学报》2014 年第 4 期。

③ 参见腾讯研究院《新形势下互联网金融发展与监管问题研究报告》，2016，第 8 页。

的。在传统理财方式中，证券、基金、保险构成投资理财产品的主要力量，而随着互联网化的兴起，传统的理财产品开始不再拘泥于线下作业的方式，逐渐见于线上平台，由此诞生了互联网理财的概念。[①] 基金产品作为投资理财产品的组成之一，在被互联网化后，自然也成为作为互联网理财的子类选择之一，而作为互联网理财产品中的一部分，互联网基金又可以与互联网证券、互联网保险一道，共同组成互联网理财的产品格局。[②]

对互联网基金广义上的理解，可以认为系指所有网售化的基金产品，可以理解为传统基金产品在互联网的延伸和补充，从性质上来说它依然属于传统的基金产品，只是更改了基金产品的呈现方式。

从狭义的角度来理解，也可以将互联网基金定义为专指互联网企业与基金公司结合而推出的网售基金产品，在此过程中，强调互联网企业或互联网平台在其中发挥的作用，基金产品不再单单作为传统产品在表现形式上的自然延伸，而是经过整合改造的，在保证本质不变情况下的创新表达。

二者的区别在于，广义的理解倾向于将互基定位为“基金网售”，即基金销售的网络化，互基只不过是将基金产品从线下搬到了线上，扩展了金融消费者的选择和购买渠道，强调的是过程；狭义的理解则倾向于将互基定位为“网售基金”，即网络销售的基金产品，强调的是产品，它可以涵盖基金网售产品，同时也可以包含创新型基金销售产品，而后一种基金产品在本质上允许与传统基金产品无异，但在销售模式、销售渠道、产品创设上，绝不仅仅是传统基金产品网络化的简单加工，它还有其创新的打开方式。一言以蔽之，“基金网售”不完全等同于“网售基金”。

二　互联网基金的本质

不论从何种角度来理解，互金的本质是金融，互基的本质也依然是基金。[③] 不论将基金产品从线下呈现于线上的主体究竟是谁，基金公司本身也好，还是科技企业与基金公司的通力合作，抑或是银行业者的自我转

① 参见汪沂《互联网金融理财产品的本质、边界与监管》，《理论月刊》2017 年第 9 期。

② 参见易观智库《互联网金融行业：中国互联网金融产业图谱》，2015，第 2 页。

③ 参见吴晓求《互联网金融成长的逻辑》，《财贸经济》2015 年第 2 期。

型，都无法改变互联网基金产品的“基金内核”。

从狭义的角度理解，倘若强调互联网的创造属性，再结合实际生活中互联网基金给外界的直观反映来看待的话，就很容易将互联网基金识别并限定为货币基金的创新品种，将其本质定位为货币基金的一种。[①]

在实践中的互联网基金线上销售市场中，人们大多能接触到的是以“XX 宝”命名的投资基金，这类业界俗称为“宝宝类”的基金的本质，几乎全部来自货币基金。货币基金因其强大的流动性和低风险优势，被广大基金销售主体看中，成为互联网基金销售市场的首发推出对象，自 2013 年第一只互联网货币基金“余额宝”出现之后，互联网平台上近乎所有可供用户接触的基金理财产品，都出自“宝宝系”，因此绝大部分的学界研究是将互联网基金定位为货币基金，从研究货币基金的角度来研究互联网基金这一新业态。

按照广义互联网基金含义的理解，所有可在场外公开销售的基金类型都可以成为互联网基金的产品类型。换句话说，如果仅是从销售形式的改变来理解互联网基金，那么互联网基金其实可以是包含货币基金、股票基金、债券基金等在内的所有类型的开放式基金，只要能够在场外市场公开销售，那么任何类型的基金都具备互联网化的可能。[②]

“互联网 +”的运行方式，是借助科技创造来丰富产品的多样性和创造性，传统产品通过互联网化改造，可以获得更多的创新表达和产品推介机会。从线下销售到线上推广的转变，变化的是产品的表现形式，不变的是产品的本质内核，从理论上来看，只要基金具备场外交易、大众化交易的可行性，就可以将其从线下销售渠道拓展到线上销售，[③] 而这种转变要解决的障碍无非是技术层面，而技术层面面临的问题并不大。因此从实践的角度出发，只要基金销售主体愿意，就可以开发任何基金产品置于网端供用户选择，而这在可行性和操作性上，都可以实现。进一步来说，互基的本质将不再局限于货币基金中的一种，而是可以推广到各种开放式

---

① 参见张富强、刘桉呐《互联网基金创新的监管与规制研究——以余额宝为视角》，《重庆理工大学学报（社会科学）》2015 年第 1 期。

② 参见吴磊《开放式基金销售渠道的中美比较与分析》，《证券市场导报》2006 年第 1 期。

③ 参见戴新华、张强、肖奎喜《拓展我国开放式基金营销渠道的对策思考》，《金融教学与研究》2006 年第 3 期。

基金。

不管是从广义的角度将互联网基金的本质定义为涵盖所有品种的开放式基金，或者从狭义的角度将其本质定位为货币基金，都无不妥。这两种理解从研究的角度出发都有一定的研究价值。

实事求是地说，以全局视角来研究互基，更能深刻地把握互基在未来发展中可能出现的问题和风险，毕竟不同品种的开放式基金要面对的风险不完全相同；而以互联网货币基金研究的形式来研究互联网基金，也的确能在某种程度上深刻洞悉互联网基金在实践中最真实的一面，毕竟现阶段的几乎所有互基的表现形式都是以货币基金的形式呈现的。

但同样也是从追本溯源的立场出发，以全局视角来研究互基，其最终落脚点将会落在各种开放式基金的研究上，研究的内容将会涵盖各类基金品种，而忽略了"互联网＋"格局下的新型基金样态，容易"新瓶装旧酒"，失去对互基独特性的研究；以互联网货币基金研究的方式来看待互基，又不利于全局把握，目前互联网基金尚处于竞争的初步阶段，基金销售机构推出基于货币基金的低风险投资理财产品，可以理解为基于行业初期的试水和对用户需求的匹配，如果基金销售公司能够顺应市场发展的趋势，必定会推出更多品种的互基产品，并且就目前而言，已经有诸多互基平台推出了高风险的基金产品，基金的品种也不再局限于货币基金。①

三　互联网基金的分类

在对基金投资产品的传统分类中，根据募集方式的不同，可以分为公募基金和私募基金，这是最宏观的分类方法之一，对应的，我国的互联网基金类型都属于公募基金。而根据基金的组织方式和法律地位的不同，又可以将基金分为契约型基金和公司型基金，与美国绝大多数公募基金属于公司型基金不同的是，我国所有的公募基金都属于契约型基金，因此我国的互联网基金在宏观上都属于契约型公募基金。从细分的领域，按照基金的运作方式和投资标的的不同，可以将互联网基金继续定位为开放式基金

---

① 比如，详见"支付宝"App，打开App，依次选择"财富—基金—自选专区—债券基金、指数基金、股票基金、QDII基金、混合基金、货币基金、短期理财产品"。

的一种，具体品种包含货币基金、股票基金、混合基金、QDII 基金、债券基金等[①]，而目前表现最为强势的是互联网货币基金。

从互基的本质出发探讨互基的品种，并不会突破对传统基金的分类，只是按照不同的理解方式，对互基的分类有所不同，从一般理解的角度出发将互基理解为开放式基金集合，也可以从细分领域出发将互基细分为货币基金、股票基金、混合基金、QDII 基金、债券基金等，这种分类方式从一般研究的角度出发正确但也传统。如果结合互联网基金在销售模式上的差异，互联网基金可以大致分为以下三种类型。[②]

一是直销型。直销型互基最常见的表现形式就是基金销售主体自行搭建互联网销售平台，在自有平台中销售自家的基金产品。这种方式往往被财力雄厚、技术过硬的基金销售主体选择，如商业银行、大型基金公司等。自有平台的搭建可以使得不论是在用户管理、营销监控上，掌握更多主动权，还是在产品开发、品牌树立上，也能获得更多可供选择的目标倾向，典型如招商银行朝朝盈、博时基金博时现金宝等。

二是垂直代销型。垂直代销型互基最常见的表现形式是搭建“基金超市”，即某一平台专门进行基金产品网上销售的平台搭建，吸收基金产品入驻平台，在搭建的平台中进行基金产品的销售，形成如同“超市”的规模效应，与一般互联网超市不同的是，“基金超市”的售卖内容只有基金产品，基金产品的来源可以来自银行系、基金公司系等多种。“基金超市”的搭建，对基金产品而言，省去了自有平台的建设和运营成本，但不利于品牌的建立；对金融消费者而言，则可以有更多的产品选择和性价比较机会，但对消费者判断力要求将会提升，典型的如天天基金网、淘宝网基金自选平台等。

三是第三方平台销售型。第三方平台销售型是以第三方平台为依托，主要又是以第三方支付平台为依托的新型销售模式。第三方平台销售型最常见的表现形式是“电商平台 + 基金销售机构”，简言之，电商平台在其中系为基金销售机构提供资源跳板和推介媒介。电商平台在前期经营中已经积累了大量的用户资源，流量巨大，借助电商平台丰富的销售渠道和用

① 参见《证券投资基金运作管理办法》第 29 条。

② 参见艾瑞咨询《2015 中国互联网基金行业研究报告简版》，第 15 ~ 16 页。

户资源，基金销售机构可以获得更多的产品曝光机会，吸引更多潜在消费者购买基金产品；而对电商平台而言，吸收基金产品入驻，也能为平台带来更多的流量收入。在性质上可以理解为电商与基金公司的“强强联合”。而在众多电商平台中，第三方支付平台是主力军，第三方支付平台凭借其“类金融”属性，在用户账户信息管理、资产管理上有着天然优势，该部分资源恰好满足基金销售机构需求和工作要求，在对接上有着天然的匹配度，因此受到基金公司青睐，典型如支付宝余额宝、腾讯微信零钱通等。

第二节　互联网基金的法律关系

明确互联网基金的法律关系既是我们探讨规制的前置性问题，也是贯穿整个规制过程的灵魂基础。对互联网基金法律关系的明确界定，关乎互联网基金的合法地位，关乎各方利益主体权利义务的分配，关乎风险责任的承担，关乎监管路径的选择，关乎整个金融市场的健康运营。

2013 年 5 月 29 日，“余额宝”横空出世，以其操作简便、低门槛、零手续费、随取随用的特点迅速成为“国民理财神器”。在其强大的资金聚拢效应下，各大商业平台纷纷效仿，推出了一系列“宝宝业务”，如苏宁云商推出的“零钱宝”、网易的“现金宝”等，2014 年 1 月 22 日，与支付宝同为中国互联网巨头的腾讯也推出了“理财通”这一互联网基金。但截止到今天，“余额宝”仍然是我国目前货币基金市场占比最大、用户数量最多的互联网基金。2018 年底，“余额宝”用户超 6 亿，而根据《天弘余额宝货币市场基金 2019 年第 2 季度报告》，截至 2019 年 6 月 30 日，余额宝报告期末基金资产净值为 1033562700062.65 元（1.03 万亿元），远高于排名第二的“理财通”公布的资产保有量 1400 亿元和用户数量超一亿的数据。因此，“余额宝”仍然稳坐我国互联网金融变革的第一把交椅，仍然是实现我国“普惠金融”理念的领军者和行业标杆。[①]

正是“余额宝”如此大的规模与行业影响力，在探讨互联网基金时，几乎所有学者都是以余额宝为例进行的研究。虽然互联网基金的运营模式

---

① 参见头条新闻网《天弘余额宝：天弘余额宝货币市场基金 2019 年第 2 季度报告》，http：//www.toutiaonews.com/licai/49475.html，最后访问时间：2019 年 8 月 2 日。

并不仅止于此，但“余额宝”在一定程度上代表了这个时代的互联网基金模式，对其的相关研究对明确我国大部分互联网基金的法律关系具有相当大的参考价值。本节也是以余额宝的运营模式为基础，探寻当下将基金销售平台内嵌至第三方电子商务平台，进行基金直销的狭义的互联网基金的法律关系。

诸如“余额宝”类的互联网基金的交易模式源自美国的 Paypal MMF，它是指基金投资者首先在第三方电子商务平台上完成注册认证，将资金投入第三方电子商务平台，再通过第三方电子商务平台与基金公司完成基金申购、赎回的一种“互联网+”的基金交易模式。[①] 它与传统基金交易法律关系的最大不同就在于其在交易过程中注入了第三方电子商务平台这一新元素主体，且第三方平台在这一交易过程中扮演着重要的角色，所有的交易环节均通过第三方电子商务平台进行完成。这与传统的基金交易法律关系存在一些不同，因此这也使得互联网基金交易的法律关系变得复杂。大多数学者认为在这一交易中，法律关系的主体为互联网第三方电子商务平台、基金管理人、基金投资者以及基金托管人。[②] 但这几个主体之间究竟存在什么样的法律关系，学界目前仍然存在一系列的争议，这也使得各主体之间的权利义务变得模糊复杂。

一　第三方电子商务平台与基金投资者之间的法律关系

以“余额宝”为例的互联网基金中，投资者通过“支付宝”这一第三方电子商务平台完成账号注册，与“支付宝”签订服务协议后将资金投入“余额宝”中，用户的基金申购、赎回和收益查询均通过“支付宝”来完成。“支付宝”与投资者的法律关系为整个互联网基金交易过程中最具代表性的一项，而目前学界关于此两者之间的法律关系的观点却最为众说纷纭，主要包括委托代理说、商事代理居间说、信托关系说、消费保管说。

① 参见全敏敏《互联网基金交易中的三方法律关系探究——以余额宝类基金产品交易为视角》，《法大研究生》2015 年第 1 期。

② 参见杜婷婷《余额宝运行主体的多维法律关系分析》，《法制与社会》2018 年第 9 期。

（一）委托代理说

该学说是目前学术界关于第三方电子商务平台与基金投资者之间法律关系常见观点之一，认为两者之间的关系为委托代理关系。这种观点认为，以余额宝为例，支付宝与基金投资者之间签订的《余额宝服务协议》即为一种委托代理合同，适用《合同法》第四百零二条①的规定。投资者通过与支付宝签订服务协议，将存入支付宝的资金主动划入或根据签订的协议自动划入余额宝中，这样的行为视为委托购买基金产品，支付宝按照用户的指示进行基金产品购买，所得收益归于投资者。② 投资者购买基金产品是互联网基金交易的基础，而基金公司是基金销售的唯一主体，第三方电子商务平台的本质还是代理投资者购买基金。第三方电子商务平台提供的其他服务事项，如提供查询服务、购买保险、损失补偿等，并未改变整个委托代理的本质。因此，该观点认为此模式下双方为委托代理关系。

（二）商事代理居间说

商事代理居间说认为，第三方电子商务平台与投资者之间的代理行为不是民事代理，而是一种商事代理，且属于商事代理中的居间合同关系。③这种观点指出，第三方支付机构一方面与基金公司签订合作协议，另一方面与投资者签订基金服务协议，这本质上是一种商事居间行为。且就支付宝而言，支付宝在其服务中还提供了基金公司的市值查询与交易账单通知服务，而原则上来说，这应当是由基金发行人提供。支付宝基于与基金公司的协议，承担了这一服务功能，但其客观上仍然不是基金交易中的当事人。而且，根据支付宝与投资者签订的《余额宝服务协议》，支付宝声明其仅向投资者提供资金支付渠道，并非购买协议的参与方，不对基金公司的真实性、法定义务、契约义务承担任何连带责任，这一点也显示了支付宝公司为居间人的这一特性。

---

① 《中华人民共和国合同法》第 402 条：受托人以自己的名义，在委托人的授权范围内与第三人订立的合同，第三人在订立合同时知道受托人与委托人之间的代理关系的，该合同直接约束委托人和第三人，但有确切证据证明该合同只约束受托人和第三人的除外。

② 参见朱琪琪《网络基金销售法律监管制度研究》，硕士学位论文，广东财经大学，2017。

③ 参见方琪《余额宝的法律性质及其监管原则》，《审计与理财》2014 年第 8 期。

（三）信托关系说

该学说认为，投资者与第三方电子商务平台成立法律关系是基于其对第三方电子商务平台的信任而在第三方电子商务平台中投入资金，且第三方支付机构对资金的处置以投资人向第三方支付机构投入资金为前提，第三方支付机构所管理的资金性质符合信托财产代位性、限定性和独立性的特点，资金所有权属于投资者，第三方电子商务平台以投资者的利益为出发点享有对资金管理、支配的权利，在赎回之前，投资者也不享有对账户内资金控制、处分等权利，这些都说明其完全符合信托法律关系的特点。①

（四）消费保管说

投资者与第三方电子商务平台签订的协议具有实践性的特点，即只有用户实际将资金投入第三方电子商务平台后，双方才成立相应的法律关系，才能按照合同的内容确立双方的权利义务。而与实践合同及双方协议内容最相匹配的合同关系即为消费保管合同关系。②

事实上，除了以上观点外，学界中关于二者的法律关系还存在别的不同的声音，究其原因，在于各学者对第三方电子商务平台的法律地位的界定不同。互联网基金作为互联网时代新的金融产物，其法律定位超出了传统一般法学理论的认知，甚至有打法律“擦边球”的意味在其中。这是学界关于其法律关系众说纷纭的原因，也正是因此，我们亟须给其法律关系下一个明确的界定，为进一步对互联网基金形成有效规制奠定基础。

需要指出，互联网基金的法律主体也并不仅仅包含第三方电子商务平台与投资者，多个主体之间千丝万缕的法律关系共同形成了互联网基金中的法律关系。故本书认为，在分析某两个主体之间的法律关系时，不能忽略其与其他主体之间法律关系的关联性，对此结合必要的整体分析和结构性分析，才能完整呈现互联网基金中的各法律关系“面相”。因此，本书会在将学界对各个主体之间的法律关系罗列清晰后，再进行具体的分析阐

① 参见陶华强《论第三方支付中的信托法律关系》，《重庆交通大学学报》（社科版）2012年第6期。

② 参见陈威《互联网第三方平台理财的法律监管研究——以“余额宝”为例》，硕士学位论文，华侨大学，2017，第8页。

述，最后形成我们关于互联网基金中各主体间法律关系的结论。

二　第三方支付机构与基金管理人之间的法律关系

在互联网基金交易流程中，第三方电子商务平台基于投资者的指令划拨资金以向基金公司购买基金，除此之外，第三方电子商务平台还根据基金公司所提供的基金信息向投资者进行展示，以此满足投资者与基金公司的购销需求。那么，第三方支付机构与基金公司之间究竟又存在何种法律关系，学界也存在以下几种不同的声音。

（一）基金交易合同说

支持该观点的学者认为，第三方支付机构基于投资者的委托与基金公司签订基金交易合同购买基金，对投资者负有披露基金公司相关信息的义务，对基金公司负有基金交易合同中约定的其他义务。[①] 因此，第三方支付机构与基金公司之间形成基金交易合同法律关系。

（二）技术合同说

该学说的学者认为，第三方支付机构基于其与基金公司之间的合同，为基金公司提供基金信息宣传、大数据处理等技术，成为连接基金公司与投资者之间的桥梁，这属于我国《合同法》第三百二十二条[②]所规定的技术合同，两者间成立技术合同法律关系。

（三）商事代理居间说

如前文所述，该学说认为第三方支付机构在互联网基金交易流程中承担的是“互联网金融居间商”的角色，其负有的角色职责仅仅在于促成投资者与基金公司的交易。[③] 因此，该学说的学者认为，第三方电子商务平

---

① 参见白牧蓉《从“余额宝”的法律隐患看相关制度之完善》，《西北民族大学学报》2014年第1期。

② 《中华人民共和国合同法》第322条：技术合同是当事人就技术开发、转让、咨询或者服务订立的确立相互之间权利和义务的合同。

③ 参见方琪、赖华子《余额宝的法律性质及其监管原则》，《审计与理财》2011年第8期。

台与投资者之间成立居间合同法律关系，与基金公司之间也成立居间合同法律关系。

（四）复合法律关系说

复合法律关系说认为，第三方支付机构与基金公司间并不单纯地只成立一种法律关系，双方成立的是基金合同法律关系和委托代理法律关系。① 一方面，第三方支付机构接受投资者的委托与基金公司签订基金合同；另一方面，第三方支付机构接受基金公司的委托将基金公司的基金产品内嵌入第三方电子商务平台进行基金销售，并将平台中有投资意向的用户信息向基金公司披露，成为委托代理中的受托人。

三　投资者与基金管理人之间的法律关系

投资者与基金公司间的法律关系在新《证券投资基金法》颁布以前争议颇大，但在该法律颁布之后，学界普遍认为投资者和基金公司的法律关系与传统的基金法律关系差别不大，即为信托法律关系。② 尽管互联网基金是一种金融创新，但投资者与基金公司的法律关系仍旧是互联网基金的主线和基础，我国互联网基金仍然属于契约型基金，其性质为信托。尽管有第三方电子商务平台一定程度上的参与，但投资者仍旧是基金份额的持有人，承担风险并享有基金增值的收益，基金公司仍旧是作为基金管理人以基金资产增值为目的在市场上独立进行投资，本质上就是一种自益信托法律关系。

四　基金管理人与基金托管人之间的法律关系

新《证券投资基金法》的修订增加商业银行及其他金融机构成为合法基金托管人，这也使得许多由商业银行托管的互联网基金变得合法化。但

---

① 参见朱琪琪《网络基金销售法律监管制度研究》，硕士学位论文，广东财经大学，2017，第9页。

② 参见白牧蓉《从“余额宝”的法律隐患看相关制度之完善》，《西北民族大学学报》2014年第1期。

互联网基金与传统基金的又一大不同在于，尽管互联网基金中的基金管理人和基金托管人共为信托受托人，但二者分别负责基金财产的投资运作和保管。也由此产生了对二者间法律关系激烈的讨论，主要包括共同受托说、信托说、保管说。① 共同受托说认为基金管理人与基金托管人是共同受托人，形成共同受托法律关系。信托说认为基金管理人与基金托管人之间是单独的信托法律关系。而保管说则认为基金管理人和基金托管人之间是保管关系。

五　基金发起人的互联网基金法律关系当事人地位争议

绝大多数的学者在论述互联网基金法律关系时，均没有考虑基金发起人的问题。该观点认为：基金发起人存在于基金合同成立之前，而基金合同的成立是整个互联网基金存在的基础；如果基金设立失败，发起人并未真正进入基金法律关系当中，如果设立成功，发起人的角色也会自动转换为基金管理人或投资者。②

但也有学者赞成将基金发起人纳入基金法律关系的当事人中。其认为基金的设立，是传统基金乃至互联网基金整体运作过程中的一部分，基金设立的成功或失败都关乎投资者的利益，明确基金发起人的当事人地位对立法的完善以及投资者利益的保护都具有积极的意义。③ 尽管我国目前立法未对基金发起人与管理人做详细的区分，但仍旧不能磨灭基金发起人是基金法律关系当事人的地位，因此，基金发起人是信托法律关系的受托人。

六　本书的观点

通过以上各学说观点的罗列可见，互联网基金法律关系中，除投资者

---

① 参见何媛媛《我国互联网货币基金法律关系探析》，硕士学位论文，西南政法大学，2015，第 20 页。

② 参见胡艳《投资基金法律关系研究》，硕士学位论文，湖南大学，2005，第 8 页。

③ 参见郎爽《契约型证券投资基金法律关系主体问题研究》，硕士学位论文，首都经济贸易大学，2012，第 5 页。

与基金管理人间法律关系没有什么争议以外，其他法律关系均存在一系列的纷争。而投资者与基金管理人之间法律关系的争议断于新《证券投资基金法》的修订则启示着我们在探究互联网基金各方法律关系时，不能将思路单纯停止于传统基金法原理。法学理论是探索新事物规范属性的重要工具，但是正如互联网基金的诞生，将互联网的思维与基金的思维进行碰撞，就可能产生新的引领时代变革的事物，因此，仅局限于传统法学理论，而缺乏创造性的糅合或加工，就很难寻找到对互联网基金法律关系进行界定的新思路。

关于投资者与基金管理人之间的法律关系，本书赞成目前学界通说的自益信托法律关系说，即第三方电子商务平台的接入并没有改变投资者与基金管理人之间的法律关系，与传统基金模式一致，仍旧建立在自益信托法律关系基础之上。

第三方电子商务平台的法律定位在其与投资者以及与基金管理者的法律关系中都扮演着重要的角色，这也是这两种法律关系中存在一系列分歧的主要缘由。第三方电子商务平台与投资者和基金管理者其中任何一方法律关系的界定都关系其与另一方法律关系的认定。因此本书将此两种关系作为同一小结进行论述，以保证两种法律关系的逻辑性与完整性。

首先，投资者与第三方电子商务平台间不构成信托法律关系。尽管在互联网基金中，第三方电子商务平台与投资者之间存在许多与信托法律关系所相似的特点，但实际上如支付宝等类似的第三方电子商务平台并不具备成为信托关系中受托人的资质，强如支付宝等一些公司都仅仅获得了第三方支付的牌照，并没有第三方基金销售的牌照。同时，从大多数第三方电子商务平台与投资者签订的协议来看，均明确表示其非基金产品交易中的实际参与者。而且，以余额宝为例，购买基金的数量和种类完全由投资者自行决定，支付宝仅提供相应与之合作的基金产品名称和年化率等产品信息，投资者可以根据自己的需求和判断自行决定购买、变更购买和赎回基金产品，支付宝则根据用户的决定进行相应的资金划拨，用以投入或赎回用户所选择的基金产品。这并不同于传统的信托法律关系中受托财产的管理权和处分权归于受托人的特点。因此，从这些特点上来看，将二者之间的关系界定为信托法律关系显然是不成立的。

商事代理居间说也存在一定的问题。所谓居间，是指居间人向委托人报告订立合同机会或者提供订立合同的媒介服务，委托人支付报酬的一种制度。[①] 本书不赞成商事代理居间说这一观点。第一，居间合同的有偿性原则要求，委托人应当向居间人支付一定的报酬。但以余额宝为例，其营销界面中仍然声称余额宝开户、转入、消费中不收取任何费用，仅在余额宝资金转入他人银行卡时需遵守提现收费的相关规则，而提现收费与居间报酬的性质并不相同，此种收费更像是一种存款转账的手续费用，因为单纯使用支付宝的银行卡转账功能也是需要支付这笔费用的。第三方电子商务平台确实向基金公司收取了“管理费”，但我们并不认为这是一种基于居间合同而产生的报酬。至于“管理费”的性质，在后文论述第三方电子商务平台与基金管理人法律关系时会进行界定。第二，无论何种居间，居间人在委托人与第三人之间充当的只是中介服务人的角色，并不参与委托人与第三人之间订立具体合同的过程。从提供市值查询这一服务上来看，第三方电子商务平台确实符合居间人这一角色，但其提供的其他服务则远远超出了居间人这一角色的范畴，如为投资者购买保险、损失补偿等。事实上，无论第三方电子商务平台如何通过声称将自己在互联网基金交易过程的责任撇得一干二净，但实际上其在投资者与基金公司签订的基金合同中仍然扮演着重要的角色，至少不能说是单纯的扮演居间人的角色。第三方电子商务平台应当有义务就基金公司提供的基金产品的真实性、合法性承担相应的审查义务，单凭居间关系不仅难以涵盖投资者、基金管理者与第三方电子商务平台的关系，也不能明确第三方电子商务平台在提供基金产品信息时应当具备的责任。

而学界普遍认可的第三方电子商务平台与投资者间的委托代理说也仍然存在一定的瑕疵。诚然，第三方电子商务平台为投资者提供的查询服务、购买保险、损失补偿等功能并未改变双方委托代理关系的本质，但这不代表双方的整个法律关系就仅为委托代理法律关系，其他的服务事项仍然具有其他法律关系的特征。单纯将二者之间的法律关系限定在委托代理中，难以确定在整个交易流程中的各方的权利义务，在发生纠纷时，如何明确各方的责任也会因此显得捉襟见肘。在大部分交易流程中，如投资者

---

① 参见姚雷《互联网非公开股权融资平台法律规制研究》，硕士学位论文，郑州大学，2019。

通过签订服务合同协议委托第三方支付机构购买基金产品、第三方支付机构基于投资者指示进行资金划拨购买基金产品以及结束基金产品的购买，此类事项均在二者之间成立委托代理法律关系，此时投资者为委托人，第三方电子商务平台为受托人。而第三方支付机构基于委托事项，实际占有资金时，第三方电子商务平台在此时对投资者负有管理资金和保障资金安全的义务，在发生资金安全等问题时，第三方平台对此负有赔偿的义务而非其在服务协议中所称的补偿的义务。第三方平台提供的保险理赔服务也正是基于此义务而产生的，尽管其提供该服务的初衷仅在于给投资者吃下委托理财的“定心丸”。

由此可见，在界定投资者与第三方电子商务平台法律关系时，不能仅单一地从现有的民事法律关系和有名合同当中去寻找答案。委托代理法律关系是二者关系的主线，但其仍然具备保管合同法律关系的性质。理清这一点，不仅仅是单纯地在学术上对二者的法律关系进行界定，这也明晰了第三方电子商务平台在整个委托代理过程中应当承担的责任。二者所签订的服务协议中，双方须承担的一些义务应当按照法律规定的效果发生，而非按照第三方支付机构所提供的电子格式条款内容发生。这不仅有利于充分保障投资者的利益，也有利于整个互联网金融变革的稳定健康发展。因此，第三方电子商务平台与投资者之间为委托代理合同关系以及消费保管合同关系。

而正是由于第三方电子商务平台与投资者之间存在委托代理合同关系，根据《民法总则》第一百六十八条第二款的规定①，第三方电子商务平台与基金管理者之间难以成立委托代理合同关系。以余额宝为例，支付宝与投资者签订的《余额宝服务协议》中，并未就其“双方代理”行为与投资者形成明确的约定或征得投资者同意，且从目前来看，也并未发生投资者追认的情形。所以，第三方电子商务平台基于投资者委托与基金公司签订基金交易合同为投资者完成基金的申购与赎回，与基金管理者成立基金交易合同关系。但同时，第三方电子商务平台基于与基金公司的合同内容，为其提供向投资者展示基金产品信息、披露投资者个人信息资料以及

---

① 《民法总则》第 168 条第 2 款：代理人不得以被代理人的名义与自己同时代理的其他人实施民事法律行为，但是被代理的双方同意或者追认的除外。

大数据支持等技术服务并向基金公司收取“管理费”等行为，符合技术合同的特征。总之，我们认为，第三方电子商务平台与基金管理人之间，不仅存在基金交易合同关系，还存在技术合同法律关系。

无论是共同受托说、信托说还是保管说，都难以准确解释基金管理人与基金托管人之间的法律关系。基金管理人与托管人之间并不涉及信托财产的转移，与信托法律关系的特征存在差异。而如果按照委托说的观点，在基金托管人违反基金资产保管义务时，投资者反倒无权直接向基金托管人主张权利，因为该观点下，托管人保管义务的来源是其与基金管理人的保管关系，这与我国《证券投资基金法》的规定却恰恰相违背。共同受托说应当是我国基金业应有的价值取向，共同受托的责任的落实能够使得在托管主体日益多元化的今天，充分保障投资者的利益，投资者利益重于泰山的理念对基金行业共同维护行业公信、规范行业发展都具有积极的意义。但在互联网基金的实践中，基金管理人与托管人并非共同行使对互联网基金财产的运作和保管，对各自违反信托的行为也并非承担连带的责任。且由于互联网基金中基金管理人与托管人的各司其职又并行协作，以及托管人根据立法享有对基金管理人监督权的特性，直接将二者的法律关系定性为共同受托关系并不准确。同时，二者间托管协议的签订使得在互联网基金中强加共同受托责任是没有必要的。

以余额宝的托管协议为例，协议明确表明托管协议以基金合同为依据，在托管协议中明确双方在基金财产保管、投资运作等有关事宜的权利义务和责任，且托管协议的成立和生效取决于基金合同的成立与生效。因此，二者仅是形式上具有共同受托人的性质，却又与传统的共同受托关系存在差异，若非要用传统的信托理论进行解释，只能将其界定为特殊的共同受托关系。①

认为赋予基金发起人基金法律主体地位没有必要的观点是不合理的。第一，契约型基金的法律关系的本质是信托法律关系而非合同，合同的成立与否仅仅是整个基金结构中的其中一个环节。第二，正如赞成基金发起人成为基金法律关系当事人的学者所言，基金设立的过程中，发起人需要

---

① 参见何媛媛《我国互联网货币基金法律关系探析》，硕士学位论文，西南政法大学，2015，第21页。

对投资者承担相应的义务，设立的成败都与投资者利益存在密切联系。第三，在某些实践情形中，发起人并非一定在基金设立以后自动成为基金管理人或基金投资者，有时可能独立存在，直接以此理由将其排除在法律关系之外，也可能导致投资者的权利不能得到充分的保障。第四，明确其主体地位也有利于防止立法对发起人规制的缺失。因此，本文认为应当将发起人纳入基金法律关系的主体，是信托法律关系中的受托人。

在互联网基金法律关系中，投资者与基金管理人形成自益信托法律关系，第三方电子商务平台与投资者形成委托代理及消费保管合同法律关系，第三方电子商务平台与基金管理人形成基金交易合同与技术合同法律关系，基金管理人与基金托管人形成特殊的共同受托关系（见图 6 - 1）。

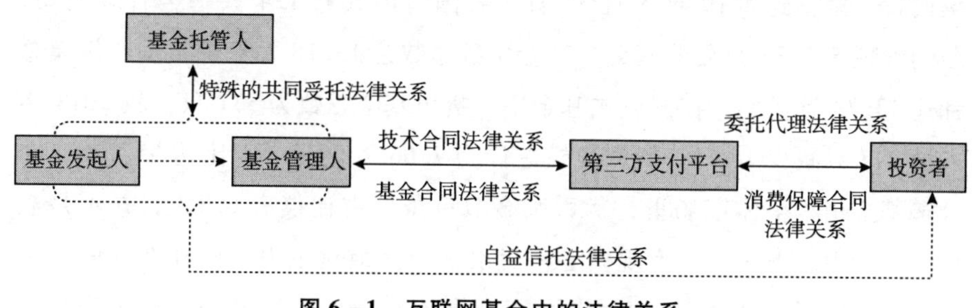

图 6 - 1　互联网基金中的法律关系

第三节　互联网基金的行业发展现状

互联网基金能在传统证券投资基金产品中一枝独秀，其发展是离不开传统基金的发展脉络的，只不过在创新产品表现和产品表达形式上，其要比传统基金更胜一筹。但在整体发展形势上二者是一脉相承的，甚至传统基金的市场格局可以深刻影响互基的发展潜力，毕竟互基不论如何创新其表达形式，其本质终究是传统基金。[①] 互联网基金在我国的发展，也与传统基金市场具有内在的关联性，传统基金业中的一些缺陷和外部风险，也逐渐在互联网基金市场发展中显现出来。

① 参见李宝伟、楚燕兰、张云《互联网金融的本质、服务实体经济效率及监管——基于 31 个省级面板数据的 PVAR 模型分析》，《西南金融》2019 年第 6 期。

一　关于我国互联网基金市场的实证分析

伴随着“互联网 +”的发展浪潮和电子商务平台业务井喷，我国互联网基金发展神速。鉴于当前互联网基金的类别都属于货币基金，因此本文将从基金市场整体状况和货币基金市场整体状况来量化分析互联网基金的发展现状。

（一）互联网基金的规模现状

根据中国证券投资基金业协会发布的统计数据①，就公募基金整体市场而言，截止到 2019 年 5 月 31 日，我国境内共有 124 家基金管理公司，分别管理着 5932 只公募基金，基金份额总数达 13.18 万亿份，资产规模总计达 13.73 万亿元。在开放式基金中，货币基金总数为 331 只，较 2018 年末的 347 只减少 16 只，资产规模总计为 7.66 万亿元，占比达 55.7%。在公募基金销售整体市场里，货币基金数量虽然占比仅有 6.3%，并不是数量上的主力，但是在资产规模上，货币基金是绝对主力。同样在互联网基金销售中，货币基金也是主力军，几乎所有可见的互联网销售基金都是属于货币基金类型。

根据融 360 大数据研究院发布的统计数据，截止到 2019 年 7 月 22 日，一共有 78 只互联网宝宝类理财产品对接了共计 122 只货币基金，占市面上全部 331 只货币基金数量的 36.8%，资产总规模为 4.69 万亿元，占货币基金整体资产规模的 61.2%，也就是说货币基金中六成资产为互联网基金资产。② 规模最大的为第三方支付系支付宝平台发布的“余额宝”产品，资产规模总计达 1.03 万亿元，占货币基金整体资产规模的 13.4%，占互联网货币基金整体资产规模的 21.9%，是第二名银行系建设银行发布的“速盈”产品资产规模（2301 亿元）的 4.48 倍（参见图 6－2）。

从上述数据可以清楚地看出，传统货币基金转型升级为互联网货币基

---

① 参见中国证券投资基金业协会官方统计数据，http：//www.amac.org.cn/tjsj/xysj/jjgssj/394097.shtml，最后访问时间：2019 年 7 月 22 日。

② 参见融 360 大数据研究院《2019 年一季度互联网宝宝报告》，第 4 页，https：//www.rong360.com/research/researchdata，最后访问时间：2019 年 7 月 22 日。

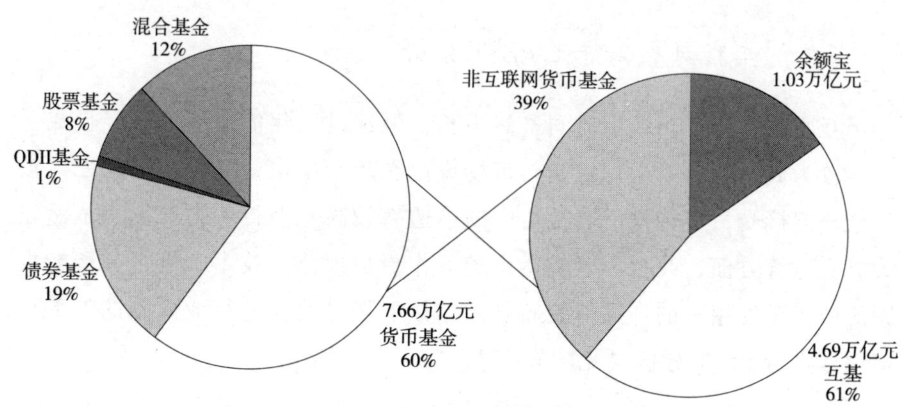

图 6－2　2019 年第一季度末我国互联网基金规模比重

资料来源：中国证券投资基金协会、融 360 研究院。

金的趋势愈来愈强烈，单从规模上看，已经有接近六成的货币基金成了互联网基金，但受制于行业内部竞争的不断加剧和新进竞争者的加入，还不足以形成稳定的市场规模，互联网基金的规模还将进一步扩大，并且除货币基金之外，传统开放式基金的其他品种还没有新型产品上线，该部分基金产品上线又可能对互联网基金的规模产生影响。

（二）互联网基金的行业格局

互基行业目前一共有 122 只货币基金，这 122 只基金分别发布在 49 个不同的互联网络平台中，根据各平台所属主体性质的不同，其中银行系基金平台为 18 个、基金系基金平台为 17 个、代销系基金平台为 3 个、第三方支付系基金平台为 11 个。

截止到 2019 年 3 月，在资产规模方面，排名前十的十个互联网货币基金中银行系基金为 6 个，第三方支付系基金为 3 个，基金系基金为 1 个，无代销系基金，排名第一的仍为第三方支付系“天弘余额宝货币”；在收益率方面，排名前十的十个平台中银行系基金平台为 6 个，代销系基金平台为 3 个，基金系基金平台为 1 个，无第三方支付系基金平台。[①]

① 参见融 360 大数据研究院《2019 年一季度互联网宝宝报告》，第 4 页，https：//www. rong360. com/research/researchdata，最后访问时间：2019 年 7 月 22 日。

（三）互联网基金行业 PEST 分析

互联网基金市场诞生时间虽然不长，但经过六年的发展，已经形成了一套较为成熟的行业运行机制，市场规模在趋于稳定，互基的概念已经被社会普遍接受，宣传推广在社会中的渗透率较高，但行业内部竞争依然较大。在监管方面，政策收紧使得市场运作更加规范，技术上则依靠智能投顾的引入激发用户的产品体验新鲜感，接下来将就互基行业面临的外部环境因素进行 PEST 分析（见图 6－3）。

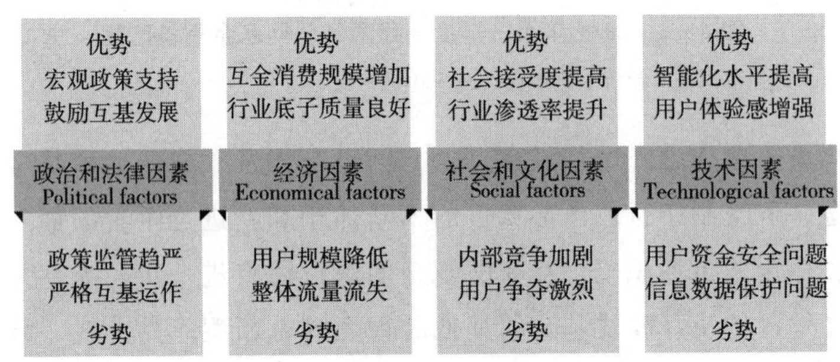

图 6－3 互联网基金行业 PEST 分析

1. 政治和法律因素（P）

针对互联网理财领域，从 2015 年到 2018 年，先后密集出台了多部调整互联网理财的政策文件，政策密集出台的原因，一是在于强化金融风险防范，在宏观层面预防重大金融风险的发生；二是在金融风险预防过程中，互联网理财带有的证券投资属性让其风险预防的地位较为突出；三是互联网理财产品作为一种新型投资理财工具，本身具有诸多潜在的风险。

自 2015 年以来，互联网基金领域监管趋严，在资质管理上先后重申必须具备资质才能从业，而后在 2015 年 12 月出台的《货币市场基金监督管理办法》中，对互联网货币基金引以为傲的“T＋0”赎回期进行规范调整，强化了对互联网货币基金投资范围、“T＋0”赎回垫资、宣传和信息披露、风险控制和法律责任等方面的监督管理。在此基础上，互联网货币基金告别了“拼赎回期、拼收益率”的时代，开始逐渐回归货币基金短期资金融通和流动性管理的基础用途。

优势分析：宏观政策支持互联网金融发展，鼓励互联网基金在规范运作的前提下进一步创新，开发产品新模式。

劣势分析：监管趋严促使互联网基金严格运作，互基行业收益降低，告别高收益阶段。

2. **经济因素**（E）

根据艾瑞咨询发布的研究报告，截止到2019年第一季度，互联网人口红利减少，老龄化趋势加剧，金融咨询类行业马太效应增强，同时PC端用户流失加速，受此影响互金理财用户整体流量下降，综合理财设备投放率下降，过千万级用户规模的移动应用中互金理财类应用榜上无名。[①] 而从融360研究院统计的数据来看，互联网货币基金市场规模增速出现负增长，但规模已经趋于稳定，行业发展进入成熟期。[②]

利好消息是，我国互联网金融消费交易规模逐年上升，电商凭借成熟的服务和高渗透率的营销策略已经为整个互联网经济奠定了良好的基础，互联网金融行业作为其中的组成自然可以借助电商已经积累的丰富经验来开拓市场；在用户消费习惯的培养上，凭借宣传推广、营销促销，已经成功培养了用户的消费习惯，在互联网基金理财方面，借助各类平台自有的用户群体，加之广泛的媒体推介和定向推送，用户对互联网基金理财的接受度也在不断提高。[③]

优势分析：互联网金融消费规模增加，互基行业底子质量良好。

劣势分析：互联网整体用户规模降低，流量流失，互基市场影响力和占有率在互联网市场整体排行中无名。

3. **社会和文化因素**（S）

在市场推广中，虽然经过几年的发展，互联网基金当前在移动应用市场已经有了较高的渗透率，但平台对流量的依赖依旧十分严重。各大互基平台目前依然需要依托流量来实现产品的推广，如第三方支付系的支付宝“蚂蚁基金”、腾讯“微信零钱+”依靠各自平台上亿级别的用户流量导流，垂直代销系的天天基金网依靠其用户端积累的千万级用户实现流量推介，银行系的各大金融机构则依靠广大银行储户来拓展自己的互基版图。

---

① 参见艾瑞咨询《2019年Q1中国互联网流量季度分析报告》，第6、7、20、45页，http://report.iresearch.cn/report/201905/3363.shtml，最后访问时间：2019年7月23日。

② 参见融360大数据研究院《2019年一季度互联网宝宝报告》，第4页，https://www.rong360.com/research/researchdata，最后访问时间：2019年7月22日。

③ 参见波士顿咨询公司《互联网金融生态2020：新动力、新格局、新战略》，2014，第13～15页。

在行业竞争中，行业内部竞争依旧激烈。互基行业从 2013 年诞生起，竞争就没有停止过，从第一只互联网基金“天弘余额宝基金”诞生后，各大基金主体纷纷试水互基行业，从最开始的“拼门槛”“拼收益率”“拼赎回期”，到监管趋严后的“拼申购费率”“拼折扣率”“拼补贴和奖励金”，平台玩法层出不穷。在行业趋于成熟之后，用户体量、行业内容量趋于稳定，平台纷纷将目光转向于平台获客能力、留客能力、科技管理能力的提升上，通过补贴价格战、推出智能理财服务的方式来发掘潜在客户和吸引其他平台客户的进驻。[①]

优势分析：行业运营趋于成熟，社会接受度提高，行业渗透率提升，潜在用户存量巨大，平台创新能力提升。

劣势分析：行业内部竞争加剧，用户资源争夺激烈，平台营销方式和营销策略的创新要求提升。

4. 技术因素（T）

从 2014 年起，互联网金融领域技术研发的投入就在不断增加，随着大数据技术、云处理技术、人工智能技术的发展，数据挖掘、智能投顾、智能咨询等业务产品开始陆续上线，互基行业开始借助科技的发展来提升产品和服务的智能化水平。对大多数互基平台而言，拥抱技术已经成为行业发展的共识，依靠科技力量改变互基理财的方式已经成为行业发展的新动向，包括近年来提出的“金融 Fintech”概念，各大平台都在平台智能化建设上加大投入，先后有一批智能投顾、智能咨询、智能理财产品面世，如蚂蚁金服“慧定投”、招商银行“摩羯智投”、百度“超级理财机器人 AI DU”等。[②]

技术的迭代升级给用户带来的是更快捷、更方便、更新鲜的用户体验，给平台带来的则是更深入、更定向、更直接的用户管理，包括用户行为管理、用户画像、用户意图洞察、金融专业能力分析等，[③] 交互体验不断深入，也带来了对产品智能匹配、投资者适当性保护、投资者教育、用

① 参见互联网金融国家社科基金重大项目组《中国互联网金融发展历程及未来趋势衍变研究报告》，2016，第 11～14 页。

② 参见东方证券《互联网金融 2018 年度策略：监管成为常态，拥抱技术渐成共识》，第 15 页。

③ 参见艾瑞咨询《智能理财 4.0：2019 全球智能理财服务分级白皮书》，第 49～53 页，http：//report. iresearch. cn/report/201907/3408. shtml，最后访问时间：2019 年 7 月 23 日。

户数据信息保护等一系列问题的关注，基金产品在“智能化”的背景下能否显著增强互基产品的安全性和用户保护指数，值得学界业界充分研究考虑。

优势分析：智能化水平提高，用户体验感增强，投资便利度提升，平台管理更加智能高效。

劣势分析：基金产品安全性问题、投资者适当性保护问题、用户数据信息保护问题有待分析。

二　互联网基金外部性风险

互联网基金的出现革新了互联网金融生态，但互联网基金会不会像P2P网贷一样，在历经了行业发展高潮之后，成为互联网金融生态的“搅局者”，暂时还无法定论，但问题已经开始出现。行业的扩张一方面在刺激互金领域的新增长，另一方面又在加剧行业风险的集中；在投资者保护上，基于用户与互联网平台之间天然的不对等地位，用户与平台间的权利义务保护斗争开始被关注。

（一）互基资金流动性障碍及可持续性风险

与传统基金销售的营利模式不同的是，互基销售的收益多要依靠于流量变现，传统佣金费差额的获益方式在互联网场景下已经不再是大部，收入的主要来源变成手续费率，直接成本变成向上游平台支付的通道费。[①]而在面向C端的互基产品销售中，平台价格战迭起，手续费率接连降低，直逼成本费率，盈利则变成主要依靠交易规模，所谓“薄利多销”，用户流量越大，收益则越高，缺乏用户规模的互基平台在跟进价格战时就不得不考虑平台的流量变现能力和持续发展能力。

互基产品与传统基金产品显著不同的特点之一是超“短平快”的交易模式，“T+0”申购赎回期（T+0是最短赎回期，不同平台对赎回期的规定有不同）使得互基产品的购买用户可在当日购买、当日获得收益并当日

---

① 参见艾瑞咨询《寥落寒山对虚牖——中国互联网金融行业监测报告（2019年）》，第20页。

提现，而赎回期的优势本源则是依靠平台垫资的做法，垫资做法在第三方支付系平台尤为显著。按实操的要求，资金到账的实际时间是T+N，按照常规流程用户必须要等到N日后才可以获得结算收益，而如果平台在结算过程中首先将这部分收益垫付给用户，意味着用户将可以跳过收益结算等待期，直接获得收益，将等待期的时间成本转移给平台。但这也意味着，平台基金规模越大、底子越厚，平台才越敢采取垫资的玩法，一旦平台发生资金不足以兑付，或产品收益显著减少的情况，平台流动性风险将加剧，挤兑风险也容易发生[①]，而用户在面对兑付危机时极易表现出“羊群效应”，又更容易导致平台流动性风险的集中爆发，影响该互基产品的整体可持续性。

（二）互基产品的开放属性与用户弱势地位的难平衡

互联网理财包容开放的特点使其在广义上可以划归为共享金融的一种，只是在参与主体上不过多地涉及C端之间的相互参与，更多的是强调B to C（Business to Custumer，商业机构对消费者）的参与体验。这种模式最典型的风险在于，平台端对用户端的绝对钳制地位。具体表现在以下几个方面。

第一，投资者适当性保护制度的现实失灵。互基的开放性决定了用户的普适性，进入互基投资领域可以几乎不用设置任何门槛，与传统证券投资基金动辄500万元的起投门槛相比，互基投资显得更加亲民。[②] 但也正因为如此，几乎不存在用户的筛选，用户的质量也难以保证。互基平台在进行产品推介时，即使平台确会对用户进行风险偏好的前期评估，但综合用户对时间成本的选择和评估环节的设置科学性，很难形成真实确切的用户画像，传统基金销售中被动式的用户风险告知、风险偏好匹配本就具有形式化的现象，在线上场景就更难保证用户有充分的自觉完成自身风险指标的评估。而基于用户画像建立起的产品推介程式，包括智能投顾的引入，能否满足投资者适当性保护的要求，难言其实。

---

① 参见谢金静《互联网金融理财产品监管争议分析——以余额宝为例》，《征信》2019年第3期。

② 参见刘舒《互联网货币基金问题的法律研究——以余额宝为例》，《改革与开放》2015年第16期。

第二，信息不对称导致的用户弱势地位。一是在信息采集方面，用户信息获取与平台信息披露的不对等。平台对用户的信息采集是无范围和无节制的，只要平台愿意，就可以要求用户提供一切平台想要收集的数据信息，而作为等价交换，平台给出的则可以是诸如“向用户提供产品或服务的承诺”这类基础性的要求，用户不提供数据信息，平台就不提供服务；而从用户端的角度来看，平台可以采集用户的各种数据信息，而用户对基金平台的了解难度却显著更大，在基金公司主动披露基金信息的前提下，用户对信息的获取和分析能力都具有显著差异，更何况 B 端主体不履行信息披露义务的情形。[①] 二是在信息利用方面，平台用户勾画与用户风险掌握的不对等。平台可以对用户进行用户画像勾画，将基金产品向特定用户进行准确投放推介，而用户如何分析基金公司推介的基金产品甚至是已购买的基金产品的风险状况，渠道有限。平台推介高风险理财产品给低承受能力用户，同时用户可以因信息资源获取或专业能力因素无法形成对基金产品风险系数的有效估计，至此产生用户损失。

第三，个人信息及资产安全性保护问题。互联网交易背景下的个人信息和资产保护问题要比在传统线下交易背景下的问题更为重要。[②] 互联网本身具有虚拟性和隐蔽性特点，既可能会受到来自外界的影响，如账号密码失窃、病毒攻击、信息泄露，也可能会遇到内部技术问题，如信息传输故障、服务器宕机、操作失误等。在个人信息保护上，平台作为信息采集和利用主体，不仅要防范来自外部的信息泄露风险，还要防范来自内部的信息非法贩售风险；在个人财产保护方面，智能化系统的引入既可以成为用户财产守护的重要工具，也可能成为造成用户财产损失的关键原因。

第四节　我国互联网基金法律规制现状与困境

虽然我国互联网基金行业发展起步时间短，但依托强大的互联网电子商务的支撑，互联网基金行业发展迅速，行业已经步入发展成熟期，并且

---

① 参见钟凯、刘章荣《共享金融视角下的数据利用及其规制——以数据权利为中心》，《证券法律评论》2019 年卷，第 152 ~ 153 页。

② 参见孙梦鸽《互联网金融发展的文献综述》，《金融经济》2016 年第 10 期。

暂时还没有出现发展缓滞、行业发展周期延长以及天花板效应现象。[①] 如前所述，对证券投资基金业务的管理，我国虽然已经建立了一套以《证券投资基金法》为核心的、较完备的法律规范制度，但针对我国互联网基金销售的监管制度规范，依然存在监管层体系化设置不完善的情况。

一　我国互联网基金销售现行制度规范

与传统金融行业相比，互基销售的业务监管和主体监管的内容不太一样。对传统金融行业的监管从制度架构上为方便理解，可以区分为对业务的监管和对主体的监管，互联网金融领域作为一种特殊的行业业态，对互金的监管也可以区分为业务监管和主体监管两类。但不同点在于，互金行业参与主体众多，除了传统意义上的金融参与主体，还有诸如第三方支付平台的参与，业务上互基的销售模式和传统意义上的证券投资基金的销售方式也有不同。因此对互基的监管不能完全按照对传统意义上的证券投资基金的监管加以延续，在某些地方可以继续适用，如业务领域，在有些地方则需要补缺，如平台管理。

（一）业务监管制度规范现状

2014 年 6 月 12 日证监会出台《关于大力推进证券投资基金行业创新发展的意见》，意见指出鼓励基金管理公司与互联网平台结合，开发创新型基金产品，并鼓励基金公司通过互联网平台来拓展客户资源和进行业务创新。

2014 年 7 月 7 日证监会出台《公开募集证券投资基金运作管理办法》，对公募基金的规范运作、投资者保护、产品注册制度、系统性风险防范及拓宽行业创新发展空间进行规范和明确。

2015 年 12 月 17 日证监会出台的《货币市场基金监督管理办法》可以评价为对互联网证券投资基金监管，尤其是以“宝宝系”为首的货币市场基金监管的回应。

2017 年 8 月 31 日证监会出台《公开募集开放式证券投资基金流动性

① 参见陈芳益《我国互联网金融 SWOT 分析》，《合作经济与科技》2018 年第 10 期。

风险管理规定》，该规定针对公募基金的流通性管理、申购赎回等内容进行明确，并以专章的形式明确对货币基金的特殊监管规定，该规定也被业内认为是主要针对以余额宝为代表的宝宝系货币基金产品的监管规范。

2018 年 4 月 27 日多部门出台的《关于规范金融机构资产管理业务的指导意见》（简称“资管新规”）也涉及了对“类货基”互联网理财产品的监管调整，而后陆续出台的“资管新规补充文件”“银行理财新规”也在开始陆续调整对互金理财的监管要求。

2018 年 5 月 30 日证监会和央行出台《关于进一步规范货币市场基金互联网销售、赎回相关服务的指导意见》，进一步强化对互联网货币市场基金赎回期、支付结算、宣传推介、信息披露活动的管理。

2018 年 10 月 11 日多部门联合出台的《互联网金融从业机构反洗钱和反恐怖融资管理办法（试行）》，又将互金行业纳入反洗钱犯罪的监管对象。

从 2013 年第一只互联网基金诞生以来，国家监管部门对互基的态度从开始的“鼓励发展”到“强化监管”转变，政策的密集出台可以明确地表达出监管机构对互联网金融行业的重视，监管趋严对从业者而言虽会有政策上的压力，但对行业的长远发展也是切实必需的。

（二）主体监管制度规范现状

互联网金融因交易背景的特殊性，除了传统可见的参与主体外，最特别的就是第三方支付机构，针对银行系、基金系平台的主体监管都纳入对商业银行、基金公司的监管之中，政策和制度规范对互基平台的监管主要是针对第三方支付机构系平台进行的，在 2010 年央行《非金融机构支付服务管理办法》出台前，对第三方支付机构的管理尚属真空，而后相继出台一系列文件，规范管理第三方支付机构，同时随着互联网金融行业的发展，在更多细分领域展开了对第三方支付机构的监管行动，互基领域也包含在内。

2013 年 6 月 7 日央行发布的《支付机构客户备付金存管办法》，明确了支付机构客户资金管理、备付金交存要求等规定，以降低客户资金在第三方支付机构的留存风险，保障客户资金安全。

2016 年 7 月 1 日央行实施的《非银行支付机构网络支付业务管理办

法》，明确了第三方支付机构开展支付业务和互联网基金销售业务的界限，限定第三方支付机构不能采取或变相采取各种形式销售互联网基金产品。

2017 年 1 月，央行发布的《关于实施支付机构客户备付金集中存管有关事项的通知》进一步强化第三方支付机构客户备付金存管要求，而后在 2018 年 6 月 29 日央行发布的《关于支付机构客户备付金全部集中交存有关事宜的通知》中进一步提高了备付金存管要求，并要求第三方支付机构在 2019 年 1 月前完成 100% “断直连”，这也意味着互基销售收取的客户资金也将被纳入其中（参见图 6－4）。

2013.6.7	2014.6.12	2014.7.7	2015.12.17	2016.7.1	2017.8.31	2018.4.27	2018.5.30	2018.6.29	2018.10.11
客户备付金存管办法	基金行业创新发展意见	公募基金运作管理办法	货币基金监督管理办法	网络支付业务管理办法	公募基金流动性风险管理办法	资管新规	货币基金网售赎回管理办法	备付金全部集中交存通知	互金反洗钱和反恐怖融资办法

图 6－4　互联网基金行业政策法规演进时间轴

二　我国互联网基金监管主体架构

2015 年 7 月出台的《关于促进互联网金融健康发展的指导意见》中，明确对互联网金融行业采取分业监管的模式，互联网基金销售则由证监会管理。但是在实践过程中，互联网基金的销售环节不同于传统基金销售模式，第三方平台的进入扩大了基金销售中的主体身份，也给实践中的监管带来影响。

从主体端来看，互基销售至少可以涉及基金公司、商业银行、第三方平台的参与，分别由证监会和银保监会（包括央行在内）监管；从产品端来看，互基的本质是基金，基金销售受证监会管理，而货币市场基金的行情走势又同时受央行政策的影响。因此在实践中形成了以证监会为核心，银保监会及央行多部门协调参与的互联网基金监管现状。

（一）证监会对互联网基金的监管

证监会对互联网基金的监管，主要是围绕基金产品、基金销售和基金销售平台展开的。

一是源于对产品端的源头管理。互联网基金的本质是基金的一种，在传统证券投资基金领域，基金产品的监管就由证监会进行。网售化的基金理财产品扩大了客户对基金产品的接触面，但并没有实质性地更改产品本身的核心，在未完成互联网化销售前的互基产品，都可以认为是传统基金产品"终端化"的羽化过程，互基产品的募集、申购等销售前环节，自然仍然该受到证监会的监管。

二是源于对销售环节的流程把握。互基产品变更只是销售渠道和销售模式，网销的实质依然是在售卖。传统销售场地的更改不会使得基金产品获得不需要遵循销售规则的机会，从上架前的生产到上架销售再到售后服务，基金产品无非是从"小卖部"走到了"超市"，但依然需要对互基产品进行销售全流程的把控。

三是源于对销售平台的主体监控。不论是直销型平台还是代销型平台，互基产品借助任何一种平台走上市面，背后都会有基金当事人的参与，平台的不同只决定与用户打交道对象的长相，平台实际对接的产品主体可以是同一只基金，只要基金产品背后实际的掌控主体是基金公司，证监会就可以对其进行监管。

（二）银保监会、央行对互联网基金的监管

银保监会对互联网基金的监管，主要是针对商业银行展开的。商业银行作为互联网基金产品发售的平台搭建主体时，实质参与人只有银行本身，也即俗称的"银行系"产品，商业银行本身能否推出理财产品、能推出什么样的理财产品，系受银保监会的监督，尤以"资管新规"、《商业银行理财业务监督管理办法》的出台可以见得。

央行对互联网基金的监管，主要是针对第三方支付机构展开的。在"分业监管"精神的要求下，第三方支付机构划归为央行监管，第三方支付机构在互联网基金行业发挥的作用主要是平台搭建功能，同时因其具备接收用户资金的特殊地位，受央行监管。除此之外，央行出台的货币政策

也可能对互联网货币基金的收益产生影响。

三　当前法律规制的困境

互联网基金作为一项金融创新，因其具有跨地域、跨账户、跨机构的“三跨”特点，不仅使国家监管手段受到限制，还造成了监管协调的问题。同时，由于其作为一项与法律打着“擦边球”的创新金融模式，本就具有滞后性的法律无法及时对其进行有效的规制。但其监管的有效性，关乎未来整个金融市场的发展与格局。因此，有必要梳理我国互联网基金产品规制的当前困境，探寻其存在的一系列风险，使互联网基金能够得到有效的监管，保证其健康高质量的发展。

从当前的法律规范制度来看，对互联网基金的法律规范体系尚未完全建立，在现有的规范性法律文件中，主要以部门规章的形式出现，层级有待提升，在对互联网基金内容的规范上，诸如互联网平台的法律地位问题、资金流动性风险问题、信息披露、投资者权益保护、投资者适当性问题都没有明确而详细的规范制度，存在的法律规制困境主要有以下表现。

（一）互联网平台的法律地位模糊

互联网基金法律规制的首要问题就在于其法律地位模糊，由于第三方电子商务平台的参与，其法律地位界定的复杂程度大大增加，目前无论是立法界还是法学界关于其究竟属于代销机构还是直销机构仍然存在争议。

根据中国证监会规定，第三方电子商务平台可以为基金销售提供辅助服务，基金销售服务应当由基金销售机构提供，如果第三方电子商务平台要开展销售业务，应当向证监会申请基金销售牌照，然而至今获得基金销售牌照的第三方电子商务平台屈指可数。地位的模糊性造就了对其监管的难度，加上近年来第三方电子商务平台发展势头迅猛，远超监管部门预期，使得本就具有滞后性的监管规定，无法针对第三方电子商务平台的违规销售基金行为采取有效规制。

（二）互联网基金销售法律体系尚不健全

互联网基金所带来的金融创新活动，对现有的监管法律体系提出了挑战。我国目前适用于基金销售的法律法规主要为《证券投资基金法》与《证券投资基金销售管理办法》。但以上两部法律法规在制定和修订时仍然侧重于对于传统基金销售模式的规制，欠缺针对互联网基金的规制考虑。尤其是互联网基金中第三方电子商务平台的引入使得其中各方权利义务更为复杂，加之互联网基金除了包含传统基金所有的风险外，还包括了一系列互联网基金所特有的风险，单凭现有的相关法律法规，难以应对互联网基金中可能出现的问题。

（三）存在潜在的流动性风险

互联网基金所具有的门槛低、操作便捷、随取随用等特点，一方面极大地推动着我国“普惠金融”理念的实现，但另一方面这样的特性带来的是其流动性风险的激增。由于互联网基金的客户结构以个人投资者为主，而个人投资者往往会在金融市场不稳定或者特定赎回高峰期时，发生短期大规模赎回。① 例如，天猫等网络平台“双十一”所产生的短时巨额交易量，就有可能传导为余额宝的赎回压力。为保障客户的即时赎回，互联网基金管理人在此流程中扮演了垫资人的角色。这样的交易结构，在面对大规模赎回且申购小于赎回时，所产生的流动性风险可能在短时间内造成投资者的大规模恐慌和挤兑。

虽然支付宝“花呗”的信用评级功能可以协助减轻或锁定部分流动性风险，但目前的互联网基金市场中，并非每一只互联网基金都具备支撑这种交易模式背后所需的资金和信用要素。在缺乏相关专门保险制度以及保障措施的情况下，如何采取合理的方式有效应对互联网货币潜在的流动性风险，是互联网基金业和相关监管部门都需要考虑的问题。

（四）信息披露制度不尽完善

互联网基金所具有的“金融普惠”理念，确实为更多的有金融服务需求的人群提供了更多的金融服务，特别是农民和城镇低收入人群。但不可忽视的是，该类人群恰恰欠缺购买货币基金的相关经验和知识，这就对互

---

① 参见张宏妹、丁忠甫《对我国互联网货币基金的发展和监管的探讨》，《学术界》2016 年第 3 期。

联网基金的信息披露提出了更高层次的要求。

从实践来看，大多第三方电子商务平台均欠缺对投资者进行风险及相关基金信息的提示，特别是对于上述信息和专业方面均较弱势的投资群体来说，该类人群往往仅凭第三方电子商务平台或者身边人群的简单介绍便进行基金的申购，欠缺对基金的风险意识，甚至将互联网基金等同于银行存款。[①] 加之互联网基金竞争的日益加剧，互联网基金在销售过程中的夸大宣传行为并不罕见。在这种销售方夸大收益、回避风险的信息不对称模式下，势必将加剧行业恶性竞争，加大显失公平事件的出现频率。类似乱象的频发，归根结底在于互联网基金从业者欠缺信息披露的意识，以及相关制度对互联网基金销售中信息披露规范缺乏完备的规则。

（五）互联网平台理财募集资金后续投资流向的监管缺失

随着互联网基金的国民参与度越来越高，第三方电子商务平台所经手的金额量日益壮大。但在现在的规制规则中，欠缺对第三方电子商务平台在聚拢资金后的投资流向监管。这些资金不仅数额巨大，一旦出现问题，所牵连的投资者必将数以万计，甚至可能危及整个金融市场乃至国家经济。2018 年发生的 P2P“爆雷”案件值得监管部门警醒和深思。央行、证监会或者其他部门应当加强对募集资金投资方向的监管和限制，采取必要的措施以防止互联网基金出现类似 P2P“爆雷”事件的发生。

（六）专业的经营者管理监管规则缺失

互联网基金作为一种金融创新产品，其健康发展需要包括从业人员的知识培训和监管等必要的制度配套软环境。互联网基金为了满足国民的投资需求，消除了传统基金对投资者的较高门槛，这是金融创新的积极面。但面对如此庞大的资金操控量，且对金融监管的需求与日俱增的今天，我国尚未对该类基金经营者的从业经验、专业能力、财务状况等方面做出从业规范。现实中，传统金融从业者都不太熟悉互联网金融，而互联网技术工作者又缺乏必要的金融知识，技术和金融往往是“两张皮”运行，业内

① 参见白牧蓉《从余额宝的法律隐患看相关制度之完善》，《西北民族大学学报》2014 年第 1 期。

讨论甚至常常“跑偏”。缺乏对从业人员的监管规则，从长远看不利于互联网基金行业的健康发展。

（七）缺乏成熟的技术安全风险防范规则

随着互联网基金和其他互联网金融产品的飞速发展，行业对互联网基金资金安全的技术也提出了更高的要求。互联网基金每天要处理大量的数据信息，这些数据的采集、保管和利用关系投资者的资金安全，即互联网平台不得不面对黑客入侵、木马病毒等不可预见的技术风险，互联网基金账户的被盗风险远高于传统基金模式下的账户风险。而且，数据利用也关乎投资者个人信息安全，甚至数据本身是“国家基础性战略资源”。[①] 尽管我国第三方电子商务平台不断提高其安全技术水平，但现实中频发资金账户被盗案件，表明其技术防范和监管工作仍有一段路要走。

（八）监管体制不清晰

以我国目前的互联网金融监管机制来看，无论是银保监会、证监会，抑或央行都不能完全囊括互联网金融的所有环节。[②] 互联网金融的高速发展，要求监管机制迅速做出反应以应对互联网金融可能出现的方方面面。监管机制的不清晰将直接导致互联网金融中各项权益保障的错位。而这样监管模糊，不仅体现在事中监管，在事后纠纷处置上，也表现为互联网基金销售纠纷处理方式滞后，内部纠纷解决机制欠缺权威，外部纠纷解决机制乏力。

第五节　域外互联网基金法律监管经验

美国开放式证券投资基金发展较早，最早可以追溯到 1924 年，互联网基金产品也是在 20 世纪末就诞生了。美国第一只互联网基金是由 1998 年成立的 PayPal 公司携手基金公司发售的互基产品。PayPal 公司作为一家第三方支付平台，在互基销售的过程参与中，地位同样是作为平台搭建者，

---

① 国务院 2015 年 8 月 31 日发布的《促进大数据发展行动纲要》，明确提出要建设数据强国，把大数据作为“国家基础性战略资源”。

② 参见肖星星《透过余额宝看互联网金融的法律规制问题》，《法治视点》2014 年第 29 期。

吸引基金公司入驻合作销售基金产品。PayPal 公司推出的互基产品一经面世就广受投资者青睐，因其远高于银行存款利息的收益率，且实行 T+0 赎回制，用户在资产收益和余额使用的选择上更好，其规模一度在 2007 年达到 10 亿美元的水平。但随着 2008 年次贷危机的爆发和美国货币政策的影响，PayPal 公司互基产品收益直线下降，在不堪市场压力的情况下，终于在 2011 年宣告关闭。[①] 在此后的两年，我国参考了 PayPal 的运营模式，在借鉴 PayPal 经验之后，诞生了中国第一只互联网基金产品余额宝。

一 美国互联网基金销售制度规范

根据美国的法律规范体系，美国的法律监管系采取联邦立法、州一级立法及司法审判判例的多层立法模式。[②] 美国对互联网基金（主要也是货币市场基金）的管理方式，并不像中国一样采取“区别对待+传统监管”的模式，而是认为互联网基金产品并非隶属于销售平台，在日常经营活动中基金产品已经是按照基金管理的要求在运作的，因此美国选择将互联网基金的监管完全纳入传统基金的监管活动中，实践中并不会将互联网基金视为一种新的证券投资产品或一种新的证券投资基金品种。

在美国联邦级别的立法中，主要有《证券法》《证券交易法》《证券投资者保护法》《国内税法》《内部交易和证券欺诈管制法》等，美国基金的组织结构是公司型，因此还受到《投资公司法》《投资顾问法》的监管。监管内容则涵盖宣传推介、信息披露、份额计价、资产流动性管理、违约风险管理、压力测试等。[③]

在州一级的法律规范制度中，各州形成的各自的监管法律统称为“蓝天法”，并且在 1996 年美国联邦政府出台的《全国证券市场促进法》旨在将各州的证券监管立法权限上收，避免州一级的重复立法，将证券市场的立法监管活动全部收由联邦一级统领（参见表 6-1）。

---

① 参见刘继兵、夏玲《美国互联网金融发展路径对我国的启示》，《西南金融》2014 年第 6 期。

② 参见闻岳春《美国证券投资基金管理公司风险管理、内部控制及其借鉴》，《财贸经济》2001 年第 11 期。

③ 参见潘峰、郑奕玲、刘谢冰《美国货币基金监管现状及趋势》，载《创新与发展：中国证券业 2014 年论文集》，第 1150～1152 页。

表 6-1　美国基金监管法律制度规范

颁布时间	法律名称	涉及证券基金的主要内容
1933 年	证券法	信息公开、证券注册、发行人责任、监管主体职能等
1934 年	证券交易法	证券经纪商、豁免证券、保证金、信息披露等
1940 年	投资公司法 投资顾问法	职能活动、投资政策、承销期约、认购销售、客户资金保护等
1970 年	证券投资者保护法	客户资金保护、财务顾问等
	蓝天法	系各州证券法规集合

二　美国互联网基金监管主体架构

美国基金监管实行集中监管制，共分为政府监管和行业自律监管多层架构。①

首先是政府监管一级。美国证券监管机构主要是联邦证券交易委员会（SEC），SEC 在机构性质上和我国的证监会相似，机构组织形式上联邦一级相当于我国证监会，下设各州的监管机构相对于我国各省区市证监会及派出机构。在监管权限上，SEC 兼具司法权和立法权，其不仅可以直接采取措施对违反证券交易法律规范的行为实施惩戒措施，还可以在法律适用过程中对法律条文进行解释说明。SEC 的监管内容包括证券投资基金产品的销售各环节监管，以及联邦基金法律规范的执行落实情况等。

其次是行业自律监管一级。美国在行业自律方面做的工作和取得的成果都较好，自律组织包括联邦证券商协会（NASD）、投资公司协会（ICI）、投资管理和研究协会（AIMR）以及各大交易所等。在组织权限上，自律组织独立运行，同时还受到联邦证券交易委员会的管理，自律组织可以在自律范围内开展自律活动，但不能超越 SEC 的监督。自律组织的主要职责包括规则建立、交易管理、会员管理、行业分析等内容。如 NASD 需要管理场外交易市场的证券交易活动，负责交易规则的制定，贯彻和落实 SEC 下达的政策或管理规定，性质上相当于我国证券投资各行业协会，AIMR 作为证券分析师组织要负责 CFA 考试管理，ICI 在性质上则更

① 参见陈亮《美国基金公司治理结构的实证研究》，《证券市场导报》2001 年第 11 期。

多是充当基金行业与 SEC 的中间人身份，负责消息传递和行业研究，如 ICI 发布的年度行业研究报告。

总体而言，美国整体的证券业监管形成了较为完备的监管层体系，在法律规范上有大量丰富的判例，在监管层设计上契合美国证券交易市场和国家体制的整体架构，能够满足对证券基金的监管要求。

三　美国互联网基金监管特色

作为互联网的缔造者和全球资本市场的引领者，美国同时也是互联网金融的发源地。从前文对美国这一互联网金融先驱的基金市场监管比较法分析可以看出，美国对互联网基金监管延续了其证券监管的成熟经验及监管水准，较具特色。

（一）顶层设计和整体意识清晰

不论是从联邦层面的统领作用来看，还是从各州系统及行业自律组织的规范运作来看，美国集中式的监管模式并没有导致行业监管乱象的发生，反倒是在宏观意识把握上，形成了较高的整合度，上行不一定下效，各州还兼具立法权，自律组织也可以进行自我规范管理，但下效一定服从上行，自我约束绝不突破联邦要求的底线，甚至更严格。[①] 其中不仅包含各州系统对自我管理权限的注重，还有行业对自我信誉的重视。[②] 一方面，美国的国家体制赋予了各州系统独立的立法权限，各州系统在国家制度的整体框架下虽然要受到联邦一级的统领，但“有限的边界内赋予了充分的自由”，换句话说，强化约束不仅是刷存在感，更是对立法权限的负责；另一方面，长久的证券业发展给行业积累起了良好的声誉，也给各从业者培养出了良好的道德素质和自律意识，行业声誉大于天，以消耗平台声誉的方式积累社会财富无异于玩火自焚。美国最大的 P2P 平台在监管层尚未介入前内部风险控制部门发现平台在售一款基金产品（Cirrix Capital）严

① See Anita K. Krug, “Downstream Securities Regulation”, *Boston University Law Review* 94, No. 5 (October 2014): 1636 - 1638.

② 参见张影强《借鉴国外经验促进我国互联网金融发展政策建议》，《全球化》2015 年第 8 期。

重违规，Lending Club CEO 在监管层介入前引咎辞职①，而正是这样完备的顶层设计安排和强大的行业自律意识，才能帮助美国建立起脉络清晰的监管体系。

（二）几近严苛的信息披露制度

美国证券业持续不断出现的一个概念就是“信息披露”，自美国证券业诞生以来，“信息披露”就一直在路上，从未停止过。②

在传统基金市场领域，形成了以《投资公司法》为核心的法律监管体系，虽然在信息披露上允许有差异化现象出现，但在披露做法上一视同仁，要求细致准确。③ 同时加上执法的配合，SEC 对信息披露规则执行情况的扫描则几乎以严格来形容，从摩根大通 3 亿美元罚单到安然公司破产，彻底的处罚措施，不是行业能承受之重。律师事务所等市场化运作机构的加入，也为信息披露违法违规事件提供了救济途径，诉讼制度的安排扩大了投资者对证券从业人员违法违规信息披露的维权范围，而律师事务所、会计师事务所的专业能力也绝非证券从业者能轻易逃脱的。

顶层的压力、市场的利益，强化了行业的自我约束，面对高额罚金，乃至行政、刑事的责任，造假成本让从业者不敢轻易越雷池一步，制度构建、社会保障、行业自律要求的三重作用，迫使证券从业者履行更严格的信息披露义务，但正是这样严格的信息披露制度要求，也造就了美国如今高度透明的证券交易市场环境。

（三）注重金融消费者保护

中美两国之间在金融消费者保护中的最大不同，在于法律制度。美国将金融消费者保护寓于专门法律之下，设立了《金融消费者保护法》，而我国则是将金融消费者保护寓于《消费者权益保护法》之下，而对金融消费者能否成为常规意义上的消费者成为消法的保护对象，学界还存在争

---

① 参见彭博网，http：//www. bloomberg. com/news/articles/2016 - 05 - 09/mack - invested - with - former - lendingclub - ceo - in - loan - buying - venture，最后访问时间：2019 年 7 月 24 日。

② See L. Loss, *Fundamentals of Securities Regulation*, Boston Little Brown & Co., 1983：7.

③ 参见饶越《互联网金融的实际运行与监管体系催生》，《改革》2014 年第 3 期。

论，而美国却已走在前列。

美国为配合《金融消费者保护法》的实施，专门设立了金融消费者保护局，用以开展金融消费者保护的对接工作，金融监管的目的不单是促进金融机构的合规性，还包括对金融消费者权益的保护，在推出一系列法案消除了证券业之间的行业壁垒之后，美国法律制度最终还是回到了投资者保护这一根本落脚点上，从金融消费者专业性和信息弱势地位出发，监管者要证券从业者强化信息披露义务和服务保障机制，拓宽消费者投诉和维权渠道，协助消费者获取更多关于证券投资基金的信息，在专业能力上注重对投资者的教育，不盲目引导投资者选择风险不匹配的证券投资产品，确保证券交易市场公正透明，同时在行业竞争上不以牺牲消费者利益为代价进行不正当竞争。

不仅如此，在消费者信息安全保护、隐私权保护上，美国法律同样予以了高度关注，究其原因都在于对投资者权益保护的重视。

第六节　我国互联网基金行业的未来与出路

互联网基金的金融创新价值不应被忽视和低估，但正如传统金融市场可能带来危机和混乱一样，互联网基金本质上不可能脱离金融的范畴，自然无法消除金融固有的系统性风险。系统性风险源自金融自身的复杂性，它是应证券投资者的需求，为满足他们的投资标准以及想获得更高收益的愿望而产生，而这种复杂性将可能导致市场的失败。[①] 互联网基金与传统金融市场的结合，的确可以提供更好的金融服务，却不会减少金融复杂性所带来的信息不对称及其系统性风险。如何解决“金融普惠”与“风险控制”，取得二者的平衡阈值，是未来我国互联网基金行业规制的探索方向。

一　互联网基金法律规制宏观思路探究

互联网技术对包括证券投资基金在内的金融市场渗透的力度和深度是

① 参见〔美〕史蒂文·西瓦兹《金融创新与监管前沿文集》，高凌云等译，上海远东出版社，2015，第319～321页。

空前的。互联网金融就是二者融合的产物。互联网基金的发展不仅带来金融新业态的出现，而且催生了新兴金融领域的产生。这些新生事物并非取代或单纯与传统金融机构展开竞争，而是与其发生耦合效应。具体表现为，传统市场与新兴市场风险叠加，模糊了技术行为与金融交易以及不同交易机构的界限，使金融产品和经营行为发生了一定程度的分离，对投资者保护提出新的更高要求。

（一）以新监管原则防范互联网工具的风险叠加

对于投资人来说，互联网基金参与的便利性，是该类工具能广泛获得青睐的主要原因。互联网拉近了人与人的距离，缩短了世界的距离，降低了金融交易的制度性门槛，金融消费者可以只在网络上进行注册登录，经过一系列的验证，即可在电脑屏幕面前完成项目的筛选、资金注入、认购、赎回等行为。投资行为的便捷性，也相应带来基金发起人、募资实际使用人的融资成本降低，“便捷融资”和“金融普惠”的价值体现，更符合现代社会的资本融通市场规则。

然而，任何金融工具都不可能完美到规避所有风险，互联网基金也是如此。互联网基金本身的优势，也天然内置了缺陷与弊端的风险基因。互联网基金得益于互联网的便捷和快速操作，却也因互联网的高速、广泛传播，容易造成风险的快速放大、无限叠加。以往的投融资风险，无论大小，都仅仅存在于一定特定领域和范围，而传统基金工具增添上互联网属性、草根属性，则可能让投资人风险覆盖到全网用户。

未来我国互联网基金的法律规制，既要利用互联网工具“便捷”“广泛”“高效”的优势来助力基金市场发展，又要关注和防范互联网“快速传播”“无限叠加”“涉众广泛”的特点所带来的风险。从前文关于互联网基金现状分析就可以看出，互联网基金的持份人（shareholders），不是单一的机构和主体，而是分属不同行业却共同具有互联网属性的众多利益相关者。这就要求监管模式和监管水平一方面应当跟上新业态和新形态的发展，以防范新风险的叠加和扩散；另一方面，防范风险固然始终是金融监管体系的价值目标之一，但这不应是市场滞后的理由。总之，新业态的监管原则应是，在创新监管中防范风险，而非以扼杀或拖慢行业发展为代价。

（二）监管体系与分业监管取舍

从十部门出台的《关于促进互联网金融健康发展的指导意见》定调可以看出，对互联网金融的监管仍然是采取和传统金融监管一样的分业监管的态度，自然地，互联网基金监管被划归为其中之一。但结合实践中的种种情形，分业监管在实践操作中还是会涉及多部门的参与，从更深层次的角度来看，互联网金融是否确有进行分业监管的必要？

互联网金融改变的只是金融的销售渠道，但互联网金融不应当只是作为一种渠道，它能发挥的作用更应当是对投融资主体的融通、对传统金融的有益补充。在行业的起步阶段，“分段监管”的确可以回避很多问题，“谁家的小孩谁领走”，不用担心任何一段出现问题，至少从表面上看，任一环节都有一个监护人。但监管的“父爱主义”无法永远保证行业的健康发展①，互联网的发展不受行业和地域的限制，行业和地域间壁垒迟早有一天会被打破。尤其是互联网的跨业竞争属性，终有一天会形成你中有我、我中有你的混业竞争生态圈。

在原本分属不同行业的众多利益相关者的共同推动下，才有了互联网基金产品的诞生和发展。单一的监管目标和监管结构，自然难以同时满足不同环节的监管需求。不论是从产品本身还是从产品提供者入手，凭单个监管主体供给体系，难免显得局限而片面。

在互联网快速“变异”的情况下，分业监管模式如何监督一种“不存在的或不完整的商业模式”，挑战的是监管者的整体把控能力，否则要么是出现监管滞后，要么是出现监管重叠。② 局限的眼光终究会制约监管的进步，监管的落后则会挫败行业的信心。

当然，分业监管的好处，则是留给了监管者更多观察期，契合包容性监管的理念。行业的产生、行业的生长、行业的饱和，不同阶段表现的形态和涉及的主体可能都不相同，互联网基金从最初的“平台 + 基金”，到

---

① 有的学者把我国证券监管体制描述为“婆婆型”监管，意在批评监管机构对于市场的不当干预。参见郑彧《证券市场有效监管的制度选择——以转轨时期我国证券监管制度为基础的研究》，法律出版社，2012，第 112 页以下。

② 参见汪振江、张驰《互联网金融创新与法律监管》，《兰州大学学报》（社会科学版）2014 年第 5 期。

后来的基金公司自行主政，再到商业银行进入互联网基金行业分一杯羹，越来越多市场主体的进入必然搅乱分业监管格局，实质监管对象也从单一向多元化扩张。

纵然，法律可以为市场主体进入某个市场设定资质，却不能限定市场变化产生的市场主体及其资金走向。这就导致监管者始终是跟在“游戏者”的背后，利润从哪产生，“游戏者”就往哪发展，行业往哪发展，监管者就往哪奔走。与其说是行情风向变得太快，不如说是监管者本身就有天然的被动。既然监管不可或缺，就需要留有充分的时间和空间供监管者理清行情发展的动向、理顺行业内部的法律关系网络、理解产品销售的全部流程，只有这样，才能整体优化监管布局，使监管水平跟上行业发展的步伐。

不论监督的体系如何构建，任何监管模式都有它的利弊优劣，离开一国的基本社会经济条件，发达资本市场的监管经验也不一定奏效。在国情和实践基础上，监管的核心取向是营造公正透明的市场交易环境。从我国监管体制的路径依赖观察，分业监管是当前市场发展初期的合理选择，即在对互联网基金发展规律尚不完全清楚的前提下，优先适用传统监管规范，确保行业蓬勃发展且不离航、不偏航，留待有关问题和规律充分暴露与显现后，及时探索其他监管模式的跟进。

（三）互联网基金投资者保护的“弯道超车”

就像强化信息披露制度一样，投资者保护始终是资本市场的永恒话题。即使是发展到成熟的资本市场环境，依然不能除却投资者权益保护，它将是贯穿始终的目标之一，从群众中来，定然要回到群众中去。[①] 重新修订的《证券法》以专章形式设置“投资者保护”的章节就可以看出，监管者对资本市场投资者保护的决心，再度明确在了纸面上。可以说，近年来的有关资本市场立法与政策制定，逐步做到了“侵害”不停，保护不止。

中小投资者作为我国证券交易中的数量主体，占据了我国现阶段资本市场的绝对多数，2013 年国务院发布的《保护投资者权益九条意见》就旗

---

① 参见腾讯研究院《新形势下互联网金融发展与监管问题研究报告》，2016，第 99 ~ 100 页。

帜鲜明地指出了中小投资者保护是证券监管工作的重中之重。传统基金监管的教训，不仅值得行业警醒，也应为互联网基金市场监管所极力避免。以前文分析的适当性规则为例，我国基金监管细则并没有完全体现也没有针对不同产品、不同主体建立一个体系化的分类分级标准化体系，甚至目前还拿不出一个可视化的、像样的分类分级目录。[①] 同时，佣金制基金销售也导致基金从业者“重投资推介、轻投资者教育”。[②] 对中小投资者而言，一旦入场完毕，已入场投资者就不再是销售者的关注对象，使得销售者对投资者的关注度降低，投资者能看到的只有动态变化的投资损益，而无法获得技能和经验提升的学习曲线，影响投资者的参与感与获得感，而这一现象在AI化销售系统引入互联网基金的销售方式之后更为显著。

互联网基金监管体系本身是从零开始，可以避免规则制定中的利益掣肘，制定与投资者适当性更为适应的监管措施，实现中小投资者保护的“弯道超车”。为了帮助互联网基金投资者优化自身学习经验曲线，可以针对基金管理人和第三方网络平台强化其适当性义务水平，灵活监管措施，从整体市场经营环境入手，营造良好的投资者服务环境，充分“了解客户”，避免投资者适当性制度的形式化、过场化。[③]

二　互联网基金法律规制的具体路径选择

以互联网基金为代表的互联网金融创新活动，令全球的监管者都面临着规则转型的重大课题。作为后发市场，我国互联网基金的发展还需应对传统监管需求与新型需求的双重压力，以及传统金融机构与互联网平台融合过程中可能导致的传统规则对金融创新的拖累。尽管互联网金融的基本原理大同小异，但中国与美国的互联网金融不应也无法做对号入座地直接比较。[④] 针对互联网基金发展和规范的“中国问题”，需在以下方面探寻可

---

① 参见王天习、田忠洪《证券投资者适当性规则研究——兼论我国投资者适当性规则的完善》，《经济法论丛》2013年第1期。

② 参见王欢《从投资者适当性管理与合法权益保护角度反思金融产品设计和销售》，载《创新与发展：中国证券业2016年论文集》，第595～596页。

③ 参见张敏捷《投资者适当性原则研究》，《理论与改革》2013年第5期。

④ 参见王达《美国互联网金融的发展及中美互联网金融的比较——基于网络经济学视角的研究与思考》，《国际金融研究》2014年第12期。

行路径。

（一）确定监管适用依据

首先是在法律规范制度层面，要健全规范性制度体系。当前针对互联网基金销售的规范性文件多以部门规范性文件和政策为主，在层级上除了适用传统《证券法》《基金法》之外，没有较高级别的法律规范。目前我国对互联网基金乃至互联网金融的整体态度是采取“创新监管 + 传统结合”的方式，一方面即适用传统的法律规范，另一方面针对新业态出台相应的规范性制度或政策。[①] 对此，要在尽快总结经验的基础上，整合新旧规范的各自优势，完善和统一法律法规层面的适用依据。

其次是在监管主体的选择上，要明确监管主体。明确监管主体并不是说指定某一组织或机构为监管主体，而是指要形成一套内外有效的监管体系。[②] 不管是单一监管主体还是多元监管主体，都要形成机构与机构之外、机构与组织之间的内外配合，如当前实践中形成以证监会为核心，多部门实际参与的监管体系，是否行之有效还需时日加以验证。

（二）强化外部监管的协调配合

一是强化外部机构的协调和配合，发挥行业协会、自律组织在监管活动中的作用。[③] 从各国行业内部发展经验来看，自觉的自律规范往往要比强制性的监管更有效。一方面监管层要培养自律组织的服从性，另一方面还要培养自律组织的自觉性，确保自律意识发挥主要作用，增强外部机构在基金交易环境营造过程中的参与感和获得感。

二是强化事前事中事后监管，严格规范互联网基金的进入、运行、退出机制。简政放权是大势所趋，但不等于放弃管制和弱化监管。必要的市场准入机制有助于筛选不合格参与者，如通过资格管理、信批管理提高市场准入门槛；在产品过程监管中，强化对互联网基金产品的风险评估、绩

---

① 参见张富强、刘桉呐《互联网基金创新的监管与规制研究——以余额宝为视角》，《重庆理工大学学报（社会科学）》2015 年第 1 期。

② 参见汪振江、张驰《互联网金融创新与法律监管》，《兰州大学学报》（社会科学版）2014 年第 5 期。

③ 参见赵启星、吴为、倪怡雯《互联网货币基金运作与风险防范研究》，《农村金融研究》2015 年第 4 期。

效考核、安全性评估，建立常态化、动态化的评价体系，强化平台责任落实和监管主体之间的信息共享，保障中间环节安全不出错；针对产品的事后监管，要尝试建立退出机制，及时清理不合规互联网基金产品，并形成与退出后清盘之间的有效衔接，拓展金融消费者维权渠道，逐步开放风险产品主动退出机制，培养行业自觉性。①

（三）强化主体信息披露义务

投资者作为终端用户，相较于平台在信息采集和利用能力上存在较大的差距，互联网基金产品在本质上作为传统基金产品的一种，在对互基产品信息披露的规范要求上，可以参考适用传统基金产品信息披露的制度规范。②

信息披露还应兼顾互联网传播的特点。互联网传播不绝对地以特定主体为传播对象，在信息传播的时效性、广泛程度上都要比传统媒介高得多，基金公司进行信息披露的途径方法也变得更加简单，因此需要正确引导投资者在海量数据资源中获取和基金产品销售有关的关键信息，开放渠道和入口。针对互联网的特定性，可以要求基金销售主体进行点对点推送，或开放信息披露专栏订阅窗口，以便利投资者有更多信息获取渠道。此外在技术创新上，规范平台对智能投顾的运用，以强化对用户的信息和财产的保护。③

（四）制定投资者保护细则

在法律规范上，应出台关于投资者保护的实施细则，加强平台权限清单、负面清单管理，明确平台哪些事情必须做、哪些事情可以做、哪些事情禁止做。④ 同时，还要细化投资者权益保护的适用原则、具体内容等；兼顾构建自律组织的行业内部规范，强化互联网平台自律性和自觉性，鼓励平台提高投资者保护标准，建立消费者事后维权通道，形成多元的互联

---

① 参见张国《互联网金融监管国际经验借鉴研究综述》，《经济体制改革》2015 年第 6 期。

② 参见刘舒《互联网货币基金问题的法律研究——以余额宝为例》，《改革与开放》2015 年第 16 期。

③ 参见张古月《网络证券投资的风险及其监管——以“余额宝”为例》，《经济研究导刊》2015 年第 20 期。

④ 参见刘再杰《互联网理财风险的本质、特征与防范》，《国际金融》2015 年第 3 期。

网基金产品纠纷解决机制，缓解市场维稳压力。①

此外，还要加大监管部门的执法力度，严厉打击互联网金融欺诈、虚假宣传、信息披露违法违规行为。② 在投资者的维权方面，应开放“网上维权、在线维权”等多种形式的官方维权渠道，便利投资者维权，降低投资者维权成本，强化违法违规行为的执行跟踪和事后评估，及时清理风险产品和风险平台，督促主体责任的落实承担。

---

① 参见王俊、赵国锋《我国互联网金融发展及其监管问题探析》，《改革与战略》2017 年第 3 期。

② 参见部怡璇《美英互联网金融监管对我国的启示》，《现代营销》（经营版）2018 年第 11 期。

第七章　证券投资基金刑民交叉问题研究

金融刑法一直是刑法学的一个重要分支，一般是指规制金融犯罪行为的刑法规范和刑法学研究的总称。而金融领域的刑事问题研究并非属于刑法学的“独角戏”，而一直是刑法、金融法和民法多部门法交叉研究的重镇。近年来，互联网金融滥觞与发展，不仅对证券投资基金法律制度产生影响，同时也对传统金融的刑法规制产生冲击，刑民交叉案件增长较快，涉及证券投资基金产品的有关案件处理近年来成为司法难点。

文献回顾与综述

证券投资基金的刑民交叉问题研究是证券和基金法律制度重要的衍生研究领域，对于加强部门法学科对话和解决金融纠纷的疑难问题具有重要的理论和实践意义。鉴于单独研究证券投资基金刑民交叉的文献不太常见，因此本章文献回顾与综述主要围绕金融法和刑法领域的相关文献进行回顾，具体的内容安排为：第一部分对金融刑法立法理念有关研究文献进行总结，第二部分回顾证券投资基金相关场域的刑事规制研究文献，第三部分梳理互联网金融刑法规制的最新研究成果，第四部分对刑民交叉研究的经典文献进行综述。

一　关于金融刑法立法理念

金融刑法并非独立的法律部门，而是基于金融刑事犯罪这一对象的内在规律及其相对特殊性发展而来的跨学科研究领域。大部分文献意识到金融刑法立法理念滞后于社会经济发展的问题，有关批判或出于时代发展、社会进步，如任燕珠、王勇、魏昌东等人的观点，或出于我国金融刑法理念自身存在缺陷，如杨华辉，钱小平，梅传强、张永强等，提出了更新金融刑法立法理念的新方向。

任燕珠主要从刑罚观念的视角提出调整金融犯罪立法的威慑方向。作者认为，随着我国市场经济的不断发展和政治民主的进步，加之传统刑法对金融犯罪刑罚效率低下，我国金融犯罪中以传统报应主义和以严苛的自由刑为中心的刑罚观念不足以遏制金融犯罪的发生。考虑到现代刑法人道主义的矫正主义，金融犯罪的危害性主要体现在对经济性权益的侵犯，对金融犯罪采取财产刑更能降低刑罚运行成本，又能发挥刑罚的惩罚与预防作用。①

不止一位学者指出，金融刑法的“秩序法益观”着眼于金融秩序管理，忽略了对投资者利益的保护，不适应深化金融改革的时代要求。

在钱小平看来，秩序法益观内涵过于抽象，容易形成刑法与前置法之间的混同，何时适用刑法、何时适用前置法存在标准不明的问题，进而导致刑法立法自身存在的正当性受到质疑。在深化金融改革的背景下，金融管制逐渐向金融监管过度，即重交易机制而轻准入机制，在现代金融的个人信用基础上，金融刑法应当转向更为具体的利益法益观，有助于遏制犯罪的单向扩张，实现犯罪化与去犯罪化的双向展开。②

魏昌东也认为“秩序法益观”必然导致对国家与金融机构利益“一边倒”的保护，而漠视金融相对人的利益。立法价值取向的偏差还直接影响了司法实践，夸大刑法在金融行政管理领域的作用和功能，使得刑法在许多灰色领域采取严格犯罪化介入，并导致“口袋罪”的扩张。与钱小平的观点不同，魏昌东认为金融刑法的价值立场应以金融法的目标定位为圭臬，不排斥金融刑法对保障金融安全的工具价值，但应增加交易公平和消费者保护的多元价值目标，同时扩大金融交易秩序利益的范围，将金融信用利益也纳入规制范围，形成“秩序导向下的利益法益观”。③

---

① 参见任燕珠《论转型社会背景下金融犯罪刑罚观念的调整》，《中国刑事法杂志》2013 年第 3 期。

② 参见钱小平《中国金融刑法立法的应然转向：从“秩序法益观”到“利益法益观”》，《政治与法律》2017 年第 5 期。

③ 参见魏昌东《中国金融刑法法益之理论辨正与定位革新》，《法学评论》2017 年第 6 期。

梅传强、张永强则从刑法范式反思“秩序法益观”。国家对金融市场的支配理念在规范上体现为“压制型立法”，具体表现为犯罪要件不明确、兜底条款较多、“僵尸罪名”较多等。从社会本位的立法理念出发，金融刑法应以平等维护金融交易秩序、平等保护金融交易主体利益为目标重新构建，转型为社会“回应型立法”。具体要求合理设置金融刑法圈，贯彻刑罚轻缓化政策，立法体例宜以特别刑法而非刑法典模式追究金融犯罪。①

由于互联网金融的兴起，特别是P2P网络借贷网站所引发的金融风险，部分学者在讨论金融刑法时也注意到传统金融犯罪构成要件在互联网金融中的不适应性。王勇主张改变过去的金融刑法理念，在立法层面突出金融犯罪本身的道德非难性（自体恶），而非形式违法性，即金融犯罪的犯罪性不再由法律赋予，法律仅对其入罪标准做出规定，将以往对金融秩序的单边保护转变为平等保护各方利益。② 但这种观点无疑在一定程度上弱化了罪刑法定原则，其强调犯罪实质特征而忽视形式特征，容易在司法实践中造成法官擅断。

杨华辉在谈及互联网金融的刑法规制时，批判了新刑法工具主义，即以刑法规范的实用性和可行性为代价达到安抚情绪的目的，导致选择性司法盛行。杨华辉提出转变金融刑法立法理念，强调“立罪至后”，避免直接绕过民法、行政法、经济法调整的必要性。他强调，金融风险是金融活动的本质特征，因此应摒弃传统金融刑法抽象危险的入罪标准，以实质的损害作为犯罪成立的标准，对金融活动干预的立法指导思想应当是容忍、谦抑而非严格把控。③

不过，姜盼盼认为，“立罪至后”只是一种立法模式，与刑法的谦抑性无关。后者涉及入罪的实质性判断或者法益的衡量。当前我国互联网金融刑法规制应当坚持二次违法性刑法理念，兼顾金融创新与金融秩序的平衡，倡导一种“定性 + 定量”的立法模式，才能真正体现刑法谦抑性原则。④

---

① 参见梅传强、张永强《金融刑法的范式转换与立法实现——从“压制型法”到“回应型法”》，《华东政法大学学报》2017年第5期。

② 参见王勇《互联网时代的金融犯罪变迁与刑法规制转向》，《当代法学》2018年第3期。

③ 参见杨华辉《互联网金融背景下的金融刑法立法理念转变》，《北方金融》2017年第2期。

④ 参见姜盼盼《互联网金融刑法风险的应对逻辑》，《河北法学》2018年第3期。

不难看出，不论是在金融法还是互联网金融的场域，学者对传统金融刑法和当前司法实践的许多做法都是持否定态度的，刑事立法理念的转变，或者说相关立法范式的转型，几乎已成为研究金融刑法立法学者的共识。

二　基金相关场域的刑法规制研究

证券投资基金领域涉及的主要犯罪类型是非法集资类犯罪，如非法吸收公众存款、集资诈骗等。这一类犯罪在实践中往往以私募基金、私募股权等合法名义出现，在司法实践中容易引发形式犯罪论与实质犯罪论的争议。

对于形式犯罪论与实质犯罪论，陈兴良从刑法哲学的角度指出，犯罪的实质概念是立法层面的犯罪概念，而犯罪的形式概念是司法层面的犯罪概念，两者并不存在冲突，反映的是立法者与司法者角色定位的不同。同时，犯罪形式概念是罪刑法定原则的要求。我国目前采取了混合犯罪概念，即形式概念与实质概念的统一的犯罪概念，其实质是犯罪的实质概念的变形，极易陷入法律虚无主义，模糊司法者与立法者的定位，使得司法者主观擅断，违反罪刑法定原则。故其认为应当在刑法之中规定犯罪的形式概念，倡导形式判断先于实质判断，破除实质重于形式的误区。①

关于非法集资类犯罪，何小勇指出，我国非法集资的罪名体系实际上仅有非法吸收公众存款罪与集资诈骗罪发挥主要作用，而两罪之间存在错综复杂的关系，且非法占用目的存在证明难题。为此他建议以向公众公开吸纳资金作为非法集资类犯罪规制的重点。而对于未经登记的私募基金公开发行，究竟以非法吸收公众存款抑或非法经营入罪，则有待探讨。②

时方反对在非法集资类案件中不加区分地对集资参与人提供无差别的刑法保护。对于明知是非法集资的行为仍然参与集资的，主观上是一种投

---

① 参见陈兴良《形式与实质的关系：刑法学的反思性检讨》，《法学研究》2008 年第 6 期。

② 参见何小勇《我国金融体制改革视域下非法集资犯罪刑事规制的演变》，《政治与法律》2016 年第 4 期。

机行为而并没有陷入错误认识，不构成集资诈骗的受害人，即便以非法吸收公众存款罪定性，此罪也只是单纯扰乱了金融秩序，并未侵害相对人的刑事财产法益，刑法不应成为相关交易主体财产受损的担保人。[①] 这一观点如果成立，将会对非法集资案件的刑事退赔制度产生较大影响，同时也会间接影响当事人寻求刑事或民事救济的选择。

对于行为人利用私募基金进行非法集资活动，不少学者均有过深入探讨。赵秉志、杨清惠主张从实质上理解刑法关于非法集资的规定，而不能以资金链断裂或集资成败论是否构成犯罪。具体而言，要结合私募基金特点，对非法吸收公众存款罪的非法性、公开性、社会性、利诱性要件进行审查，以厘清罪与非罪的界限。[②]

不少学者提到私募基金容易转化为非法集资的主要缘由。王颖欣、李晓文指出，由于宣传对象的失控、司法解释对于向亲友和单位内部职工集资的豁免存在缺陷等原因，在司法实践中私募基金与非法集资活动极易出现混淆和转化。[③]

陈宝富、周少怡从私募基金招募方式、信息披露的非公开性、资金运作方式、募集对象的特定性出发比较非法集资与私募基金的区别。[④] 王荣芳也做出过类似分析，并进一步揭示投资载体是否具有法律依据、投资收益是否固定、风险是否揭示等鉴别要点。[⑤] 他们都认为，应该从立法上明确合法私募的发行标准，建立完备的法律制度和符合行业发展规律的合理监管体制。

私募股权基金在实践中还存在有限合伙形式，对于利用有限合伙私募股权进行的非法集资活动，王拓认为应当从集资手段是否公开，集资对象是否特定、合格，基金管理人是否备案登记，是否承诺返本付息或承诺回报四方面进行分析，判断行为人是否构成非法吸收公众存款罪的判断标

---

① 参见时方《非法集资犯罪中的被害人认定——兼论刑法对金融投机者的保护界限》，《政治与法律》2017 年第 11 期。

② 参见赵秉志、杨清惠《涉私募基金非法集资犯罪司法治理研究》，《北京师范大学学报》（社会科学版）2017 年第 6 期。

③ 参见王颖欣、李晓文《私募与非法集资的法律适用》，《中国金融》2016 年第 13 期。

④ 参见陈宝富、周少怡《私募与非法集资犯罪的边界》，《法学》2013 年第 11 期。

⑤ 参见王荣芳《合法私募与非法集资的界定标准》，《政法论坛》2014 年第 6 期。

准，有关罪名的具体要件为非法性、公开性、利诱性和社会性。①

总体来看，在私募基金与非法集资的刑事规制研究中，形式犯罪与实质犯罪仍然是各类观点围绕的主线。有的从实质犯罪角度去把握，有的更多从形式特征，有的则是二者的结合。但是，以上观点都没有从金融交易的商事特征去把握罪与非罪的界限。

三 关于互联网金融的刑法规制

在实践中，一部分基金产品以互联网基金的形式体现，例如以余额宝为代表的互联网理财。其他互联网金融产品虽然多以 P2P 网络借贷、第三方平台金融结算的形式出现，但在金融创新的名义下也存在一些类基金或类证券产品。在互联网金融背景下，互联网金融的刑法规制的最新研究成果，对于人们加深对基金刑民交叉问题的认识具有启发意义。当前，学界的有关研究主要从以下三方面分别展开。

（一）互联网金融的刑法规制模式与规制思路

大部分学者赞同刑法对互联网金融应保持克制和限度，以体现刑法的谦抑性。但对于具体规制模式，不同学者的观点体现出一定分歧。

贺卫等认为，互联网金融既存在传统金融固有的信用风险、操作风险、资金风险、市场风险，因此互联网金融犯罪是传统刑事犯罪在互联网领域的延伸。同时他也承认，互联网金融又存在互联网特有的技术风险、网络风险、跨行业风险、法律空白与监管缺位风险，由此可能衍生刑事犯罪新形态。②

胡彦涛和刘莉也认为，互联网金融虽然具有创新性，但除互联网的工具性以外，其本质与普通民间金融无异，应当且有必要受到刑法的规制。不过，刑法政策应当明确“国家规定”这一空白罪状在涉及非法集资类犯罪的决定性作用，防止地方规定基于地方利益对民间金融进行不恰当的认

① 参见王拓《以有限合伙制私募股权的名义非法集资如何定性》，《人民检察》2017 年第 2 期。

② 参见上海市浦东新区人民检察院课题组、贺卫《网络金融犯罪治理研究》，《山东警察学院学报》2016 年第 1 期。

定和打击。[①]

刘宪权则更强调互联网金融的全新金融模式，面临刑法存“过时”条文的致命威胁，刑法应改变其固有的立法缺陷，避免将某些创新性互联网金融活动定性为犯罪。为此他建议废除非法吸收公众存款罪，同时限制非法经营罪、集资诈骗罪等罪名的适用。[②]

而郝艳兵也认为非法吸收公众存款罪在互联网金融中最易被泛化入罪。但他不主张废除论，认为该罪存在保护“安全法益”的正当性。对于限缩论也需要具体分析：一种是集资用途的限缩，将用于生产经营的集资排除在外，另一种是目的限缩，将履行了诚信经营和信息披露的集资排除在外。两种分析都有一定道理，但刑法应从立法论的角度改造本罪的罪状：一是将“存款”改为“资金”；二是明确“非法”的内涵，区分正常的金融和商业风险与通过欺骗、强制等非法方式的集资行为；三是规制技术上采取危险犯与实害犯并举的立法技术，提高对非法集资打击的精确性。[③]

邢星从民刑交叉的角度探讨刑法对互联网金融的谦抑性，他认为互联网金融的投资者拥有更高的金融自主权，刑法应当更加尊重互联网金融领域的民法意思自治。但并不意味着刑法不能介入互联网金融领域，而是应当遵循目的性标准和秩序性标准。按照这一标准，在处理互联网金融犯罪时，刑事违法性应当以民事违法性为前提，并区分自甘承担风险的投资者和自身缺乏识别能力的投资者。[④]

不过，部分学者批评刑法规制对互联网金融保持谦抑性的观点。宋盈认为，此类观点过分夸大了互联网金融的创新作用，互联网金融脱媒提高资本运作效率和服务实体经济属“事实不清”，而互联网金融背后内生或异化的刑法风险则“证据确凿”。现行刑法不存在供给过剩，也不存在供给不足的问题。对于前置法缺位，他主张对互联网金融应采取稳定刑法立

① 参见胡彦涛、刘莉《非法集资行为的“国家规定”与司法判断标准——以行政犯相关理论为视角》，《东北大学学报》（社会科学版）2018 年第 4 期。

② 参见刘宪权《论互联网金融刑法规制的“两面性”》，《法学家》2014 年第 5 期。

③ 参见郝艳兵《互联网金融时代下的金融风险及其刑事规制——以非法吸收公众存款罪为分析重点》，《当代法学》2018 年第 3 期。

④ 参见邢星《互联网金融商业经营模式中民刑交叉法律问题探讨》，《商业经济研究》2017 年第 10 期。

法与反哺前置法并举的策略，但为免误伤互联网金融的正当业务，可以限缩部分罪名的适用。这一观点肯定了对互联网金融进行选择性打击的内在合理性，主张遵循“选择性打击”—司法限缩解释—立法变更的逆向发展路径，而非刑法规制谦抑说视角下的“立法变更—司法限缩—普遍性打击的常规路径”。①

（二）关于互联网金融平台的刑法规制视角

尽管大部分学者都认同刑法介入互联网金融的谦抑性，但同时认为要防止网络金融平台的异化模式的风险，例如金融平台偏离信息中介定位时，在对相关罪名构成要件加以改造，对集资用途限定在用于证券、期货、房地产等高风险领域的前提下，可以适用非法吸收公众存款罪、非法经营罪。②

在有关文献中，并非所有学者都主张以金融创新的视角看待互联网金融平台。姜涛认为，P2P 作为互联网金融融资模式，其实质是民间借贷的网络形式，与现行刑法的非法吸收公众存款罪的构成要件内在地契合。只不过从国家保护民间融资的角度，现行刑法对非法吸收公众存款罪的认定可能落后于社会经济的发展，削弱了互联网金融的“违法性”的社会基础。基于这种分析理路，刑法需要提高非法吸收公众存款罪的入罪门槛。③

李永升、胡冬阳也认为，当前对 P2P 网络集资平台的处理不符合宽严相济的刑事政策，甚至处罚较之于传统金融犯罪案件处罚重，他们建议对相关罪名的认定标准由结果归责（以数额为定）转变为“数额 + 情节”标准。④

一些文献关注了第三方支付平台的刑法规制问题。吴鸣指出，第三方支付平台服务内容本身虽不存在刑事违法性，但在客观上极易被犯罪所利

---

① 参见宋盈《互联网金融刑法规制谦抑说之反驳——兼与刘宪权教授商榷》，《学术界》2017 年第 7 期。

② 参见刘宪权、金华捷《P2P 网络集资行为刑法规制评析》，《华东政法大学学报》2014 年第 5 期。

③ 参见姜涛《互联网金融所涉犯罪的刑事政策分析》，《华东政法大学学报》2014 年第5 期。

④ 参见李永升、胡冬阳《P2P 网络借贷的刑法规制问题研究——以近三年的裁判文书为研究样本》，《政治与法律》2016 年第 5 期。

用，其中立帮助行为极易被当作帮助犯处理，扩大共同犯罪的认定范围。他主张应当以客观归责理论为依据，明确第三方支付中立帮助行为的责任形态与依据，划分中立帮助行为可罚与不可罚的界限。①

（三）互联网金融产品的刑法规制

在众多互联网产品中，与基金产品关联较为密切的为余额宝类金融理财产品。一般认为，其实质是基金产品在互联网领域类的发行。根据熊理思的分析，余额宝可能存在的刑法风险包括擅自设立金融机构罪、非法吸收公众存款罪和集资诈骗罪。② 与前述刑法谦抑性的观点一致，各方对余额宝的态度多认为刑法暂时无须介入。

有关实务研究指出，债权转让模式的P2P网络借贷的实质是“类资产证券化”活动。在我国证券法对证券定义尚未做出修订之前，这种债权转让模式难以构成擅自发行股票、公司、企业债券罪和非法经营罪。但实务界一般坚守刑法的实质解释论立场，主张对此类业务模式适用现行刑法的非法吸收公众存款罪。③

部分文献还关注了互联网股权众筹的刑事规制。阴建峰、刘雪丹认为，互联网股权众筹的乱象不能否定其作为一种新型融资模式，在解决中小微企业融资难问题中的重大作用。他们指出，现行刑法对其进行规制应当限定在集资诈骗、非法传销、洗钱等异化行为，而擅自发行股票、公司、企业债券罪、非法吸收公众存款罪、擅自设立金融机构罪等罪名均限制了互联网股权众筹的发展。这一观点的刑事对策与刑法谦抑说基本一致，强调强化行政法、经济法等前置性部门法与刑法的协调与衔接，提高相关犯罪的适用门槛等。④

从学者对互联网金融的刑事规制思路，大致可以看出论者对互联网金

① 参见吴鸣《互联网金融创新背景下第三方支付中立帮助行为研究》，《财会月刊》2019年第4期。

② 参见熊理思《对互联网金融创新的刑法介入需谨慎——以余额宝为例》，《广西社会科学》2014年第9期。

③ 参见国家检察官学院课题组、朱丽欣：《P2P网络借贷平台异化的刑事规制》，《国家检察官学院学报》2018年第1期。

④ 参见阴建峰、刘雪丹《互联网股权众筹的刑法规制问题论纲》，《法律科学》2018年第1期。

融“是什么”这一命题判断的态度。如果认可互联网金融本质只是传统金融在互联网领域的延伸，规制思路会趋向于现行刑法的传统框架。反之，则倾向于新的规制思路。大部分观点都认为刑法对互联网金融应当谨慎介入，即便要求刑法介入的观点中，也大都认同一定程度上改变相关罪名的适用范围或适用要件。

四　关于民刑交叉问题的研究

检索刑民交叉的研究文献，有关研究角度切入较为多元。实体法有之，程序法有之，或兼而有之。有从宏观的整体研究视角，也有具体到金融犯罪和非法集资案件的研究进路。

与前述关于金融犯罪刑民交叉研究将“刑事违法性以民事违法性为前提”的文献观点不同，系统研究刑民实体法冲突的文献一般不对刑法和民法的关系作绝对或当然判断，而是主张从法秩序统一的角度区分情况分析。其中，最新文献有于改之《法域冲突的排除：立场、规则与适用》和简爱《从“分野”到“融合”：刑事违法判断的相对独立性》等论文。

于改之主要探讨了民事合法性、民事违法、民事不予保护、刑事合法性、刑事违法性等几组范畴的组合关系。该文分析认为，当民事法与刑事法存在法域冲突时，根据法秩序统一原理，应当坚持刑法相对从属于民法的立场。相对从属说认为，刑法规范与民法规范保护目的相同时，刑法从属于民法，即民事合法行为，在刑事也就不具有违法性；民事违法行为，在刑事上也违法的可以直接以刑法论处。但是，当刑法规范与民法规范保护目的相异时，刑法独立于民法，此时，刑事上是否违法不以民事上是否合法为前提。①

简爱认为，法秩序的统一不是违法概念的统一，而是法目的的统一。他主张在刑民交叉案件中采用法律竞合的思维。这种观点更强调刑法的相对独立性，刑事违法性的判断最重要的是考虑刑法本身的目的实现。该说认为，刑事违法既相对独立于民事违法与行政违法，民事行为的有效性并

① 参见于改之《法域冲突的排除：立场、规则与适用》，《中国法学》2018年第4期。

不能否认与此相关犯罪事实的成立，同时刑事规范和民事规范的适用也并非相互排斥，也可能存在融合与交错。[①] 但是，该文并没有进一步阐述，当刑民目的不一致时，二者如何进行有效转换。

李有星从理念上探讨了刑民交叉的本质，认为刑民交叉的准确说法是“商刑交叉”。当前交叉案件较多反映了金融立法“重商不足”和“重刑过度”。[②] 吴加明也认为大多数学者局限在民商合一视角下的“刑民冲突”，而忽视了“刑商冲突”，但他认为在实体法上，刑民冲突其实只是刑民交叉的下位概念或一个分支。[③]

程序法方面的经典文献有张卫平《民刑交叉诉讼关系处理的规则与法理》等论文。大部分论文都反对将先刑后民作为一项处理民刑交叉诉讼的原则。但刑民的先后处理关系遵循何种原则和例外，学者的观点存在较大差异。

张卫平认为，刑民交叉案件处理的先后应当视彼此之间是否存在先决关系而定。同时，为保障诉讼效率计，先决原则也不是绝对的。当具有先决关系的诉讼拖延导致另一诉讼过分延迟，应当否定先后关系。该文建议，如果刑事案件需要以民事案件作为先决条件的，就应当将民事案件移送刑事审判庭，按“先民后刑”处理，但这一点需要将来修改法律确定。[④]

从有利于保护当事人的合法权益的角度，许多观点都主张以“刑民并行”原则为主，以“先刑后民”“先民后刑”为辅的刑民交叉案件处理模式。[⑤]

有观点以刑法重实质判断、民法强调形式判断为由，主张根据民事事实认定与刑事事实认定之间的关系，选择适用不同的处理模式：若刑事认定与民事认定相对独立则适用“民刑并行”，若同一者则适用“先民后刑”

---

① 参见简爱《从“分野”到“融合”：刑事违法判断的相对独立性》，《中外法学》2019 年第 2 期。

② 参见李有星《把握刑民交叉的本质，处理好程序与实体问题》，《法律适用》2019 年第 16 期。

③ 参见吴加明《违法相对论下刑民实体冲突及其调适》，《政治与法律》2017 年第 12 期。

④ 参见张卫平《民刑交叉诉讼关系处理的规则与法理》，《法学研究》2018 年第 2 期。

⑤ 参见王林清、刘高《民刑交叉中合同效力的认定及诉讼程序的构建——以最高人民法院相关司法解释为视角》，《法学家》2015 年第 2 期。

或“先刑后民”。①

杨兴培将刑民交叉案件分为三类，主张对不同类型采取不同处理模式：一是以刑民交叉为表现，实质内容属民事法律规范调整范围，此时适用民法规范；二是外观上有刑民交叉特征，实质也是纵向的包容关系，行为符合刑法“二次违法性”，适用“先刑后民”；三是虽具有刑民交叉的外观，但实质内容分别独立，则适用“民刑并行”。②

不少刑民交叉的文献都涉及民事合同效力与刑事案件的关系。姚辉、王林清认为，民刑交叉案件中所涉合同不能一概以刑事犯罪为由认定无效，而应当回归《合同法》关于合同效力的认定。要跳出“先刑后民”“以刑代民”的思维误区，就必须以私法自治为原则指导，认识到违反刑事规范并不必然导致合同无效，还需要结合其他法律规范来对合同效力做出认定。例如，对于违反市场准入类犯罪所涉及的合同效力，一方的犯罪行为并不能导致双方合意的合同无效。③

沈芳君也认为，民事规范与刑事规范分属两个不同的法律部门，当刑事犯罪行为与民商事行为出现交叉时，应当以犯罪行为与民商事行为是否为同一法律行为为判断基准。若二者为同一法律行为，则民商事行为因违反刑事规范无效，若不是同一法律行为，则民商事行为效力由民商事法律规范决定，犯罪行为与民商事行为效力无关。④

除了在一般意义上探讨民事合同与刑事犯罪的关系，部分学者具体分析了金融犯罪对金融交易合同效力的影响。刘宪权、翟寅生认为，将非法吸收公众存款罪、集资诈骗罪所涉的合同简单粗暴地一律认定为无效，不利于对相对人合法民事权益的保护，变相减轻了行为人的罪责。因此，应当以民事规范和刑事规范保护目的及其法律后果进行比较，如果两者重叠则适用刑法规范，否则民事规范与刑事规范可以并行适用。例如，非法吸收公众存款罪惩罚的是“集资”，而非单笔的民间借贷；集资诈骗虽然单笔借贷存在合同欺诈，但按照《合同法》，单笔的合同欺诈为可撤销而非

---

① 参见张东平《集资案件刑民关系的交叉与协调》，《北京社会科学》2014 年第 1 期。

② 参见杨兴培《刑民交叉案件法理分析的逻辑进路》，《中国刑事法杂志》2012 年第 9 期。

③ 参见姚辉、王林清《涉犯罪合同效力问题研究》，《法学杂志》2017 年第 3 期。

④ 参见沈芳君《构成非法吸收公众存款罪的民间借贷及其担保合同效力》，《人民司法》2010 年第 22 期。

无效合同。[①]

楼建波研究司法实践对影子银行交易合同判断时指出，法院对影子银行交易的民事合同效力大多是承认的，即使合同被认定无效，法院也会相对公平地在当事人之间分配损益。大多数做法是，法院并没有因为认定合同无效而完全否认借出方的本金和利息返还请求权。[②]

总之，有关刑民交叉问题不仅涉及基金等金融犯罪与相关民商事案件的处理关系，从宏观上看还涉及刑法与民法的冲突、竞合与法秩序的目的性考量。就现有研究来看，学者对刑民关系绝对排斥和先刑后民的过往做法持否定态度。尽管未能就二者关系取得一致认识，但大多认同刑民交叉既存在冲突，也存在目的上的一致性，在转换与衔接上需结合具体情况进行判断。

第一节　金融刑法理念探析及其转型

随着我国金融市场的快速发展，尤其是互联网金融的崛起，内容与表现形式各异的新型金融产品层出不穷，逐渐脱离于传统法律规制射程。金融法治程度不足的结果是催生了大量合法与非法界限不明的灰色地带，也令传统规制武器失去了既有准星。在传统金融刑法理念的支配下，有关金融刑事政策习惯于用“非法”和“变相”的理由调整商人行为，这样的结果定然是制度性制造犯罪交叉。[③] 为保持金融秩序的安定性，不加区分地滥用刑事“武力”，既损及投资者权益，又令金融诚信、金融创新和金融公平等诸多价值旁落，绝非金融刑法的立法初衷。何况，许多刑民交叉案件处理结果不过是维护日渐式微的传统金融秩序，非真正促进金融市场健康发展。

深化金融体制改革虽还在路上，但金融刑法理念的转变迫在眉睫。基于金融刑法理念在刑民交叉案件处理中的基础性功能，本节对金融刑法理

① 参见刘宪权、翟寅生《刑民交叉案件中刑事案件对民事合同效力的影响研究——以非法集资案件中的合同效力为视角》，《政治与法律》2013 年第 10 期。

② 参见楼建波《法院判决对中国影子银行业务的间接激励——金融商法的视角》，《清华法学》2017 年第 6 期。

③ 参见李有星《把握刑民交叉的本质，处理好程序与实体问题》，《法律适用》2019 年第 16 期。

念的理论脉络及其缺陷进行必要性的梳理和分析，进而探讨我国金融刑法理念的合理转型，并以互联网金融刑法规制为例，揭示相关理念转变的应然方向。

一 我国传统金融刑法理念的历史脉络

任何部门立法与法律适用均在一定的外部法律理念指导下进行，同样具有外部性的法律政策也会对部门立法产生影响。本书认为，对刑法理念与刑事政策的含义应做出区别理解。

刑事政策是由犯罪这一社会现象所引发的国家和社会的整体反映体系，它包括治理犯罪的立法、司法及行政方面的对策。[①] 按照这一定义，刑事政策具有将刑法价值目标和刑事规范定型化的功能。由于政策既可来自学者，也可来自官方，刑事政策可分为正式政策和非正式政策。前一种意义的刑事政策在普遍的场合被使用，正如学者指出，刑事政策更加倾向于体现党和国家的领导与立法之间的关系，强调党和国家政策转变为法律。[②]

根据本书第一章的分析，法理念是在一定社会经济条件下检验或约束部门立法和法律实施是否具有正当性的外在标准。具体到金融刑法，其体现为“金融安全”“金融自由（效率）”“金融公平”等价值追求以及由此形成的价值体系。同时，由于刑法作为保障法的特性，金融刑法更加强调立法秉持对创新保持一定容忍的“谦抑”理念。[③]

尽管刑事政策和刑法理念都相对独立于刑法规范体系，且都是立法的制定与修改的重要指导，但二者的区别是明显的。刑法理念侧重于刑事立法的价值正当性，刑事政策则更多体现为工具性价值。当然，二者的区分是相对的。一方面，在法治国家，政策不是“无边无际”的，不能取代刑法应有的价值；另一方面，政策也要接受科学和理性的评价。[④] 在此意义

① 赵秉志：《新中国60年刑事政策的演进对于刑法立法的影响》，《中国社会科学报》2009年7月7日。

② 参见李学斌、薛静《论我国刑事政策与刑法的关系》，《青海社会科学》1992年第2期。

③ 参见黄文艺《谦抑、民主、责任与法治——对中国立法理念的重思》，《政法论丛》2012年第2期。

④ 参见卢建平、刘春花《我国刑事政策的演进及其立法影响》，《人民检察》2011年第9期。

上，金融刑法的理念对于刑事政策也有一定的塑造和纠偏作用。

（一）我国传统金融刑法的规范体系与价值立场

一般认为，我国金融刑法发轫于新中国1951年颁布的《中华人民共和国妨害国家货币治罪暂行条例》[①]，是我国金融刑法的"奠基之石"。[②] 1979年我国首部《刑法》颁布实施后，金融刑法仍缺乏专门化和体系化的学科划分。直到1995年《中国人民银行法》和《关于惩治破坏金融秩序犯罪的决定》颁布，这标志着我国金融法律规范体系的建立。1997年《刑法》以及随后的系列刑法修正案的颁布施行，进一步推动了金融刑法体系的成型。"如果说'专门化'意味着我国金融刑法的初步形成，那么'系统化'则标志着我国金融刑法的正式形成。"[③]

从法律渊源来看，我国现行的金融刑法体系是以刑法典为主，以单行刑法和附属刑法为辅的立法体系，基本呈现了大陆法系刑法的法典主义特征。[④] 金融犯罪的分布主要集中于《刑法》分则第三章"破坏社会主义市场经济秩序罪"，其中第四节和第五节分别规定了"破坏金融管理秩序罪"和"金融诈骗罪"。

在刑法学研究中，法益概念是近年指导国内刑事立法的重要理论学说。所谓法益，是作为人们的生活利益而成为刑法保护对象，并为其提供经验的、事实的基础，只有说明某种行为严重侵害了国民的生活利益，才能使其犯罪化具有合理根据。[⑤] 根据侵犯法益的不同，现行《刑法》规定的金融犯罪大致可分为以下三类：一是对国家金融准入秩序的侵犯，如危害金融机构设立管理制度、危害客户公众资金管理制度犯罪；二是对国家金融交易（金融信用）秩序的侵犯，如危害货币管理制度、危害证券、期货市场管理制度犯罪；三是对国家金融机构管理秩序的侵犯，如危害金融

---

① 该条例由政务院于1951年4月19日发布并生效，于1986年7月25日由国务院发布废止通知失效。该条例主要规定了反革命货币犯罪和普通货币犯罪两类金融犯罪，犯罪行为手段表现为对货币伪造、变造、贩卖以及使用伪造变造货币。

② 钱小平：《中国金融刑法立法的应然转向：从"秩序法益观"到"利益法益观"》，《政治与法律》2017年第5期。

③ 刘远、赵玮：《金融刑法立法理念的宏观分析》，《河北法学》2006年第9期。

④ 除了刑法典，全国人大常委会颁布的单行刑法《关于惩治骗购外汇、逃汇和非法买卖外汇犯罪的决定》规定的骗购外汇罪，也属于金融犯罪的范畴。

⑤ 张明楷：《刑法理论与刑事立法》，《法学论坛》2017年第6期。

机构存贷管理制度、妨害信用卡管理制度犯罪。

从以上立法沿革和法益分析可以看出，维护金融管理秩序和金融交易秩序是过去和当前刑事立法的共同使命，这充分展现了我国金融刑法牢固的“秩序法益观”刑法学立场。[①]

（二）“秩序法益观”背后的金融刑法理念

人们可以根据法律规范去判断一种行为是否被法律所肯定或否定，但无法因此得出该等行为是否值得被法律所评价。这是因为，社会不是以法律为基础的，那是法学家的幻想；相反，法律应该以社会为基础。[②] 因此，金融刑法法益取舍的背后，反映了我国市场经济发展历史以及金融制度背后所演化生成的基本价值。

在实行市场经济之前，我国长期奉行计划经济，而计划经济的本质特征在于国家对经济的全面统制，在此基础上建立的金融制度体系形成了“动员性金融”的政策性导向，即通过国家隐性担保进行全民储蓄动员，最大限度地集中全社会的金融资源，迅速完成工业化等国家特定目标。在这种政策导向下，金融与财政的功能发生了混同。[③] 金融的国家主义倾向奠定了金融刑法金融机构利益优先、秩序管理主义和重刑主义的基本理念。

随着市场经济的发展，国家对金融的管制有逐步放松的趋势，但基于对金融安全的担忧，国家力量仍然保持对金融以稳定为目标的强大管控，其路径选择并非金融自由化，而是渐进式的金融改革。[④] 渐进性改革的副作用在于容易形成国家主义的巨大惯性，令金融法治水平后置于市场发展，也明显落后于其他市场的法治化水平。由学者提出的“金融抑制”理论，即是对后发国家渐进式改革金融制度特征的描述。所谓“金融抑制”（financial constraint），是指一国的金融体系不健全，金融的市场机制不能充分发挥作用，经济生活中存在着过多的金融管制措施。

---

① 钱小平：《中国金融刑法立法的应然转向：从“秩序法益观”到“利益法益观”》，《政治与法律》2017 年第 5 期。

② 马克思、恩格斯：《马克思恩格斯全集》（第六卷），人民出版社，1961，第 292 页。

③ 参见魏昌东《中国金融刑法法益之理论辨正与定位革新》，《法学评论》2017 年第 6 期。

④ 参见谈儒勇《金融抑制和金融约束》，《金融研究》1998 年第 12 期。

金融抑制主要表现为政府对金融活动的强制干预，对金融资产价格的人为控制。①

“金融抑制”理论清晰阐释了有关市场金融法治的制度特点。虽然相比“动员性金融”，“金融抑制”放松了市场主体的投资自由，金融法商事规则得以在一定程度上生长和演进，但刑事立法目的仍然以维护既定金融秩序作为首要任务，金融刑法表现为“重刑轻商”的理念，甚至出现刑法对民法、行政法等前置法的压制。②

从我国金融刑事政策演变历程可以看出，“秩序法益观”具有强大的社会经济现实基础。当前金融刑法总体上还未能摆脱“金融抑制”理论所描述的金融发展制度逻辑。随着我国金融体制改革的深化以及金融市场的进一步开放，在新兴金融机构与互联网金融的共同推动下，支撑“秩序法益观”的重刑轻商、金融机构利益优先、秩序管理主义等传统金融刑法理念已大为滞后于金融市场的发展。

二　我国金融刑法理念的主要缺陷

遵循“秩序法益观”下的传统金融刑法理念，维护国家金融秩序是金融刑法的基本立法宗旨。传统理念不仅不利于刑事立法的科学性、合理性，如存在金融机构倾斜性保护、刑法工具主义、兜底条款较多、与前置法界限模糊、僵尸罪名多、模糊性条款多等问题，并且与金融法所追求的诚信、公平、创新等价值格格不入。更有甚者，对投资者权益保护、营商环境以及民商法和金融前置法的正常实施也产生较大负面影响。

（一）对金融机构倾斜性保护

对国家金融管理秩序的一元化保护势必会形成对金融机构的倾斜性保

---

① 关于爱德华·肖（E. S. Shaw）和罗纳德·麦金农（R. I. Mckinnon）的金融抑制理论介绍，参见卢文鹏《金融抑制、路径依赖与中国渐进性改革中的制度性公共风险》，《复旦学报》（社会科学版）2002 年第 4 期。

② 有学者对当前金融刑法的特点描述为“压制型”立法。参见梅传强、张永强《金融刑法的范式转换与立法实现——从“压制型法”到“回应型法”》，《华东政法大学学报》2017 年第 5 期。

护，对于金融交易秩序及其交易利益的保护明显不足[①]，对金融交易相对人和投资者利益的相对忽视。忽视其他金融参与者利益带来的恶果之一，就是民商规则和金融市场发育的严重不足。倾斜性保护的主要证据来自刑法条文自身。例如“非法吸收公众存款罪”的犯罪客体为国家商业银行准入制度，以维护国家金融秩序为主要保护法益，同时该罪的构成要件不以被害人的财产损失作为必要的危害后果，因此对本罪而言，被害人的财产所有权只是其附带保护的法益。[②]

（二）新刑法工具主义

刑法作为一种兜底性的社会关系法律调控手段，并非不能具有工具价值。但金融活动的泛刑化以及片面的刑事规制，已令刑法工具价值异化。刑法只是传统金融秩序的维护者，任何其他法益或新的金融活动均须让路，使得刑法成为维护金融垄断的工具。在实践中，刑事政策有时还会将一些不具有刑事可罚性的民间融资活动视为违反金融秩序的非法集资进行刑法规制。由此，金融刑法立法从无限扩张刑法的干预范围、加大刑罚干预力度的实用主义向单纯安抚社会公众情绪转变的政策主义转向，陷入了新刑法工具主义。[③]

（三）入罪标准随意性大

入罪标准不明晰且较为随意的表现有两方面：第一，兜底条款多。在重刑化的倾向下，密织刑网是必然选择。这决定了兜底条款在弥补列举式立法不周延性方面将发挥重要作用，同时赋予司法机关较大的自由裁量权，使得刑事法网更趋于严密。但是兜底条款的模糊性与不确定性使得兜底条款在具体适用上存在解释上的不确定性和理解上的分散性。[④] 例如，对于信用卡诈骗罪“以其他方法进行信用证诈骗活动的”的兜底性条款，司法机关对明确界定金融欺诈和金融诈骗已头痛不已，再对“其他方法”

---

① 参见钱小平《中国金融刑法立法的应然转向：从“秩序法益观”到“利益法益观”》，《政治与法律》2017 年第 5 期。

② 参见时方《非法集资犯罪中的被害人认定——兼论刑法对金融投机者的保护界限》，《政治与法律》2017 年第 11 期。

③ 参见魏昌东《新刑法工具主义批判与矫正》，《法学》2016 年第 2 期。

④ 参见刘宪权《互联网金融时代证券犯罪的刑法规制》，《法学》2015 年第 6 期。

做出合理的解释更是力不从心。①

第二，模糊性条款过多。为了应对新兴领域对传统金融秩序产生的威胁，有关刑事立法会采用一些模糊不清、大而化之的规定进行规制。这一问题在基金刑事立法中体现明显。按照《刑法修正案（七）》第二条规定，对基金管理公司的从业人员“利用因职务便利获取的内幕信息以外的其他未公开的信息”构成犯罪的，“内幕信息以外的其他未公开的信息”就是一个不明确的概念。后半段规定的“有关监管部门”的说法同样比较笼统、模糊。②

（四）与前置法界限模糊

金融犯罪一般以违反国家相关金融管理制度为前提，根据行政犯的前置法用尽原则，秩序不法的社会危害性程度低于犯罪，应当在犯罪之前首先被评价，但部分金融刑法立法却在前置法尚未规定秩序不法的情形下，直接将相关行为犯罪化。③ 其中备受争议的“非法吸收公众存款罪”的前置法，一般认为是《商业银行法》，而刑事立法将非法吸收公众存款罪的行为分为一般的非法吸收公众存款和变相的吸收公众存款，企图通过刑事立法解决非法集资的乱象。但是，变相吸收公众存款的行为主体并非商业银行，对变相吸收公众存款的行为进行刑法规制，因超出《商业银行法》调整范围而缺乏前置法的依据。④ 只顾金融秩序的立法思路，常常置起码的技术理性于不顾，甚至将一些合理的金融风险以犯罪化遏制。

（五）刑事立法象征主义

刑事立法象征主义的主要表现为僵尸罪名较多。一方面，立法在不

---

① 参见安文录、程兰兰《信用证诈骗罪兜底条款的司法认定与完善》，《华东政法大学学报》2007 年第 3 期。

② 参见卢勤忠《我国基金犯罪的刑事立法分析》，《河南大学学报》（社会科学版）2011 年第 1 期。

③ 参见魏昌东《经济风险控制与中国经济刑法立法原则转型》，《南京大学学报》（哲社版）2011 年第 5 期。

④ 参见杨兴培、刘慧伟《论刑法介入民间金融活动的原则和界限——以集资诈骗罪、非法吸收公众存款罪为切入点》，《海峡法学》2012 年第 3 期。

断地修改并增加金融刑法的相关罪名；另一方面，金融刑法的诸多罪名在司法实践中极少被适用，沦为“僵尸罪名”。[①] 这种立法倾向的原因有二：一是刑法工具主义作祟，刑事立法并非为解决国民生活利益被侵犯的问题，而是出于其他目的，如展示政治性宣示或安抚社会情绪。二是部门立法下的责任转移动机，金融行政管理部门为了将管理责任转嫁于犯罪人的刑事责任，事实上这种转嫁不具有社会效益性，也得不到司法机关的认可。[②] 刑事立法行政主义不仅浪费立法资源，同时也造成刑法反对金融创新的刻板印象，反过来进一步固化“金融抑制”的逻辑。

总之，要改变金融刑法的上述缺陷，显然不是通过对刑法条文的技术修补就能实现。从根本上讲，这些缺陷是“秩序法益观”及传统金融刑法理念所产生的结果，解决类似问题，势必要推动金融刑法理念的转型。

三　我国金融刑法立法理念重构

金融刑法立法理念指导着金融刑法立法，决定了金融犯罪圈的大小。[③] 由前文讨论可知，传统金融刑法立法理念的缺陷波及范围广泛，不仅对刑事立法有决定性影响，还对刑民交叉和前置法适用有着难以忽略的负面影响。金融刑法立法理念转型，不仅是金融刑法克服其内在缺陷的根本性问题，也是促进金融市场健康发展以及提升金融法治化水平的基础性工作。结合有关学者的讨论及司法实践的经验，下文将对金融刑法立法理念从价值目标多元化和容忍合理试错两大方向进行重构。

（一）金融刑法价值目标多元化的理念重构

“秩序法益观”体现的是金融管理秩序的一元化价值目标。一元化目标过度追求秩序和安全价值，对其他金融参与者明显不公，抑制中小微企

---

① 参见魏昌东《中国经济刑法法益追问与立法选择》，《政法论坛》2016 年第 6 期。

② 参见钱小平《中国金融刑法立法的应然转向：从“秩序法益观”到“利益法益观”》，《政治与法律》2017 年第 5 期。

③ 杨华辉：《互联网金融背景下的金融刑法立法理念转变》，《北方金融》2017 年第 2 期。

业融资需求，威胁金融活动创新，不利于金融信用的建立，并降低投资者和金融消费者权益保护力度，从长远来看最终损及市场活力和金融效率。市场基本面“皮之不存”，金融秩序附于何处、服务于谁的问题就无以为解。

金融是市场经济高度发展的产物，其首要的价值在于金融配置合理资源，而创新就是资源合理配置的第一推动力。以互联网金融为例，“互联网+金融”是金融行业在互联网时代发展的最新趋势。随着互联网技术与信息技术的飞速发展，我国互联网金融行业发展迅猛，形成了互联网支付、网络借贷、股权众筹投资、互联网基金销售、互联网保险、互联网信托和互联网消费金融等互联网金融业务模式。[①] 互联网金融在提高金融资源配置效率、加快实施创新驱动发展战略、推进供给侧结构性改革、促进经济转型升级等方面发挥着不可替代的积极作用。尽管我们不应忽视互联网金融的传统固有刑事犯罪以及因为监管空白产生的新型刑事犯罪风险[②]，但对于风险领域，刑法并非要彻底消灭，而是要最大限度地识别、预防进而减少风险的消极面。[③] 若仅关注秩序价值，互联网金融创新价值就无从发挥，金融创新与发展也成为空谈。[④] 可见，一元化的金融刑法价值目标看似清晰但实际空洞无物，秩序管理虽冠以“金融”之新瓶，所装实质内容不过是传统社会经济秩序，与金融关系不大。

培育真正有活力的有效金融市场，离不开金融信用的建立。金融经济是信用经济，但信用本身不是财富，它只有在金融交易过程中以代理机构发挥资金融通的作用，才能创造财富。[⑤] 信用是金融交易的基础，也是金融秩序的基础。因此，金融刑法秩序法益应让位于信用法益。申言之，金融刑法的价值立场要一改过往压制金融创新活动的特点，转变为维护金融

---

① 有关互联网金融的业务模式分类，参见中国人民银行、工业和信息化部、公安部、财政部、国家工商总局、国务院法制办、中国银行业监督管理委员会、中国证券监督管理委员会、中国保险监督管理委员会、国家互联网信息办公室于 2015 年 7 月 18 日联合发布的《关于促进互联网金融健康发展的指导意见》。

② 参见上海市浦东新区人民检察院课题组、贺卫《网络金融犯罪治理研究》，《山东警察学院学报》2016 年第 1 期。

③ 参见程岩《风险社会中刑法规制对象的考察》，载陈兴良编著《刑事法评论》第 29 卷，北京大学出版社，2011，第 298 页。

④ 参见刘宪权《论互联网金融刑法规制的“两面性”》，《法学家》2014 年第 5 期。

⑤ 参见刘远、赵玮《论我国金融刑法的罪名体系》，《政治与法律》2005 年第 5 期。

市场的整体信用。在新的刑事法益及其理念指导下，涉及市场准入类和金融垄断类应逐渐取消或压缩适用范围，市场背信类金融犯罪的数量和打击范围应相应扩大。

金融平等和金融公平的理念应当进入金融刑法体系。金融平等首先要打破金融市场的垄断，有序开放金融领域市场，扩大投资自由和容忍试错，提高各类主体对金融资源的可得性和易得性。为体现实质公平，金融刑法还要改变金融机构利益优先的传统理念，更加注重金融消费者的权益保护。金融的最大使命是服务于实体经济，金融业本质上是服务行业。金融服务的行业定位决定了金融机构是满足金融需求的服务提供者，应当坚持客户至上的原则，形成“客户中心主义”。[①] 而现代金融业逐步由“金融机构中心主义”转向“客户中心主义”，这一变化反映了全球金融行业发展的趋势。[②]

与此同时，考虑到金融活动中金融机构与金融消费者之间信息不对称、抗风险能力等存在巨大差距，处于信息弱势地位的金融相对人其利益容易受到金融机构的侵害，因此按照“金融公平”的价值要求，金融刑法有必要对处于相对弱势地位的金融消费者提供一定的倾斜性保护，以矫正二者在实质上的不平等。[③]

总之，尽管金融法的规制思路和规制方法不同于刑法，但金融刑法欲取得保障法的地位，必然要保持与金融法基本目标的同步性和一致性，形成多元化的金融刑法价值体系，并在价值平衡中保持规制的弹性。在多元价值理念的指导下，金融刑法的犯罪客体应当做相应变动，对原有的抽象“秩序法益观”进行兼容及分化改造，转变为各类金融主体的整体及具体利益保护，具体包括金融交易秩序利益、金融交易安全利益、金融交易信用利益和金融交易公平利益等。在未来金融刑法的犯罪圈里，单纯的违反秩序类犯罪应去罪化或提高入罪标准，非金融利益类犯罪转移到其他犯罪圈打击，将违反金融信用类行为犯罪化。[④]

---

① 参见黄欣、黄皓《关于我国金融法治重构的思考》，《中国法学》2002 年第 4 期。

② 参见高艳东《金融诈骗罪立法定位与价值取向探析》，《现代法学》2003 年第 6 期。

③ 参见刘远、赵玮《论我国金融刑法的罪名体系》，《政治与法律》2005 年第 5 期。

④ 参见魏昌东《中国经济刑法法益追问与立法选择》，《政法论坛》2016 年第 6 期。

（二）以刑法谦抑性重构金融刑法立法理念

刑法谦抑性是刑法的一大基本原则，谦抑意味着国家在对社会进行管理时要尽可能减少运用刑法规制。也就是说，只有当其他控制手段不足以保障社会安全时，才能使用刑法手段。[①] 刑法与其他法律或前置法这样的关系，叫作刑法的第二次性质或者补充性质，这也意味着刑法的适用必须慎重并且谦虚。[②]

在金融领域需更为强调刑法的谦抑原则，这是由于金融创新与传统刑法理念存在巨大张力所致。二者产生冲突的一大表现是金融刑法内在的扩张冲动，即重刑主义下倾向于不断扩大金融刑法的范围，使刑法毫无限制地扩张到各种新的金融领域。这种立法倾向显然违背了刑法自身的谦抑原则，未认识到市场上的各种利益冲突通过市场自发调整解决的可能性，过分严厉的刑罚与市场经济的内在逻辑本身是矛盾的。[③]

金融创新与传统刑法冲突之二，表现在金融刑法与前置法的关系处理。不论在相关刑事立法还是刑法适用中，广泛存在着相关金融活动前置法缺位，或前置法虽对相关金融行为有规定但未明确处罚的情形下，金融刑事立法与刑法实践习惯于依赖刑法评价，忽视前置法的评价功能，从而绕开前置法直接将此类金融行为犯罪化，将其纳入刑法的规制范围。这种做法同样有违"谦抑"理念，与刑法"二次违法性"原则相违背。

我们主张，应当把传统刑法的谦抑原则改造成金融刑法的立法理念，协调好刑法与金融创新以及金融刑法与前置法的关系。在金融刑法中坚持"谦抑"理念，具体有两方面的内涵。

第一，金融刑法的"谦抑"理念要求，针对金融创新活动，当民法、金融法、行政法等前置法跟不上市场创新的发展而出现缺位时，原则上应当坚持"立罪至后"。[④] 除非在对法益的价值衡量中，安全利益明显大于其他利益时，才可以考虑刑法介入。但即便如此，金融刑法介入前置法缺位

---

① 参见张明楷《论刑法的谦抑》，《法商研究》1995 年第 4 期。

② 参见〔日〕大缘仁《刑法概说（总论）》，冯军译，中国人民大学出版社，2014，第 25 页。

③ 参见陈兴良《走向哲学的刑法》，法律出版社，2008，第 451 页。

④ 胡启忠：《金融刑法立罪逻辑论——以金融刑法修正案为例》，《中国法学》2009 年第 6 期。

的金融活动要保持谨慎克制的态度。[①]

以 P2P 网络借贷平台的运作为例，根据最高人民法院《关于审理非法集资刑事案件具体应用法律若干问题的解释》第一条第一款的规定，符合"非法性""公开性""利诱性""社会性"行为特征的，应当认定为"非法吸收或变相吸收公众存款"，而 P2P 网络借贷平台运作的重要特征就是借助互联网向社会公众进行公开的利诱宣传，与本罪具有天然的契合性。在刑事司法实践中，参与 P2P 网络借贷平台建设与运行的人员甚至被当作"非法吸收公众存款罪"的帮助犯，受到刑事处罚。[②]

如果承认互联网金融是一种全新的金融模式，属于金融创新活动，原则上金融前置法有明确定性前，金融刑法不应提前介入。当然也有观点认为，互联网金融虽然利用了互联网技术，但实际上却做着与传统金融并无根本差异的事情。[③] 这里就需要以金融刑法的多元价值体系围绕金融犯罪法益进行价值评判，当创新价值及其带来的益处明显无法抵消这类行为带来的安全和秩序威胁时，即便金融活动具有一定的创新性，金融刑法也并非绝对不能介入。

可见，"立罪至后"理念是相对的。在具体犯罪圈划定时，除废除或扩张某一类罪名外，对原有罪名进行立法限缩，"将枪口往上抬一抬"，也是常见的规制思路。[④] 由最高人民法院、最高人民检察院、公安部于 2019 年 1 月联合印发的《关于办理非法集资刑事案件若干问题的意见》（以下简称《非法集资意见》），对于"非法性"要件的解释即属互联网金融刑法规制限缩的例子。按照规定，刑事"非法性"认定只能以国家法律法规为依据，这在一定程度上提高了金融活动入罪的门槛，符合刑法的补充性定位。[⑤]

第二，金融刑法"谦抑"理念不仅要求刑法规制以前置法为前提，还进一步要求前置法用尽原则。对于前置法的范围，不限于金融法或行政管

---

① 参见姜盼盼《互联网金融刑法风险的应对逻辑》，《河北法学》2018 年第 3 期。

② 参见李永升、胡冬阳《P2P 网络借贷的刑法规制问题研究——以近三年的裁判文书为研究样本》，《政治与法律》2016 年第 5 期。

③ 参见戴险峰《"互联网金融"提法并不科学》，《中国经济信息》2014 年第 5 期。

④ 参见刘宪权《论互联网金融刑法规制的"两面性"》，《法学家》2014 年第 5 期。

⑤ 《非法集资意见》规定："人民法院、人民检察院、公安机关认定非法集资的'非法性'，应当以国家金融管理法律法规作为依据。"

理法规，还包括体现金融交易商事属性的民商法规则。

前置法用尽原则，可以说是“立罪至后”理念要求的进一步深化。国家金融法规对金融创新活动的规范有一个从粗疏到完善的过程。在前置法有规定，但规定尚不具体完善的情形下，前置法的效果如何尚未确定，刑法急于介入与谦抑性相悖，是否入罪应等待前置法规范完善再判断。相应地，若前置法对原违法行为进行重新评价，金融刑法也应当及时实行“去罪化”。①

另外，金融刑法不仅要将金融行政法规作为前置法，有关金融民商法律的完善及其评价也是金融刑法能否介入的重要因素。互联网金融飞速发展，与中小企业旺盛的资金需求和存在大量的闲置社会资金有密切关系，对于二者通过互联网金融平台勾连互动所产生的客观供需活动，是很难借助于外来力量进行打压的。② 从意思自治和法无禁止即自由的私法理念出发，这类金融活动只要未被民商事立法及其他引用性规定（如法律和行政法规）所明文禁止，金融刑法也不宜直接以“变相”和“非法”进行入罪处理。

《非法集资意见》虽然提高了非法集资的入罪门槛，但规定国家金融管理法律法规等前置性规定缺乏细则时，可以前置法的基本精神参考金融行政主管部门制定的规章甚至规范性文件予以认定。如此“参照适用”规定，不啻为刑事政策向国家金融管理秩序的主动“示好”或妥协，显然未完全脱离传统金融刑法理念的束缚。若依照刑法“谦抑”理念，非法集资认定至少还要把“非法性”进一步限缩在“国家金融法律和行政法规做出禁止性规定”之范围。

第二节　刑民交叉案件处理的基本规则

自公法和私法划分被广泛接纳以来，刑法和民法分别成为公法性与私法性规范的典型代表。法律是和谐自洽的规范体系，如果不同部门的法规范彼此的协同与联系被割裂，法秩序将难以统一。但是，规范竞合毕竟是

① 参见钱小平《中国金融刑法立法的应然转向：从“秩序法益观”到“利益法益观”》，《政治与法律》2017 年第 5 期。

② 参见王利宾《刑罚的经济分析》，法律出版社，2014，第 235 页以下。

一种客观存在的法律现象，这种现象具体表现为数个法域共同调整或规制同一行为对象。当竞合发生于刑法和民法领域时，人们习惯上把这类案件处理称为“刑民交叉”、“刑民交织”或“刑民互涉”。①

本节尝试对“刑民交叉”案件做类型化分析，从实体和程序不同层面对“刑民交叉”案件的处理规则进行分析提炼，为基金法律制度的刑民交叉案件处理提供一般性的规则参考。需要说明，本文所称的“刑民交叉”包含了实体和程序的交叉，且刑民之“民”是在民商合一视野下展开的，包含了民法和商法的内容。

一　刑民交叉案件的本质与分类

刑法和民法在立法理念、立法目的、规范方法和法律适用思维等诸多方面存在分野，已毋庸讳言。以违法性为例，民法形式上的合法行为，有可能被刑事认定为实质违法；刑事上的合法，在民法上未必能排除违法性。再以法益保护为例，民法上不予保护的权利和法益，刑法可能会基于秩序保护等理由给予兜底性保护；反之，刑法予以打击的违法行为，未必在民法上被当然宣告此类民事法律行为无效。基于对相关研究文献的把握，二者相互独立还是相互从属、相互排斥还是相互统一，学界和实务界认识上未能统一。因此，为进一步把握刑民交叉的处理规则，需对其规范本质及其分类做前提性分析。

（一）刑民交叉案件的规范本质

一般认为，刑民交叉是指行为人的同一行为同时符合刑事犯罪的构成要件和民事规范的构成要件，或者不同行为同时或分别符合刑事犯罪的构成要件和民事规范的构成要件，且这些行为的主体或行为对象相同或者部分相同的法律现象。② 正因为依照不同构成要件所形成的评价导向不同，因此这类案件的处理存在明显的法域冲突。当形式上的要件分析无法得出排他或择一的结论时，案件处理必然陷入困境。

---

① 参见何帆《刑民交叉案件审理的基本思路》，中国法制出版社，2007，第25～26页。

② 参见印仕柏《民刑交叉案件管辖问题研究》，《中国刑事法杂志》2009年第6期。

刑法适用有实质性判断的倾向，主要受到法益理论的影响。大陆法系刑法理论一般认为，犯罪的本质是法益上的侵害。[①] 但犯罪的概念有形式和实质之分。犯罪的实质概念是从犯罪的本质引申而来的，即从立法论上回答该行为何以构成犯罪。通常认为，犯罪的实质概念是社会危害性，而形式的概念是指刑事违法性。[②] 按照实质犯罪的概念，刑法适用更看重实质判断。形式上看似民事法律行为，只要符合“犯罪实质”内容的行为，即可直接评价为犯罪。[③] 刑法学界这种实质判断思维，是刑民交叉案件中重刑轻民思维蔓延的重要原因。

重新认识刑民交叉的规范本质，是正确处理这类案件的第一步。对刑事立法而言，犯罪的实质概念有助于入罪的合理设定，但未必适合用于指导刑民交叉案件的处理。也就是说，刑法适用不能以立法上的实质（应然）判断代替刑事司法的形式（实然）判断，更不能以此混淆刑法和民法不同法域的评价标准。

从规范本质来看，刑民交叉属于法规竞合，即两个以上的法条的构成要件相互重合或交集，发生同一法律事实同时为它们所规范的情形。[④] 刑法与民法均为一国法律体系中的基本法律，当刑事法规与民事法规发生竞合时，由于二者的差异性，其规范效果常常存在相互排斥、相互吸收或相互影响。“冲突”“交叉”“牵连”等概念，均是法规竞合所产生的同一法律现象的不同表现形式。

法域的冲突需要协调与排除。从立法论的角度，国家基于不同的目的制定法律规范，根据调整对象和调整方法的不同，将这些法律规范分属民事法律、行政法律、刑事法律等部门法，由此形成了国家的整体法秩序。[⑤] 部门法立法的差异不是破坏法秩序统一的理由，不同部门法的最终评价应在整体法秩序中相容，确保法律体系的统一和谐及各部门法内部的逻辑自洽。

在法教义学上，刑民交叉案件的规范本质是基于法规竞合产生的法域

---

① 参见〔日〕大塚仁《刑法概说（总论）》，冯军译，中国人民大学出版社，2003，第91页。

② 参见陈兴良《形式与实质：刑法学的反思性检讨》，《法学研究》2008年第6期。

③ 参见陈兴良《刑民交叉案件的刑法适用》，《法律科学》2019年第2期。

④ 参见黄茂荣《法学方法与现代民法》，中国政法大学出版社，2001，第168页。

⑤ 参见王昭武《法秩序统一性视野下违法判断的相对性》，《中外法学》2015年第1期。

冲突，为排除该等冲突的方案选择。根据刑民冲突排除方案的不同，刑民交叉案件具体表现为以下几种相互关系：一是从属说，认为刑法只能依附于民法和其他部门法并作为其补充而存在；二是独立说，认为刑法具有固有的目的与使命，刑法秩序独立于民法秩序；三是相对从属与相对独立说，这种观点并不否定各部门法目的、性质与适用上的差异，而以法秩序统一性为理念，要求在整体法秩序的目的范围内消除冲突即可。[①]

总之，从法秩序统一的视角观察刑民交叉的规范本质，才能够更准确地理解刑民交叉案件，进而为合理选择冲突排除方案建立规范性前提。

（二）刑民交叉案件的规范分类

对于法学研究而言，类型化是一种常用的方法和思维。任何法律和法学研究都是以类型化的生活经验作为构建原型。由于刑民冲突的本质在于法规竞合下的法域冲突排除，因此对相关案件的经验性规整分类，属于“那些自始就包含规范性因素的类型”。[②] 对刑民交叉案件进行类型化的划分是对刑民交叉案件进行多角度研究的重要前提和基础性工作[③]，这项工作有助于推动法学理论与法律实务对刑民交叉案件处理做进一步深入探索。

根据学者的讨论，刑民交叉案件以法律关系划分，可分为竞合型、牵连型和疑难型三类。[④] 以法律事实划分，可分为因不同法律事实具有牵连关系而产生的刑民交叉，与因同一法律事实同时涉及刑民法律关系两种类型。[⑤] 如果同时考虑法律事实与法律关系，其竞合型包括两种情形，一是同一事实同时引起刑民法律关系，二是同一事实符合刑法要件但尚未达到犯罪标准，只引起民事法律关系；牵连型是指引起刑民法律关系的多个事实之间相互牵连或影响。[⑥] 有的学者还习惯从实质与形式的关系做出划分，

---

① 参见于改之《法域冲突的排除：立场、规则与适用》，《中国法学》2018 年第 4 期。

② 法学方法论称这种类型为“规范性的真实类型”。参见〔德〕卡尔·拉伦茨《法学方法论》，陈爱娥译，商务印书馆，2003，第 340 页。

③ 杨兴培：《刑民交叉案件的类型分析和破解方法》，《东方法学》2014 年第 4 期。

④ 参见江伟、范跃如《民刑交叉案件处理机制研究》，《法商研究》2005 年第 4 期。

⑤ 参见何帆《刑民交叉案件审理的基本思路》，中国法制出版社，2007，第 26 页。

⑥ 参见李晓明、张鑫《刑民交叉案件分类及其对未来研究的影响》，《河北法学》2016 年第 2 期。

包括具有刑民交叉外观，实质属民法调整；外观与实质均属刑法与前置法民法纵向包容关系；外观为刑民交叉，但实质内容分别独立并行。[①]

依照刑民交叉规范本质界定，所谓的“竞合”，非法律关系或法律事实之竞合，实质是法规竞合。前文有关分类虽然在一定程度上可以改变“先刑后民”的绝对性[②]，但从规范法学角度看，法规竞合才是法律关系与法律事实产生竞合或牵连的原因，未认识这一点，就难以站在法域冲突的高度处理好刑民关系。

囿于“实质判断”与“形式判断”的固有逻辑，同样会导致认识误区。以非法集资中的“套路贷”为例，依此分析必然得出“套路贷”实为刑民“假性竞合”之结论。[③] 事实上，“套路贷”虽然采用了民事手段掩盖刑事犯罪，但“借款合同”的独立民法价值不应被刑法评价当然吸收，仍需做出合同成立与不成立、有效与无效的民法评价。在这里，民事法律关系与刑事法律关系是“真实的竞合”。

我们同意刑法学者对刑民交叉案件采取实体和程序双重考察视角。[④]但更为重要的是把握刑民交叉的规范本质，进而从法秩序统一的角度出发，根据不同情况做出重叠适用、择一适用、并行适用或优先适用等选择。只有回归规范冲突的原点，方能更全面地从实体和程序两个方面提炼刑民交叉案件的处理规则。

二　实体层面的刑民交叉案件处理规则

由于刑法和民法的分野，单纯从刑法或民法的单一视角考察刑民交叉案件，难免管中窥豹的局限。在涉及罪与非罪的问题时，从刑法视角看待民事法律行为，学者很容易从刑事不法或实质犯罪的概念去肢解、弱化民

---

① 参见杨兴培《刑民交叉案件法理分析的逻辑进路》，《中国刑事法杂志》2012 年第 9 期。

② 1998 年 4 月 21 日最高人民法院《关于在审理经济纠纷案件中涉及经济犯罪嫌疑若干问题的规定》第 10 条规定：“人民法院在审理经济纠纷案件中，发现与本案有牵连，但与本案不是同一法律关系的经济犯罪嫌疑线索、材料，应将犯罪嫌疑线索、材料移送有关公安机关或检察机关查处，经济纠纷案件继续审理。”

③ 参见刘卉、陈兴良、卢宇蓉、赵宝琦《刑民交叉案件：争议难点与司法处理》，最高人民检察院官网，http：//www.spp.gov.cn/spp/llyj/201908/t20190819_428954.shtml，最后访问时间：2019 年 8 月 20 日。

④ 参见陈兴良《刑民交叉案件的刑法适用》，《法律科学》2019 年第 2 期。

法的评价功能。民法学者也不太关心民商规则对刑事入罪是否产生影响，其关注范围多集中在构成犯罪的民事合同效力、行为主体的民事责任承担等纯正民法问题。刑民交叉处理面临的最大问题就是如何弥合不同学科之间的鸿沟，合理选择冲突处理规则，促进法规体系的和谐与法秩序的统一。

（一）刑民交叉案件的实体处理规则

所谓实体上的刑民关系，是指刑法与民商事实体法在实体内容上的关系。[①] 综合学者对刑民交叉案件的研究，实体层面主要争议焦点之一是刑事违法性与民事违法性是否统一评价。大致上，有关学说分野主要包括严格的违法一元论、违法相对论、缓和的违法一元论三种。

严格的违法一元论主张，不同部门法的违法性均应当放在法秩序全体中进行一元的判断：在某一法领域违法的行为在其他法领域不能被认为是正当的；反之，某个法领域适法的行为在别的法领域不能被解释为违法行为。[②] 按照这种理论主张，民事案件与刑事案件的评价是高度统一的。某一民事案件被作为刑事案件处理，其前提必须是行为人的行为首先构成民事不法行为，否则就严重背离法秩序同一性原则。[③]

严格的违法一元论对应了刑法从属性的观点，否定刑法相对于其他前置法违法判断的独立性。而就从属的内容来看，刑法从属于前置法的不仅是违法性判断，还包括了法概念、法的保护范围等，这意味着刑法的概念不应做出超越行政法、民法的解释，行政法、民法不予保护的对象，刑法也不予保护。[④]

大部分学者并不主张严格的违法一元论，而是承认在整体法秩序统一的标准下，不同部门法有违法判断的相对性，由此发展出缓和的违法一元论、违法相对论和违法多元论等学说，意在尊重各部门法在违法性判断上的差异性，这样，刑法具有相对独立于民法、行政法的自我判断标准。

---

① 参见张明楷《实体上的刑民关系》，《人民法院报》2006 年 5 月 17 日。

② 参见童伟华《日本刑法中违法性判断的一元论与相对论述评》，《河北法学》2009 年第 11 期。

③ 参见陈瑞华《刑民交叉案件的法律适用问题》，《中国律师》2018 年第 12 期。

④ 参见简爱《从“分野”到“融合”：刑事违法判断的相对独立性》，《中外法学》2019 年第 2 期。

缓和的违法一元论主张，各个法域之间原则上不应出现解释上的矛盾或冲突，不过由于各法域违法性的表现形式存在不同轻重阶段，所要求的违法性程度也各不相同，因此刑事违法性要求必须有值得科处刑罚的因素。违法相对论也认为，由于各个法域的目的与法律效果不同，违法性程度要求当然有所不同。违法多元论则认为，尽管违法性判断在一定意义上是统一的，但法秩序总处于浮动状态，每个瞬间均包含各种层次的矛盾，难以绝对消除矛盾。①

缓和论、相对论和多元论虽然共同肯定了违法性判断的相对性，但三者的区别也是明显的。缓和论与相对论的区别在于是否承认“一般性违法”及违法性的双重判断结构：缓和论认为刑事违法性存在不可罚的违法与可罚的违法，前者与民事违法性保持一致，后者具有相对独立性，即刑法符合“二次违法”的特点。相对论与多元论的区别是对“相对性”理解不同，相对论与缓和论对“相对性”的认识较为接近，即均具有法秩序体系目的的一致性；多元论则否定法域分化基础上存在理念目的的一致性，强调各法域在自身目的下对违法性各司其职、独立判断。②

从刑法发展的脉络和我国刑法学界的观点来看，违法多元论被广泛接受。中国刑法学更强调刑法自身的独立性，拒绝承认刑法从属于行政法、民法等其他部门法。司法实践也逐渐采纳了违法性相对学说的观点。根据《最高人民法院关于审理民间借贷案件适用法律若干问题的规定》第十三条规定，在刑事责任已经确认的情况下，对民事法律行为的违法性及其效力认定，基本回归于民法本身的判断标准。③

不过，对于司法实践究竟采用哪一种违法相对性学说，目前没有定论。既然刑法有意识地保留其独立目的，并甄选了特定的法益保护对象和特殊的保护手段，那么围绕相关概念、保护对象、违法性判断等问题，刑法规则与民商法规则发生冲突时，刑法是坚定自身的固有立场，还是主动选择缩小与民商法的解释差异，亟须法学研究做出进一步回答。

---

① 有关各种学说的梳理，参见王昭武《法秩序统一性视野下违法判断的相对性》，《中外法学》2015 年第 1 期。

② 参见王昭武《法秩序统一性视野下违法判断的相对性》，《中外法学》2015 年第 1 期。

③ 该规定原文如下：“借款人或者出借人的借贷行为涉嫌犯罪，或者已经生效的判决认定构成犯罪，当事人提起民事诉讼的，民间借贷合同并不当然无效。人民法院应当根据合同法第五十二条、本规定第十四条之规定，认定民间借贷合同的效力。”

（二）刑民交叉案件实体法处理规则的合理选择

基于前述讨论，多元违法论无法获得法理上的有力支持，法秩序统一的理念及各法域解释须排除矛盾的原则应得到坚持。根据法秩序统一原理，民法上完全合法的行为，当然在刑法上也是合法行为，否则，就会违背违法性评价旨在为国民提供行动基准这一整体法秩序的目的诉求。[①] 同样地，形式上看似“合法”的民事法律行为，如果被实质认定刑事违法，其本质上亦属于民事违法的行为，二者在违法性判断上并无二致。以民事法律行为掩盖犯罪的行为，民法上属于“以合法形式掩盖非法目的”，并不因为该行为构成刑事违法而认定民事法律关系不存在。

严格的违法一元论的观点过于绝对，不符合现代刑法发展趋向谦抑性的理念。在实践中，并非所有民事违法行为都值得科处刑罚或纳入法益保护范围。一个显而易见的事实是，民事上违法的行为并非都属于刑事违法行为。而按照严格的违法一元论的观点，大量具有民事违法性的行为被评价为刑事违法，就会发生“盗窃一张纸”的行为人被同时在民事和刑事的审判过程中承担责任。[②]

缓和的违法一元论在司法实践中也有一定缺点。首先，按照缓和论的观点，刑事违法性的判断在整体上需要以民事违法性为前提，进而还需要以刑事可罚性进行第二次违法性判断，这令刑事违法性的判断有时候会显得过于复杂，有可能造成刑事评价的准确性下降。[③] 其次，在某些具体制度中，刑事违法性判断完全以民事违法性为前提，可能会不当限缩刑法适用范围。以个人信息保护为例，在个人信息权被相关法律规定为独立保护对象前，在民法上通常以隐私权进行保护，但个人信息又明显包含隐私权无法涵盖的内容。[④] 对民法保护网所遗留的空白，刑法并非绝对不能介入。在《全国人民代表大会常务委员会关于加强网络信息保护的决定》（2012年）为公民个人信息保护提供最早的法律依据以前，2009年《中华人民共

---

① 于改之：《法域冲突的排除：立场、规则与适用》，《中国法学》2018年第4期。

② 参见童伟华《日本刑法中违法性判断的一元论与相对论述评》，《河北法学》2009年第11期。

③ 参见简爱《从“分野”到“融合”：刑事违法判断的相对独立性》，《中外法学》2019年第2期。

④ 参见王利明《数据共享与个人信息保护》，《现代法学》2019年第1期。

和国刑法修正案（七）》中规定的非法获取计算机信息系统数据罪，即为个人信息提供了某种间接保护。最后，我国现行《侵权责任法》没有规定独立的违法性要件，民法中的违法性判断相当模糊，难以为刑法所参照。[①]

相比之下，“违法相对论”在承认刑法和民法各自相对立独立性的同时，从整体上满足法秩序的统一要求，具有内在的理论正当性。需要注意的是，部分学者所主张的“违法相对论”，是以法益侵害和社会危害性为核心认定行为是否构成犯罪，并试图以刑法的“实质判断”刺破“民商外观”，其观点本质更偏向于“多元违法论”。[②]

本书主张，违法相对论的核心在于法秩序的目的衡量。因此，体现刑民关系的“相对性”主要体现在以下两方面。

第一，刑法与民法的概念、违法性和保护对象是否一致，取决于二者规范保护目的是否相同。当刑法与民法的规范保护目的相同时，刑法绝对服从于民法，即民法与刑法的概念解释和违法性判断应保持一致，且民法不予保护的利益，刑法也不予保护。如果二者规范保护目的不同，则刑法具有相对独立性。[③]

第二，刑法与民法竞合还应考虑法益衡量，通过法益衡量消除冲突。在方法论上，法益衡量遵循以下原则：首先是判断价值秩序，即一种法益是否较他种法益有明显的价值优越性；其次是考虑某种利益的让步，其受害程度如何；最后是适用比例原则，采用尽可能微小的限制或侵害。[④] 因此，哪怕刑法与民法因规范目的不同而得保持一定独立性，倘若经法益衡量确定该民事个案背后的价值明显优于刑事处罚，则刑法仍应服从民法的实质判断，且解释上应限缩相应罪名的适用范围。

三　程序层面的刑民交叉案件处理规则

法域冲突不仅在实体法中存在，也在程序法中存在。在某种意义上，

① 参见王骏《违法性判断必须一元吗？——以刑民实体关系为视角》，《法学家》2013 年第 5 期。

② 有关观点参见吴加明《违法相对论下刑民实体冲突及其调适》，《政治与法律》2017 年第 12 期。

③ 参见于改之《法域冲突的排除：立场、规则与适用》，《中国法学》2018 年第 4 期。

④ 参见〔德〕卡尔·拉伦茨《法学方法论》，陈爱娥译，商务印书馆，2003，第 285 页。

学界与实务界对刑民交叉案件的关注起源于刑民交叉案件的程序处理。最高人民法院《关于在审理经济纠纷案件中涉及经济犯罪嫌疑若干问题的规定》（法释〔1998〕7号）关于“先刑后民”和“刑民并行”的不同处理顺序，被广泛认为是刑民交叉案件争议的重要起点。从诉讼法理论来看，“先刑后民”原则包括“位阶上的刑事优先”与“位序上的刑事优先”两方面的要求。所谓“位阶上的刑事优先”，是指刑事判决能够在民事审理程序已经做出判决并且生效的基础上做出新的刑事判决将其推翻。“位序上的刑事优先”，是指刑事诉讼程序优先于民事诉讼程序，刑事案件处理完毕前，民事案件应先行中止审理。①

在我国，虽然并没有法律明确将“先刑后民”作为刑民交叉案件的处理规则，但自20世纪90年代以来，在民刑交叉案件的处理程序上采用“先刑后民”的原则曾经一度是司法实践的通行做法。在法理上为“先刑后民”提供支持的主要观点包括：刑事诉讼代表公共利益，民事诉讼代表个人利益，公共利益优先；刑事证明标准高于民事，“先刑后民”有利于查清案件事实；刑事判决预决力高于民事判决预决力，判决对同一事实不应自相矛盾；“先刑后民”有利于减轻当事人讼累；等等。当然，“先刑后民”被“原则化”的更重要的现实缘由包括“重刑轻民”的观念、刑事审判权的扩张、事实揭示的优越论以及当事人被限制人身自由等因素。②

另外，不少学者对“先刑后民”原则提出过反思，其主要观点包括：公权优先与现代法治理念不符；刑民难以严格区分，为实现个人不当利益和地方保护主义打开了大门；“先刑后民”容易侵犯个人权利，为逃避民事责任提供了理由。③

理论界针对“刑民交叉”案件程序提出过相反或不同的处理顺序，即“先民后刑”和“刑民并行”。关于前者，有的学者主张适用于财产类犯罪

---

① 参见万毅《“先刑后民”原则的实践困境及其理论破解》，《上海交通大学学报》2007年第2期。

② 参见张卫平《民刑交叉诉讼关系处理的规则与法理》，《法学研究》2018年第3期。

③ 参见陈兴良《关于“先刑后民”司法原则的反思》，《北京市政法管理干部学院学报》2004年第2期。

中需要权属认定的情形[①]，有的认为优先进行民事诉讼程序对于经济诈骗类案件有利于最大限度地维护被害者利益。[②] 关于后者，有人认为刑民交叉类案件做到民事与刑事分开审理，促使民事诉讼不再受刑事诉讼的制约，能够在一定程度上做到降低诉讼成本、提高诉讼效率。[③] 司法实践中，近年一些判例已明确支持了“刑民并行”原则。最高人民法院在有关案件中指出[④]，“先刑后民”并非法定的司法原则和程序规定，二审法院在查清事实的基础上，依法做出二审判决，没有等待刑事案件的审判结果，并不违反法定程序。

本书认为，在刑民交叉案件处理过程中，采用绝对的先后顺序不仅不符合诉讼原理，而且与实体上的刑民关系也存在一定冲突，具体理由如下。

首先，我们承认“先刑后民”在执行过程中存在的种种弊端，但同时不能否认“先刑后民”具有一定的正当性。在刑民交叉案件中，民事违法性的实质判断有时需靠刑事诉讼确定。个案中的具体表现是，民事诉讼取得了胜诉判决，不能直接约束刑事诉讼，刑事诉讼最终认定为刑事违法，则推翻了原民事判决对合法性的认定。这并不是指民法服从刑法，或是刑法以实质判断否定民法的形式判断，而是由于刑事诉讼的证明标准和预决力均高于民事诉讼，刑事审判对民事审判可能具有某些方面的先决效力。一旦刑事案件与民事案件有先决关系，则“先刑后民”具有正当性。

其次，“先民后刑”的处理方式仅适用于少部分案件，不具有普适性。将“先民后刑”推而广之有明显矫枉过正之嫌，可能会导致犯罪嫌疑人因为刑事诉讼程序的滞后不能够及时得到控制而逃脱。[⑤]

再次，从刑民实体关系来看，“刑民并行”的理论正当性完全成立。“刑民并行”的处理方式和“违法相对论”的观点一定程度上相契合。由

---

① 参见毛立新《刑民交叉案件的概念、类型及处理原则》，《北京人民警察学院学报》2010年第5期。

② 参见张东平《集资案件刑民关系的交叉与协调》，《北京社会科学》2014年第1期。

③ 参见王林清、刘高《民刑交叉中合同效力的认定及诉讼程序的构建——以最高人民法院相关司法解释为视角》，《法学家》2015年第2期。

④ 参见《北京钠锘环境工程有限责任公司与香港鸿峰发展有限公司买卖合同纠纷案》，最高人民法院（2015）民申字第184号裁定书。

⑤ 参见于改之《刑民交错案件的类型判断与程序创新》，《政法论坛》2016年第3期。

于“违法相对论”不要求民事审判和刑事审判无条件保持一致，因此民事诉讼判决与刑事判决在事实认定和违法性评价方面存在差异，不必然影响法秩序统一。民事诉讼与刑事诉讼依照诉讼目的的相应要求分开处理，是较为妥当的做法。

最后，适用“刑民并行”并非毫无条件，一般而言二者并行以不存在“先决条件”为前提。所谓“先决条件”是指案件采用其中一种审判方式所得到的结果对另一种审判方式的结果有必然的影响。① 如前文所指出，“刑民交叉”案件存在先决关系的，则应该优先处理具有先决条件的刑事案件；若不存在这种先决关系，原则上“刑民并行”。“刑民并行”的裁判要旨曾刊登于最高人民法院发布的一期案例公报中。就“民事部分的审理是否需要中止审理”的问题，审理法院回应道：“只有符合《民事诉讼法》第一百三十六条规定，即‘本案必须以另一案的审理结果为依据，而另一案尚未审结的’，才依照‘先刑后民’处理。”②

综上所述，我们可以得出这样的结论：刑民实体关系与程序关系的复杂性，决定了“刑民交叉”案件难以简单援用单一的原则处理。关于“刑民交叉”案件的程序问题，需要依据具体条件选择“刑民并行”、“先刑后民”和“先民后刑”等不同处理方式。

第三节 基金背信的刑民扩张解释与调适

众所周知，基金法律治理结构借鉴于信托，信义义务是信托法律关系的核心（参见本书第一章、第二章有关内容）。基金法虽然没有明确提及信义义务，但在有关章节要求基金管理人和托管人负有忠实义务，并在从事关联交易时以投资者利益优先等体现信义义务内容的规定，同时还规定基金服务机构勤勉尽职的义务，处处体现基金法律关系“受人之托、忠人之事”的金融诚信内涵。可以说，信任是金融关系建立的基石。背信行为是对基金交易秩序的巨大破坏，其不仅是基金法关注的核心领域，也是基金犯罪规制的重中之重。

---

① 参见张卫平《民刑交叉诉讼关系处理的规则与法理》，《法学研究》2018 年第 3 期。

② 参见《吴国军诉陈晓富、王克祥及德清县中建房地产开发有限公司民间借贷、担保合同纠纷案》，《中华人民共和国最高人民法院公报》2011 年第 11 期。

基于金融创新等原因，基金犯罪是一种极其活跃的犯罪，刑法的稳定性常与之发生不可调和的矛盾。[①] 在这种情况下，刑法对基金背信行为的规制难免受到刑法射程局限的掣肘。刑民关系的交叉以及二者规范目的不匹配，又会进一步加剧刑民的错配关系。例如，在基金法规定有大量背信条款的前提下，刑法仅有背信运用受托财产罪、利用非公开信息交易罪等个别适用范围有限的背信罪名。在解释论上，基金法与刑法需通过一定的扩张解释或其他调适方法，尽可能建立法秩序统一的和谐法域关系。

一 从关联交易看基金背信行为的刑民规制

顾名思义，背信行为是一种违背受托诚信的违法行为。但背信的学理内涵和法律来源并非毫无争议。由于法律关系模型的区别，不同“委托”关系的义务主体、义务水平及义务内容也存在较大差异。相应体现在刑法解释上，对“背信行为”的理解决定了有关罪名的设置及适用。基金法上，不当关联交易为典型的背信行为，在缺乏专门“基金不当关联交易罪”的前提下，如何将基金背信入刑并对相关罪名进行刑法解释，一定程度上取决于基金法的基本态度。

（一）基金背信行为的刑民内涵

我国的基金法和刑法都没有关于“背信行为”的定义与描述。从词源上看，背信之“信”是指信任关系，但解释上它究为何指，背信与信托之信义和传统民法诚实信用是何种关系？在商法学研究中，信义义务有时也被称作“诚信义务”，其与民法诚信的关系难免引人遐想。[②] 因此，如何理解背信之“信”，已成为理解背信内涵的重要前提。

依基金法原理，基金法律关系以信义义务为原型，以忠实义务和注意义务为主要义务内容。两大义务要求基金管理人对基金受益人负有为其最佳利益管理基金事务的积极义务，或普通人在类似地位和情况下尽到谨慎的合理注意，并禁止在管理事务中为自己或他人谋取利益的消极

---

① 卢勤忠：《我国基金犯罪的刑事立法分析》，《河南大学学报》（社会科学版）2011 年第 1 期。

② 参见朱慈蕴《资本多数决原则与控制股东的诚信义务》，《法学研究》2004 年第 4 期。

义务。[1]

大陆法系的民法诚信原则与信义义务具有一定的共通性，均属上升为法益的道德准则。但前者内涵极具宽泛与弹性，常需在个案中进行价值填充，通常而言，民法诚信追求的是一般人的道德水准，仅要求当事人不得通过不正当手段损人利己。[2] 对比之下，背信行为遂有广义与狭义之分。

狭义而言，基金背信行为是指基金从业人员违背信义义务，损害基金财产或份额持有人利益的行为。[3] 此处的背信，约等同于信义义务之违反。广义而言，背信行为是指为他人处理事务的人以违背他人信任的手段处理他人事务的情形。[4] 广义背信行为可放在民法诚实信用的框架去理解，明显超出"信义法律模型"。只要是受托处理他人财产或事务，违背委托信任关系或一般诚实义务，即构成背信行为，例如掌管公司商业秘密之职员。[5]

《证券投资基金法》第九条第一款在规定基金管理人、基金托管人和基金服务机构的基本义务时，虽然采用了"忠实义务""诚实信用""谨慎勤勉"等字样，但没有具体阐述其文义内涵。如前文分析所述，信义义务不同于一般的诚信义务，其义务水平高于普通的信任关系，强调"为受益人的最大利益处理信托事务"。仅就前述规定来看，其似存在民商不分、义务内涵不分的问题，据此，基金管理人、基金托管人、基金服务机构处于同一义务水平。

不过，如果进一步分析《证券投资基金法》第二十一条的规定，在其所列举的背信禁止行为中[6]，有关行为的义务主体仅为"公开募集基金的

① 参见王苏生《证券投资基金管理人的责任》，北京大学出版社，2004，第 45 页。

② 参见徐化耿《论私法中的信任机制——基于信义义务与诚实信用的例证分析》，《法学家》2017 年第 4 期。

③ 参见龚海滨、赵涛《私募基金"老鼠仓"行政处罚研究》，载《证券法苑》第二十四卷，法律出版社，2018，第 76～77 页。

④ 郑泽善：《背信罪新探》，《政法论丛》2015 年第 1 期。

⑤ 参见杜文俊、易明《背信犯罪解释论及立法论探讨》，《西南政法大学学报》2013 年第 3 期。

⑥ 《证券投资基金》第二十条：公开募集基金的基金管理人及其董事、监事、高级管理人员和其他从业人员不得有下列行为：（一）将其固有财产或者他人财产混同于基金财产从事证券投资；（二）不公平地对待其管理的不同基金财产；（三）利用基金财产或者职务之便为基金份额持有人以外的人牟取利益；（四）向基金份额持有人违规承诺收益或者承担损失；（五）侵占、挪用基金财产；（六）泄露因职务便利获取的未公开信息、利用该信息从事或者明示、暗示他人从事相关的交易活动；（七）玩忽职守，不按照规定履行职责；（八）法律、行政法规和国务院证券监督管理机构规定禁止的其他行为。

基金管理人及其董事、监事、高级管理人员和其他从业人员”，未包括基金托管人和基金服务机构。又据《证券投资基金法》第七十四条规定，防止关联交易利益冲突采取的原则是“投资人优先”，这内含了信义义务的要求。这一条规定的义务主体是“运用基金财产买卖有关证券”的主体，这只能是基金管理人。

经上分析，狭义背信的主体一般是指基金管理人和基金信托人，根据基金法第二十一条，解释上还可以扩张为基金管理人的董监高及其他从业人员。除此而外，负有诚实信用和谨慎勤勉义务的基金服务机构，其义务内容或属于信义义务的组成部分（如投资者适当性义务），或虽不构成信义主体，但也属于商事信任关系，其共同构成广义背信主体。

目光穿梭至基金背信规制的刑法维度，一般意义上的基金犯罪概念，是指行为人实施的基金违法行为侵害或威胁了资本市场秩序和投资者权益等法律所保护的法益，且情节和危害程度已经值得科以刑罚，根据刑法规范应当追究其刑事责任。受到刑法规制的背信行为，即刑法上所说的背信罪。背信罪的行为要件与基金法上的背信行为具有共性，即二者都违背了一定的信任关系，为他人处理事务时谋求自己或关联方利益的行为。但是，从结果要件来看，构罪的背信行为一般要求给委托人造成实际的财产损失。之所以如此，是因为单纯的信任关系不构成刑法保护的对象，可由民法和基金法单独调整。只有因背信行为造成财产损害可能性时，才有刑法介入的必要，故背信罪侵犯的法益为财产权本身。[①]

学理上对背信罪的主体也有不同的观点：滥用代理权限说认为，背信罪限于有代理权“处理他人事务”的人；背信说认为该罪名主体涵盖了所有基于本人信任关系而处理事务的人；还有的强调行为人的独立性，严格按委托人意思处理事务的受托人不属于背信主体。[②]

可见，刑法上的背信与基金法背信内涵上有所区别，刑法规制的背信行为也显然更为宽泛，不但包括信义主体以及信义义务履行事项，而且涵盖了普通委托和雇佣关系。不过，基金法与刑法上关于背信行为的界定有显著关联。忠实义务与托付的财产和权利相关，意味着可以被依赖、信

---

① 参见谢焱《背信罪的法益研究》，《政治与法律》2016 年第 1 期。

② 郑泽善：《背信罪新探》，《政法论丛》2015 年第 1 期。

任[①]，此种信任被打破而导致财产权受到侵害，也即意味着刑法上的背信。二者都以违反信义义务为前提，因此从法秩序统一的视角来看，凡是基金法所允许的受信行为，刑法不认定为背信行为。

关于基金背信行为的内涵，如果说基金法与刑法具有一定交叉重叠性，那么二者在法源上则完全是两码事。现代刑法遵循“罪刑法定”原则，对刑法的法源有严格限制。各国一般要求其“法”必须是狭义的法律，典型代表就是刑法典。除了作为刑事基本法的刑法典，还有一些单行刑事法、条例等也是设定刑事责任的法源。当然也存在一些例外。中国台湾地区“证券交易法”设立了专章，直接对证券犯罪行为科以刑罚，这实质是证券刑事法规。中国大陆是刑事法典统一化的国家，表面上看，《证券投资基金法》有一些“刑事责任条款”，但仅表述为“构成犯罪的，依法追究刑事责任”，其本质上只是引致条款，没有实质规范功能。

我国学者在1997年刑法修订时就提出借鉴境外部分国家刑法典设立背信罪[②]，但《刑法》最终未规定一般背信罪，而是分别在不同章节规定了许多特殊的背信犯罪。[③] 我国刑法对于基金犯罪的关注始于《刑法修正案（六）》，在其起草过程中，公安部、中国证监会、原中国银监会等单位强烈呼吁增设新罪名，专门规范有关金融背信行为。[④] 修正后的《刑法》第一百八十五条第一款规定了背信运用受托财产罪，据此，基金管理人和基金托管人等金融机构违背信托义务，擅自处分和运用客户自己的或受托财产，情节严重时，可纳入本罪适用。

（二）基金关联交易规制之刑民互动分析

基金法律关系涉及的利益关系人包括投资者（基金份额持有人或投资公司股东）、基金公司（在公司型基金的情形）、基金管理人和基金托管

---

① 肖宇、许可：《私募股权基金管理人信义义务研究》，《现代法学》2015年第6期。

② 参见张明楷《关于增设背信罪的探讨》，《中国法学》1997年第1期。

③ 我国现行刑法典中的背信犯罪具体包括：刑法第165条非法经营同类营业罪，第166条为亲友非法牟利罪，第169条徇私舞弊低价折股、出售国有资产罪，背信损害上市公司利益罪，第185条违法运用资金罪、背信运用受托财产罪，第186条违法发放贷款罪，第396条私分国有资产罪，第404条税务工作人员徇私舞弊不征少征税款罪，以及刑法修正案（七）中的内幕交易、泄露内幕信息罪，利用未公开信息交易罪，刑法修正案（八）中的拒不支付劳动报酬罪等。

④ 参见刘宪权、周舟《背信运用受托财产罪的刑法分析》，《法治论丛》2011年第2期。

人。在契约型基金中，基金管理人就是投资者的受托人，其享有管理基金财产并指示托管人从属基金买卖的权利。在公司型基金中，基金管理人可以是基金公司，但更多时候是基金财产的外部关系人，此时，基金公司是基金财产的委托人，而基金管理人即投资顾问是受托人。如前文分析，无论是哪一种形式的基金，其背后都涉及受托人对委托人的信义义务。由于基金财产特殊的法律结构，即受益权、管理处分权与占有权的分离，享有财产管理处分或占有权属的一方主体可能与受益权人处于利益冲突的状态，易诱发受托人违反信义义务的道德风险。

关联交易就是利益冲突的集中表现形式。如何从实质公平或行为外观两个不同角度，防止基金管理人违反信义义务，损害投资者或基金财产的利益，对基金交易中的利益冲突进行必要规制，均作为各国基金法上的重要课题。

基金关联交易可以关联人为坐标进行分类和定义。根据关联人士在交易中所处的地位不同，基金的利益冲突与关联交易可以分为三种不同形态：(1) 本人交易。本人交易又称为自我交易，它既包括直接交易类型，即关联人士直接以本人名义与基金管理公司进行的交易；也包括间接交易类型，即与关联人士有利害关系的第三人与基金管理公司之间进行的交易，以及与基金管理公司的子公司或有控制利益的其他公司之间的交易。(2) 共同交易。共同交易，也称平行交易、“捆绑交易”，是指基金受托人或关联人与基金作为一方共同与第三方进行交易。共同交易在实践中表现为，“投资顾问提供顾问服务的各个独立账户同时买进或卖出某种证券时，将其各个独立账户的证券交易经纪业务集中执行”。[①] (3) 代理交易。在这种交易中，基金仍是交易的一方而关联人士则以代理人身份参与。[②]

为防止受托人不忠诚，可以从“利益冲突禁止”的角度对基金管理人的行为进行外在的判断和约束。[③] 我国2003年《证券投资基金法》第二十条和第五十九条对基金关联交易采绝对禁止态度。按照规定，基金管理人

① 参见张国清《证券投资基金关联交易的法律规制——美国的经验及启示》，《证券市场导报》2006年1月号。

② 此处代理人的含义乃采用英美法立法例，包括传统意义上的代理人和商业活动的中介人（intermediary）。参见陈海燕《英美代理法研究》，法律出版社，2000，第363页。

③ 参见倪受彬《论基金管理人与证券公司利益冲突交易的法律问题》，《政治与法律》2005年第6期。

禁止利用基金财产为基金份额持有人以外的第三人牟取利益。以基金财产向基金管理人、基金托管人出资或购买其发行的股票或债权，以及证券发行公司或证券承销商与基金管理人、基金托管人有控股关系或其他重大关联关系，亦均被严格禁止。

虽然关联交易客观上会发生移转资源或义务[①]，但作为金融资源的重要配置手段，关联交易具有一定的积极因素。基金管理人可能出于使基金份额持有人利益最大化而选择进行关联交易，也可能出于为追求基金份额持有人利益与自己利益而进行关联交易，还可能是为了实现自己的利益，不管基金份额持有人利益而进行关联交易。基金关联交易作为中性行为，不是天然的好事，也不是天然的坏事。[②] 因此，不能简单地将关联交易一律认定为背信行为。

2012 年修订的《证券投资基金法》对关联交易的立场转变为“原则允许”，仅禁止发生不当关联交易。《证券投资基金法》第七十四条第一款第（五）项规定基金财产不得用于“向基金管理人、基金托管人出资”，可见基金法禁止信义义务人利用基金财产进行自我交易投资。第二款同时规定了基金重大关联交易的预警规则，即遵循基金份额持有人利益优先的原则，防范利益冲突，并履行信息披露义务。换言之，基金管理人和基金托管人对基金财产的运用只要不属于自我交易投资的禁止性行为，同时程序上满足履行信息披露义务，以及实质上以基金份额持有人利益为优先，就是被允许的正当关联交易。

从比较法来看，不正当关联交易行为应当如何入罪，有两种方案：一种是在刑法典中规定背信罪（间接模式），另一种是在特别刑法中规定不正当关联交易的刑事责任（直接模式）。[③] 如前文介绍，我国《刑法》没有设置一般背信罪，也没有专门设置不正当关联交易罪，而是采用分设特殊背信罪的间接模式。相关罪状既有包含“背信”字样，也有没有使用“背信”提法的，但其本质上都是滥用了他人的授权或者违背了诚实处理他人事务的义务，对他人财产造成了损害。[④]

---

① 参见施天涛《关联企业法律问题研究》，法律出版社，1998，第 63 页。

② 参见胡光志、方桂荣《论我国投资基金关联交易监管模式的选择》，《法学家》2008 年第 3 期。

③ 参见赖华子、胡东平《论不正当关联交易的刑事责任》，《社会科学家》2010 年第 2 期。

④ 参见王骏《论增设普通背信罪》，《河北法学》2018 年第 12 期。

与关联交易最直接相关的罪名是“背信运用受托财产罪”。该罪虽然没有直接提及关联交易背信行为，但从“违背受托义务”的罪状描述来看，该罪“背信”之内涵界定为违反信托法上的信义义务。[①] 当基金管理人违反信义义务，进行不正当关联交易给基金财产造成损失，情节严重时，为本罪适用范围。背信运用受托财产罪最大的问题在于，其与《证券投资基金法》第七十四条第二款对关联交易的规制范围存在明显不一致。

首先，该罪的犯罪主体是单位，认定单位犯罪的关键在于行为人到底是为了单位的利益还是为了其个人的利益。[②] 如果擅自运用基金财产从事关联交易并非为了单位利益，该行为只能评价为自然人行为，不能判断为单位行为。

其次，不正当关联交易的主体不仅包括基金管理人、基金托管人，还包括前者控股股东、实际控制人或者与其有其他重大利害关系的公司”。一般而言，对基金财产及其份额持有人负有信义义务的主体为基金管理人和基金托管人。公司法上的信义义务主体包括董事、监事、高级管理人员等具有内部组织体性质的委任关系[③]，甚至可扩及于公司外部关系之实际控制人[④]，但对于契约型基金而言，由于不具有公司组织形式，从禁止类推的刑法适用原则出发，基金管理人的其他关联人所从事的不正当关联交易，无法适用“背信运用受托财产罪”。

最后，《证券投资基金法》第七十四条第二款所类型化的关联交易为基金管理人与承销商（证券公司）之间的利益冲突交易，并没有涉及其他关联交易类型。换言之，当裁判者欲对其他类型关联交易适用背信运用受托财产罪时，无法直接参考基金法前述规定的程序和实质判断标准，基金法也未确立违背忠实义务的一般性或概括性标准，这会给“违背受托义务”的刑法解释造成一定困难。

为弥补“背信运用受托财产罪”之不足，刑事政策还需借助其他特殊

---

① 参见杜文俊、陈玲《我国背信犯罪本质之研讨》，《上海政法学院学报》（法治论丛）2011 年第 2 期。

② 参见刘宪权、周舟《背信运用受托财产罪的刑法分析》，《上海政法学院学报》（法治论丛）2011 年第 2 期。

③ 参见赖华子、胡东平《论不正当关联交易的刑事责任》，《社会科学家》2010 年第 2 期。

④ 参见钟凯《公司法实施中的关联交易法律问题》，中国政法大学出版社，2015，第 261 ~ 262 页。

背信罪名扩大刑法规制的覆盖范围。尽管如此，这些罪名仍无法在整体上填补关联交易等背信行为的刑法规制空白。例如，“非法经营同类营业罪”可以作为基金管理人从业人员从事关联交易的刑法适用罪名，但是这一罪名主体仅限于国有公司、企业的董事经理。因此，增设“普通背信罪”的主张，对于兜底规制基金背信行为有较大现实意义。正如学者分析指出，背信运用受托财产罪以情节严重作为构罪要件，其法益保护过于侧重国家金融管理秩序，受托财产损失反而是第二位的。[①] 缺乏普通背信兜底的分散间接规制模式，未充分体现背信行为的刑民内涵，不利于刑法和民法功能互补与适用衔接。

当然，现行《基金法》关于基金关联交易的规定亦有进一步完善的空间。其主要包括，基金关联交易的类型化应进一步完善，以涵盖更多的自我交易、共同交易和代理交易等不同适用情形；同时还要确立基金受托忠实义务和勤勉义务以及基金关联交易程序和实质正当性的一般标准，以弥补刑法适用的参照不足。

二　“老鼠仓”的基金法与刑法协同扩张解释

基金“老鼠仓”是证券行业的术语，而不是法律上的概念。它的产生、所受关注及其法律规制，几乎贯穿了我国基金行业的发展历史。“老鼠仓”，一般是指相关基金经理利用职务便利和非公开信息，先于有关基金买进同一公司的股票，为自己及其亲朋牟取私利。[②] 这些个人账户大多较为隐秘，比基金资金跑得还快，偷食基金盈利，因而被人形象地称为基金“老鼠仓”。[③]

“老鼠仓”在基金立法过程中曾经广受关注，最终摄入了刑法调整的视野。如果说“背信运用受托财产罪”体现了刑法规制基金犯罪“间接模式”，针对“老鼠仓”《刑法修正案（七）》将《刑法》第一百八十条增加一款，专门规定“利用未公开信息交易罪”，则是一种纯粹意义上的基金

① 参见王骏《论增设普通背信罪》，《河北法学》2018 年第 12 期。

② 参见郑泽善《背信罪新探》，《政法论丛》2015 年第 1 期。

③ 参见殷洁《论基金“老鼠仓”的防治》，《金融与经济》2007 年第 11 期。

犯罪。[①] 这似乎宣告了刑法对“老鼠仓”定性的“一锤定音”，但事实上人们对“老鼠仓”行为的性质及罪名适用范围存在各种不同观点，本罪缺乏基金前置法明确的定性条款，更进一步加剧了争议。

（一）基金“老鼠仓”行为的性质

关于基金“老鼠仓”行为的法律性质，主要存在有“内幕交易说”和“背信行为说”两种观点。前一种学说认为，老鼠仓行为本身就是内幕交易的一种，只需要对内幕信息做扩大解释，就可以将老鼠仓纳入内幕交易的规制范围；后一类学说则认为，老鼠仓行为是基金从业人员违反对基金份额持有人负有的信义义务，损害了基金财产和基金份额持有人利益的背信行为。[②]

《刑法》第一百八十条第四款规定的“利用未公开信息交易罪”以第一款（内幕交易罪）处罚。从体系上看，刑法似乎将“老鼠仓”归入“内幕交易罪”的一种特殊类型。但从第一款和第四款的罪状描述比较来看，内幕交易强调交易的“内幕性”，并且交易事项须对交易价格有重大影响。第四款针对的信息是“内幕交易以外的未公开信息”，并强调交易的“职务性”。就罪状描述而言，二者有实质性差异。

在“老鼠仓”入刑后，根据中国证监会行政执法案例的界定，“老鼠仓”行为背离受托责任，侵害了委托人的利益，破坏财富管理原则，损害资管行业信誉。[③] 显然，我国行政执法实践采用了“背信行为说”。不过，立法条文的字面规定却对“背信行为说”提出了一定的挑战。一是犯罪主体的突破，本罪的犯罪主体不仅包括负有信义义务的金融机构，还包括“有关监管部门或者行业协会的工作人员”，后者是否建立在受信义务基础上？二是基金前置法对此也没有明确行为性质。从《证券投资基金法》的

① 参见卢勤忠《我国基金犯罪的刑事立法分析》，《河南大学学报》（社会科学版）2011 年第 1 期。

② 参见彭冰《重新定性“老鼠仓”——运动式证券监管反思》，《清华法学》2018 年第 6 期。

③ 中国证券监督管理委员会：《证监会通报近年“老鼠仓”执法情况》，参见中国证监会官方网站，http：//www. csrc. gov. cn/pub/newsite/zjhxwfb/xwdd/201707/t20170707_ 320124. html，最后访问时间：2019 年 8 月 21 日。

规定来看，基金法第二十条第（六）项规定了“老鼠仓”禁止行为[①]，并在法律责任中明确规定了行政处罚标准。有关规定内容构成了《刑法修正案（七）》新设罪状的基础。但基金法的其他规定没有明确这类行为的性质，很难直接从法条中得出有关行为人违背“受托义务”的直接结论。并且值得注意的是，基金法的规定与《刑法修正案（七）》存在不一致，前者规定的主体范围未包含“有关监管部门或者行业协会的工作人员”。

从比较法的视角来看，信义义务是内幕交易规制的进路之一，内幕交易也被视为广义上的背信行为。这一规制进路源于美国联邦最高法院在1980年Chiarella诉United States案的判决思路，其规制重点对象是上市公司的内部人，其要义在于无信义关系则无内幕交易。[②]“内幕交易罪”禁止特定主体从事内幕交易的深层次法理依据在于，这类主体基于职位、信任或委托关系而承担一定的受信义务，故禁止其使用此类信息为自己牟利。[③]但显然，信义义务并非唯一进路，包括我国在内的刑法主要以市场交易为进路，并未将行为人的内部人“身份”作为规制前提。

回归前述要件分析，内幕交易罪对于交易价格敏感性有必然要求，犯罪主体宽泛规定为“知悉内幕交易”或“非法获取内幕交易”的行为人。据此立法定位，任何人以任何手段持有内幕信息实施破坏市场公平的行为，都有可能因此构成内幕交易罪。因此，内幕交易不以特定的内部信任关系存在为必要。相比之下，“利用未公开信息交易罪”有“利用职务之便”的行为特征，其规制对象与广义背信行为大体吻合。可以看出，内幕交易打击重点在于“内幕”的交易行为，背信犯罪的重点不在于“交易”，而在于“背信”。[④]所谓按内幕交易罪量刑处罚，不过是法律后果上的“拟制”，解释上不代表“老鼠仓”犯罪是内幕交易罪的一种特殊情形。

理论上审视“老鼠仓”，还可以采取不同的视角：对证券交易相对方

---

① 该项规定如下：公募基金的基金管理人及其董事、监事、高级管理人员和其他从业人员不得泄露利用职务便利获取的未公开信息，也不得利用该信息从事交易或者明示、暗示他人从事交易。

② 参见傅穹、曹理《内幕交易规制的立法体系进路：域外比较与中国选择》，《环球法律评论》2011年第5期。

③ 参见缪因知《光大证券事件行政处罚与民事索赔之合法性质疑》，《法学》2014年第1期。

④ 参见龚振军《老鼠仓犯罪立法模式的批判性反思——兼论规范构成要件之修正》，《学术论坛》2009年第8期。

来说，其是一种交易欺诈行为和不公平竞争行为；对基金份额持有人来说，其是一种谋取私利的利益冲突行为；对整个国家来说，其是一种损害社会公共利益的行为。[①] 规制“老鼠仓”是一个综合性的社会工程，与国际上规制内幕交易的不同进路类似，背信行为或许只是“老鼠仓”规制的进路之一。将“老鼠仓”解释为背信行为，有利于区分其与内幕交易罪的调整范围，使得更多严重背信的关联交易行为合理纳入刑法规制范围。并且，法律适用可以不必过于考虑“未公开信息”对市场价格的影响，避免不当限制刑法规制功能。当然，基金法对背信行为的不同界定，将影响有关罪名适用范围的大小。

（二）背信视角下的“老鼠仓”刑民扩张解释

基金“老鼠仓”行为本质上属于背信行为，在适用该罪对行为人的“老鼠仓”进行规制时，原则上要求行为主体违背其信义义务。但由于现行《基金法》和《刑法》均未在规定中明确“违背忠实义务和注意义务”的要件，且刑法较之于基金法在主体上有扩张现象，以背信视角界定“老鼠仓”的性质，需要打破传统“老鼠仓”违背信义关系的限定，在刑法和基金法适用上给予同步扩张解释。

1. 关于背信主体的扩张

基金信义关系仅发生在基金投资者与基金管理人和基金信托人之间，后者之从业人员与投资者之间并不存在直接的信义关系。不过，从业人员与其所在金融机构存在职务上的委任或雇佣关系，他们之间成立广义上的受信关系，因其职务代理行为，又与投资者衍生出“准信义关系”或间接信义关系。这一解释路径与传统“老鼠仓”理论吻合，“只有资产管理金融机构的从业人员才能成为老鼠仓犯罪的主体”。[②]

以上结论可以同样应用于“有关监管部门或者行业协会的工作人员”。这两类单位属于市场监管机构（后者为广义），其信任关系可溯至《证券法》所规定的诚实信用原则。依此广义解释，虽然有关单位及其工作人员突破了传统“老鼠仓”的主体范围，但对其工作职责的违背亦不失为一种

---

① 浙江省丽水市人民检察院课题组、陈海鹰：《利用未公开信息交易罪疑难问题探析》，《河北法学》2011 年第 5 期。

② 黄太云：《〈刑法修正案（七）〉解读》，《人民检察》2009 年第 6 期。

特殊的背信行为。

2. **关于法益保护的扩张**

背信罪侵犯的法益主要是财产权。不论是内幕交易罪还是“利用未公开信息交易罪”，刑法规定的要件为“情节严重”而非“财产损失”。如果说内幕交易更关注信息对价格的敏感性，可以间接表现为“财产损失”，那么对于非内幕交易信息之利用不以价格波动为必要，对此如何界定为财产损失？这里的财产损失需从广义理解，即包含了消极财产损失。“抢先交易”的行为虽然可能并未导致基金价格下跌，但导致了一般散户基金份额盈利和基金价格上涨的不同步，事实上造成了本应获得的更多可期待利益的损失。[①] 亦即从事有关交易的情节愈严重，对于正常投资所获得的预期收益影响愈大。

3. **关于交易时间的扩展**

传统“老鼠仓”为“抢先交易”，因此行为人通常会抢在基金管理人正式交易前建仓获利。现实生活中老鼠仓行为有可能是同期或略晚于机构交易时间。对于事后交易行为，按照传统理解，似不能直接认定为“老鼠仓”犯罪行为，因为一旦做出这样的认定，其有没有利用内幕交易信息以外的其他未公开的经营信息交易似乎无关紧要[②]，这就与“老鼠仓”的犯罪构成不尽相符。但司法实践的有关案例发展出“趋同交易”理论解决这一困局。依“趋同”说，虽然“老鼠仓”交易发生晚于机构交易，但“同期”不等于“同日”，在其他投资者未知悉有关信息的前提下，其后一定期限内的交易可以认定为与机构交易具有关联性。[③] 在这里，司法实践扩展了传统“老鼠仓”的交易时间，其背后的深层次法理依据仍在于特定行为主体对投资者信任关系的违背。

总之，对老鼠仓的定性涉及基金法律关系不同主体利益冲突的刑民解决方案选择。在基金法和刑法都对“老鼠仓”背后的法理问题语焉不详的情况下，试图以传统的法律模型完整解释或类型化实践中复杂的“老鼠

---

① 叶建勋：《关于“老鼠仓”行为入罪的思考》，《法学杂志》2009 年第 9 期。

② 龚振军：《老鼠仓犯罪立法模式的批判性反思——兼论规范构成要件之修正》，《学术论坛》2009 年第 8 期。

③ 有关实践案例的处理思路，参见彭冰《重新定性“老鼠仓”——运动式证券监管反思》，《清华法学》2018 年第 6 期。

仓”现象几无可能。简言之，背信行为解释不一定能够涵盖所有“老鼠仓”交易类型。不过，以背信为视角的扩张性解释方法，可以解决当前刑法、基金法对相当部分基金背信行为难以进行规制的问题，不失为一个有缺憾的解决方案。

第四节　私募基金的刑民问题研究

私募基金的合法性之辩在基金法2012年底修订之后便已尘埃落定。有了立法的支撑，私募基金的崛起速度惊人。据中国证券投资基金业协会（以下简称“协会”）数据显示，截至2019年7月底，“协会”存续登记私募基金管理人24332家，存续备案私募基金78734只，管理基金规模13.42万亿元。[①] 各方面的共识是，私募基金的蓬勃发展可以健全多层次资本市场体系，增强对新兴产业、中小微企业的服务能力，还能够激发民间投资活力，提高社会资金使用效率。[②]

不可否认，私募基金存在经济学上的“外部性”问题，具体表现为私募资金的安全性保障以及以私募之名行公募之实的行为。[③] 特别是在私募基金监管方面，《证券投资基金法》的规定过于原则，而私募基金监管规定效力层次较低，缺乏行政法规层级的前置法，在这种状态下，私募基金越是蓬勃发展，越可能引发一系列的法律风险乃至刑事犯罪风险。

本文从金融刑法创新理念与刑民交叉的一般处理规则出发，比较私募基金的商事规范目的与刑法规制目的，围绕法益衡量对创新型私募基金罪与非罪、涉刑私募基金合同效力认定、财产程序性保护等问题展开讨论，以期实现刑民规则的良性衔接。

一　我国私募基金涉及刑事犯罪的概况分析

我国关于私募基金的法律规范尚未形成完善的体系。在前置法方面，

---

① 参见中国证券投资基金业协会《私募基金管理人登记及私募基金产品备案月报》，2019年第7期。

② 参见赵锡军《私募基金的宏观经济意义》，《中国金融》2014年第22期。

③ 参见黄韬《私募基金的法律困局》，《法人》2007年第6期。

对私募基金的法律规定零星散见于《证券投资基金法》《证券法》等法律中，且存在着原则性较强、监管标准不明晰的问题。中国证监会2014年4月18日颁布的《私募投资基金监督管理暂行办法》（以下简称《暂行办法》），是我国私募基金行业监督管理的专门性立法，但其法律位阶仅属部门规章，效力层级比较低。在私募基金前置法缺位的情况下，随着私募基金数量与规模不断发展，各种私募基金刑事案件屡见不鲜。

在我国，私募基金是引发刑民交叉案件的“重灾区”。我们以“私募基金”“刑事”为关键词在相关数据进行检索，结果显示，2008年至2019年，私募基金涉嫌刑事犯罪一审案件共365件。[①] 通过对以上数据库案例进行简要数据分析，不难发现目前我国私募基金涉嫌刑事犯罪的大致情况及其基本特征。

（一）私募基金涉嫌刑事犯罪案件历年数量

由于以上数据截至2019年8月，笔者进行案件总量分析时已排除2019年度，仅对2008年至2018年的数据资料进行分析，以反映完整年度的案件数量变化趋势。

以各年度私募基金涉嫌刑事犯罪案件审判数量统计来看，自2008年以来，除2015年案件数量有所下降以外，其余各年案件数量都呈现上升趋势，尤其是2017年案件数量，较2016年增加一倍多。总体看，私募基金涉嫌刑事犯罪案件数量呈逐年上升趋势（见图7－1）。

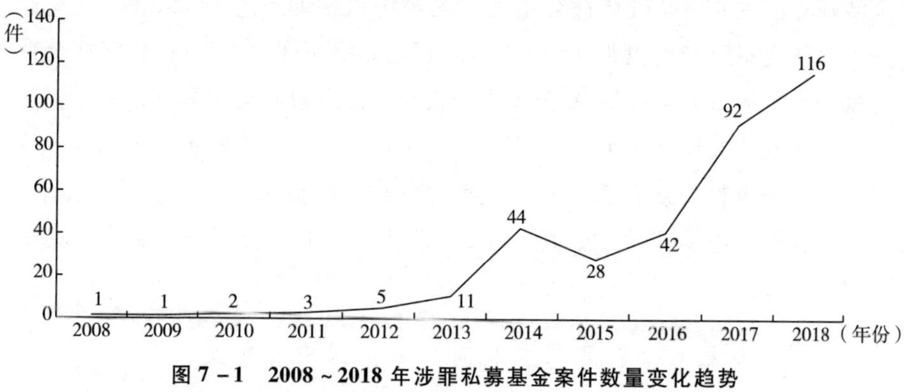

图7－1　2008～2018年涉罪私募基金案件数量变化趋势

① 数据来源：无讼法律数据库，http：//www.itslaw.com/，最后访问时间：2019年8月20日。如无特别说明，本节数据均来源于该数据库。

（二）私募基金涉嫌犯罪案件的地区分布

根据数据统计，私募基金涉嫌犯罪的案件明显具有地域性。案件审判数量前十的地区分别是北京市、河南省、浙江省、广东省、上海市、湖北省、吉林省、四川省、江苏省、河北省（见图7－2）。

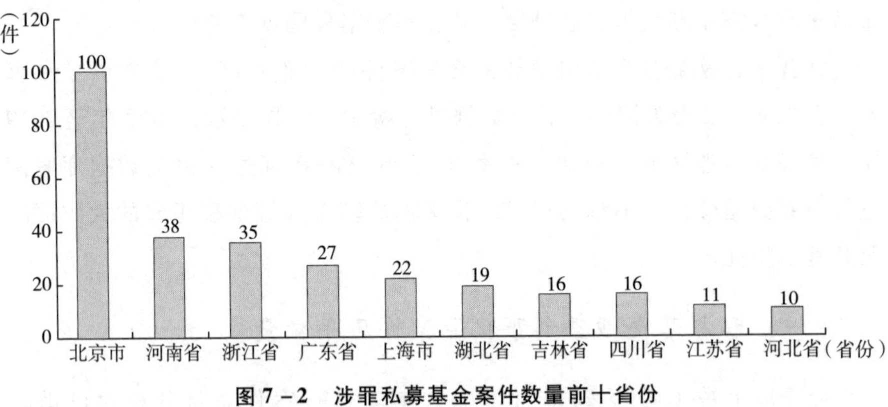

图7－2　涉罪私募基金案件数量前十省份

由图13可以看出，私募基金涉嫌刑事犯罪案件多发生在北京等经济发达地区或东部地区，西部等经济相对落后地区的案件数量少。

（三）私募基金涉嫌刑事犯罪案件案由

私募基金涉嫌刑事犯罪案件案由以破坏社会主义市场经济秩序罪为主，尤其集中于非法吸收公众存款罪。以检索到的数据资料分析，私募基金涉嫌犯罪主要涉及破坏社会主义市场经济秩序罪（共计296件），其他分别涉及侵犯财产类犯罪（55件），贪污贿赂类犯罪（8件），妨害社会管理秩序类犯罪（4件），侵犯公民人身权利、民主权利类犯罪（2件）。

在涉及的破坏社会主义市场经济秩序类犯罪中，私募基金涉及最多的罪名是非法吸收公众存款，共计245件。其后按数量排序依次为诈骗罪，集资诈骗罪，组织、领导传销活动罪，非法经营罪，合同诈骗罪等（见图7－3）。

（四）私募基金犯罪与互联网金融犯罪重叠交叉

私募基金借助互联网进行非公开性和小众性的资金募集，可以视为一种新型的私募基金形式。从实践来看，股权众筹就是一种常见的基金募集

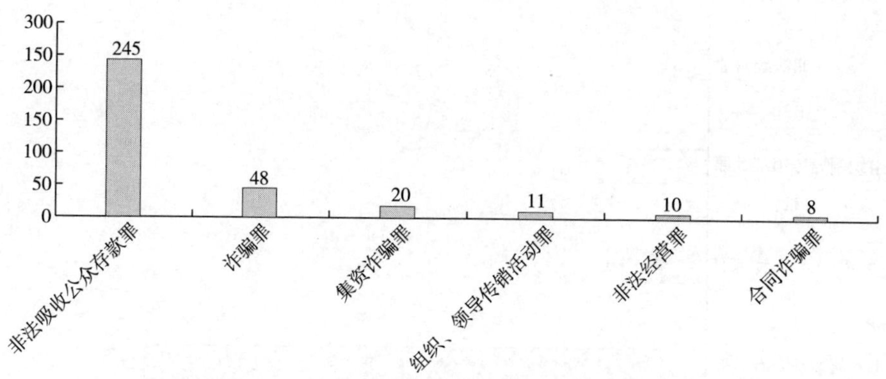

图 7-3　涉私募基金犯罪罪名数量前六统计

方式。根据业内分类，股权众筹分为公募型股权众筹融资、互联网非公开股权融资和互联网私募投资基金募集三种类型。① 从概念的应有之义来看，“众筹”更常指公募型众筹②，因此利用互联网私募资金特别容易异化为集资诈骗、非法组织传销型众筹、非法吸收公众存款、洗钱等犯罪类型。③

我们以“互联网”“私募基金”“刑事”为关键词进行检索，2012 年至 2019 年检索所得案件数量为 57 件，经过筛选发现的互联网私募基金犯罪案件为 37 件。检索结果显示，绝大部分案件的罪名为非法吸收公众存款罪，共计 26 件。其余案件分别涉及诈骗罪、组织领导传销活动罪和非法经营罪。可见，互联网私募基金犯罪与互联网金融乱象存在一定范围的重叠性（见图 7-4）。

刑法之所以偏好以非法吸收公众存款罪等非法集资类罪名来打击私募基金，这与前文指出的“金融抑制”理念有关。私募基金受到刑法规制具体分为两种情形：一种情形是私募创新因无相关前置法规范而踏入刑事雷区，此类情形可称为“私募创新型非法集资犯罪”；另一种情形是以合法的私募形式来实施非法吸收公众存款、集资诈骗等犯罪行为，可称为“虚假私募型非法集资犯罪”。④ 刑法打击的重点应是后一种情况，但在传统理念支配下，有关金融刑事政策习惯于用“非法”和“变相”的理由调整商

① 参见李爱君《互联网股权众筹融资模式与法律分析》，《大众理财》2015 年第 9 期。
② 参见杨东、刘翔《互联网金融视阈下我国股权众筹法律规制的完善》，《贵州民族大学学报》（哲学社会科学版）2014 年第 2 期。
③ 参见阴建峰、刘雪丹《互联网股权众筹的刑法规制问题论纲》，《法律科学》2018 年第 1 期。
④ 参见常秀娇、张志富《私募基金与非法集资犯罪的法律边界》，《南都学坛》2017 年第 4 期。

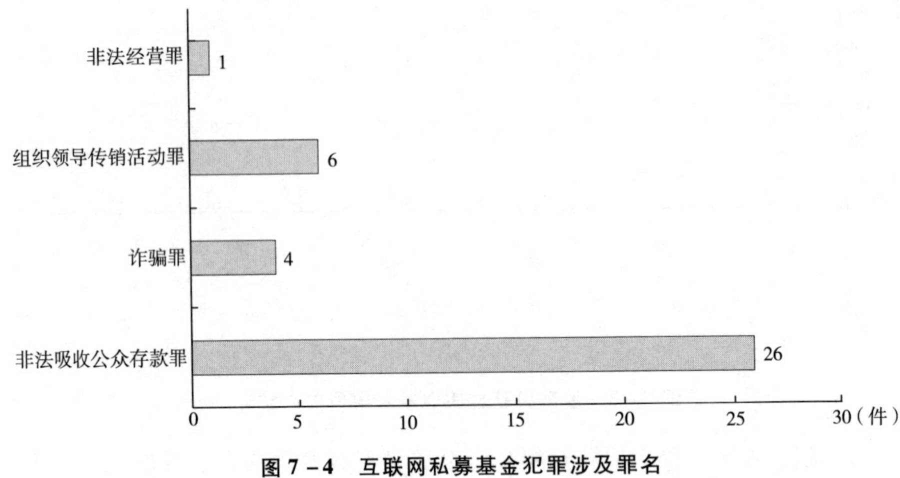

图 7-4　互联网私募基金犯罪涉及罪名

人行为，这样的结果定然是制度性制造犯罪交叉。[①] 下文将虚假私募型犯罪从中剥离出来，单独讨论私募创新型基金的刑民问题。

二　从股权众筹看私募创新型犯罪的商法约束界面

股权众筹是一种常见的基金募集方式。股权众筹最早起源于美国，它是指一群人通过互联网为某一项目或某一创意提供资金支持从而取代诸如银行、风投、天使投资这类公认的融资实体或个人。[②]

在中国实践中，股权众筹多是采取“领投 + 跟投”模式，目的是规避有限公司股东人数上限和公募严格程序的制约，跟投人以有限合伙或股权代持之形式购买权益份额，但并不能直接取得目标企业的证券。[③]

检索我国《证券法》、《基金法》以及《暂行办法》等规定，股权众筹均不在其规定之列。金融法对股权众筹应当借鉴美国 JOBS 法案（译作“初创期企业推动法案”）那样，将之定义为“有限制的公开发行证券”，还是如中国证券业协会起草的《私募股权众筹融资管理办法（试行）》（征求意见稿）定义为“私募股权众筹融资”，或者另行定义为一种新型

---

① 参见李有星《把握刑民交叉的本质，处理好程序与实体问题》，《法律适用》2019 年第 16 期。

② See Devashis Mitra. *The Role of Crowdfunding in Entrepreneurial Finance* . Delhi Business Review. 2012（2）. pp. 67.

③ 参见汪青松《论投资型众筹权益份额流动困境的破解》，《社会科学研究》2018 年第 4 期。

的公开股权融资，目前并无定论。[①]

以维护金融管理秩序之名而扩张刑法射程，必造成不论集资需求的合理性和集资用途的正当性，只要未经部门批准或者造成公众经济损失即可能被追究刑事责任的极端结果。[②] 从传统金融刑法对非法集资的规制思路来看，股权众筹与非法集资主要构成要件“非法性”“公开性”“利诱性”“社会性”高度重合[③]，举例分析如下。

首先，依据《证券投资基金法》第八十七条的规定，私募基金的募集对象只能是合格投资者，且人数限于200人以下。针对虚假型基金犯罪，《暂行办法》第十三条第二款专门规定了对私募基金投资者进行穿透核查。比如一个投资者募集其他出资人的资金，再以个人的名义申购私募基金，虽然登记的人数是在50人以下，但是通过穿透核查，对所有出资人进行核实查验，若投资者人数超过50人，即可认定该私募基金涉嫌非法集资。[④]

直接将穿透核查规则用于股权众筹，可能会造成刑民交叉处理不当。其一，对于众筹平台而言，它不是传统意义上的“证券经营者”或“集资发起者”，其与基金管理人所负义务不可同日而语。其二，以单笔投资数额和投资资产状况作为合格投资者的标准，对于互联网金融并不适用。股权众筹的普罗大众化特征决定了其不可能设置一个极高的门槛，如果没有海量的互联网投资用户，股权众筹就不再是股权众筹。[⑤]

其次，私募投资基金是一种非公开募集基金方式。根据最高人民法院《关于审理非法集资刑事案件具体应用法律若干问题的解释》的规定，向社会公众或不特定对象宣传推介是非法吸收或变相吸收公众存款罪的重要特征。一般认为，人数和不特定性是一个选择性要件，未达到一定的人

---

① 有关观点可参见孙亚贤《股权众筹及其运作平台的法律性质分析》，《理论月刊》2018年第2期。

② 参见郝艳兵《互联网金融时代下的金融风险及其刑事规制——以非法吸收公众存款罪为分析重点》，《当代法学》2018年第3期。

③ 参见何小勇《我国金融体制改革视域下非法集资犯罪刑事规制的演变》，《政治与法律》2016年第4期。

④ 参见赵秉志、杨清惠《涉私募基金非法集资犯罪司法治理研究》，《北京师范大学学报》（社会科学版）2017年第6期。

⑤ 参见黄韬《股权众筹的兴起与证券法理念的更新》，《银行家》2015年第6期。

数，集资对象若具有不特定性或开放性，也应认定为“社会公众”。[①]

依“征求意见稿”之态度，股权众筹目前被定义为非公开性的“私募”方式。众筹网站虽然采用了投资者注册以及“领投+跟投”模式用以规避人数和“不特定性”，但若按传统刑法的认定标准，“不特定性意味着出资者与吸收者没有联系”[②]，其仍不能完全消除“众筹”属性，进而在网络平台与投资者、融资企业与投资者以及领投人与跟投人之间建立某种特定关系的“防火墙”。总之，“私募股权众筹”自身定位与互联网的公开性呈现出明显悖论。

股权众筹平台一般被定义为信息中介，但事实上，网络交易撮合之“中介”并非传统民法之“居间”[③]，因为众筹平台除了利用技术进行信息撮合外，其职责范围已扩展至证券经纪、投资咨询、尽职调查、场外交易等多个领域。[④] 我国众筹交易创设了“领投”与“跟投”的双层交易结构，也绝非普通居间合同的内容所能涵盖。无论从刑法还是商法层面考察，股权众筹交易模式和交易结构都不同于传统资金募集。以制度功能观之，股权众筹为民间金融拓展了领地，有效解决中小微企业融资难，民众投资渠道少、收益低的问题[⑤]，并有助于打破商业银行的金融垄断地位，倒逼金融体制改革，具有显著的金融创新价值。

当民法、金融法、行政法等前置法跟不上市场创新的发展而出现缺位时，刑法原则上应当坚持“立罪至后”。[⑥] 刑法的这种“谦抑”与“法无禁止即自由”的商法理念，在规范目的上保持了一致性。为维护两大基本法法秩序统一状态，刑法所规制的股权众筹原则应限缩为“虚假型基金犯罪”的情形。[⑦] 尽管我们不应忽视互联网金融的传统固有刑事犯罪以及因

---

① 刘宪权：《刑法严惩非法集资行为之反思》，《法商研究》2012年第4期。

② 张明楷：《刑法学》，法律出版社，2011，第686页。

③ 有关观点参见黄辉《中国股权众筹的规制逻辑和模式选择》，《现代法学》2018年第4期。

④ 参见刘明《美国“众筹法案”中集资门户法律制度的构建及其启示》，《现代法学》2015年第1期。

⑤ 参见阴建峰、刘雪丹《互联网股权众筹的刑法规制问题论纲》，《法律科学》2018年第1期。

⑥ 胡启忠：《金融刑法立罪逻辑论——以金融刑法修正案为例》，《中国法学》2009年第6期。

⑦ 由最高人民法院、最高人民检察院、公安部2019年1月联合印发的《关于办理非法集资刑事案件若干问题的意见》中，对于“非法性”要件限于“国家金融管理法律法规”，即属金融刑法限缩适用的例子。

为监管空白产生的新型刑事犯罪风险[①]，但刑法理所应当“将枪口往上抬一抬”。[②] 即使经过法益衡量，刑法介入也须以民商法律作为重要的约束前提，不应过多参考“暂行”部门规章的影响。

当然，倘若要明确划分股权众筹的刑民适用界限，则需在《证券法》《证券投资基金法》以及相关行政法规中明确股权众筹介于证券公开发行与私募基金的特殊法律地位。证券监管部门基于稳健监管考虑，可做出暂时控制股权众筹人数和投资门槛的行政措施[③]，但从“前置法用尽”的原则出发，刑事司法政策对于众筹的投资人数和对象不特定性认定，不宜跟随证券监管部门“亦步亦趋”。

三　私募基金刑民交叉案件中的法益衡量

私募基金不仅涉及多方法律关系和不同交易结构，且事关公共性的法律政策目标，案件处理既要关注实体层面的刑民法域冲突，也要从程序法层面处理涉案财产的两法衔接问题，以平衡刑法的公共性法益和民法的私法性法益。

《中共中央国务院关于完善产权保护制度依法保护产权的意见》所提出的“严格区分经济纠纷与经济犯罪的界限、企业正当融资与非法集资的界限”以及“严格区分违法所得和合法财产”等要求，就是对商事交易主体进行纠偏性保护的顶层指导政策，这在一定程度上有利于遏制司法机关过度展示政治性宣示或安抚社会情绪的不良倾向。[④] 下文选择了合同效力、托管人责任边界等实体处理与涉案财产程序处理两个维度，探讨私募基金刑民交叉处理的法益平衡问题。

---

① 参见上海市浦东新区人民检察院课题组、贺卫《网络金融犯罪治理研究》，《山东警察学院学报》2016 年第 1 期。

② 参见刘宪权《论互联网金融刑法规制的“两面性”》，《法学家》2014 年第 5 期。

③ 中国证监会官员对于股权众筹的监管态度，可参见李至斌《目前证监会正在制定完善〈股权众筹试点管理办法〉》，腾讯网，https：//stock. qq. com/a/20181202/007167. htm，最后访问时间：2018 年 12 月 30 日。

④ 参见钱小平《中国金融刑法立法的应然转向：从“秩序法益观”到“利益法益观”》，《政治与法律》2017 年第 5 期。

（一）涉刑私募基金民事案件中的法益衡量

根据《证券投资基金法》和证监会《暂行办法》的相关规定，私募基金管理人应当制作并与投资者签订基金合同。一旦有关基金运作涉及刑事犯罪，司法实践中的争议焦点在于，在确定基金管理人承担刑事责任的前提下，应该如何处理基金合同的效力，以及如何界定基金托管人的责任边界问题。

以涉及犯罪的基金合同效力认定为例，一般情况下可能因为以下原因而影响合同效力：一是基金合同因违反国家金融管理秩序而被认定违背国家利益或公共利益，二是因刑法否定性评价导致基金合同因违反法律和行政法规的强制性规定而无效，三是基金合同因“以合法形式掩盖非法目的”而被认定无效。

在司法实践中，限制刑民交叉案件合同无效认定的趋势逐渐加强。正如最高人民法院在一份民事判决书①中所指出，判定合同效力时，不能仅因一方当事人实施了涉嫌犯罪行为，而当然认定合同无效。此时，仍应根据民法审查判断，以保护合同中无过错一方当事人的合法权益，维护交易安全和交易秩序。类似的裁判思路，《最高人民法院关于审理民间借贷案件适用法律若干问题的规定》第十三条也予以明确采纳。②

以上判例和司法解释无疑尊重了民法不同于刑法评价的独立性。但是，它们均没有进一步揭示“不当然”背后的“当然”因素，这多少简化甚至遮蔽了裁判过程复杂的利益衡量。具体讨论如下。

1. 涉刑基金合同的私益与公益衡量

根据《合同法》的规定，因欺诈或胁迫而损害国家利益的合同为无效合同。对于何为国家利益有不同的解释：一是指公法意义上的国家利益，即纯粹国家利益；二是包括国有企业的利益；三是认为国家利益就是社会

---

① 有关案件详情，参见《上海闽路润贸易有限公司与上海钢翼贸易有限公司买卖合同纠纷案》，最高人民法院（2015）民申字第956号判决书，案例来源：北大法宝，引证码：CLI. C. 8211875。

② 具体规定内容如下：“借款人或者出借人的借贷行为涉嫌犯罪，或者已经生效的判决认定构成犯罪，当事人提起民事诉讼的，民间借贷合同并不当然无效。人民法院应当根据合同法第五十二条、本规定第十四条之规定，认定民间借贷合同的效力。”

公共利益。[①] 将国家利益扩张解释为国有企业利益，会导致市场竞争环境的恶化，让民事主体地位平等的原则变得毫无意义，显不足取。从《合同法》第五十二条第（四）项规定来看，国家利益与社会公共利益也不等同。因此，绝大部分私募基金合同的订立及其内容并不会涉及“损害国家利益”的问题。

关于社会公共利益，民法学者认为其相当于公共秩序。[②] 如果泛泛而论金融管理秩序，非法吸收公众存款完全可能借由抽象秩序法益整合入社会公共利益，导致基金合同无效。但是，除国家公序行为，社会公共利益还表现为经济自由、公平竞争、消费者保护等更丰富的商事交易面。[③] 因此，只有对相关罪名及个案进行具体法益衡量，才能明确某项行为是否损害公共利益。例如，擅自发行股票可能危及公平竞争和投资者保护，可认定为损害公共利益。但就非法吸收公众存款仅以单一合同观察，其并不必然损害《合同法》第五十二条所定义的“公共利益”，只有将这些合同“聚合形成一个整体，达到了刑法规范或应予制裁的程度”[④]，才考虑是否违反秩序法益而构成犯罪。

2. 管理性与效力性规定的目的性衡量

《合同法》第五十二条第（五）项规定，“违反法律、行政法规强制性规定”的合同无效。司法实践对犯罪行为与民事法律行为存在“同一法律事实”的，有无效论和有效论两种观点。[⑤] 但最高人民法院《关于适用〈合同法〉若干问题的解释（二）》已明确将强制性规定区分为管理性规定和效力性规定，基金合同是否违反强制性法律、行政法规的规定，不能简单以刑法评价为依据。否则，大量刑法条款摇身变成民事规范，私法自治的空间必然随着刑法打击范围的增减而上下调整。[⑥]

非法吸收公众存款罪所侵犯的秩序法益，实为银行金融机构的“存贷

① 参见程宏《刑民交叉案件中合同效力的认定》，《学术探索》2010 年第 2 期。

② 参见梁慧星《民法总论（第二版)》，法律出版社，2001，第 53 页。

③ 参见李永军《合同法》，法律出版社，2016，第 322 页。

④ 王林清、刘高：《民刑交叉中合同效力的认定及诉讼程序的构建——以最高人民法院相关司法解释为视角》，《法学家》2015 年第 2 期。

⑤ 参见姚辉、王林清《涉犯罪合同效力问题研究》，《法学杂志》2017 年第 3 期。

⑥ 参见苏永钦《私法自治中的国家强制》，《中外法学》2001 年第 1 期。

款”业务资格，刑法所禁止者系资质取得之事实行为，非融资法律行为本身。[①]《最高人民法院关于审理民间借贷案件适用法律若干问题的规定》将民间融资商事化，表明宣告合同无效非禁止不法吸储之不可或缺。因此，非法吸收公众存款罪法条仅为管理性规定，不具有否定民事法律行为效力的当然效果。

3. **虚假基金合同实质与形式判断的法益衡量**

以虚假合同掩盖犯罪行为时，对合同效力如何评价也有不同观点。对刑法“实质论”在法益衡量上的失误，前文已有分析，兹不赘述。民法上亦有“实质论”分析认为，以虚假合同掩盖犯罪活动，构成了以合法行为掩盖非法目的，该虚假合同为无效合同。[②]

从理论上分析，其中的“合法形式”既可能是当事人真实的意思，也可能是虚假的意思。[③]以“私募”之名非法吸收公众存款属第一种情形，其效力已如前述。以“私募”之名进行集资诈骗，则符合第二种情形。对所掩盖的“非法目的”，不论解释为“单方避法”还是“双方避法”，避法行为具有价值中性，其效力有赖于法律解释。[④]对此种情形进行价值权衡，如判定集资合同无效，显会损及市场诚信，从保护受欺诈投资者利益出发，按可撤销的合同处理更为妥当。

4. **涉刑基金托管人职责的诚信法益衡量**

在我国基金治理结构中，基金托管人具有特殊的“共同信托人”身份，因此须对基金运行以及基金管理人的行为负有监督职责。根据《证券投资基金托管业务管理办法》第二十一条规定，托管人应对其托管的基金投资范围、投资比例、投资风格、投资限制、关联方交易等进行严格监督，及时提示基金管理人违规风险，并对违规指令及时报告中国证监会，督促基金管理人履行信息披露义务。我国《私募基金暂行规定》第四条也规定了基金托管人托管财产过程中的诚实信用、谨慎勤勉的义务。据以上

---

① 取缔性规定和效力性规定，参见史尚宽《民法总论》，中国政法大学出版社，2000，第331～332页。

② 参见王小莉《民刑并存情形下合同效力的认定——从两则仲裁案件说起》，载《仲裁研究》第26辑，法律出版社，2011，第13页。

③ 参见冉克平《“恶意串通”与“合法形式掩盖非法目的”在民法典总则中的构造——兼评〈民法总则〉之规定》，《现代法学》2017年第4期。

④ 参见王军《法律规避行为及其裁判方法》，《中外法学》2015年第3期。

规定，一旦基金运行涉及犯罪行为，常引起投资者与基金托管人之间因犯罪行为所导致的损害赔偿纠纷。

这类案件的争议焦点通常在于基金托管人与基金管理人是否存在共同行为，以及基金托管人是否在基金犯罪过程中违反审慎监督的义务。依据《基金法》第一百四十五条，构成共同行为的，托管人须与管理人承担连带责任；反之，托管人仅须承担相应的过错责任。

在实践中，部分商业银行违规销售其托管的基金产品较为多见，具体表现为：银行工作人员在本行营业场所向客户销售不属于该行批准的代销产品。如果该基金涉及犯罪而造成投资者损失，认定关键在于有关银行工作人员是否明知基金涉嫌犯罪行为仍配合其销售或转移基金财产，如果不存在“明知”的情形，司法实务一般不认定构成共同行为，最多构成托管人违反审慎监督义务的单独行为。不过，对于基金托管人发现基金管理人存在违规募集资金行为，是否负有阻止义务，存在不同看法。有观点和判例认为，对于委托人违规募集资金的行为，要求托管人负有阻止义务对托管人过于苛责。[①]

我们认为，根据《基金法》以及相关法规、规章的规定，基金托管人虽一般不负有阻止违规募集资金的义务，但负有向投资者提示和向监管部门报告的义务，这也是基金背信内涵的应有之义。依照诚信原则的解释，当托管人员工参与了违规行为，基金托管人应当及时予以制止。实务中，已出现从基金诚信与背信角度，审视基金犯罪案件中托管人责任边界的司法判例。

在“王某某、中国建设银行股份有限公司广州越秀支行合伙协议纠纷、财产损害赔偿纠纷”一案中[②]，一、二审法院均认为托管银行存在“对员工行为和营业场所管理不到位”“对筹措资金过程中缺乏跟踪监督”“发现他人利用建行名义对外宣传营销时未果断制止”等失职行为，间接造成了投资者的损失，因此判决其负有一定的损害赔偿责任。

---

① 参见王猛、焦芙蓉《私募基金托管人的法律地位和责任边界——以投资人诉托管人侵权案为例》，《中国证券期货》2019 年第 2 期。

② 参见（2019）粤 01 民终 6140 号民事判决书，无讼案例，http：//www. itslaw. com。

（二）私募刑民交叉财产保护的程序法益衡量

在私募基金犯罪案件的司法实践中，除了合法财产与非法财产、犯罪行为与经济纠纷的界限这类传统问题以外，私募刑民交叉的财产保护，是各方主体产生利益冲突最为激烈的领域之一。除犯罪行为与经济纠纷界限这一实体问题外，在私募基金犯罪案件处理中，投资者（被害人）财产的程序保护、方式选择以及刑民程序冲突等涉案财产的程序处理规则，也是产生较多争议的领域，充斥着诸多法益平衡。

1. 责令退赔与民事诉讼的关系

责令退赔是我国《刑法》第六十四条规定的通过退还或赔偿犯罪非法所得，以恢复公私财物原状的一种强制措施。[①] 2014 年 11 月 5 日最高人民法院发布《关于刑事裁判涉财产部分执行的若干规定》（以下简称《规定》），正式赋予了责令退赔制度独立的执行处置效力，是属于最终的实体处置。[②] 从这点来看，责令退赔制度是以公法规范私法实体权利的"特例"，其背后反映出"注重于通过刑事上的惩罚、报复，以维持国家的统治秩序"的刑法优先理念。[③]

实务上刑事保护优先的理念体现得更为明显。《规定》第十三条规定，责令退赔的执行顺序优先于民事债务（人身损害中的医疗费除外）。2013 年最高人民法院内部起草的《关于适用刑法第六十四条有关问题的批复》规定，以及最高人民法院研究室于 2008 年 7 月 30 日向浙江省高级人民法院做出法研〔2008〕104 号答复，责令退赔具有阻却民事救济的效力，除非人民法院未在生效刑事判决中做出责令退赔的处理决定，理由是避免"造成刑事判决和民事判决的重复、冲突"。[④] 尽管这些文件都不属于正式的司法解释，但已清晰表明司法实务中对刑民交叉案件的责令退赔与民事

---

① 参见何帆《刑民交叉案件审理的基本思路》，中国法制出版社，2007，第 297 页。

② 参见曲升霞、袁江华《论我国〈刑法〉第 64 条的理解与适用——兼议我国〈刑法〉第 64 条的完善》，《法律适用》2007 年第 4 期。

③ 参见李以游《刑事诉讼中责令退赔问题的几点思考》，《河北法学》2014 年第 11 期。

④ 参见黄应生《〈关于适用刑法第六十四条有关问题的批复〉的解读》，《人民司法》2014 年第 5 期。

赔偿采取了“公权优先、民事为辅的规则定位”。[①]

司法实践的前述定位违背了刑民交叉处理的一般规则。首先，责令退赔的范围与民事赔偿存在差异，其中金融合同纠纷中原告关于违约金、利息和预期收益等请求权并不包括在责令退赔的范围内，因此责令退赔无法完全吸收民事赔偿的功能。其次，责令退赔阻却民事诉讼不利于作为被害人的基金投资人实现多样化的诉求以及诉讼利益。民事责任除请求赔偿外，还包括恢复原状、消除影响、赔礼道歉等责任方式，这是责令退赔所不能实现的实体权利诉求，同时在程序上，刑事诉讼法并未赋予被害人独立的当事人地位，且有关损失金额认定需遵循比民事诉讼更高的证明标准，因此投资人（被害人）无法在刑事诉讼中充分实现自身的诉讼利益。最后，责令退赔阻却民事救济与民事基本法规定的内容相悖。《民法总则》第一百八十七条[②]不仅重申了不同责任竞合时民事责任的独立性，而且还规定民事责任在赔偿顺序上的优先性，与此相悖的刑事诉讼规则应予修正。[③]

2. 投资者的刑民救济选择

私募基金所涉及的投资者具有一个重要特点，即在风险识别与风险承担方面明显优于普通证券投资者，私募基金投资者因而被称为合格投资者。合格投资者是否与普通投资者受到同等保护，存在较大争议。一种观点认为，所有非法集资的投资者都不具有刑事被害人的正当性，理由是投资人为了贪图高额利润，参与国家法律明令禁止的非法金融业务活动，其本身也破坏了国家金融管理秩序，其投资财产权益不应受到法律保护。[④]另一种观点提出，应具体区分投资者是否属于主动集资参与行为。当行为主体为获取高额利息，故意无视自己所面临的危险境地、刻意提升自我被

---

① 参见成越、成延洲《责令退赔制度中刑民交叉争议的解决》，《人民司法》2017年第19期。

② 具体规定如下：“民事主体因同一行为应当承担民事责任、行政责任和刑事责任的，承担行政责任或者刑事责任不影响承担民事责任。民事主体的财产不足以支付的，优先用于承担民事责任。”

③ 参见杨丽珍《〈民法总则〉第191条之解释论》，《西北大学学报》（哲学社会科学版）2017年第4期。

④ 非法集资犯罪问题研究课题组（北京市人民检察院）：《涉众型非法集资犯罪的司法认定》，《国家检察官学院学报》2016年第3期。

害的风险时，刑法应尊重商业主体的自我决定权，不主动干预。[①]

两种意见都以“明知”金融活动超出法律规定作为排除刑法保护的条件，但其背后体现的金融刑法理念有一定差别。前一观点以刑法取代民法评价，忽视商事主体正当融资需求以及金融活动参与人的财产法益。后一观点虽注意到商法对刑法的约束，但一概排除主动参与人的法律保护，亦未充分贯彻私法逻辑。

我们主张，集资参与人是否受保护，不仅要具体考察参与人的“明知”要件，还应进一步区分合格投资者与普通投资者。若投资者为了追求高额投资回报，非“明知”集资活动的整体性质，如自认为购买的是受保护的私募基金，则不论该参与人是普通投资者还是合格投资者，均受刑事退赔规则保护。普通投资者即便明知其参与的是“非法集资”，考虑到其风险识别能力较弱，通常是被非法集资人诱导参与高风险活动，若不予保护，明显有违公平。但对于合格投资者来说，除非其投资损失是基于错误认识所导致，例如集资诈骗，合格投资者不宜认定为“刑事被害人”。不过，前述投资者仍然可以通过民事诉讼寻求救济。

3. 涉案财物与民事保全与执行的关系

基金犯罪刑事程序不仅涉及犯罪认定，也包括涉案财物的保全与处置。刑事程序过程还可能涉及投资者提起民事诉讼，从而与相关诉讼保全和执行程序发生交叉与冲突。在实践中，刑事涉案财物的保全与民事诉讼保全的关系处理一般遵循“在先原则”，即人民法院或公安机关任何一方对涉案财物采取保全措施，另一方只能通过轮候查封，达到保全财产的目的。[②] 而关于涉案采取的实体处置，除前文提到的责令退赔外，还包括判决返还投资人、没收上缴国库、公安机关决定返还等处理方式。其中，由公安机关决定返还财产，仅为预决措施[③]，不能对抗人民法院的民事执行。

---

① 参见时方《非法集资犯罪中的被害人认定——兼论刑法对金融投机者的保护界限》，《政治与法律》2017 年第 11 期。

② 参见宋英辉、曹文智《论刑民交叉案件程序冲突的协调》，《河南社会科学》2015 年第 5 期。

③ 《公安机关办理刑事案件程序规定》第 220 条规定，对被害人的合法财产及其孳息权属明确无争议，并且涉嫌犯罪事实已经查证属实的，应当在登记、拍照或者录像、估价后及时返还，并在案卷中注明返还的理由，将原物照片、清单和被害人的领取手续存卷备查。

由人民法院做出的判决返还等实体处置，传统做法是刑事判决优先。[①] 依照《民法总则》第一百八十七条规定，应当改遵照民事优先的原则。

刑事诉讼程序中，如果公安机关对先采取保全措施的涉案财物未移送检察院，导致检察院或法院无法对该涉案财物做出处置，或者检察院决定撤诉但未对涉案财物进行处置，又或者检察院未在起诉书中对涉案财物提出处理意见，导致法院遗漏对涉案财物进行处置，法院能否在先行保全措施未解除的情况下，依据生效民事裁判对该财产进行强制执行？“案结物不了”极大损害了民事诉讼当事人的合法财产权益，法院此时应主动与公安机关协商，由公安机关自行解除查封后予以强制执行；如仍不能解除保全，法院依据民事优先的原则，可以直接强制执行涉案财产。

① 参见孙红《刑事退赔与民事债权标的同一如何受偿》，《检察日报》2014 年 8 月 13 日。

参考文献

[1] "BLACK's LAW Dictionary", Fifth Edition (1979) West Publishing CO. p. 606.

[2] Bernard Black & Reinier Kraakman, A Self - Enforcing Model of Corporate Law, Harvard Law Review, vol. 109, pp. 1911 - 1982, 1996.

[3] Jill E. Fisch, Rethinking the Regulation of Securities Intermediaries, 158 U. PA. L. REV. 1961 (2010).

[4] John Morley, Why Do Investment Funds Have Special Securities Regulation? (2018)

[5] John Morley, The Separation of Funds and Managers: A Theory of Investment Fund Structure and Regulation, The Yale Law Journal, 123: 1228 March 2014, pp. 1284 - 1285.

[6] Leland E. Modesitt, The Mutual Fund—A Corporate Anomaly, 14 UCLA L. Rev. at 1252 (1967).

[7] Jill E. Fisch, Rethinking the Regulation of Securities Intermediaries, 158 U. PA. L. REV. 1961 (2010).

[8] Peter D. Isakoff, Agents of Change: The Fiduciary Duties of Forwarding Market Professionals, Duke Law Journal, Vol. 61, No. 7, 2012.

[9] Henry Hansmann & Reinier Kraakman, The Essential Role of Organizational Law, Yale ICF Working Paper, No. 00 - 11 (2000).

[10] Robert H. Sitkoff, The Economic Structure of Fiduciary Law, 91 Boston University Law Review (2011), p. 1045.

[11] Investment Advisers Act Release No. 3060 (July 28, 2010), p. 2; Investment Advisers Act Release No. 3052 (July 14, 2010), p. 52.

[12] Investment Company Institute: 2019 *Investment Company Fact Book: A Review of Trends and Activities in the Investment Company Industry*, pp. 54 – 56.

[13] Franklin R. Edwards, *The Regulation of Hedge Funds: Financial Stability and Investor Protection*, Conference Paper on Hedge Funds Institute for Law and Finance/Deutsches Aktieninstitut e. V. JohannWolfgang Goethe – Univsersitat Frankfurt .

[14] lan Greenspan: *Hearing Before the S. Comm. on Banking, Housing and Urban Affairs*, 108th Cong.

[15] Thomas C. Pearson, Julia Lin Pearson, Protecting Global Financial Market Stability and Integrity: Strengthening SEC Regulation of Hedge Funds, *North Carolina Journal of International Law & Commercial Regulation*, Volume 33, Issue 1, 2007, pp. 1 – 81.

[16] Lloyd Dixon, Norren Clancy & Krishna B. Kumar, *Hedge Funds and Systemic Risk*, Rand Corporation 4 (2012) .

[17] Rene' M. Stulz, Hedge Funds: Past, Present, and Future, Journal of Economic Perspectives, Volume 21, No. 2, pp. 175 – 194.

[18] Alexandros Seretakis, EU Hedge Fund Regulation: Hedge Funds and Single Supervision, European Company Law, Volume 15, Issue 2, pp. 97 – 106.

[19] Giorgio Tosetti Dardanelli, Direct or Indirect Regulation of Hdege Funds: A European Dilemma, European Journal of Risk Regulation, Volume 2, Issue 4, 2011, pp. 463 – 480.

[20] Hossein Nabilou, Alessio M. Pacces, The Hedge Fund Regulation Dilemma: Direct vs. Indirect Regulation, William & Mary Business Law Review, Volume 6, Issue 1, 2015, pp. 183 – 236.

[21] Jacob Johnson, Direct Regulation of Hedge Funds: An Analysis of Hedge Fund Regulation After the Implementation of Title IV of the Dodd – Frank Act, *DePaul Business and Commercial Law Journal*, Volume 16, Issue 2, Article 3, 2018.

[22] William H. Donaldson, *Testimony Concerning, The Long and Short of Hedge Funds: Effects of Strategies for Managing Market Risk.*

[23] The Board of the International Organization of Securities Commissions: *Report on the Fourth IOSCO Hedge Funds Survey (Final Report)*.

[24] Financial Services and Markets Act 2000.

[25] Frederick Mark Gedicks, Suitability Claims and Purchases of Unrecommended Securities: An Agency Theory of Broker – Dealer Liability, Arizona State Law Journal, Summer 2005, p. 526.

[26] The Financial Services Authority, *New Conduct of Business Sourcebook*, R. 4. 12. 1 (4).

[27] Preqin Hedge Fund Online, *The Hedge Fund Industry in the UK.*

[28] Promotion of Collective Investment Scheme (Exemption) Order 2001, Section 21.

[29] Rebecca Jones, Speech Discussing the Results of the Initial Consultation on Hedge Funds: *A Discussion of Risk and Regulatory Engagement*, Nov. 15, 2005.

[30] Northern Rock, Lessons of the Fall, How a financial darling fell from grace, and why regulators didn't catch it, *the Economist.*

[31] FCA&PRA, Memorandum of Understanding (MoU) between the Financial Conduct Authority (FCA) and the Prudential Regulation Authority (PRA), Section 23, 43.

[32] Standards Board for Alternative investments: *The History of SBAI.*

[33] Alternative Investment Management Association: The History of AIMA.

[34] Mariia Domina Repiquet, A Fresh Perspective on Hedge Funds: Exploring New Opportunities Post – Brexit, Business Law Review, Volume 39, Issue 3, 2018, pp. 71 – 78.

[35] United States Securities and Exchange Commission, *Implication of the Growth of Hedge Funds*, 2003, pp. 76 – 83.

[36] Tamar Frankel, Fiduciary Duties of Brokers – Advisers – Financial Planners and Money Managers (August 10, 2009), Boston Univ. School of Law Working Paper, No. 09 – 36.

[37] Peter D. Isakoff, Agents of Change: The Fiduciary Duties of Forwarding Market Professionals, Duke Law Journal, Vol. 61, No. 7, 2012.

[38] BIS, Customer Suitability in the Retail Sale of Financial Products and Services, April, 2008, at4.

[39] Louis Loss, The SEC and the Broker - Dealer, 1 Vand. L. Rev. p. 516 - 518 (1948).

[40] Honore, A. M. Ownership, Oxford Essays in Jurisprudence, Oxford: Oxford University Press, 1961: 91.

[41] Nozick, R. Anarchy, State and Utopia , Oxford: Basil Blackwell, 1974: 160.

[42] Locke, J. Two Treatises of Goverment, ed. P. Laslerr , Cambridge: Cambridge University Press, 1988: 291.

[43] Hegel, G. W. F. Elements of the Philosophy of Right, ed. A. W. Wood, Cambridge University Press, 1991: 73.

[44] Akerlof, G. A. The Market for Lemmons: Quality Uncertainty and the Market Mechanism, The Quarterly Journal of Economics, Vol. 84, No. 3. Oxford University Press, 1970: 488 - 500.

[45] Anita K. Krug, Downstream Securities Regulation, Boston University Law Review 94, No. 5 (October 2014): 1636 - 1638.

[46]〔德〕马克斯·韦伯:《社会学的基本概念》,顾忠华译,广西师范大学出版社,2011。

[47]〔德〕拉伦茨:《法学方法论》,陈爱娥译,商务印书馆,2005。

[48]〔德〕卡尔·拉伦茨:《德国民法通论(上册)》,王晓晔、程建英等译,法律出版社,2003。

[49]〔日〕前田庸:《公司法入门》,王作全译,北京大学出版社,2012。

[50]〔日〕河本一郎、大武泰南:《证券交易法概论(第四版)》,侯水平译,法律出版社,2001。

[51]〔日〕大缘仁:《刑法概说(总论)》,冯军译,中国人民大学出版社,2014。

[52]〔英〕安东尼·奥格斯:《规制:法律形式与经济学理论》,骆梅英译,中国人民大学出版社,2008。

[53]〔美〕赫伯特·E. 杜格尔、弗朗西斯·J. 科里根:《投资学》,任淮秀、陈中云等译,中国人民大学出版社,1990。

[54]〔美〕莱纳·克拉克曼等：《公司法剖析：比较与功能的视角》，刘俊海、徐海燕等译，北京大学出版社，2007。

[55]〔美〕威廉姆森：《资本主义经济制度》，段毅才、王伟译，商务印书馆，2002。

[56]〔美〕威廉姆森：《经济组织的逻辑》，载陈郁编《企业制度与市场组织——交易费用经济学文选》，上海三联书店，1996。

[57]〔美〕R.J. 舒克：《华尔街词典》，陈启清译，中国商业出版社，2002。

[58]〔美〕路易斯·罗斯、乔尔·赛里格曼：《美国证券监管法基础》，张路等译，法律出版社，2008。

[59]〔美〕赫伯特·西蒙：《现代决策理论的基础》（中译本），北京经济学院出版社，1989。

[60]〔美〕博登海默：《法理学——法律哲学与法律方法》，邓正来译，华夏出版社，1987。

[61]〔美〕博登海默：《法理学——法哲学与法律方法》，邓正来译，中国政法大学出版社，1999。

[62]〔美〕约翰·C. 科菲：《看门人机制：市场中介与公司治理》，黄辉、王长河等译，北京大学出版社，2011。

[63]〔美〕史蒂文·西瓦兹：《金融创新与监管前沿文集》，高凌云等译，上海远东出版社，2015。

[64]贝政新等：《基金治理研究》，复旦大学出版社，2006。

[65]马克思、恩格斯：《马克思恩格斯全集》（第六卷），人民出版社，1961。

[66]陈春山：《证券投资信托法专论》，中国台湾五南图书出版公司，1997。

[67]陈卫东主编《投资基金管理》，科学出版社，2004。

[68]陈洁：《证券法》，社会科学文献出版社，2006。

[69]陈兴良：《走向哲学的刑法》，法律出版社，2008。

[70]成思危：《风险投资论丛》，民主与建设出版社，2003。

[71]崔建远：《合同法（第三版）》，法律出版社，2003。

[72]赖源河、王志诚：《现代信托法论》，中国政法大学出版社，2002。

[73] 赖源河：《证券法规》，中国台湾元照出版有限公司，2014。
[74] 梁慧星：《民法总论（第二版）》，法律出版社，2001。
[75] 赖英照：《股市游戏规则：最新证券交易法解析》，中国台湾赖英照出版，2017。
[76] 何德旭：《中国投资基金制度变迁分析》，西南财经大学出版社，2002。
[77] 何孝星：《证券投资基金运行论》，清华大学出版社，2003。
[78] 李永军：《合同法》，法律出版社，2016。
[79] 黄茂荣：《法学方法与现代民法》，中国政法大学出版社，2001。
[80] 黄辉：《现代公司法比较研究：国际经验及对中国的启示》，清华大学出版社，2011。
[81] 孙煜扬：《阿拉丁神灯——证券投资基金发展历程》，中国金融出版社，2004。
[82] 孙国华、朱景文：《法理学》，中国人民大学出版社，1999。
[83] 盛学军：《证券公开规制研究》，法律出版社，2004。
[84] 施天涛：《公司法论》（第四版），法律出版社，2018。
[85] 宋国良：《证券投资基金——运营与管理》，人民出版社，2005。
[86] 张淳：《信托法原论》，南京大学出版社，1994。
[87] 张开平：《英美公司董事法律制度研究》，法律出版社，1998。
[88] 张国清：《投资基金治理结构之法律分析》，北京大学出版社，2004。
[89] 张育军：《金融危机与改革》，中信出版社，2014。
[90] 张国健：《商事法论》，中国台湾三民书局，1980。
[91] 赵万一：《商法学》，法律出版社，2001。
[92] 朱伟一：《证券法》，中国政法大学出版社，2018。
[93] 朱大明：《香港公司法研究》，法律出版社，2015。
[94] 叶林：《证券法》（第四版），中国人民大学出版社，2013。
[95] 周正庆、李飞、桂敏杰主编《新证券法条文解析》，人民法院出版社，2006。
[96] 周玉华：《投资信托基金法律应用》，人民法院出版社，2000。
[97] 周友苏：《新证券法论》，法律出版社，2007。
[98] 郑泰安、钟凯、陈镜：《证券投资基金法律制度》，四川人民出版

社，2008。
[99] 钟凯：《公司法实施中的关联交易法律问题》，中国政法大学出版社，2015。
[100] 方芸：《立法模式构建视阈下银行重整法律制度研究》，中国社会科学出版社，2018。
[101] 张红：《证券行政法专论》，中国政法大学出版社，2017。
[102] 张守文：《经济法原理》，北京大学出版社，2013。
[103] 王保树：《中国商事法》，人民法院出版社，2001。
[104] 王锐：《金融机构的适当性义务研究》，法律出版社，2017。
[105] 王申：《法哲学三论》，上海交通大学出版社，2006。
[106] 王彦国：《投资基金论》，北京大学出版社，2002。
[107] 王连洲、董春华：《证券投资基金法条文释义与法理精解》，中国方正出版社，2004。
[108] 王泽鉴：《民法学说与判例研究》（第5册），中国政法大学出版社，1998。
[109] 王文宇等：《金融法》，中国台湾元照出版有限公司，2019。
[110] 王文宇：《探索商业智慧：契约与组织》，中国台湾元照出版有限公司，2019。
[111] 王文宇：《公司法论》，中国台湾元照出版有限公司，2018。
[112] 王利宾：《刑罚的经济分析》，法律出版社，2014。
[113] 吴晓灵：《投资基金法的理论与实践——兼论投资基金法的修订与完善》，上海三联书店，2011。
[114] 吴弘主编《证券法教程》（第二版），北京大学出版社，2017。
[115] 谢卫：《金融制度变革中的投资基金》，中国经济出版社，1997。
[116] 深圳市南山风险投资基金公司编著《投资基金的理论与实践》，海天出版社，1993。
[117] 苏力：《法治及其本土资源》，中国政法大学出版社，1996。
[118] 全国人大常委会法制工作委员会编《中华人民共和国证券投资基金法释义》，法律出版社，2013。
[119] 郭东乐：《中国资本市场理论与实务》，中国物价出版社，1997。
[120] 郭峰、陈夏：《证券投资基金法导论》，法律出版社，2008。

[121] 郭土木:《证券交易法论著选辑》,中国台湾三民书局股份有限公司,2016。
[122] 许占涛:《投资基金论》,经济科学出版社,1998。
[123] 熊丙万:《私法的基础:从个人主义走向合作主义》,中国法制出版社,2018。
[124] 徐国栋:《民法基本原则解释》,中国政法大学出版社,1992。
[125] 许凌艳:《金融法基本理论研究》,上海财经大学出版社,2018。
[126] 俞宣孟:《本体论研究》,上海人民出版社,1999。
[127] 应飞虎:《信息、权利与交易安全——消费者保护研究》,北京大学出版社,2008。
[128] 季奎明:《金融创新视野中的商事法变革》,中国法制出版社,2011。
[129] 中国大百科全书总编辑委员会哲学卷编辑部编《中国大百科全书·哲学卷》,中国大百科全书出版社,1987。
[130] 范健:《德国商法》,中国大百科全书出版社,1993。
[131] 何宝玉:《信托法原理研究》,中国法制出版社,2015。
[132] 何帆:《刑民交叉案件审理的基本思路》,中国法制出版社,2007。
[133] 罗培新:《公司法的法律经济学研究》,北京大学出版社,2008。
[134] 赖继:《经营机构适当性主体义务实证研究——以防范金融结构性风险及投资人保护为视角》,《证券法律评论》2019 年卷。
[135] 赖华子、胡东平:《论不正当关联交易的刑事责任》,《社会科学家》2010 年第 2 期。
[136] 刘宪权:《论互联网金融刑法规制的“两面性”》,《法学家》2014 年第 5 期。
[137] 刘宪权、金华捷:《P2P 网络集资行为刑法规制评析》,《华东政法大学学报》2014 年第 5 期。
[138] 刘宪权、翟寅生:《刑民交叉案件中刑事案件对民事合同效力的影响研究——以非法集资案件中的合同效力为视角》,《政治与法律》2013 年第 10 期。
[139] 刘超:《我国证券投资基金的宏观管理——制度分析与政策建议》,《经济社会体制比较》2010 年第 5 期。
[140] 刘远、赵玮:《金融刑法立法理念的宏观分析》,《河北法学》2006

年第 9 期。

[141] 刘俊海:《投资基金立法中的若干争议问题研究》,《杭州师范大学学报》2002 年第 2 期。

[142] 刘锡标:《证券投资基金功能的再认识》,《蒙自师范高等专科学校学报》2002 年第 2 期。

[143] 刘运宏、卫学玲:《证券投资基金法修改中的创新与不足》,《证券法苑》2013 年第 8 期。

[144] 刘道云:《论我国私募基金法律规制的完善》,《新金融》2013 年第 6 期。

[145] 刘学华:《我国投资者适当性管理制度构建浅析》,《中国证券期货》2011 年第 9 期。

[146] 刘瑜恒:《我国私募基金风险及监管对策研究》,《金融监管研究》2018 年第 8 期。

[147] 刘迎霜:《我国金融消费者权益保护路径探析——兼论对美国金融监管改革中金融消费者保护的借鉴》,《现代法学》2011 年第 3 期。

[148] 刘继兵、夏玲:《美国互联网金融发展路径对我国的启示》,《西南金融》2014 年第 6 期。

[149] 刘再杰:《互联网理财风险的本质、特征与防范》,《国际金融》2015 年第 3 期。

[150] 李鲜:《我国政府职能改进与证券投资基金功能释放》,《云南财贸学院学报》2008 年第 6 期。

[151] 刘和平:《投资基金的信托法研究》,《商法研究》第三辑,人民法院出版社,2001。

[152] 刘辉:《金融禀赋结构理论下金融法基金理念和基本原则的革新》,《西北政法大学学报》2018 年第 5 期。

[153] 刘舒:《互联网货币基金问题的法律研究——以余额宝为例》,《改革与开放》2015 年第 16 期。

[154] 刘丹冰:《金融创新与法律制度演进关系探讨》,《法学杂志》2013 年第 5 期。

[155] 刘明:《美国“众筹法案”中集资门户法律制度的构建及其启示》,《现代法学》2015 年第 1 期。

[156] 李群星：《信托的法律性质与基本理念》，《法学研究》2000 年第 3 期。
[157] 李志鹏、姚小义：《我国互联网货币基金收益波动风险比较》，《财会月刊》2015 年第 26 期。
[158] 李学斌、薛静：《论我国刑事政策与刑法的关系》，《青海社会科学》1992 年第 2 期。
[159] 李宇：《论作为法人的商业信托》，《法学》2016 年第 8 期。
[160] 李宇：《商业信托委托人的法律地位》，《法学论坛》2012 年第 5 期。
[161] 李永升、胡冬阳：《P2P 网络借贷的刑法规制问题研究——以近三年的裁判文书为研究样本》，《政治与法律》2016 年第 5 期。
[162] 刘燕：《大资管"上位法"之究问》，《清华金融》2018 年第 4 期。
[163] 李静：《论经济法的适度干预原则》，《探索》2002 年第 1 期。
[164] 李剑：《我国中小投资者法律保护机制的演进》，《证券市场导报》2008 年第 4 期。
[165] 李康、杨兴军：《回避与妥协——〈中华人民共和国证券投资基金法〉立法评论》，《观察家》2006 年第 10 期。
[166] 李琳：《我国"公司型"基金治理结构的建构——基于与"契约型"结构的对比分析》，《经济法研究》2018 年第 1 期。
[167] 李勋：《论美国的对冲基金监管立法》，《金融理论与实践》2008 年第 6 期。
[168] 李寒芳：《曹凤岐：风雨两法起草路》，《法人杂志》2004 年第 8 期。
[169] 李文华：《论公募证券投资基金持有人利益的保护》，《南方金融》2015 年第 9 期。
[170] 李文华：《我国私募基金合格投资者管理问题探析》，《武汉金融》2015 年第 5 期。
[171] 李宝伟、楚燕兰、张云：《互联网金融的本质、服务实体经济效率及监管——基于 31 个省级面板数据的 PVAR 模型分析》，《西南金融》2019 年第 6 期。
[172] 李锦成：《美国对冲基金发展经验对中国的借鉴》，《经济问题》

2013 年第 4 期。
[173] 李有星：《把握刑民交叉的本质，处理好程序与实体问题》，《法律适用》2019 年第 16 期。
[174] 李艳丽：《私募投资基金管理新政影响几何》，《法人》2017 年第 10 期。
[175] 李曙光：《新基金法重置行业规则》，《中国金融》2013 年第 10 期。
[176] 李东方、冯睿：《投资者适当性管理制度的经济和法律分析》，《财经法学》2018 年第 4 期。
[177] 李春风、李镇华：《证券市场产品适当性管理现状与改进建议》，《证券市场导报》2010 年第 7 期。
[178] 李迅雷等：《证券经营机构牌照管理境外经验与我国业务牌照管理体系研究》，载《创新与发展：中国证券业 2014 年论文集》。
[179] 李晓明、张鑫：《刑民交叉案件分类及其对未来研究的影响》，《河北法学》2016 年第 2 期。
[180] 厉以宁：《关于〈中华人民共和国证券投资基金法（草案）〉的说明——2002 年 8 月 23 日在第九届全国人民代表大会常务委员会第二十九次会议上》，《中华人民共和国全国人民代表大会常务委员会公报》2003 年第 6 期。
[181] 吕凯波：《颠覆抑或补充：互联网金融发展对中国金融业的影响》，《经济体制改革》2017 年第 4 期。
[182] 罗培新：《世行营商环境评估之“保护少数投资者”指标解析——兼论我国公司法的修订》，《清华法学》2019 年第 1 期。
[183] 龙俊鹏：《完善我国私募基金监管体制：导向、框架与对策》，《南方金融》2019 年第 5 期。
[184] 梁清华：《论中国私募基金管理人注册制度的完善》，《学术月刊》2015 年第 1 期。
[185] 廖新仲：《论余额宝对接基金的经济本质和经济价值》，《广东财经大学学报》2014 年第 6 期。
[186] 廖学锋：《余额宝“搅局”基金业托管银行“居中”应势图变》，《银行家》2013 年第 9 期。
[187] 黎四奇：《对余额宝所引发法律问题的思考——基于金融创新的视

角》,《中南大学学报》2014 年第 3 期。

[188] 楼晓:《我国公司型基金治理结构的构建之路——以美国共同基金治理结构为视角》,《法学评论》2013 年第 6 期。

[189] 楼建波:《法院判决对中国影子银行业务的间接激励——金融商法的视角》,《清华法学》2017 年第 6 期。

[190] 卢建平、刘春花:《我国刑事政策的演进及其立法影响》,《人民检察》2011 年第 9 期。

[191] 卢勤忠:《我国基金犯罪的刑事立法分析》,《河南大学学报》(社会科学版) 2011 年第 1 期。

[192] 林祖云:《基金信息披露制度现存问题及其对策》,《政治与法律》2009 年第 7 期。

[193] 季冬生:《证券投资基金治理功能的新篇章》,《中国金融》2007 年第 4 期。

[194] 黄一鸣:《我国证券投资基金的信托性质分析》,《税务与经济》2012 年第 4 期。

[195] 黄太云:《〈刑法修正案(七)〉解读》,《人民检察》2009 年第 6 期。

[196] 胡吕银:《证券投资基金法律关系解构——兼对熊继宁教授观点的补正》,《比较法研究》2006 年第 1 期。

[197] 胡启忠:《金融刑法立罪逻辑论——以金融刑法修正案为例》,《中国法学》2009 年第 6 期。

[198] 胡伟:《论证券投资基金中基金管理人与基金托管人之间的法律关系——以我国〈证券投资基金法〉为视角》,《云南大学学报》2009 年第 3 期。

[199] 黄韬:《股权众筹的兴起与证券法理念的更新》,《银行家》2015 年第 6 期。

[200] 黄欣、黄皓:《关于我国金融法治重构的思考》,《中国法学》2002 第 4 期。

[201] 黄辉、李海龙:《强化监管背景下的中国证券市场禁入制度研究:基于实证与比较的视角》,《比较法研究》2018 年第 1 期。

[202] 黄应生:《〈关于适用刑法第六十四条有关问题的批复〉的解读》,

《人民司法》2014 年第 5 期。
[203] 黄文艺：《谦抑、民主、责任与法治——对中国立法理念的重思》，《政法论丛》2012 年第 2 期。
[204] 黄金荣：《“规范性文件”的法律界定及其效力》，《法学》2014 年第 7 期。
[205] 何小勇：《我国金融体制改革视域下非法集资犯罪刑事规制的演变》，《政治与法律》2016 年第 4 期。
[206] 哈图：《浅析互联网对基金行业发展的影响》，《电子制作》2015 年第 2 期。
[207] 浩民：《〈基金法〉诞生记》，《金融信息参考》2003 年第 12 期。
[208] 郜怡璇：《美英互联网金融监管对我国的启示》，《现代营销（经营版)》2018 年第 11 期。
[209] 郝身永：《互联网金融对传统商业银行的短期冲击与深远影响》，《上海行政学院学报》2015 年第 2 期。
[210] 郝艳兵：《互联网金融时代下的金融风险及其刑事规制——以非法吸收公众存款罪为分析重点》，《当代法学》2018 年第 3 期。
[211] 韩质栩：《互联网基金的兴起及其对传统商业银行的挑战——以余额宝为例》，《东岳论丛》2015 年第 2 期。
[212] 韩延明：《理念、教育理念及大学理念探析》，《教育研究》2003 年第 9 期。
[213] 郝金：《新〈基金法〉关于法律调整范围规定的评析》，《证券法苑》2013 年第 9 期。
[214] 胡光志、方桂荣：《中国投资基金信息披露制度及其完善》，《法学研究》2008 年第 3 期。
[215] 胡改蓉、钱一帆：《2016 年中国证券市场法制研究报告》，《公司法律评论》2017 年第 17 期。
[216] 胡彦涛、刘莉：《非法集资行为的“国家规定”与司法判断标准——以行政犯相关理论为视角》，《东北大学学报》（社会科学版）2018 年第 4 期。
[217] 胡启忠：《金融刑法立罪逻辑论——以金融刑法修正案为例》，《中国法学》2009 年第 6 期。

[218] 胡伟:《投资者适当性制度民事责任探析》,《广西社会科学》2013年第2期。

[219] 何艳春、郝金:《新〈基金法〉关于公募基金放松管制规定的评析》,《证券法苑》2013年第8期。

[220] 宏巍、杨光:《英国私募基金监管体系政策支持及借鉴意义》,《清华金融评论》2017年第4期。

[221] 洪磊:《私募基金自律管理的逻辑》,《清华金融评论》2018年第5期。

[222] 侯国跃、刘玖林:《经营机构违反投资者适当性制度的民事责任》,《证券法苑》2019年第1期。

[223] 华东政法大学课题组:《证券公司与证券服务机构法律制度完善研究》,课题组负责人吴弘,《证券法苑》2014年第10期。

[224] 蒋雪雁:《〈信托法〉:揭开证券投资基金的面纱——论我国证券投资基金的法律性质》,《金融法苑》2003年第4期。

[225] 蒋雪柔:《关于私募证券投资基金监管问题的思考》,《经贸实践》2018年第11期。

[226] 蒋学跃:《上市公司股东大会"法定数"制度应缓行——兼论〈证券法(修订草案)〉的相关规定》,《证券法苑》2017年第20期。

[227] 江翔宇:《我国引入公司型基金法律制度的探讨》,《政治与法律》2009年第7期。

[228] 江伟、范跃如:《民刑交叉案件处理机制研究》,《法商研究》2005年第4期。

[229] 简爱:《从"分野"到"融合":刑事违法判断的相对独立性》,《中外法学》2019年第2期。

[230] 姜沅伯、邹露:《2017年证券市场法治述评》,《证券法苑》2018年第12期。

[231] 姜盼盼:《互联网金融刑法风险的应对逻辑》,《河北法学》2018年第3期。

[232] 姜涛、尹亮:《证券投资基金信托:模式选择与立法建构》,《财经科学》2005年第3期。

[233] 姜涛:《互联网金融所涉犯罪的刑事政策分析》,《华东政法大学学

报》2014 年第 5 期。
[234] 金香爱：《中国私募基金合法化思考》，《金融理论与实践》2004 年第 10 期。
[235] 金永红、吴江涛：《金融服务业务外包监管的国际比较及其启示》，《上海金融》2008 年第 2 期。
[236] 靳磊：《私募股权基金估值方法比较研究》，《现代管理科学》2012 年第 11 期。
[237] 庞遥、华一：《功能观视角下的中国证券投资基金》，《财政监督》2008 年第 7 期。
[238] 潘峰、郑奕玲、刘谢冰：《美国货币基金监管现状及趋势》，载《创新与发展：中国证券业 2014 年论文集》。
[239] 谭启平：《论民事主体意义上“非法人组织”与“其他组织”的同质关系》，《四川大学学报》（哲学社会科学版）2017 年第 4 期。
[240] 陶建华：《我国私募基金现状分析》，《合作经济与科技》2006 年第 17 期。
[241] 陶华强：《论第三方支付中的信托法律关系》，《重庆交通大学学报》（社科版）2012 年第 6 期。
[242] 谈儒勇：《金融抑制和金融约束》，《金融研究》1998 年第 12 期。
[243] 郭雳：《开放式基金及其相关法律问题研究》，《法学》2001 年第 3 期。
[244] 郭雳、赵继尧：《智能投顾发展的法律挑战及其应对》，《证券市场导报》2018 年第 6 期。
[245] 郭峰、陈夏、张敏：《投资基金法的若干问题》，载《证券法律评论》，法律出版社，2005。
[246] 郭卉：《我国私募证券投资基金合格投资者制度研究》，《大众理财顾问》2019 年第 4 期。
[247] 郭土木：《证券投资信托基金之法律性质》，载中国台湾“全国律师”2004 年第 10 期。
[248] 龚鹏程：《论私募基金监管制度的构建》，《法学杂志》2010 年第 9 期。
[249] 龚宇：《美国对冲基金监管“变法”述评》，《国际经济法学刊》

2008 年第 3 期。

[250] 官志和:《我国私募基金监管存在的问题及应对措施研究》,《时代金融》2017 年第 2 期。

[251] 管同伟:《对冲基金的美国监管模式及其影响》,《金融与经济》2010 年第 3 期。

[252] 耿敏、范阳:《中国产业投资基金:制约因素与发展路径》,《中国金融》2007 年第 21 期。

[253] 耿志明:《中国私募基金监管制度研究》,《上海金融》2006 年第 3 期。

[254] 巩云华:《私募证券投资基金监管理论及新理念辨析》,《经济参考研究》2012 年第 58 期。

[255] 任万兴、折喜芳、崔巍岚:《证券投资基金的立法模式——兼评〈证券投资基金法(草案)〉》,载《中国商法年刊》,2004。

[256] 彭冰:《重新定性"老鼠仓"——运动式证券监管反思》,《清华法学》2018 年第 6 期。

[257] 曾洋:《投资者风险自负原则研究》,《南京大学法律评论》2013 年春季卷。

[258] 赵秉志、杨清惠:《涉私募基金非法集资犯罪司法治理研究》,《北京师范大学学报》(社会科学版) 2017 年第 6 期。

[259] 赵秉志:《新中国 60 年刑事政策的演进对于刑法立法的影响》,《中国社会科学报》2009 年 7 月 7 日。

[260] 赵启星:《互联网货币基金运作与风险防范研究》,《农村金融研究》2015 年第 12 期。

[261] 赵锡军:《私募基金的宏观经济意义》,《中国金融》2014 年第 22 期。

[262] 赵晓钧:《中国资本市场投资者适当性规则的完善——兼论〈证券法〉中投资者适当性规则的构建》,《证券市场导报》2012 年第 2 期。

[263] 赵锡军:《私募基金的宏观经济意义》,《中国金融》2014 年第 22 期。

[264] 赵亮:《私募基金合法化及其对公募基金的影响》,《金融与经济》

2006 年第 3 期。
[265] 张国：《互联网金融监管国际经验借鉴研究综述》，《经济体制改革》2015 年第 6 期。
[266] 赵昕：《对我国银行理财业务合格投资者的分析与建议》，《金融监管研究》2016 年第 6 期。
[267] 张宏姝、丁忠甫：《对我国互联网货币基金的发展和监管的探讨》，《学术界》2016 年第 3 期。
[268] 张富强、刘桉呐：《互联网基金创新的监管与规制研究——以余额宝为视角》，《重庆理工大学学报（社会科学）》2015 年第 1 期。
[269] 张智景、吕斌、杨晓萍：《互联网货币基金对商业银行经营的影响》，《国际金融》2015 年第 2 期。
[270] 张影强：《借鉴国外经验促进我国互联网金融发展政策建议》，《全球化》2015 年第 8 期。
[271] 张古月：《网络证券投资的风险及其监管——以“余额宝”为例》，《经济研究导刊》2015 年第 20 期。
[272] 张东平：《集资案件刑民关系的交叉与协调》，《北京社会科学》2014 年第 1 期。
[273] 张新平：《证券投资基金若干法律问题探讨》，《湖北社会科学》2003 年第 11 期。
[274] 张卫平：《民刑交叉诉讼关系处理的规则与法理》，《法学研究》2018 年第 2 期。
[275] 张新宝、汪榆淼：《〈民法总则〉规定的“非法人组织”基本问题研讨》，《比较法研究》2018 年第 3 期。
[276] 张付标、李玫：《论证券投资者适当性的法律性质》，《法学》2013 年第 10 期。
[277] 张子昱、张丽拉：《论我国金融后台业务外包存在的问题及对策》，《经济研究导刊》2012 年第 32 期。
[278] 张永清：《经济法基本原则刍议》，《当代法学》2002 年第 5 期。
[279] 张敏捷：《投资者适当性原则研究》，《理论与改革》2013 年第 5 期。
[280] 周秋月：《证券投资基金功能分析——论证券投资基金在社会经济

中的地位和作用》,《杭州金融研修学院学报》2004 年第 2 期。
[281] 张宇润:《论证券法规则理念和制度机制》,《法律科学》2004 年第 2 期。
[282] 张宇润、杨思斌:《论证券法“三公”原则的制度内涵》,《法商研究》2002 年第 5 期。
[283] 张洁梅:《金融危机背景下我国的金融诚信问题研究》,《征信》2009 年第 27 期。
[284] 郑彧:《证券市场有效监管的制度选择——以转轨时期我国证券监管制度为基础的研究》,法律出版社,2012。
[285] 郑泽善:《背信罪新探》,《政法论丛》2015 年第 1 期。
[286] 郑泰安:《定时定额证券投资之经济法律探析》,《西南民族大学学报》(人文社科版)2008 年第 10 期。
[287] 郑泰安、钟凯:《民法总则与商事立法:共识、问题及选项——以商事代理为例》,《现代法学》2018 年第 2 期。
[288] 周友苏、蓝冰:《证券行政责任重述与完善》,《清华法学》2010 年第 3 期。
[289] 周友苏、罗华兰:《论证券民事责任》,《中国法学》2000 年第 4 期。
[290] 钟凯:《新证券法理念的转变:风险自负与政府干预》,《现代经济探讨》2007 年第 10 期。
[291] 钟凯、刘章荣:《共享金融视角下的数据利用及其规制——以数据权利为中心》,《证券法律评论》2019 年卷。
[292] 钟伟、须晨:《制度化保障体系——美国证券投资者保护基金及其对中国的启示》,《国际贸易》2003 年第 3 期。
[293] 郑勇:《诚实信用在证券法中的重述与构建》,《理论学刊》2017 年第 6 期。
[294] 周慧:《开放和优化——论证券投资基金的监管体制》,《福建法学》2007 年第 3 期。
[295] 周天林:《析投资基金当事人的权利义务》,载徐学鹿主编《商法研究》(第一辑),人民法院出版社,2000。
[296] 郑佳宁:《论智能投顾运营者的民事责任——以信义义务为中心的

展开》，《法学杂志》2018 年第 10 期。
[297] 赵颖、折喜芳：《证券投资基金制度若干法律问题思考——兼评〈证券投资基金法（草案）〉》，《河北法学》2004 年第 6 期。
[298] 张明楷：《刑法理论与刑事立法》，《法学论坛》2017 年第 6 期。
[299] 张明楷：《论刑法的谦抑》，《法商研究》1995 年第 4 期。
[300] 张红：《证券监管措施：挑战与应对》，《政法论坛》2015 年第 4 期。
[301] 朱侃：《论我国互联网平台基金销售创新与监管》，《金融法苑》2015 年第 2 期。
[302] 朱慈蕴：《资本多数决原则与控制股东的诚信义务》，《法学研究》2004 年第 4 期。
[303] 曾康霖、余保福：《金融服务外包的风险控制及其监管研究》，《金融论坛》2006 年第 6 期。
[304] 邹艳珏：《私募基金立法探索》，《兰州学刊》2005 年第 3 期。
[305] 邹爱华：《证券投资者保护基金运作模式研究》，《法学杂志》2006 年第 2 期。
[306] 傅穹、曹理：《禁止内部交易立法理念转换及其体系效应》，《西北政法大学学报》2013 年第 6 期。
[307] 傅穹、曹理：《内幕交易规制的立法体系进路：域外比较与中国选择》，《环球法律评论》2011 年第 5 期。
[308] 徐聪：《论转轨背景下证券法治逻辑与制度的现代化——兼评〈证券法（修订草案）〉“一读稿”》，《法学评论》2016 年第 2 期。
[309] 徐明、卢文道：《证券交易所业务规则法律效力与司法审查》，《证券法苑》2010 年第 10 期。
[310] 邢会强：《金融危机治乱循环与金融法的改进路径——金融法中“三足定理”的提出》，《法学评论》2010 年第 5 期。
[311] 邢星：《互联网金融商业经营模式中民刑交叉法律问题探讨》，《商业经济研究》2017 年第 10 期。
[312] 熊继宁：《法律关系的综合集成系统——证券投资基金法律关系的系统分析》，《比较法研究》2004 年第 6 期。
[313] 熊理思：《对互联网金融创新的刑法介入需谨慎——以余额宝为

例》,《广西社会科学》2014 年第 9 期。
[314] 徐徐:《基于余额宝的互联网基金分析及监管对策研究》,《金融市场》2014 年第 6 期。
[315] 肖星星:《透过余额宝看互联网金融的法律规制问题》,《法治视点》2014 年第 29 期。
[316] 徐静:《证券投资基金治理模式和公司治理模式的比较研究》,《经济体制改革》2005 年第 2 期。
[317] 徐倩:《投资者适当性制度研究综述》,《合作经济与科技》2016 年第 20 期。
[318] 许可:《私募基金管理人义务统合论》,《北方法学》2016 年第 2 期。
[319] 许可、肖宇:《私募投资基金的适度监管体制探析》,《西南民族大学学报》2016 年第 8 期。
[320] 肖钢:《证券法的法理和逻辑》,《证券法苑》2014 年第 10 期。
[321] 肖百灵:《国外金融机构集合投资产品监管体制研究》,载桂敏杰主编《证券法苑》(第八卷),法律出版社,2013。
[322] 冯果:《金融法的“三足定理”及中国金融法制的变革》,《法学》2011 年第 9 期。
[323] 冯乾、王海军:《互联网金融不当行为风险及其规制政策研究——以市场诚信、公平竞争与消费者保护为核心》,《中央财经大学学报》2017 年第 2 期。
[324] 封红梅:《中国投资基金评价新规评析——金融危机后美国信用评价法制发展的启示》,《山东社会科学》2011 年第 2 期。
[325] 范永龙:《试论金融衍生品交易中投资者适当性制度》,《黑龙江省政法管理干部学院学报》2010 年第 5 期。
[326] 方琪:《余额宝的法律性质及其监管原则》,《审计与理财》2014 年第 8 期。
[327] 汪鑫:《金融法若干基本原则探析》,《法学评论》1997 年第 4 期。
[328] 汪其昌:《对金融服务者施加信义义务:英美保护金融消费者的一个独特制度》,《经济研究参考》2011 年第 20 期。
[329] 汪振江、张驰:《互联网金融创新与法律监管》,《兰州大学学报》

（社会科学版）2014 年第 5 期。
[330] 汪沂：《互联网金融理财产品的本质、边界与监管》，《理论月刊》2017 年第 9 期。
[331] 魏昌东：《中国金融刑法法益之理论辨正与定位革新》，《法学评论》2017 年第 6 期。
[332] 魏昌东：《新刑法工具主义批判与矫正》，《法学》2016 年第 2 期。
[333] 魏昌东：《经济风险控制与中国经济刑法立法原则转型》，《南京大学学报》（哲社版）2011 年第 5 期。
[334] 魏昌东：《中国经济刑法法益追问与立法选择》，《政法论坛》2016 年第 6 期。
[335] 文杰：《论证券投资基金的法律定性——兼谈〈证券投资基金法〉第 2 条修改》，《贵州社会科学》2010 年第 3 期。
[336] 吴东：《证券投资者保护基金的国际法律规制及经验借鉴》，《理论月刊》2007 年第 10 期。
[337] 吴磊：《开放式基金销售渠道的中美比较与分析》，《证券市场导报》2006 年第 1 期。
[338] 吴勇：《论封闭式基金与开放式基金》，《沈阳干部学刊》2005 年第 2 期。
[339] 吴鸣：《互联网金融创新背景下第三方支付中立帮助行为研究》，《财会月刊》2019 年第 4 期。
[340] 吴鲲：《证券投资基金宣传推介的实务操作研究》，《经济研究导报》2018 年第 32 期。
[341] 吴建伟、陆美红：《试论我国证券投资基金稳定市场的功能》，《华东经济管理》2002 年第 4 期。
[342] 吴士君、张永强：《透视我国私募基金的产生与发展——一个制度经济学的解释》，《上海经济研究》2002 年第 6 期。
[343] 吴应宁：《完善我国私募基金监管体系探讨——基于对〈证券投资基金法（修订草案）〉的分析》，《理论界》2013 年第 2 期。
[344] 吴加明：《违法相对论下刑民实体冲突及其调适》，《政治与法律》2017 年第 12 期。
[345] 吴更仁：《金融服务外包风险控制》，《海南金融》2007 年第 8 期。

[346] 吴晓求:《互联网金融成长的逻辑》,《财贸经济》2015 年第 2 期。

[347] 吴明珠:《私募基金监管的法律体系研究》,《社会科学家》2007 年第 S2 期。

[348] 万毅:《“先刑后民”原则的实践困境及其理论破解》,《上海交通大学学报》2007 年第 2 期。

[349] 王昭武:《法秩序统一性视野下违法判断的相对性》,《中外法学》2015 年第 1 期。

[350] 王刚、张赞松:《国际对冲基金监管制度比较研究与启示》,《上海金融》2008 年第 8 期。

[351] 王骏:《论增设普通背信罪》,《河北法学》2018 年第 12 期。

[352] 王猛、焦芙蓉:《私募基金托管人的法律地位和责任边界——以投资人诉托管人侵权案为例》,《中国证券期货》2019 年第 2 期。

[353] 王天习、田忠洪:《证券投资者适当性规则研究——兼论我国投资者适当性规则的完善》,《经济法论丛》2013 年第 1 期。

[354] 王利明:《数据共享与个人信息保护》,《现代法学》2019 年第 1 期。

[355] 王鑫:《对我国投资基金立法模式选择的再思考》,《中国商法年刊》(2008)。

[356] 王保树:《金融法二元规范结构的协调与发展趋势——完善金融法体系的一个视点》,《广东社会科学》2009 年第 1 期。

[357] 王达:《美国互联网金融的发展及中美互联网金融的比较——基于网络经济学视角的研究与思考》,《国际金融研究》2014 年第 12 期。

[358] 王欢:《从投资者适当性管理与合法权益保护角度反思金融产品设计和销售》,载《创新与发展:中国证券业 2016 年论文集》。

[359] 王勇:《互联网时代的金融犯罪变迁与刑法规制转向》,《当代法学》2018 年第 3 期。

[360] 王荣芳:《合法私募与非法集资的界定标准》,《政法论坛》2014 年第 6 期。

[361] 王小莉:《民刑并存情形下合同效力的认定——从两则仲裁案件说起》,《仲裁研究》第 26 辑,法律出版社,2011。

[362] 王拓：《以有限合伙制私募股权的名义非法集资如何定性》，《人民检察》2017 年第 2 期。

[363] 王俊、赵国锋：《我国互联网金融发展及其监管问题探析》，《改革与战略》2017 年第 3 期。

[364] 王年咏：《财政退让与证券市场兴起的历史透视》，《财政研究》2006 年第 10 期。

[365] 王宏军：《经济法国家适度干预原则的经济学分析》，《法学杂志》2005 年第 3 期。

[366] 王都鹏、赵晓辉：《证监会严控资管业务杠杆倍数》，《金融世界》2016 年第 8 期。

[367] 王力：《金融产业前后台业务分离的新趋势研究》，《财贸经济》2007 年第 7 期。

[368] 王军：《法律规避行为及其裁判方法》，《中外法学》2015 年第 3 期。

[369] 王颖欣、李晓文：《私募与非法集资的法律适用》，《中国金融》2016 年第 13 期。

[370] 王林清、刘高：《民刑交叉中合同效力的认定及诉讼程序的构建——以最高人民法院相关司法解释为视角》，《法学家》2015 年第 2 期。

[371] 王保树：《公司法任意性法律规范适用的留意点》，《国家检察官学院学报》2011 年第 1 期。

[372] 闻岳春：《美国证券投资基金管理公司风险管理、内部控制及其借鉴》，《财贸经济》2001 年第 11 期。

[373] 车佳克：《从多德—弗兰克法案看美国对冲基金监管法律制度发展》，《江苏警官学院学报》2011 年第 5 期。

[374] 陈宝富、周少怡：《私募与非法集资犯罪的边界》，《法学》2013 年第 11 期。

[375] 陈业宏、文杰：《我国风险投资基金若干问题思考》，《河北法学》2004 年第 3 期。

[376] 陈军、傅斌：《美国、日本证券立法与证券设计理念的比较》，《金融法苑》2018 年第 1 期。

[377] 陈正江：《我国证券投资基金立法初论》，《山西财经大学学报》2001 年 S2 期。

[378] 陈芳益：《我国互联网金融 SWOT 分析》，《合作经济与科技》2018 年第 10 期。

[379] 陈东胜：《中国证券市场中小投资者权益保护机制研究》，载《创新与发展：中国证券业 2016 年论文集》。

[380] 程信、蒲夫生：《论投资基金法的立法宗旨》，《河北法学》2001 年第 6 期。

[381] 程岩：《风险社会中刑法规制对象的考察》，载陈兴良编著《刑事法评论》第 29 卷，北京大学出版社，2011。

[382] 程皓、张莹：《互联网货币市场基金的创新与监管初探》，《江西师范大学学报》2014 年第 4 期。

[383] 成越、成延洲：《责令退赔制度中刑民交叉争议的解决》，《人民司法》2017 年第 19 期。

[384] 陈蕾：《我国私募基金的发展状况》，《金融经济》2005 年第 14 期。

[385] 陈颖健：《美国禁止一般性劝诱规则研究——兼论我国禁止一般性劝诱规则的存废》，《证券市场导报》2017 年第 11 期。

[386] 陈素玉、张渝：《论证券投资基金的法律制度》，《中国法学》1998 年第 6 期。

[387] 陈夏：《论证券投资基金的法律地位》，《西南政法大学学报》2003 年第 6 期。

[388] 陈晨：《股权众筹投资者适当性制度研究》，《上海金融》2016 年第 10 期。

[389] 陈兴良：《形式与实质的关系：刑法学的反思性检讨》，《法学研究》2008 年第 6 期。

[390] 陈兴良：《刑民交叉案件的刑法适用》，《法律科学》2019 年第 2 期。

[391] 陈醇：《金融系统性风险的合同之源》，《法律科学》2015 年第 6 期。

[392] 陈醇：《论金融法中的违约预防制度》，《环球法律评论》2019 年第 2 期。

[393] 陈珈：《我国私募基金发展风险及监管策略》，《财经问题研究》2016 年第 12 期。
[394] 陈洁：《投资者到金融消费者的角色嬗变》，《法学研究》2011 年第 5 期。
[395] 陈甦、陈洁：《证券法的功效分析与重构思路》，《环球法律评论》2012 年第 5 期。
[396] 陈丽萍：《证券投资基金的法律性质》，《中国法学》2004 年第 3 期。
[397] 陈雪萍：《信托与第三人利益契约的比较研究》，《政治与法律》2005 年第 6 期。
[398] 陈士、刘鸿程、周渝霞：《我国证券投资基金：性质认定与法律模式》，《学术与探索》2012 年第 5 期。
[399] 蔡睿：《论“非法人组织”的认定标准——以〈民法总则〉的颁布为背景》，《司法改革评论》2017 年第 1 期。
[400] 蔡奕：《完善公募基金份额持有人大会制度的几点思考》，《证券法苑》2017 年第 23 期。
[401] 常秀娇、张志富：《私募基金与非法集资犯罪的法律边界》，《南都学坛》2017 年第 4 期。
[402] 曹新寨：《关于完善我国证券投资基金契约结构的思考》，《湖北社会科学》2003 年第 5 期。
[403] 童伟华：《日本刑法中违法性判断的一元论与相对论述评》，《河北法学》2009 年第 11 期。
[404] 董新义：《资产管理业者的信义义务：法律定位及制度架构》，《求是学刊》2014 年第 4 期。
[405] 董华春：《SIPC 应对美国金融危机的举措对中国的启示》，《商事法论集》2011 年第 1 期。
[406] 杜征征：《加快私募基金合法化的研究》，《安徽工业大学学报》（社会科学版）2002 年第 4 期。
[407] 杜婷婷：《余额宝运行主体的多维法律关系分析》，《法制与社会》2018 年第 9 期。
[408] 杜文俊、易明：《背信犯罪解释论及立法论探讨》，《西南政法大学

学报》2013 年第 3 期。
[409] 段卫利:《论被遗忘权的法律保护——兼谈被遗忘权在人格权谱系中的地位》,《学习与探索》2016 年第 4 期。
[410] 戴新华、张强、肖奎喜:《拓展我国开放式基金营销渠道的对策思考》,《金融教学与研究》2006 年第 3 期。
[411] 戴险峰:《“互联网金融”提法并不科学》,《中国经济信息》2014 年第 5 期。
[412] 上海市第二中级人民法院课题组:《证券市场内幕交易民事赔偿责任问题研究——以光大乌龙指引发的内幕交易案为视角》,《证券法苑》2016 年第 18 期。
[413] 匡洪燕、周泉恭:《证券投资基金组织治理效率和优化路径探究》,《当代财经》2007 年第 12 期。
[414] 饶越:《互联网金融的实际运行与监管体系催生》,《改革》2014 年第 3 期。
[415] 任燕珠:《论转型社会背景下金融犯罪刑罚观念的调整》,《中国刑事法杂志》2013 年第 3 期。
[416] 倪受彬:《投资基金法律关系中托管行的地位与责任》,《上海法学研究》(集刊)2019 年第 5 卷。
[417] 倪明:《我国私募基金运行现状及风险》,《中国金融》2010 年第 3 期。
[418] 安文录、程兰兰:《信用证诈骗罪兜底条款的司法认定与完善》,《华东政法大学学报》2007 年第 3 期。
[419] 袁达松、蒲夫生:《关于投资基金定义的立法探讨——对〈投资基金法〉(征求意见稿)第 3 条的评析及建议》,《政治与法律》2002 年第 5 期。
[420] 袁乐平等:《论基金管理人的股东化转型》,《财经理论与实践》2013 年第 4 期。
[421] 袁乐平、刘力:《证券投资基金管理人的角色再定位研究》,《求索》2016 年第 5 期。
[422] 杨华辉:《互联网金融背景下的金融刑法立法理念转变》,《北方金融》2017 年第 2 期。

[423] 杨兴培：《刑民交叉案件法理分析的逻辑进路》，《中国刑事法杂志》2012年第9期。

[424] 杨兴培：《刑民交叉案件的类型分析和破解方法》，《东方法学》2014年第4期。

[425] 杨东、刘翔：《互联网金融视阈下我国股权众筹法律规制的完善》，《贵州民族大学学报》（哲学社会科学版）2014年第2期。

[426] 杨丽珍：《〈民法总则〉第191条之解释论》，《西北大学学报》（哲学社会科学版）2017年第4期。

[427] 姚建宗：《法哲学批判与批判的法哲学——对法哲学科学本性的一种理解》，《吉林大学社会科学学报》1998年第1期。

[428] 姚瑶：《经营机构投资者适当性义务的证成与制度构建》，《南方金融》2017年第11期。

[429] 姚辉、王林清：《涉犯罪合同效力问题研究》，《法学杂志》2017年第3期。

[430] 于莹：《证券市场与诚实信用原则》，《法制与社会发展》2001年第1期。

[431] 于文菊：《〈资管新规〉对私募投资基金监管的影响》，《华北金融》2018年第6期。

[432] 于改之：《法域冲突的排除：立场、规则与适用》，《中国法学》2018年第4期。

[433] 原凯：《道德规范的法律进化——美国券商推荐的适合性规则研究》，《商场现代化》2009年第10期。

[434] 国家检察官学院课题组、朱丽欣：《P2P网络借贷平台异化的刑事规制》，《国家检察官学院学报》2018年第1期。

[435] 阴建峰、刘雪丹：《互联网股权众筹的刑法规制问题论纲》，《法律科学》2018年第1期。

[436] 殷洁：《论基金“老鼠仓”的防治》，《金融与经济》2007年第11期。

[437] 叶建勋：《关于“老鼠仓”行为入罪的思考》，《法学杂志》2009年第9期。

[438] 叶林、吴烨：《智能化资管业务的法律规制》，《西北工业大学学

报》(社会科学版) 2018 年第 4 期。

[439] 戚莹:《金融公平:金融法新理念——以金融包容为实践路径》,《海峡法学》2012 年第 14 期。

[440] 戚力、陈建波:《公司型基金的运作模式研究——以美国为例》,《清华金融评论》2017 年第 3 期。

[441] 乔英玮:《规范金融秩序健全金融诚信体系》,《管理科学文摘》2005 年第 8 期。

[442] 邱鹏:《我国私募基金风险及监管研究》,《现代管理科学》2019 年第 3 期。

[443] 全敏敏:《互联网基金交易中的三方法律关系探究——以余额宝类基金产品交易为视角》,《法大研究生》2015 年第 1 期。

[444] 钱小平:《中国金融刑法立法的应然转向:从“秩序法益观”到“利益法益观”》,《政治与法律》2017 年第 5 期。

[445] 缪因知:《光大证券事件行政处罚与民事索赔之合法性质疑》,《法学》2014 年第 1 期。

[446] 毛立新:《刑民交叉案件的概念、类型及处理原则》,《北京人民警察学院学报》2010 年第 5 期。

[447] 梅传强、张永强:《金融刑法的范式转换与立法实现——从“压制型法”到“回应型法”》,《华东政法大学学报》2017 年第 5 期。

[448] 孟磊、李娟娟:《对我国证券投资顾问业务的思考》,《陕西教育》(高教版) 2012 年第 6 期。

[449] 彭真明:《论美国共同基金法规对我国的适用》,《国际贸易》1995 年第 8 期。

[450] 彭夯:《论我国私募基金监管模式的选择与构建》,《上海金融》2011 年第 4 期。

[451] 高艳东:《金融诈骗罪立法定位与价值取向探析》,《现代法学》2003 年第 6 期。

[452] 钟伟:《对私募基金合法化的一些思考》,《证券市场导报》2001 年第 6 期。

[453] 张艳:《私募投资基金行业自律监管规则研究》,《证券市场导报》2017 年第 5 期。

[454] 沈明辉、陈汉昌、郭旭：《基金销售的困境及解决之道》，《市场研究》2013 年第 6 期。
[455] 沈芳君：《构成非法吸收公众存款罪的民间借贷及其担保合同效力》，《人民司法》2010 年第 22 期。
[456] 孙梦鸽：《互联网金融发展的文献综述》，《金融经济》2016 年第 10 期。
[457] 宋征：《关于私募投资基金监管体制的思考》，《证券市场导报》2010 年第 11 期。
[458] 宋盈：《互联网金融刑法规制谦抑说之反驳——兼与刘宪权教授商榷》，《学术界》2017 年第 7 期。
[459] 孙丽娟：《传统民法的有关规定在裁判证券纠纷中的适用》，《证券法苑》2010 年第 2 期。
[460] 苏春娣、董亚莉：《投资者保护权益与机制之我见——如何做好投资者适当性管理》，载《创新与发展：中国证券业 2016 年论文集》。
[461] 术洪颜：《论我国私募基金的监管模式》，《唐山师范学院学报》2011 年第 1 期。
[462] 宋海鹰：《〈金融服务与市场法〉对英国金融监管的变革》，《国际金融研究》2001 年第 5 期。
[463] 宋英辉、曹文智：《论刑民交叉案件程序冲突的协调》，《河南社会科学》2015 年第 5 期。
[464] 石一敏：《国内私募证券投资基金与海外对冲基金比较研究》，《特区经济》2007 年第 4 期。
[465] 时方：《非法集资犯罪中的被害人认定——兼论刑法对金融投机者的保护界限》，《政治与法律》2017 年第 11 期。
[466] 史妍：《关于推动独立基金销售机构规范发展的探索实践》，《北京金融评论》2018 年第 3 期。
[467] 谢世飞：《论价值投资者主导股票市场所需的基本制度》，《山西财经大学学报》2013 年第 4 期。
[468] 薛智胜、夏慧慧：《大数据征信与投资者个人信息保护的冲突与平衡路径初探》，《证券法律评论》2019 年卷，中国法制出版社，2019。
[469] 谢金静：《互联网金融理财产品监管争议分析——以余额宝为例》，

《征信》2019年第3期。
[470] 谢焱:《背信罪的法益研究》,《政治与法律》2016年第1期。
[471] 白云:《个人征信体系的法经济学基础》,《法学论坛》2013年第2期。
[472] 巴曙松、屠沂枫:《救助投资者——证券投资者保护制度的国际比较》,《资本市场》2005年第1期。
[473] 白牧蓉:《从余额宝的法律隐患看相关制度之完善》,《西北民族大学学报》2014年第1期。
[474] 巴曙松:《对推进基金评价体系建设的战略性思考》,《中国经济时报》2003年6月13日。
[475] 高尚全:《基金业发展前景广阔》,《上海证券报》2002年6月18日。
[476] 刘俊海:《〈新证券投资基金法〉的七大制度创新》,《中国证券报》2013年2月25日。
[477] 王连洲:《王连洲回首鲜为人知的基金立法之路》,《证券日报》2003年10月29日。
[478] 叶林:《〈证券法〉专章规定"投资者保护"的得失》,《金融时报》2019年7月29日。
[479] 叶俊英:《理清基本法律关系,推动投资基金发展——对证券投资基金若干法律问题的探讨》,《中国证券报》2001年12月12日。
[480] 方流芳:《过度管制导致的挫折》,《经济观察报》2001年12月6日。
[481] 孙红:《刑事退赔与民事债权标的同一如何受偿》,《检察日报》2014年8月13日。
[482]《吴国军诉陈晓富、王克祥及德清县中建房地产开发有限公司民间借贷、担保合同纠纷案》,《中华人民共和国最高人民法院公报》2011年第11期。
[483] 张明楷:《实体上的刑民关系》,《人民法院报》2006年5月17日。
[484] 赵晓钧:《中国资本市场投资者适当性规则的完善——兼论〈证券法〉中投资者适当性规则的构建》,《证券市场导报》2012年第2期。

[485] 谷枫：《资本市场两大政策信号：科创板开板叠加对外开放九条》，《21世纪经济报道》2019年6月14日。
[486] 中国证券投资基金业协会：《中国证券投资基金行业年度发展报告(2016)》。
[487] 中国证券投资基金业协会：《私募基金管理人登记及私募基金产品备案月报》2019年第8期。
[488] 腾讯研究院：《新形势下互联网金融发展与监管问题研究报告》，2016。
[489] 易观智库：《互联网金融行业：中国互联网金融产业图谱》，2015。
[490] 艾瑞咨询：《2015中国互联网基金行业研究报告简版》，2015。
[491] 艾瑞咨询：《寥落寒山对虚牖——中国互联网金融行业监测报告(2019年)》，2019。
[492] 波士顿咨询公司：《互联网金融生态2020：新动力、新格局、新战略》，2014。
[493] 互联网金融国家社科基金重大项目组：《中国互联网金融发展历程及未来趋势衍变研究报告》，2016。
[494] 东方证券：《互联网金融2018年度策略：监管成为常态，拥抱技术渐成共识》，2018。
[495] 李丹、邓斌：《美国财政部资本市场评估报告综述》（上证研报〔2018〕15号）。
[496] 方芸：《银行重整法律制度构建——以模式选择为中心》，博士学位论文，中国政法大学，2015。
[497] 吴伟：《证券投资基金法律问题及跨国活动法律监管研究》，博士学位论文，中国政法大学，2003。
[498] 马振江：《中国证券投资基金治理模式研究——基于公募证券投资基金的分析》，博士学位论文，吉林大学，2010。
[499] 朱成刚：《证券投资基金持有人利益保护法律机制研究》，博士学位论文，中国政法大学，2006。
[500] 贾同乐：《金融机构信义义务研究》，博士学位论文，吉林大学，2016。
[501] 江翔宇：《公司型基金法律制度研究——以基金治理结构为核心》，

博士学位论文，华东政法大学，2010。
[502] 方桂荣：《投资基金监管法律制度研究》，博士学位论文，重庆大学，2008。
[503] 武贵振：《证券咨询机构的专家民事责任》，博士学位论文，中国政法大学，2011。
[504] 赵玉彪：《我国证券投资基金绩效评价及影响因素研究》，博士学位论文，吉林大学，2013。
[505] 赵英：《权利质权公示制度研究》，博士学位论文，中国社会科学院，2009。
[506] 季松：《证券投资咨询业务市场规制研究》，博士学位论文，北京交通大学，2017。
[507] 张付标：《证券投资者适当性制度研究》，博士学位论文，对外经济贸易大学，2014。
[508] 赖继：《股权众筹法律规制研究》，博士学位论文，重庆大学，2017。

后 记

平等和自由的内容博大精深，都具有不同的维度与方面。我们有理由不去采取一些狭隘和单一的平等或自由观，那样会忽略了平等和自由对于其他事务的关注。

——〔印〕阿玛蒂亚·森：《正义的理念》（中译本）

2007 年 3 月，我加入了由郑泰安研究员牵头成立的“商事特别法”系列专著写作小组。2008 年，《证券投资基金法律制度》一书出版，我正是此书作者之一。从研究风格看，该书走的是传统的法学研究路线，主要运用了文献研究法和规范分析法。

借用经济学分析方法研究商法理论问题，是我在 2008 年攻读经济学博士学位时的设想。近年来，我不断尝试以交易成本理论拓展商事组织法律行为的类型化框架，先后获得两项国家社科基金立项。在博士后研究工作中，我又与合作者写出两篇法律经济学研究论文，其中较有新意的《共享经济相关市场界定：挑战与回应》，发表在《经济法论坛》（第 22 卷）。

法学和经济学合作在国际上并不罕见。1992 年诺贝尔经济学奖得主贝克尔与美国著名法官波斯纳于 2004 年在互联网共同开设“贝克尔—波斯纳”博客，取得不俗的全球影响力，就是一个成功的例子。在中国，法律经济学研究热度不减，吸引着许多中青年法学者投身其中，部分经济学人也勇闯陌生的法学领域。在此过程中，大量原本理所当然的法学论点，陆续在另一套话语体系中被解构、否定。

有一本由国内著名经济学家主编的法经济学“普通高等教育国家级规划教材”，曾给法学分析方法贴上“肤浅的咬文嚼字”标签，并把法学者脸谱化地称为“道学家”。另外，研究资本市场法律制度的法学者在引用经济学文献时，容易出现一些低级失误，例如把“完全市场”假设下的政策失误归咎于亚当·斯密开创的经济理论，将资本市场简单视为“零和博弈”市场等。略过前者著作之文风轻佻、“知识储备”硬伤等问题，隐藏其后的思维导向不可不察。在一些论者眼里，法律经济学所侧重者，非不同学科的合作，实质是一方对另一方的替代或“殖民”。

由于资本市场自带国民经济属性，相比其他部门立法，金融领域的立法活动更需“援引关于现实状况、社会科学或者自然科学的因果规律以及实际经验等可确定的假设”。[①] 但是，跨学科论证的新颖与激情退却，我们终需回归所立之“法”本身。诸如金融公平、金融效率、金融安全这类法学、经济学“两栖”词汇，如何落实于金融立法的具体表达并获得不同学者、法官和社会公众的认同，任何一方均无法单独提供满意的解决方案。

正如1998年诺贝尔经济学奖得主阿玛蒂亚·森在其所著《正义的理念》一书中所阐述的那样，平等这一重要概念有多个维度，无论是经济优势、资源、效用，还是生活质量或可行能力，哪一个方面都不能代表平等的全部内容。[②] 对涉及事关人类生活安定和国民经济发展的基本问题，从事立法或法教义学研究的学者，有责任作出自己的贡献。在当前《证券法》完成“大修”、资本市场法治建设进入深水区的关键时段，对于金融法律制度研究而言，我们希望发生的是经济学与法学的平等对话，而不是简单粗暴地相互侵入；即便有所重建，也应体现为“破坏性创造”，非“创造性破坏”。

以上讨论内容，不过是《证券投资基金法律制度：立法前沿与理论争议》这本新著的写作掠影。为了摆脱前部著作的影响，找准新著的写作定位，写作小组在郑泰安研究员的主持下，共先后召开20余次书稿写作推进会，就书稿的体例编排、写作风格、研究方法、研究方向、核心观点展开激烈的思想碰撞和研究讨论。

经各位作者的讨论商定，本书主要研究方向以立法论为主、兼顾部分解释论研究。在跨学科研究方面，作者借鉴了部分制度经济学理论工具，

---

① 参见蒋红珍《论适当性原则——引入立法事实的类型化审查强度理论》，《中国法学》2010年第3期。

② 参见〔印〕阿玛蒂亚·森《正义的理念》，王磊、李航译，中国人民大学出版社，2012，第277页。

但最终落脚于立法规则选择。在研究方法上，除采用传统的文献整理、规范分析等方法，还运用了案例研究、田野调查等实证分析方法。

作者们所指导的硕士研究生刘章荣、王雷、李俊芳、蒋英静、欧荣凯、宋媛媛、陈雯倩、杨敏、唐滢霜、杨银、张敏嘉、陈杰等人，为书稿写作承担了资料搜集、文献整理，以及召开会议、稿件编辑、文字校正等大量繁重的事务性工作，在此对他们付出的艰辛劳动，一并致以谢意。

钟　凯

谨识于成都望江公园

2019 年 12 月

图书在版编目(CIP)数据

证券投资基金法律制度：立法前沿与理论争议 / 郑泰安等著. -- 北京：社会科学文献出版社，2019.12
ISBN 978-7-5201-5644-8

Ⅰ.①证… Ⅱ.①郑… Ⅲ.①证券投资基金法-研究-中国 Ⅳ.①D922.287.4

中国版本图书馆 CIP 数据核字（2019）第 301434 号

证券投资基金法律制度：立法前沿与理论争议

著　　者 / 郑泰安　钟　凯　钟洪明　赖　继　方　芸

出 版 人 / 谢寿光
责任编辑 / 王玉霞　李艳芳
文稿编辑 / 刘如东

出　　版 / 社会科学文献出版社 · 城市和绿色发展分社（010）59367143
地址：北京市北三环中路甲 29 号院华龙大厦　邮编：100029
网址：www.ssap.com.cn
发　　行 / 市场营销中心（010）59367081　59367083
印　　装 / 三河市龙林印务有限公司

规　　格 / 开　本：787mm × 1092mm　1/16
印　张：29　字　数：473 千字
版　　次 / 2019 年 12 月第 1 版　2019 年 12 月第 1 次印刷
书　　号 / ISBN 978-7-5201-5644-8
定　　价 / 98.00 元